로지스틱스

 C 카이로스총서 44

로지스틱스 The Deadly Life of Logistics

지은이 데보라 코웬
펴낸이 조정환
옮긴이 권범철
책임운영 신은주
편집 김정연
디자인 조문영
홍보 김하은
프리뷰 박해민

펴낸곳 도서출판 갈무리 등록일 1994. 3. 3. 등록번호 제17-0161호
초판인쇄 2017년 1월 17일 초판발행 2017년 1월 22일
종이 화인페이퍼 인쇄 예원프린팅 제본 은정제책

주소 서울 마포구 동교로18길 9-13 [서교동 464-56]
전화 02-325-1485 팩스 02-325-1407
website http://galmuri.co.kr e-mail galmuri94@gmail.com

ISBN 978-89-6195-156-2 04300
도서분류 1. 정치학 2. 경제학 3. 군사학 4. 외교학 5. 사회학 6. 인류학 7. 문화이론

값 22,000원

이 도서의 국립중앙도서관 출판예정도서목록(CIP)은 서지정보유통지원시스템 홈페이지(http://seoji.nl.go.kr)와 국가자료공동목
록시스템(http://www.nl.go.kr/kolisnet)에서 이용하실 수 있습니다.(CIP제어번호 : CIP2017000230)

로지스틱스

데보라 코웬 Deborah Cowen 지음 | 권범철 옮김

전지구적 물류의 치명적 폭력과 죽음의 삶
The Deadly Life of Logistics : Mapping Violence in Global Trade

갈무리

옮긴이 일러두기

1. 이 책은 Deborah Cowen, *The Deadly Life of Logistics: Mapping the Violence of Global Trade*, University Of Minnesota Press, 2014를 완역한 것이다.
2. 인명은 처음에만 원어를 병기했고, 지명은 잘 알려지지 않은 경우에만 원어를 병기했다.
3. 단행본, 전집, 정기간행물, 보고서에는 겹낫표(「」)를, 논문, 논설, 기고문 등에는 홑낫표(「」)를 사용하였고, 그림, 단체, 학회, 협회, 연구소, 프로젝트·계획·사업, 협정, 위원회, 국제기구, 연합체, 법률, 텔레비전 프로그램에는 가랑이표(〈 〉)를 사용하였다.
4. 옮긴이가 의미를 보충하기 위해 쓴 말은 [] 안에 넣었다. 저자가 원문에서 사용한 []는 〔 〕로 표기했다.
5. 우리말로 옮기면서 지나치게 길어진 수식구문은 맞줄표 안에 넣어 전체 문장을 이해하기 쉽게 하려고 했다.
6. 본문 가운데 강조를 위해 쓴 이탤릭체는 고딕으로 표기했다. 55쪽의 소제목 강조는 진하게 표기하였다.
7. 지은이 주석과 옮긴이 주석은 같은 일련번호를 가지며, 옮긴이 주석에는 [옮긴이]라고 표시하였다.
8. 45쪽과 89쪽의 〈그림 3〉과 〈그림 10〉은 저작권사의 요청으로 번역하지 않고 영문 그대로 수록하였다.
9. 이메일로 저자의 확인을 받아 원서의 잘못된 부분들을 수정하고 한국어판은 저자가 수정한 바에 따라 번역하였다. 고친 내용은 아래와 같으며 본문에는 별도로 표기하지 않았다(쪽 번호는 원서 기준임).

p.7 : the power of the state shall pass according to law ⇒ the power of the State is used to ensure that ownership shall pass according to law

p.42 : Truman ⇒ Eisenhower, Week's ⇒ Weeks, Arthur ⇒ Arth

p.45 : other sectors ⇒ other economic sectors

p.46 : ecumeme ⇒ ecumene

p.94 : impassible ⇒ impassable

p.144 : thirty-six times 삭제

p.148 : with annual discharges ⇒ with annual discharges estimated at 33,000 tons

p.151 : basic tenant ⇒ basic tenet

p.152 : Western Ocean ⇒ Western Indian Ocean

p.161 : Kempe (2010, 255) ⇒ Kempe (2010, 355)

p.221 : stabilized ⇒ destabilized

p.226 : established through war ⇒ established in and through war

몇 주 전, 캐나다 밴쿠버의 지역 신문들은 밴쿠버 항만 노동자들이 법정관리로 인한 입항 거부로 항구의 대형 선박에 갇혀 있는 한진해운 선원들을 위해 음식과 선물을 준비하고 있다는 기사를 내보냈다. 그 기사는 선원들이 처한 터무니없는 상황보다는 지역 노동자들이 보여 준 크리스마스 시즌의 배려에 대한 이야기로 구성되었다. 물론 이 노조는 연휴에 위로하는 것을 넘어서 선원들의 관貫국가적transnational 권리들을 위해 투쟁한 강인한 이력을 갖고 있을 것이다. 그러나 — 권위주의적 국가나 생태적 위기 때문이 아니라 — 대규모 시장 실패로 갇힌 선원들의 곤경은 평범한 시선에서는 드러나지 않는다. 한국의 거대 해운업체 한진의 몰락으로 전 세계 곳곳에서 선박들과 선원들의 생계가 불확실한 상태에 놓였다. 이것은 로지스틱스[1]의 엄청난 변동성과 폭력을 보여 준다.

『로지스틱스』(The Deadly Life of Logistics, 2014)를 쓰는 데는 거의 10년이 걸렸다. 하지만, 그 책이 출간된 이후 비교적 짧은 시간 동안에 마치 한 생애가 지나간 것처럼 느껴진다. 지난 3년은 관국가적인 지정학 경제 세계에 그리고 그 세계를 구성하는 많은 특정 공간과 장소와 네트워크에 위

---

1. [옮긴이] logistics. 오늘날 아마도 화물을 옮기는 트럭에서 가장 흔하게 볼 수 있는 단어인 로지스틱스는 물류라는 뜻과 함께 병참(술), 군수라는 뜻도 있다. 저자가 이 책에서 주장하는 바는 현대의 물류가 병참이라는 군사적 영역에서 단순히 민간화된 것이 아니라 순수하게 민간의 활동으로만 보이는 물류의 삶이 군사적 삶과 강하게 뒤얽혀 있다는 것이다. 다시 말해서 저자는 민간과 군사가, 무역과 전쟁이 깊숙하게 뒤얽혀 있음을 강조한다. 그러므로 물류나 병참은 저자가 로지스틱스라는 용어로 의미하는 바를 포괄하기 어렵다. 전자는 로지스틱스를 경제적 의미로, 후자는 군사적 의미로 축소하기 때문이다. 따라서 두 의미를 융합하는 저자의 용법을 살리기 위해 본문에서는 logistics를 모두 로지스틱스로 음역하였다.

기가 닥친 시기였다. 로지스틱스 인프라를 둘러싼 분쟁과 그것이 뒷받침하는 순환²을 둘러싼 투쟁들이 마구 퍼져 나왔다. (겉으로 보기에는 부의 '비물질적' 흐름의 위기인) 2016년의 파나마 페이퍼스³ 유출조차 로지스틱스와 믿기 어려울 만큼 얽혀 있다. 파나마의 법률 회사 모색 폰세카에서 유출된 무수한 기밀 문서는 공적 소유에서 사적 소유로, 남구에서 북구의 주머니로 엄청난 부가 이전되었음을 폭로했다. 그렇지만 이 이전은 주로 미국 정부와 기업들이 파나마에서 발달시킨 편의치적便宜置籍 4에서 그 논리와 형태를 빌려 온다. 더군다나 지구에서 가장 중요한 로지스틱스 인프라의 한 조각[파나마 운하]을 둘러싸고 있는 그 국가[파나마]는 로지스틱스 관리의 군사적 차원과도 아주 친숙하다. 제국적 절도는 이 국가에 출몰할 뿐 아니라 이 국가를 창조했다. 파나마는 이 핵심적인 수송 항로의 통제를 위해 미국이 콜롬비아에서 토지를 강탈함으로써 탄생했다.

도널드 트럼프의 당선 또한 관국가적인 로지스틱스 공간과 미국 제국의 요동치는 미래에 대해 날카로운 질문을 던진다. 트럼프는 국내에 일자리를 확보하고, 우려되는 국가 주변에 장벽을 설치하겠다고 이야기함과 동시에 로지스틱스 기업이 운영하는 관국가적 석유 인프라에 전념한다. 요동친다는 말보다 공급 사슬의 상태를 더 적절하게 묘사할 수 있는 말은 없는

---

2. [옮긴이] 본문의 순환은 circulation을 옮긴 말이고, 유통은 distribution을 옮긴 말이다. 저자는 본문에서 순환을 유통보다는 좀 더 포괄적으로 사용하고 있다(예를 들어 총 순환 등). 그러나 저자가 다루는 『자본론』 2권에서 circulation은 유통으로, circuit이 순환으로 옮겨지기 때문에 필요에 따라 유통과 순환을 병기했다.

3. [옮긴이] Panama Papers. 파나마 법률 회사 모색 폰세카(Mossack Fonseca)가 보유하고 있던 20만 개 이상의 역외회사에 관한 기밀 문서 자료. 각국의 정치인, 유명인사들의 조세 회피 관련 정보가 있어 큰 파장을 낳았다.

4. [옮긴이] 편의치적(flag of convenience)은 선주의 국적과는 다른 국가에 상선을 등록하고 그 국가의 상선기를 배에 다는 사업 관행이다. 선주는 운영비용을 줄이거나 선주 국가의 규제를 피하기 위한 목적으로 자신의 배를 편의치적으로 등록한다. 이러한 등록을 개방 등록(Open registries)이라고 부른다.

것처럼 보인다. 매끄러운 흐름의 공간을 보여 주려는 업계 지지자들의 열망에도 불구하고, 교란과 혼돈과 위기는 아마도 로지스틱스의 수그러들 줄 모르는 특징일 것이다. 그렇지만 최근 전환으로 가득했던 것은 로지스틱스 현장만이 아니다―그것에 대한 학술 연구도 그러했다. 불과 몇 년 전만 해도 다수의 연구는 사물의 운동을 이해하기보다 향상시키는 일에 전념했고 비판적인 학술 작업은 거의 없었지만 오늘날에는 '비판적 로지스틱스'에 대한 연구가 번창하고 있다.

이 작업의 한국어판 출간을 정말 영광스럽게 생각한다. 그리고 이 책이 발전시킬 논의들을 생각하면 흥분된다. 이 책은 한국의 지리에 길게 머무르지는 않는다. 하지만 한국을 조형하는 데 있어 군사 및 기업 로지스틱스가 발휘한 거대한 힘을 추적하면 책 한 권을 쓸 수도 있었을 것이다. 아마도 가장 중요한 것은 현대 로지스틱스의 경합을 생각할 때 다른 어떤 것보다 나의 상상력을 사로잡은 한 한국 노동자의 이야기일 것이다. 부산 한진중공업 영도조선소에 있는 35미터 높이의 갠트리 크레인 꼭대기에서 3백 일이 넘게 김진숙이 벌인 고공 점거 농성은 특별한 용기를 필요로 했을 뿐 아니라 다른 사람들에게도 용기를 불어넣었다. 그녀의 행동은, 오늘날 한국에서 진행 중인 광범위한 전환과 분리하기 어려운 노동 운동의 부활을 촉발시켰다. 그리고 그녀의 이야기는 다른 미래를 위해 투쟁하는 우리 모두가 배울 수 있는 이야기다.

2017년 1월 토론토에서
데보라 코웬

차례

로지스틱스
The Deadly Life of Logistics

로지스틱스
The Deadly Life of Logistics

로지스틱스
The Deadly Life of Logistics

전지구적인 사회적 공장에서
사물의 시민성

운동화는 여전히 스마트 폭탄[1]보다 온라인 주문이 더 쉬울지도 모른다. 하지만 그 두 가지를 우리에게 가져다주는 산업은 경영학과 전쟁술의 구별을 점점 더 어렵게 만들고 있다. 오늘날 전쟁과 무역은 모두 공급 사슬에 의해 고취된다 — 전쟁과 무역은 공급 사슬에 의해 조직되고 그것의 형태를 취한다. 단순히 전쟁의 민영화 또는 기업 공급 사슬의 군사화가 문제가 아니다. 로지스틱스와 더불어 새로운 위기가, 새로운 보안[2] 패러다임이, 새로운 법의 사용이, 새로운 살육 논리가, 새로운 세계 지도가 도래한다. 많은 이들에게 **로지스틱스**란 마술과도 같이 구매 후 겨우 몇 시간 만에 온라인 주문품들을 가져다주는, 혹은 지역의 대규모 쇼핑몰에 있는 대형 할인점을 쉴 새 없이 오가는 트럭을 떠올리게 하는 단어로만 인식될지도 모른다. 사물의 순환을 가능하게 만드는 인프라와 기술, 공간, 노동자 그리고 폭력의 전체 네트워크는 소비자로서만 로지스틱스에 관여하는 사람들의 시야 밖에 숨겨진 채로 있다. 그렇지만 수십 억 개의 상품과 더불어, 전지구적 공급 사슬의 관리는 사회체^{the socius}에 복잡한 거래들 — 정치적이고 금융적이며 법적인 그리고 대개 군사적인 거래들 — 을 끌어들인다.

전지구적 공급 사슬의 성장과 더불어, 가장 단순한 구매조차도 놀라운 배역들과 자본의 다중 순환들 그리고 아주 먼 거리를 가로지르는 복합 운동들의 교정^{calibration}에 의지한다. 교외 쇼핑몰에서 구매한 어린아이의 인형이라는 단순해 보이는 예를 들어 보자. 우리는 그 인형의 생산을 추적하여 중국 광둥성 같은 곳까지 갈 수 있다. 거기서 인형을 수많은 컨테이너에 채우고, 지역 산업개발지구에서 트럭에 실어 중산항에서 배로 옮긴다. 이 인형들의 다수는 배편으로 홍콩을 경유하여 태평양을 가로지르는 —

---

1. [옮긴이] 정밀 유도 병기의 한 종류.
2. [옮긴이] security. 이 책에서는 주로 보안으로 옮겼으며, 맥락에 따라 안보, 안전, 안정 등으로 옮길 경우 '보안'이나 원어를 병기했다.

6,401해리의 ─ 길고 고된 여행을, 19일 하고도 1시간가량 한 뒤에 [미국 서부의] 롱비치항에 도착한다. 이틀 뒤 배에서 화물을 내리고, 사흘 뒤 통관 절차를 마친 다음, 인형으로 가득 찬 우리의 컨테이너는 한 무리의 트럭에 옮겨져 캘리포니아 미라 로마Mira Loma에 있는 유통 센터까지 동쪽으로 50마일을 이동한다. 여기서 컨테이너를 개봉하고 박스를 내려 분류하며, 그 도시에서 매 시각 화물을 싣고 내리는 8백 대의 디젤 트럭들 중 어느 한 대에 다시 싣기 전에 재포장한다. 이 트럭들 중 일부는 8백 마일이나 달려 혹은 그 이상을 달려 지방 유통 센터에 도착한다. [거기서 다시] 화물을 내리고, 분류한 뒤 마지막 트럭에 다시 실어 4천 개의 월마트 미국 매장 중 한 곳으로 보낸다.

이 일군의 운동은 복잡해 보이지만, 이것은 사실 사물의 유통을 매우 단순하게 그리고 건전하게 설명한 것이다. 첫째, 단일한 생산 장소를 떠올리는 것은 오해의 소지가 있다. 오늘날 상품은 단일한 장소보다는 **로지스틱스 공간을 가로지르며** 제조된다. 이 점은 우리가 "구매 로지스틱스"inbound logistics ─ 한 상품의 제조를 가능하게 하는 구성 요소들의 생산 과정 ─ 를 설명할 때 그리고 우리가 운송을 생산의 뒤를 잇는 단순한 서비스라기보다 생산의 한 요소로 인식할 때 두드러진다. 이렇게 시장에서 상품이 물리적으로 순환하는 동안, 자본이 자신의 상이한 형태들을 순환하는 모든 방식에 대해 우리가 주의 깊게 살펴본다면 그 복합성은 급격히 커질 것이다. 공급 사슬의 특징인 상습적인 교란disruptions과 전지구적 로지스틱스 산업을 구성하는 폭력적이고 경쟁적인 인간관계들을 강조하려 한다면 보다 함축적인 서사가 특히 떠오르기 시작할 것이다. 기상 악화, 타이어 펑크, 엔진 고장, 연결편을 놓치는 일, 교통 체증, 도로 폐쇄로 인한 일상적 지연에, 보다 의도적인 방해 또한 덧붙일 필요가 있다. 적시Just-in-time 운송 체계는 다중 연결 중간 어느 곳에서라도 운수 노동자들의 노동 행동에 의해 교란될 수 있다. 조직되어 있든 그렇지 않든 간에 노동자들은 환적換積이 이루어지는 어디에서라도 화물의 포장과 재포장을 방해할 수 있다. 배는 종종 개방 수역의 핵심 구역에서 해적에게 납치되고, 트럭 및 철도 노선은 때때로 봉쇄된다 — [이것은] 오랜 식민지 점령의 역사뿐 아니라 오늘날 제국적 팽창의 실행에 대한 대응이다. 세관 및 보안 검사라는 예측할 수 없는 지연이 벌어지는 국경조차도 재화의 빠른 흐름에 도전한다. 사물의 순환에 대한 교란의 위협은 최근 몇 년 사이 정부와 기업에게 엄청난 관심사가 되었고 전지구적인 흐름의 공간을 통치하고자 하는 보안의 완전한 얼개의 창출을 촉발시켰다. 이 새로운 보안의 뼈대 — 공급 사슬 보안 — 는 일련의 새로운 형태의 관국가적transnational 규제, 국경 관리, 자료 수집, 감시, 노동 훈육뿐 아니라 해군의 파견 및 공중 폭격에 의지한다. 실제로 순환의 사회적 삶을 의미 있게 포착하려면, 우리는 그 시스템의 교란뿐 아니라 토지 수탈과 군사 행동 그리고 강탈 — 이것은 보통 새로운 로지스틱스 공간을 위한 문자 그대로의 그리고 비유적인 지반이다 — 을 통해 성취된 그 얼개와 인프라의 조립품까지 고려해야 할 것이다.

기업 로지스틱스와 군사 로지스틱스는 점점 뒤얽히고 있다. 이것은 기업 무역을 위해 길을 닦는 군대의 문제일 뿐만 아니라 군대를 활발하게 지원하는 기업의 문제이기도 하다. 로지스틱스는 현대전에서 가장 크게 민영화된 영역 중 하나다. 이라크와 아프가니스탄의 미군 기지보다 더 좋은 사례는 없다. 여기서는 민영 기업들이 계약을 맺고 부대에 대한 급식과 숙소 공급의 대부분을 맡고 있다. "공적인" 군사 로지스틱스 전문가들이 사적[민간] 영역으로 빠르게 순환하는 것은 바로 대부분 로지스틱스 계약을 사적 [민간] 군사 기업들로 이전하는 것을 돕기 위해서다. 군사 로지스틱스와 기업 로지스틱스의 뒤얽힘은 심화되는 그리고 변화 중인 형태일 수 있지만, 로지스틱스는 전쟁의 세계에서 한 번도 낯선 것이었던 적이 없다. (최근 [사용되는] 로지스틱스의 기업 경영상 용어인) 공급 사슬이라는 언어는 로지스틱스가, 비즈니스라는 멋진 신세계에서 출현하여 군대라는 구제도를 최근에야 식민지로 만들었다고 믿게 만들 것이다. 그러나 새로운 종류의 기업적 계산이 실제로 국가의 군대를 대체해 왔지만, 역사적으로 볼 때 로지스틱스라는 선물을 선사한 것은 군대와 전쟁이었다(De Landa 1991; Shoenberger 2008).

로지스틱스는 수천 년 동안 전쟁술에 헌신하고 나서야 2차 세계대전 이후 경영이라는 기업계에 차용되었다. 로지스틱스는 자신의 군사적 삶 대부분에 걸쳐 군사 전략을 규정하기보다는 그것을 가능하게 하는 보조 역할을 했다. 그러나 근대 국가의 성장과 함께 그리고 그 후의 석유 전쟁과 함께 사태는 변하기 시작했다. 이러한 맥락에서 동원이 지닌 로지스틱스 복합성은 군사 작전의 성패가 로지스틱스에 달려 있게 되었음을 의미했다. 20세기를 지나며 [그] 성격은 역전되었고 로지스틱스는 전략을 보조하기보다 오히려 그것을 이끌기 시작했다. 이러한 군사적 역사는 로지스틱스란 **사물**의 순환뿐 아니라 삶의 유지에 관한 것이라는 점을 우리에게 상기시킨다. 오늘날 로지스틱스를 그것이 관리하는 막대한 무생물체들과 결부시키기 쉽지만 그 일의 핵심적인 문제는 바로 인구의 부양이다. 사실 로지스틱스라는 군사술military art의 최종 역할은 전장에 연료를 공급하는 데 있었고, 이것은 기계뿐 아니라 사람을 먹이는 일을 포함했다. 보다 최근에 우리는 로지스틱스가 삶을 유지하는 수단일 뿐 아니라 그것 자체가 살아 움직이는 시스템으로 개념화되는 것을 목격한다. 공급 사슬을 보호하려는 현대의 노력들은 흐름이라는 생물학적 요청을 로지스틱스 시스템에 부과하고 인간의 삶뿐 아니라 시스템 자체를 유지하는 수단으로서 "회복력"resilience 3을 처방한다. 이 맥락에서 순환에 대한 위협은 범죄 행동으로 취급될 뿐 아니라 무역의 **삶**에 대한 엄청난 위협으로 취급된다. 내가 뒤에서 주장하듯이 새로운 귀속의 경계들이 순환의 공간 주위에 그려지고 있다. 이 흐름의 "관로管路들"은 국가 영토성의 경계들을 바꾸어 놓을 뿐 아니라 국가 공간의 내/외부로 조직되었던 법과 폭력의 지리를 고쳐 쓰고 있다. 그 흐름과 싸우려고 하는 시스템의 외부자들은 정상적인 법과 보호에 의지하지 않는 난폭한 무역[4]의 원초적 힘과 대면한다. 로지스틱스는 단순히 보안화securitization 또는 유통에 대한 이야기가 아니다. 그것은 생명bio-정치적이면서 시신necro-정치적이고 동시에 반정치적인antipolitical 산업이자 배치다.

『로지스틱스: 전지구적 물류의 치명적 폭력과 죽음의 삶』[이하『로지스틱스』]은 공간을 통한 사물의 운동에 대한, 겉으로 보기에는 평범하고 기술관료적인 관리가 어떻게 전쟁과 무역의 원동력이 되었는지에 관심이 있다. 이 책은 사물을 이동시키는 군사술이 어떻게 점차 경영 관리에 대한 "포괄적인 과학"이 되었을 뿐만 아니라 나이절 스리프트Nigel Thrift(2007, 95)의 말처럼 "아마도 현대 세계의 중심적인 훈육"이 되었는지 설명한다. 그러

---

3. [옮긴이] 회복력은 외부의 충격에도 불구하고 본래의 상태로 돌아갈 수 있는 능력을 말한다. 회복탄력성, 복원력 등으로도 불리는 이 용어는 생태학, 사회과학, 공학 등 다양한 분야에서 쓰이고 있다. 가령 생태학에서는 기후 변화로 인한 피해에도 불구하고 본래의 상태로 돌아 갈 수 있는 어떤 열대 우림의 경우 복원력이 있다고 이야기하며, 도시/지리학계에서는 경제 위기나 자연 재해 등을 겪은 후 재건에 성공한 지역을 회복력 있는 곳이라 부른다. 결론 장의 '전쟁과 회복력 있는 유기체' 절을 참고할 것.

4. [옮긴이] rough trade. 이 책에서 주로 무역으로 옮긴 trade는 게이 남성의 파트너 혹은 남창을 뜻하기도 한다. 그중에서도 rough trade는 난폭하고 폭력적인 파트너를 말하며 특히 대형 트럭 운전사, 건설 노동자, 부두 노동자 같은 근육질의 육체 노동자를 가리키는 경우가 많다. 저자가 이 용어를 사용하는 이유는 퀴어적 개입을 통해 폭력적인 무역 속에서 다른 잠재성을 발견하기 위해서다. 저자는 결론 장에서 BDSM의 전복적 힘을 강조하며 그것을 로지스틱스의 무대로 가져온다. 이때 BDSM의 일종인 rough trade는 연결 고리로 활용된다. 즉 rough trade는 폭력적인 무역을 뜻하기도 하지만 BDSM의 하나로서 전복적 힘을 수행하기도 하는 것이다. 또한, rough trade는 로지스틱스의 두 측면, 즉 군사술로서의 난폭함(rough)과 비즈니스술로서의 무역(trade)을 동시에 나타내기 위해 조합한 말로 볼 수도 있다.

나 이 책은 로지스틱스를 하나의 성취가 아니라 하나의 기획으로 간주한다. 로지스틱스는 완전히 정치적이며 — 바다, 도시, 도로, 철도 수송로에서, 그리고 또한 그 배치의 일부인 시각적·지도제작 이미지들에서 [진행되는] — 그 모든 반복 속에서 매우 경쟁적이다. 이 책은 로지스틱스술術 그리고 다음에는 로지스틱스 과학이 어떻게 계속해서 생산 및 유통의 그리고 보안 및 전쟁의 지리뿐만 아니라 우리 자신과 우리 세계에 대한 우리의 정치적 관계들, 따라서 시민성의 실천들까지 전환하는지 탐구한다.

이 책은 네 가지 핵심 주장을 제기한다. 첫째, 이 책은 "민간"과 "군사"의 구별이 불분명하다고 주장한다. 그 구별의 효과가 지닌 정치적·역사적·지리적 힘에 대해 주의를 기울일 때도 말이다. 이 책은 우리가 세계의 전쟁과 무역을 분리하는 작업을 인정함과 동시에 전쟁과 무역의 뒤얽힘에 대해서도 질문할 것을 요청한다. 둘째, 이 책은 무수히 많은 다른 현대의 연구들과 보조를 맞추면서, 자신을 순수하게 기술적인 것으로 제시하는 지식과 계산의 완전히 정치적인 삶에 대해 상술한다. 이 책은 로지스틱스에 대해 이야기하면서 그 분야가 현재의 형태로 출현하게 된 갈등과 폭력의 역사를, 그리고 갈등과 폭력의 지리를 감추기보다 강조한다. 이 작업은 "기술성"에 대한 로지스틱스의 주장 — 로지스틱스의 전문 지식, 객관성, 정치적 중립성에 대한 그 직종의 단언 — 을 확고하게 투쟁의 궤적 내부에 위치시킨다. 이 책은 주로 구성적 지도제작을 통한 로지스틱스의 반정치적 배치를 다루면서 순환 공간의 지도화mapping를 매우 정치적이고 경쟁적인 로지스틱스 공간 생산에 근본적인 것으로 받아들인다. 세 번째 개입은 첫 번째 그리고 두 번째와 관련이 있다. 그것은 특히 "민간" 영역과 "군사" 영역 간의 변화하는 경계를 질문함으로써 폭력과 계산의 문제를 강조한다. 이 경계는 단순히 개념적이고 법적인 것만이 아니다. 그 경계는 지리적이기도 하다(Mbembe 2003). 많은 학자들이 약술한 것처럼, 근대전의 뼈대는 근대 국가의 지도이기도 했다. 전쟁이 국가 영토에서 "맞서는" 반면, 민간은 국내 공간에 자리한다고 이야기되었다(Giddens 1985, 192; Foucault〔1997〕2003, 49). 근대성의 맥락에서 전쟁은 "어떤 의미에서 주권의 구조에 외적인 충돌을 의미했고 내전은 주권의 구조에 내적인 충돌을 의미했다"(Evans and Hardt 2010). 그러나 이 경계는 매우 유동적이다. 우리가 "전지구적 내전"(Hardt and Negri 2002)의 시대에 살아가고 있다면, 여기서 근대전을 떠받치고 있던 국가 영토의 틀은 무너지며, 우리는 그에 상응하는 "무력의 외적 사용에서 내적 사용으로의 변화"를, "군사 작전이 아니라 치안 행위로" 관리되는 무력 충돌과 함께 목격하고 있다(Evans and Hardt 2010). 그렇지만 이 변화는 훨씬 더 특정한 공간성을 띤다. 공급 사슬의 네트워크된 인프라와 얼개는 전쟁뿐 아니라 무역에 활기를 불어넣는다. 이 책은 현대의 정치적 삶에 대한 진지한 개입이라면 어떤 것이든 폭력적인 공간의 경제에 대해 깊이 생각해야만 한다고 주장한다. 우리의 이론은 우리의 현재에 대해 근본적으로 로지스틱스 공간의 시대로 [인식하며] 개입해야 한다.

마지막으로 『로지스틱스』는 로지스틱스에 대한 퀴어적 개입을 펼치는 것을 목적으로 한다. 이것은 깁슨-그레엄J. K. Gibson-Graham(1996)이 보다 광범위하게 자본주의에 대해 하고자 했던 것처럼 로지스틱스에 대한 "퀴어 독해"를 주로 수행하는 프로젝트가 아니라, 이 배치에 이미 자리 잡고 있는 퀴어성queerness을 강조하는 프로젝트다(Puar 2005 참조). 이 개입은 생사가 달린 경제의 재구성에서 이 진부한 경영과학 ─ 전쟁에서 태어난 과학 ─ 이 수행하는 치명적인 역할을 폭로한다. 이 개입은 로지스틱스 공간의 불균등한 지형을 심문하며 그것이 집단들의 권리와 삶에 대한 권리를 공급 시스템과의 관계를 기반으로 어떻게 변별하는지 검토한다. 완전히 제국적인 지도제작은, 로지스틱스 공간이 새로운 모습을 취하고 사회적 삶과 새로운 보조를 맞추는 동안, 또한 제국의 오랜 적들 ─ 착취와 억압에 맞서 싸우는 여러 노동자들과 다르게 위치지어지고 강탈에 맞서 싸우는 특히 인종화된 사람들 — 을 악마화한다. 그래서 이 개입은 또한 우리의 물질적, 정치적, 군사적 인프라의 구성에서 지리의 중심적인 위치에 대한 재고를 고려한다. 이 진단의 차원을 넘어서 — 퀴어적 개입은 "시스템"의 불안정성을 열어젖히며, 대안적인 공간과 미래상 또한 배양하는 "내부에 자리 잡고 있는 도착적인 것"(Puar 2005, 126 참조)을 강조한다.

시장과 군대

인정되거나 심문받는 경우는 거의 없지만 로지스틱스라는 오랜 군사술은 전지구적인 사회적 공장을 만드는 데 있어 결정적인 역할을 수행했다. — 단순히 생산의 지구화가 아니라 현대적인 공급 사슬의 발명과 국민경제를 관국가적 시스템으로 재조직화[하는 역할을 했다]. 로지스틱스는 한때 군인과 보급품을 전선으로 보내는 군사술이었다. 2차 세계대전 이후 수년 동안 로지스틱스의 광범위한 경영적[관리적] 이용은 주목받는 연구였고 경영학 business science 으로 이어졌다. 머레이 가이슬러Murray Geisler는 1960년에 〈랜드 연구소〉RAND Corporation에 기고한 글에서 군사 로지스틱스의 민간 사용에 대한 이 커져 가는 관심을 보여 준다. 그는 "대규모 군사 조직이 지닌 경영[관리] 문제들은 일반적 수준에서뿐 아니라 특수한 수준에서 민간 산업 및 상업 조직이 지닌 문제들과 많은 공통점을 가지고 있다"고 설명하면서, 따라서 군사 로지스틱스 연구는 민간 기업과 관련이 있어야 한다고 주장했다. 가이슬러는 두 가지 욕망을 보여 준다 — 경영과학[관리과학] management sciences이 군사 로지스틱스에서 배울 것 그리고 전자가 로지스틱스상의 도전을 자신의 일의 중추로 받아들여 후자를 보조하는 것이다. "공군 관리자들에게 요구되는 것은 더욱 힘들고 어려워지고 있다. 그에 비례해서 경영과학[관리과학]의 보조에 대한 공군 관리자들의 필요는 커져 가고 있다'고 그는 설명한다(1960, 453). 그의 욕망은 이후 10년 사이에 현실화되었다. 비즈니스 로지스틱스는 그 분야를 선도하기 시작했다. 비록 전쟁 행위자 및 기구와 늘 긴밀하게 대화하긴 하지만 말이다. 경영 관리에서 "로지스틱스 혁명"은 1960년대에 일어났고, 이것은 기업이 생산과 유통의 공간들을 상상하고 계산하며 계획하고 건설하는 방식을 완전히 바꾸어 놓았으며 전지구적 경제를 점차 개조했다. 로지스틱스 혁명은 생산과 소비의 장소에 걸쳐 있는 관국가적 순환 시스템을 낳았다. 그렇지만 군사술로부터 전후 로지스틱스 경영학이 성장해 나왔음에도 불구하고, 로지스틱스 혁명은 자신의 "민간화"를 거의 나타내지 않았고 오히려 생산과 파괴의 적시 지리학들 간의 상이하고 심화된 뒤얽힘을 보여 주었다. 로지스틱스의 뒤얽힌 군사적·민간적 삶은 특히 오늘날 극명하다. 최근 "공급 사슬 보안", 즉 국경과 영토를 어지럽히는 네트워크 보안의 성장은 로지스틱스를 통한 전쟁과 무역의 깊은 뒤얽힘을 두드러지게 만든다(Amoore and De Goede 2008; Bigo 2001; Bonacich 2005; Bonacich and Wilson 2008; Cooper et al. 1997; Flynn 2003; Haveman and Shatz 2006).

전쟁과 무역이 친밀한 사이라는 생각은 그다지 새로운 것이 아니다. 비평가들은 분리된 영역으로 여겨지는 군사적 삶과 민간의 삶이 점점 더 뒤얽히고 있다는 것을 한동안 보여 주었다. 미국 대통령 아이젠하워는 자신의 유명한 고별 연설[5]에서 팽창하는 **군산 복합체**의 "전면적인 영향력"에 대해 경고했다. 시모어 멜먼Seymour Melman은 1974년에 쓴 글에서 "영구적인 전쟁 경제"에 대해 설득력 있는 분석을 내놓았다. 이 글에서 그는 전후 미

---

5. [옮긴이] 아이젠하워가 고별 연설을 한 건 1961년 1월 17일이다.

국의 산업이 점점 전쟁의 축적을 중심으로 조직된다고 주장했다. 보다 최근에는 한 생생한 문헌이 현대전의 중심 세력으로서 민간 군사 기업의 부상을 추적한다. 하지만 우리가 경제의 군사화와 전쟁의 민영화를 목격하는 그 순간에도(Kinsey 2006; Chestermann and Lehnardt 2007; Leander 2010), 나는 더욱 중대한 무언가가 진행 중이라고 주장한다. 전쟁과 무역은 모두 지구화와 민영화의 시대에 주의할 필요가 있는 방식들로 변하고 있지만, 양자의 뒤얽힘의 오랜 역사와 복잡한 지리는 바로 군사-민간이라는 두드러지는 그 개념적 분리를 탐색하게 만든다. 푸코Foucault([1997] 2003, 2007), 바카위Barkawi(2011), 데 란다De Landa(1991, 2005), 그리거스Griggers(1997), 만Mann(1988), 자브리Jabri(2007), 음벰베Mbembe(2003), 모한티 Mohanty(2011), 그리고 네오클레우스Neocleus(2000)를 비롯한 학자들은 우리가 군사적 삶과 민간의 삶을 이해하는 방식을 완전히 재고할 것을 주장한다. 그들의 작업은 먼 과거까지 이르는 전통의 일부다. 그것이 최근 새롭게 갱신되었음에도 말이다. 버트런드 러셀Bertrand Russell(1938, 123)은 1938년에 쓴 글에서 모든 경제력은 "노동의 경제력 외에는……누가 주어진 땅한 덩어리를 차지할 수 있는지 그리고 누가 그 땅에 사물을 투입하여 그 땅에서 사물을 취할 수 있는지를 결정하는 능력에, 필요하다면 무력 행사를 통해 결정하는 능력에 있다"고 주장했다. 그의 개념이 유용한 것은 그것이 지리를 분석의 중심에 둘 뿐 아니라 그가 법을 이러한 폭력의 반명제 antithesis라기보다 폭력 작용의 일환으로 이론화하기 때문이다. 러셀은 토지 소유에 대한 가장 평범한 법적 협정(지주에게 지대를 지불하는 소작농)의 역사적 원천이 어떻게 정복에 있는지를 상세히 설명한 다음, 법이란 물리적 힘에 의해 성취된 사회질서 및 권력관계를 재생산하는 세력관계라고 말한다. 그는 "그러한 폭력 행위들 사이에서 국가 권력은 [토지] 소유권이 법에 따라 허용되는 것을 보장하기 위해 사용된다"고 주장한다.

이렇게 군사력과 경제력의 뒤얽힘에 대한 보다 사회학적인 접근은 권력의 변화하는 외형에 대한 계보학적 접근으로 보완된다. 여기서는 특히 푸코([1997] 2003, 267)[6]가 유용하다. 그는 전투 및 군사 기관이 민간적 형상을 떠받치는 방식들에 대해 질문을 던지고 정치적 상상계와 논리의 심원한 전쟁적 외형을 주장한다. 많은 학자들이 다양한 영역에서 ─ 물질문화, 산업 혁신, 풍경, 시각 체제, 그리고 의료 기법을 통해서 그리고 사회과학적 발견으로 ─ 전쟁이 평화를 떠받치는 방식들을 파헤치라는 요청을 받아들였다. 특히 대중 동원과 산업전의 성장 이후, 이 팽창하는 영역에서는 마크 더필드Mark Duffield(2011)가 언급하듯이, "밧줄에서 잼에 이르는 모든 것이 군사적 중요성을 획득했다." 점점 커지는 이러한 목소리의 일환인 이 책은 대신 계산calculation이 ─ 구체적으로 말하자면 삶의 수단(식량)과 죽음의 수단(군수품)을 공급하는 데 있어 전쟁의 가장 진부하지만 본질적인 측면인 계산에 대한 전문 전쟁 지식이 ─ 국가전의 세계에서 기업 무역의 세계로 수입되었던 방식들을 추적하며, 그 과정에서 양자[국가전의 세계와 기업 무역의 세계]를 모두 재정의한다.

제국주의는 이러한 뒤얽힘을 받아들이지만 그것의 변화하는 기반도 고려한다. 레이먼드 윌리엄스Raymond Williams(2013, 160)[7]는 [이렇게] 설명한다. "제국주의"도 "근본적인 사회적·정치적 갈등을 가리키는 여느 단어와 마찬가지로, 의미론적으로 하나의 고유한 의미로만 환원될 수는 없다. 제국주의가 지닌 의미상의 중요한 역사적·현대적 변종들은 고유의 조건들 속에서 해명되어야만 하는 실재의 과정들이 있음을 시사한다." 그럼에도 윌리엄스 역시 제국주의의 두 가지 상이한 의미를 유용하게 구별한다. 이것은 "지정학"地政學, geopolitics과 "지경학"地經學, geo-economics에 관한 현대의 논쟁들과

---

6. [한국어판] 미셸 푸코, 『"사회를 보호해야 한다"』, 김상운 옮김, 난장, 2015, 316~7쪽.
7. [한국어판] 레이먼드 윌리엄스, 『키워드』, 김성기·유리 옮김, 민음사, 2010, 237쪽.

일부 공명하며 또한 유사하다. 그는 19세기 영국에서처럼 제국주의가 "무엇보다 식민지들이 제국의 중심부로부터 통치 받는 정치 체계"로서 정의된다면, "······ 이 식민지들의 독립이나 자치에 대한 차후의 승인은 사실 널리 그래 왔던 것처럼 '제국주의의 종말'로 기술될 수 있다"고 언급한다. 그러나 하나의 상이한 개념이 현재에 대해 하나의 상이한 진단을 내린다. "다른 한편," 그는 [이렇게] 쓴다. "제국주의가 기본적으로 대외 투자 그리고 원자재 공급처 및 시장으로의 침투로 이해된다면 식민지 지위의 정치적 변화가 연속되는 경제 체계를 제국주의적이라고 기술하는 데 크게 영향을 주지는 못할 것이다."[8]

로지스틱스는 현대 제국주의 형태의 지도를 그린다. 지난 세기 동안 로지스틱스는 하나의 보충으로 기능하기보다는 전략과 전술의 원동력이 되었다. 그 사이 지난 50년 동안 기업의 민간적 실천은 이 예전의 군사술을 주도하게 되면서 로지스틱스를 경영학으로 재정의했다. 그렇지만 이 모든 변화에도 불구하고 로지스틱스는 여전히 폭력의 조직화와 깊이 엮여 있다. 로지스틱스가 지정학적 국가의 잔여 군사술이었다면, ― 여기서 지정학은 주로 영토적으로 구획된 국민국가 시스템 내부의 권력 행사 그리고 주권 및 권위의 문제와 관련이 있다 ― 경영학으로서 로지스틱스는 지경학적 논리와 권위의 원동력이 되었다. 여기서 지경학은 지구화된 시장 논리, 관국가적 행위자들(기업, 비영리 단체, 국가) 그리고 자본·상품·인간 흐름의 네트워크 지리에 의한 국제적 공간의 재교정recalibration을 강조한다(Sparke 1998, 2000; Pollard and Sidaway 2002; Cowen and Smith 2009).

---

8. [한국어판] 같은 책, 236쪽.

영토의 변형

로지스틱스의 전형적인 공간은 공급 사슬이다. 이 네트워크 공간은 인프라, 정보, 재화 그리고 사람들로 구성되며 흐름에 몰두한다. 그 산업에 속한 이들이 간편하게 "관로"라고 부르는 로지스틱스 공간은 국민국가의 영토성과 극명하게 대비된다. 오늘날 공급 사슬은 필수적이면서 동시에 취약한 것으로, 그래서 시급한 보호가 필요한 것으로 이해된다. 이 네트워크된 공간은 거듭해서 공급 사슬 보안의 대상으로 떠오르며, 공급 사슬 보안은 그 공간의 대표적인 지도제작을 연출한다. 기업의 공급 사슬은 군사 및 식민지 공급선supply line의 역사를 갖고 있다. 현대 자본주의의 공급 사슬이 식민지 변경邊境의 공급선과 아주 뚜렷하게 공명하는 것은 우연이 아니다. 제국의 오랜 적들 — "인디언"과 "해적" — 이 오늘날 "공급의 보안"에 가장 큰 위협을 가하는 집단들 중 하나라는 점은 눈에 띌 뿐 아니라 징후적이다. 이 집단들이 자신들의 투쟁을 명백하게 반反제국적인 용어로 표현하는 것 역시 놀랍도록 의미심장하다. 사실 공급선 혹은 공급 사슬은 관국가적 흐름의 지리이지만 제국적 힘의 지리이기도 하다. 제국의 메아리와 더불어 현대 지정학적 경제의 중심에서 공급선의 재부상은 오늘날의 전쟁을 과거의 형태들과 연결시키고 국가 영토의 시대를 역사적 이상異常으로 기소한다.

이 공급선 — 이 네트워크 순환 공간 — 은 국가 영토성과 국민국가들의 세계를 어떻게 개조하는가? 우리의 경제 지리에서뿐만 아니라 정치 지리에서 점증하는 공급 사슬의 중요성은 이러한 질문을 던지게 한다. 결정적으로 로지스틱스 공간은 **국가 영토성**과 상충하며 그것을 부식시키지만, 결코 **영토**의 쇠퇴를 보여 주지는 않는다. 지구화 과정들을 통해 구체화되는 정치적·법적 권위의 개조에 대한 사스키아 사센Saskia Sassen의 최근 작업은 유익

〈그림 1〉 1916년 멕시코 나미키파 주변의 (미국) 군사 공급선. 출처 : National Geographic Creative.

〈그림 2〉 2009년 [캐나다] 브리티시 컬럼비아 주 밴쿠버 주변의 기업 공급 사슬. 출처 : Debra Pogore-lsky 촬영.

하다(Sassen 2006, 2008, 2013; Elden 2009, 2013도 보라). 사센은 "우리가 이제껏 만들어 낸 것 중 가장 복잡한 제도적 얼개, 즉 국민 국가"(Sassen 2006, 1)의 재교정에 있어 신기원이라고 여기는 변형을 추적한다. 문제는 영토의 쇠퇴가 아니라 보다 엄밀한 이행이다. 국민국가들을 통해 조직되는 영토의 특정한 역사지리적 예시화 ― 즉, 영토성 ― 가 막을 내린 것이다. 사센(2013, 25)은 [이렇게] 쓴다. "영토territory는" "'영토성'territoriality이 아니다". "영토성"이 근대 국가와 결부된 한 형태라면, 사센(2013, 23)은 영토 그 자체를 "권력의 논리와 권리 요구claimmaking의 논리가 결합된 하나의 능력"으로 이해한다. 이 변형의 핵심은 "국가 주권 영토 조직 내부의 깊숙한 곳에서 …… 국경을 가로지를 뿐 아니라 새로운 유형의 공식·비공식 관할권을 발생시키는 횡단선으로 경계 지어진 공간들"(같은 책)의 새로운 부상이다.

이 책은 단순히 로지스틱스 공간들이, 국가 영토성의 권위에 도전하는 많은 것들 중 하나인 신생 관할권의 형태라고 주장하는 것이 아니라 로지스틱스가, 지구화를 일으키고 관할권을 다시 구성하는 시간·공간·영토의 변형에 있어 하나의 동력이라고 주장한다. 순환을 통치하는 편재하는 경영과학[관리과학], 즉 로지스틱스는 지구적인 규모로 자본주의적 생산과 유통의 지리를 개조했던 시공간 압축 과정에서 결정적이었다.

순환의 정치학은 오늘날 많은 학문 가닥들의 선두에 있다 — 그러나 우리가 이야기하고 있는 것은 어떤 순환 **형태들**인가? 한편에서, 순환은 물질 및 정보 흐름들과 관련이 있으며 이 줄기에서 순환의 통치를 고려하는 학문은 증가하는 추세다. 이 연구 중 상당수가 『안전, 영토, 인구』*Security, Territory, Population*에 수록된 푸코의 강의와의 대화에서 생겨난다. 여기서 푸코는 인구의 관리와 관련된 통치 형태의 출현을 약술한다(Foucault 2007, 65).[9] 푸코는 자신이 도시 계획에서 "보안"[안전]이라 부르는 것의 출현을 쫓아가면서, "더 이상 영토를 고정하고 구획하는 것이 아니라 순환이 일어나도록 하는, 즉 순환을 통제하고, 좋은 순환과 나쁜 순환을 가려내고, 사물이 항상 운동하도록 만드는 전혀 다른 문제"와의 마주침을 기술한다.[10] 보다 광범위하게는 "이동성"mobilities에 대한 학제 간 연구가 활발하며 증가하고 있다. 이것은 일상생활에서 운동과 순환의 완전히 저평가된 역할에 대해 묻는다(Sheller and Urry 2006; Sheller 2011). 이러한 순환의 의미(사물과 자료와 사람들의 운동들)가 그 용어에 대한 우리의 상식이지만, 그것은 상이한 형태들을 거치는 자본의 순환[유통]에 대한 연구에서 사용되는 개념과는 다소 대립된다. 사실 순환[유통]에 대한 이 후자의 개념은 아마도 맑스Karl Marx의 『자본론』 2권에서 가장 엄밀하게 논의되며 현대의 논쟁에서도

9. [한국어판] 미셸 푸코, 『안전, 영토, 인구』, 오트르망 옮김, 난장, 2011, 78~9쪽.
10. [한국어판] 같은 책, 103쪽.

핵심에 자리한다 ─ 그러나 이것은 위기의 정치경제를 다룬다. 순환에 대한 논쟁들이 부활하고 있지만, 서로 다른 문헌과 네트워크에서 상세하게 다뤄지는 이 상이한 순환 형태들은 거의 상충하지 않는다. 하지만 로지스틱스에 대한 이야기에서 중요한 것은 바로 자본의 순환circuit과 사물의 유통 사이의 변화하는 관계이다. 나는 우리 시대의 경제 공간의 중대한 정치사가 이 교차점에서 제공된다고 제의한다.

로지스틱스는 "횡단하는 네트워크들"뿐 아니라 순환을 떠받치는 다른 공간들의 묶음 ─ 결절들, 길목들, "벙커들"(Duffield 2011 참조)[11], 경계들, 그리고 도시와 국가 같은 중첩되는 관할권들 ─ 또한 수반한다. 로지스틱스 공간의 제작은 국가 영토성의 내/외부 이분법뿐만 아니라 국경을 따라 근대전이 조직되었던 "명석한" 방식들에 대해서도 도전한다. 찰스 틸리Charles Tilly는 자신의 권위 있는 설명에서 상업 도시들의 자본 축적 네트워크들과 군사 국가들의 영토적으로 구획된 강압 사이의 대항이 유럽 국가 형성의 오랜 역사를 규정했다고 여긴다. 틸리(1990, 19)에게 있어 "자본은 착취의 영역을 규정하는" 반면 "강압은 지배의 영역을 규정한다." 중요한 것은 틸리가 "동일한 대상(예를 들어 작업장)이 착취와 지배에 복무하는 곳에서 강압적 수단들과 자본이 융합한다"고 인정한다는 점이다. 만일 내가 이 책에서 주장하듯이, 로지스틱스 혁명이 공장을 생산과 순환의 분해된 네트워크로 바꾸어 놓았다면, 개조된 작업장으로서의 공급 사슬은 아마도 착취와 지

---

11. [옮긴이] "벙커(Bunkers)는 위협적이고 알려지지 않은 환경에 대항하여 밀폐될 수 있는 방어적 공간이다. 현대의 벙커는 많은 형태와 다양한 규모로 존재한다. 벙커는 물리적일 수도 있고 디지털적일 수도 있으며…… 그 두 가지가 결합될 수도 있다. …… 어떤 벙커는 확고한 경계를 갖고 있는 반면 다른 벙커는 좀 더 상징적이거나 문화적이다. …… 가장 알기 쉽게 나열하면 벙커는 빗장 공동체(gated communities)에서부터 쇼핑몰, 사적으로 치안되는 중심업무지구, 폐쇄적 관광지(tourist enclaves), 군사 그린존(military green zones), 국제 원조 산업의 요새화된 지구에 이른다. 신자유주의적 세계에서,…… 벙커는 정치적·경제적·문화적 엘리트에게 은신과 전략화를 위한 필수적인 장소다"(Duffield 2011, 764).

배의 뒤얽힘을 보여 주는 전형적이고 포괄적인 공간일 것이다. 사실 틸리의 개입은 일반적으로 이 두 가지 권력 조직들 ─ 자본/도시와 강압적 국가 ─ 의 분리로 기억되지만 그럼에도 그는 두 형태의 역사적 확장을 보여 준다. 그는 [이렇게] 쓴다. "시간이 흐르면서," "국가 형태 안에서 자본의 장소는 훨씬 더 크게 성장했지만, (국가 개입과 치안의 모습을 띤) 강압의 영향도 마찬가지로 확장되었다." 사실 내가 뒤에서 주장하듯이, 자본과 강압에 대한 이야기는 양자택일의 문제가 아니다. 이 책의 제목이 암시하듯이, 로지스틱스 공간은 ─ 그 방식들이 알아차리기 힘들지 몰라도 ─ 자본 순환뿐만 아니라 조직된 폭력의 강화를 통해 생산된다.

현대 통치의 공간과 규모에 대한 가장 유망한 통찰 중 일부가 **보안**을 다루는 비판적 학자들에게서 나온다는 것은 놀라운 일이 아닐지도 모른다. 보안의 도시화에 관한 마틴 코워드^{Martin Coward}(2009)의 주장은 현대적 삶을 지역적이지도 지구적이지도 않은 것 ─ 그것은 도시적이면서 동시에 관국가적이다 ─ 으로 만드는 네트워크된 인프라에 초점을 맞춘다는 점에서 앞서 간다. 인프라는 오랫동안 정치경제적 삶에 필수적이었고 조직된 폭력의 표적이었지만, 코워드는 인프라와 도시적인 것 사이의 관계에서 중대한 변화가 일어났다고, 그리고 그 변화는 오늘날 권력과 폭력의 회로에서 그 두 가지 모두를 **결정적인** 것으로 만든다고 말한다. 그는 [이렇게] 쓴다. 역사적으로 "인프라는 도시에 집중하게 된 전쟁 기계의 한 요소였기 때문에 표적이 되었다." 반면 오늘날은 도시가 표적이 되었는데 그 이유는 도시가 결정적인 인프라로 구성되어 있기 때문이다(Coward 2009, 403). 결정적인 인프라는 단순히 도심에 인접해 있는 것이 아니라 도시의 구성 요소다(같은 책, 404). 코워드가 기술하는 것은 본질적으로 로지스틱스 공간의 부상이다. 여기서 도시(로지스틱스 도시)는 핵심적인 정보·인프라·경제·정치 구역이 되었고 그에 따라 공격의 표적이 되었다. 마크 더필드(2011)는 바로 이 주장에 대한 아주 놀라운 통찰을 제공한다. 그는 총력전을, 필수적인 인프라에 대한 공격을 통해 삶의 조건들을 표적으로 삼는 "환경 테러"로 재정식화한다. 더필드(2011, 765)는 환경 테러와 그 순환의 노모스Nomos of Circulation(Evans and Hardt 2010)가, "보안 항로[12]로 연결되고 특권적 순환의 방어적 군도로 형성되는 결절 벙커들"로 된 엄밀한 얼개를 가지고 있다고 주장한다. 더필드(2011)는 "보안 항로"가 "전지구적인 수용소camps"의 윤곽을 그리고, 그에 따라 로지스틱스 공간의 지도이기도 한 세계 지도를 제공하는 방식들을 강조한다. 로지스틱스 논리는 전쟁과 무역 모두의 동력이며 국가적이고 도시적이며 제국적이고 유동적인 복합적 공간성 – 난폭한 무역의 "상호합법성"interlegality(de Sousa Santos, Valverde 2009에서 재인용) – 을 동시에 구성한다.

(로지스틱스) 공간에 대한 질문은 시민성에 대한 심원한 질문이기도 하다. 국가 영토성이 근대의 형식적 시민성에 문자 그대로의 법적 형체를 부여했다면 그것의 재구성은 정치적 귀속과 주체성에 어떤 영향을 미치는가? 무역 흐름의 보호를 위한 전지구적 얼개의 배치가 보안의 새로운 형태와 공간 – 로지스틱스 인프라 및 흐름의 네트워크 공간들 – 을 낳음에 따라 그것은 적어도 잠재적으로 새로운 시민성 패러다임 또한 불러일으킨다(Partridge 2011). 공급 사슬 보안은 육지와 바다를 가로지르면서 국경의 통치와 맞닥뜨리고 그것을 바꾸어 놓지만, 또한 집단의 권리 및 생계와 충돌하며 그 과정에서 그 집단을 재구성한다. 교란으로부터 무역 네트워크의 보호는 새로운 보안 공간들을 창출하고 그렇게 함으로써 주체들의 정

---

12. [옮긴이] 본문에서 주로 '항로'로 옮긴 corridor는 물류 관련 논문이나 보고서에서 흔히 '회랑'으로 불린다. 그러나 이 용어가 일반적으로는 긴 복도 등을 뜻하기 때문에 항로로 옮긴다. 항로는 보통 뱃길이나 항공로를 가리키지만 본문에서 등장하는 여러 항로 프로젝트의 경우 도로나 철도 등을 포괄하는 경우도 있다.

치적·법적 지위를 문제화한다. 예를 들어 군사·기업·민간의 상태 관리자들 state managers은 아덴 만[13]의 해적들이 선박 운송을 교란할 때 그들을 "범죄자"나 "테러리스트"로 관리해야 하는지 검토한다. 관리자들의 대응은 새로운 범주의 문제 ─ "소말리아 해적" ─ 를 만들어 냈고 국제법 또한 개정하여 소말리아 어부의 삶을 폭력적으로 바꾸어 버리는 해적퇴치 계획이라는 완전히 새로운 무기고를 생산했다. 공급 사슬 보안은 매우 경쟁적이고 유동적이지만, 교란의 문제화problematization와 실행 가능한 대응들은 로지스틱스의 정치적·공간적 논리와 관련이 있다. 다시 말하면 공급 사슬 보안의 네트워크 지리학은 주권과 관할권과 보안이라는 오랜 영토적 문제들에서 벗어나는 것이 아니라 이 공간적 존재론을 극적으로 바꾸어 놓는다.

정치지리학과 시민성 연구에서 이루어진 수십 년의 연구 이후 이러한 방식으로 이 문제들을 제기하는 것은 결코 낯선 일이 아니다. 존 피클스 John Pickles(2004, 5)는 [이렇게] 말한다. "지도는 우리가 사는 세계들과 우리가 되는[될 수 있는] 주체들을 위한 가능성의 바로 그 조건들을 제공한다." 피터 니얼스Peter Nyers(2008, 168)는 훨씬 더 직접적으로 "경계 짓는 행위들은 시민들이 타자들 ─ 이방인, 외부인, 비자격 국민 등 ─ 과 구별되는 과정의 일환이라는 점에서 시민성의 행위들이기도 하다"라고 설득력 있게 주장한다. 케지아 바커Kezia Barker(2010, 352) 역시 지리학적 렌즈를 통해 시민성을 바라볼 것을 강조한다. 그녀는 [시민성을]"민중이라는 구성된 범주가 어떻게 공간 속에서 정치적으로 정의되는지를 둘러싸고 진행 중인 투쟁들의 불안정한 결과"로 이해한다. 엔긴 아씬Engin Isin(2009, 1)에게 있어 시민성은 권리가 정의되고 분배되는 지배 전략에 대한 것일 뿐 아니라 더 중요하게는

---

13. [옮긴이] 유럽과 중동, 아시아를 잇는 해상 항로의 요지로, 서쪽으로는 홍해를 통해 수에즈 운하와 연결되고 동쪽으로는 아라비아 해와 연결된다. 아시아와 유럽을 최단거리로 연결하는 뱃길의 길목으로 소말리아 해적의 활동 지역으로 널리 알려져 있다.

"정치적 주체성에 대한 것이다. 둘 중 하나가 아니라 둘 다이다. [즉,] '정치적' 그리고 '주체성.' 시민성은 정치적 주체성을 가능하게 한다. 시민성은 정치를 논쟁(갈등)의 실천으로 개시한다. 이를 통해 주체는 정치적으로 된다." 이 문제들은 [인용한] 이 페이지들에서 예비적인 방식으로만 제기되지만 우리는 이미 여기서 사물의 시민성과 그 논쟁의 윤곽을 일부 보기 시작한다.

회복 시스템과 생존

로지스틱스 경영학의 성장은 지경학적 권력이 민관 파트너십을 향해 보다 광범위하게 기울어지는 것에서 중추적인 역할을 담당했다. 하지만 지경학적 논리와 형태의 성장은 국민국가와 그 인구 및 영토의, 심지어는 지정학의 대체가 아니라 완전한 개조를 나타낸다. 전지구적인 로지스틱스 항로들이 영토적 경계들에 도전하지만, 그리고 새로운 보안 패러다임이 재화와 인프라를 보호하기 위해 소집되어 있지만, 인구와 영토의 정치는 앞서 시민성에 대한 간략한 논의가 보여 주듯이 놀랍게도 핵심적인 것으로 남아 있다. 이후 장[章]에서 주장하듯이 영토와 권리와 노동하는 신체를 둘러싼 투쟁들은 사물의 시민성의 핵심을 차지한다. 마찬가지로 이 책은 순환과 관련된 뚜렷한 보안 패러다임의 성장을 추적하지만 그 핵심에 있는 로지스틱스 시스템은 사회기술적일 뿐 아니라 끊임없이 생명정치적이다.

로지스틱스의 생명정치에 대한 주장은 결코 간단하지 않다. 공급 사슬의 보안화와 더불어 취약성과 보호의 대상이 되는 것은 직접적인 관련이 있는 어떤 방식에서도 인간의 삶이 아니라 순환 시스템 자체이다. 공급 사슬을 보안하기 위한 노력은 스티븐 콜리어Stephen Collier와 앤디 레이코프Andy Lakoff가 "핵심 시스템"이라고 부르는 집합적 보안 형태의 성장이라는 맥락에서 이해될 수 있을지도 모른다. 이 보안 형태는 운송에서부터 커뮤니케이션, 식량과 물 공급, 그리고 금융에 이르는 경제적·정치적 질서에 결정적인 시스템들을 보호하고자 한다. 핵심 시스템 보안은 "자연재해, 전염병, 환경 위기 또는 테러 공격"처럼 예방이 불가능할 수도 있는 위협에 대응한다(Collier and Lakoff 2007). 따라서 핵심 시스템 보안은 그것이 대응하고자 하는 재앙의 넓은 범위에 의해 그리고 위험 기반 불안전insecurity 모델의 특징인 예방적 혹은 예측적 대응보다는 비상 관리 준비에 대한 강조에 의해 구별된다. 레이코프(2007)는 핵심 시스템 보안의 보호 대상은 국가 영토나 인구가 아니라 사회적·경제적 삶의 기반이 되는 중대 시스템이라고 설명한다. 인구의 안전[보안]과 그것의 복지주의적 합리성과는 달리, 핵심 시스템 개입은 "인간의 생활 조건을 조정하는 것이 아니라 이 시스템들의 연속적인 기능을 확보하는 데 중점을 둔다." 나는 국가 영토와 인구의 안전[보안]에 대한 관심에서 사물의 순환의 보안으로 옮겨 가는 이러한 통치상의 변화를 강조하려고 하지만, 인간을 넘어선 정치 이론을 강조하는 "새로운 물질성"의 논의들도 받아들이려고 한다(Mitchell 2002, 2011; Bennett 2010; Braun and Whatmore 2010; Coole and Frost 2010). 이것은 현대의 로지스틱스 공간을 구성하는 사회기술적 시스템의 살아움직임liveliness에 대한 얼마간의 개입을 요구한다. 명확히 말하면 그것은 이 시스템들이 메타포 이상의 의미에서, 유의미할 정도의 불안정한 삶을 살아가는가 그렇지 않은가에 대한 질문을 던진다.

이 질문은 아마도 다소 에두르는 방식이지만 결론 장의 중심을 차지한다. 인프라를 구성하는 것은 대부분 **무생물**임에도 불구하고 나는 로지스틱스 공간이 완전히 생명정치적이라고 주장한다. 더필드(2011, 763)가 주장하듯이, "생명정치는 변했다." 그것은 "교정적 유기遺棄 과정을 중심으로 재편되었다." 나는, 로지스틱스를 "핵심 시스템"으로 이해하는 것은 "인간을 넘어서는" 자연의 정치에 대한 상세한 설명을 요구한다고 제의한다. 무생물과 정보의 정치가 로지스틱스의 주된 영역이지만, 나는 대신 살아 움직이는 것 the lively에 주목한다. 나는 어떤 의미에서는 경험적으로 ― 시스템과 생존과 회복력의 담론을 통해 로지스틱스 정치와 생명 정치의 융합을 다룸으로써 ― 이 일을 시작한다. 로지스틱스 시스템은 "사물"이라기보다 자연 시스템으로 나타난다. 여기서 **자연**은 메타포일 뿐 아니라 시법詩法, metric 14이다. 그것은 여기서 작동하는 보통의 자연일 뿐 아니라 전혀 다른 개념 ― 순환의 사회 다원주의 ― 이다. 현대의 그리고 초유동적인hypermobile 사회 다원주의의 재구성은 노골적으로 로지스틱스 시스템을 내셔널 지오그래픽(Kostyal 2010, 16)이 "본능과 생존의 자연 이야기"라고 부르는 비인간 이주에 대응시킨다. 대중문화와 광고 캠페인뿐만 아니라 실제 공급 사슬의 보안화를 살펴보면서, 결론 장은 순환을 통한 생존이 어떻게 비인간 세계뿐만 아니라 경제 세계와 동시에 연결되는지 추적한다.

마크 더필드의 최근 글은 회복력이라는 위험한 담론을, 특히 그 담론이 자연을 통해 전쟁과 무역을 연결시키는 방식을 자세히 서술한다. 더필드(2011, 763)는 주장한다. "우리는 자연에서 전쟁의 다이어그램을 볼 뿐만 아니라 자연 그 자체는 하나의 시장으로 기능한다고 재발견되었다." 그의 통찰은 선견지명이 있다. 자연과 무역에서 순환의 생존주의적 정치의 결합은 우려스러운 함의를 갖는다. 그것은 무역 흐름을 자연화하고, 교란을 삶 자체에 대한 위협으로 간주하며, 해적 행위와 원주민의 봉쇄 그리고 노동 행동을 예외적인 힘에 시달리는 보안 문제로 간주하는 적극적인 노력을 이념적으로 뒷받침한다. 하지만 이러한 움직임의 아이러니 또한 강력하다. 동물 이주에 대한 사회 다원주의적 사고가 경제 순환을 자연화하는 데 기여한

---

14. [옮긴이] 자연이, 로지스틱스 시스템이 따라야 할 일종의 방법론이자 규준으로 제시됨을 뜻한다.

다면, 다윈의 사고 역시 자본주의적 사회관계들을 자연으로 치환한 것으로 해석되어 왔다. 150년보다 더 이전에, 맑스는, 『종의 기원』에서 다윈의 연구는 생산 관계들을 기술했는데 이것은 자본주의적 생산 양식을 그의 "자연"으로 구성한 것이었다고 생각했다(Ball 1979, 473). 1860년 맑스는 이 책을 처음 읽으면서, 자연에 대한 목적론적 접근을 거부하는 다윈에 대해 엥겔스에게 감탄을 표했다. 불과 2년 뒤인 1862년 그는 다윈을 다시 읽으면서 "재미있는" 것을 찾았다고 엥겔스에게 전한다. 볼Ball이 설명하듯이, "맑스의 재독해에서 다윈은 19세기 영국 부르주아의 모습을 한 자연학자로 모습을 드러낸다." 맑스는 엥겔스에게 보내는 편지[15]에 [이렇게] 쓴다. "다윈이 짐승과 식물 들 사이에서 노동분업, 경쟁, 새로운 시장의 개방, 발명, 그리고 맬서스주의적 '생존경쟁'을 지닌 영국 사회를 인식하는 방식은 주목할 만하다. 그의 〔자연〕은 홉스의 만인에 대한 만인의 투쟁이며, 헤겔의 현상학을 상기시킨다. 거기에서 시민사회는 '정신적 동물의 왕국'으로 기술되지만, 다윈에게는 동물의 왕국이 시민사회로 나타난다"(Marx, Ball 1979, 473에서 재인용). 따라서 완전히 순환하는 방식으로 "자연"은 무역을 위한 시법이며, 무역은 이미 자연을 위한 시법이다.

이 생존주의적 순환에서 그리고 비오스bios에 대한 이 논쟁에서 현대의 조직된 폭력의 윤곽 또한 중요하다. 생명권력의 중심에는 삶뿐 아니라 죽음의 문제가 있다. 살해의 관리에 대한 아쉴 음벰베Achille Mbembe의 중대한 통찰과 전쟁의 정치 및 지리에 대한 그의 상세한 설명이 우리에게 가르쳐 주듯이 말이다. 근대전의 내/외부 지리의 한계가 식민지 – 예를 들어 음벰베(2003, 23)가 합법적 전쟁의 범위와 공법jus publicum의 맥락에서 기술하는 것(Badiou 2002와 Mignolo and Tlostanova 2006 그리고 Asad 2007도 보라),

---

15. [옮긴이] 맑스가 엥겔스에게 보낸 편지, 1862년 6월 18일.

여기서 "전쟁과 평화의 구별은 유효하지 않다"(25) – 였다면, 현대전, 로지스틱스전은 이 구별되지 않는 상태를 관국가적 보안 네트워크 도처에 끌어들인다. 이것은 불균등하고 예외적인 공간들이 매끄럽게 되었음을 암시하는 것이 아니라 – 오히려 전지구적 공간은 지배와 힘에 의해 변함없이 갈라져 있고 분리되어 있으며 분화되어 있다 – 현대전과 생명권력의 공간적 논리 또한 변해 가고 있음을 암시한다.

결론 장은 순환의 생명정치의 순환 그리고 그것의 폭력적인 지도제작을 탐구한다. 하지만 순환의 "자연"에 대한 이 개입은 로지스틱스 공간의 기술관료적 반反정치에 대한 대안을 펼치려는 노력이기도 하다. 이러한 목적에서 페미니스트와 퀴어 이론가들의 작업은 특히 유익하다. 나는 주로 엘리자베스 그로스Elizabeth Grosz의 최근 작업(2005, 2011)을 받아들인다. 그녀는 로지스틱스 세계를 직접 다루지는 않지만 로지스틱스 공간에 있어 아주 핵심적으로 된 사회 다원주의 문제에 큰 관심이 있다. 그로스는 새로운 유물론적 페미니스트의 미래는 다윈의 작업에서 분리되는 두 가지 핵심 개념에 달려 있다고 말한다. 그로스는 퀴어적 비판과 리듬을 공유하면서 자연선택에 대한 성선택의 자율성을 강조한다. 성선택은 창조적 변형을 결정 없는 욕망 속에 위치시킨다. 자연선택이 모방적 생식[재생산]의 논리라면, 성선택은 예측할 수 없는 배치를 보여 준다. 섹스sex와 성sexuality이라는 직접적인 영역에서뿐만 아니라 미래를 조직하는 "예술적" 실천의 능력에서도 그러하다. 성선택이 그로스가 암시하는 심대한 정치적 열림을 제공한다면, 그것은 오늘날 로지스틱스 공간의 폭력적 논리를 코드화하는 자연선택의 시신정치적이며, 인종화된, 그리고 이성애규범적인 전제에 대한 대안을 개념화하는 잠재적으로 강력한 몇 가지 방법을 제공한다. 따라서 이 책의 결론 장은 성선택을 자연선택에서 떼어 놓는 것이 로지스틱스 공간에 어떤 의미인지 묻는다. 여기서 나는 [이렇게] 질문한다. 종 생존이라는 사회 다원주의적 이상이 "회복력 있는" 전지구적 공급 사슬의 배치를 위한 담론적 인프라로 복무한다면, 이와 달리 우리가 어떻게 그것이 "자신의 모든 퀴어성 속에서 나타나도록"(Puar 2005, 126) 만들 것인가?

이 책은 일상생활과 로지스틱스의 다른 교정을 위해 일하는 많은 운동들에 잠시 참여할 뿐이다. 하지만 이 참여를 통해 그리고 로지스틱스 공간의 지도를 제공함으로써, 이 책은 이러한 대항 지도제작에 기여하고자 한다. 로지스틱스 공간은 구별되는 정치지리들 − 순환 네트워크들 − 을 통해 구성되며 나는 이 같은 공간성들이 어떻게 대안 동맹을 위한 기회이기도 한지를 탐구한다.

『로지스틱스』의 로지스틱스

이 책은 로지스틱스의 오랜 역사와 전지구적 지리를 추적하기 위해 다양한 연구 방법과 아카이브를 동원한다. 엄밀하게 또한 겸손하게 매우 광대한 영역의 연구를 계획하기 위해서 이 책은 그 분야의 출현과 전환에서 핵심적인 사건들을 겨냥하고 있다. 각 장은 중대한 변화가 일어나고 순환의 통치에서 중요한 실험이 진행 중인 시공간에 초점을 맞춘다. 나의 의도는 포괄성을 주장하지 않고 권력과 폭력의 부상하는 네트워크를 개관하는 것이다. 나는 극적이고 필연적인 한계가 존재하는 이 작업이 초대와 열린 질문으로 해석될 수 있기를 바란다. 무엇보다도 그리고 다소 아이러니하게도 − 나의 지리학의 지리는 완전히 편파적이다. 그 프로젝트는 지구화된 시스템에 대한 분석을 제자리에 위치시킬 실천적 필요에 매여 있다. 여기에도 의도적인 선택이 존재하긴 하지만 말이다. 또한 이 책이 캐나다와 이라크, 두바이, 그리고 아덴 만을 통한 난폭한 무역의 이동성을 추적하는 만큼 미국은 이어지는 이야기의 핵심을 차지한다. 미국의 행위자와 제도는 그 분야의 출현과 전환에서 중추적인 역할을 수행했다. 현대의 전지구적 권력의 다중결절multinodal 지도에도 불구하고 미 제국주의는 여전히 크게 두드러진다(Smith 2004; Panitch and Gindin 2012). 그러나 이어지는 장에서 다루어야 하지만 출현하지 않는 무수한 장소와 사건과 질문이 있다. 그것들이 지금보다 더 많은 주목을 받아야 한다고 내가 이미 알고 있는 — 도널드 럼스펠드(그리고 Matt Hanah 2006)의 표현을 바꾸어 말하면 — "알려진 무지"는 거대하고 다양하다. 컨테이너화containerization 같은 주요 사건들은 분명 이 이야기의 윤곽에 심대한 영향을 끼쳤지만 간략하게만 다룬다. 마찬가지로 20세기의 마지막 10년 동안 확산된 항만 민영화의 흐름도 간단히 지나간다. 로지스틱스의 삶에 연료를 공급하는 금융자본의 권력은 고유의 책으로 나올 만하다. 당연히 "알려지지 않은 무지" — 여기에 포함되어야 하지만 내가 방치했다는 것조차 깨닫지 못하고 있는 것들 — 의 목록 또한 존재한다.

　이 책이 무엇을 강조하는가의 측면에서 시간과 공간과 능력의 한계가 있다면, 이 책이 어떻게 만들어졌는가의 측면에서도 깊은 한계가 존재한다. 나는 "분산된 현상"의 연구에 대한 크리스토퍼 켈티Christopher Kelty(2008, 20)의 언급에서 다소 위안을 얻는다. 여기서 그는 **주의 깊음**과 **포괄적임**이 동일하지 않다고 우리에게 상기시킨다. 켈티는 연구 대상이 분산되어 있을 때 포괄성은 불가능할 뿐 아니라 바람직하지 않으며 의심할 여지없이 불필요하다고 말한다. 켈티는 "분산된 현상의 연구가 반드시 한 현상의 각 사례에 대한 상세하고 지역적인 연구를 뜻하는 것은 아니다"라고 적고 있다. "그러한 프로젝트는 매우 어려울 뿐 아니라 지도와 영토를 혼동한다." 사실 유통 그 자체와 같이 널리 분산된 것에 대한 연구는 복잡한 방법론적 질문들을 제기하고 앎의 한계에 대한 성찰을 요구한다. 하지만 켈티가 주장하듯이, "어느 주어진 결절을 지역의 장소에 대한 것만이 아니라 분산된 현상 자체에 대한 풍부하고 상세한 지식의 원천으로 만드는 것은 가능하다." 내가 연구하는 장소들은 별개의 대상들이라기보다 흐름의 네트워크에 있는 결절들이며, 이는 그 장소가 결코 단순히 지역적이거나 완전히 봉쇄되어 있지 않음을 뜻한다. 나는 또한 티모시 미첼Timothy Mitchell에게서 중요한 교훈을 얻고 있다. 그는 너무나 많은 이론의 추상화를 거부하고 사건과 장소를 통해 주의 깊은 개념 작업을 하는 모델을 제공한다. 미첼(2002, 8)은 자신의 훌륭한 저서 『전문가의 지배』*The Rule of Experts*에서 "이론은 사실들의 복합성에 있다"고 말한다. 나는 이 경험적 모험을 통해 이론적 질문을 펼치면서 그의 접근법을 좇으려 한다. 이론가들은 아주 경험적인 것으로 그리고 경험주의자는 이상하리만치 이론적인 것으로 느낄지도 모르는 이 책의 리듬은 **사물들** ― 사건, 장소, 관계, 제도 들 ― 을 깊이 숙고한다.

　지도는 이 책에서 제시되는 주장을 위한 비판적 토대이며 그것을 전개하기 위한 필수적인 얼개다. "지도는 영토가 아니"(Korzybski 1973)지만 그럼에도 지도는 공간의 생산에서 결정적으로 중요하다(Harley 1988, 1989; Kitchen and Dodge 2007; Lefebvre 1991; Wood 1992, 2010). 지도는 세계를 재현한다고 하지만, 비판적 지도제작자들은 지도는 어떤 단순한 의미에서도 재현물이 아니라고 거듭 이야기해 왔다. 그보다 "지도와 지도화는 그것이 '재현하는' 영토에 선행한다"(Pickles 2004, Kitchen and Dodge 2007, 4에서 재인용). 지도가 작동할 때 그것은 우리의 산 경험 속 구체적인 것에 대응하지만 특정한 방식으로 그 경험이 이루어지게 하거나 그 틀을 형성한다. 지도는 "권력의 산물이며 지도는 권력을 생산한다"(Kitchen and Dodge 2007, 2). 지도는 참도 거짓도 아니다. 지도는 "명제"다(Krygier and Wood 2011). 이것은 "지도화를 통해 지도가 그 출현을 돕는 사태"(Wood 2010, 1)에 권위를 부여한다. 우드는 우리가 오늘날 알고 있듯이 지도의 발생은 "근대국가의 발생"이라고 주장한다(같은 책). 근대 서구의 지도제작은 국가 권력의 일환으로 출현하며, 여기서 지도는 "무력을 적용할 필요를 대체하고 감소시키는" 데 일조한다.

이처럼 공급 사슬 지도의 주된 아이러니는 그것이 자신을 시각적으로 표현함에 따라 조직된 폭력의 역사를 감춘다는 점이다. 이 책의 각 장을 여는 이미지들에서 지도로 그려진 것은 공급 사슬의 네트워크된 공간이다. 이 중 일부는 매우 특정한 공간들 – 예를 들어 아덴 만(4장)이나 〈바스라 로지스틱스 도시〉Basra Logistics City의 삽화(5장)까지 – 을 표현한다. 나머지는 개념적인 지도들이다 – 관계와 과정의 디자인을 상세하게 보여 주는 추상화된 공간들의 다이어그램으로 이것은 [앞의 지도와] 동일한 의미에서 명료하거나 직접적으로 지리적이지는 않지만 그럼에도 자신의 공간성을 가지고 있다. 실제 공간을 표현하는 이 각각의 이미지들이 세계에서 작동하는 **방식**은 각각의 장에서 상술되지만, 그 이미지들은 난폭한 무역의 핵심 지도제작을 집합적으로 구성한다. 이러한 점에서 특정 장소에 대한 이미지는 좀 더 직접적인 것으로 보일지도 모른다. 아덴 만의 지도는 새로운 공간, 즉 공적·사적 보안 항로 – 아프리카의 뿔[16] 앞바다의 〈국제권고통항로〉 – 의 발명을 표현한다. 다른 한편 〈바스라 로지스틱스 도시〉 계획은 이라크 최대의 군사 수용소를 지구적 석유 무역의 빛나는 허브로 전환하는 비전을 제시한다. 하지만 다이어그램은 보다 간접적으로 드러나는 방식이지만 공간의 제작에 있어 마찬가지로 중요하다. 1장의 비즈니스 로지스틱스의 탄생을 촉진하는 "공급 시스템", 2장의 공급 사슬 보안의 대상인 네트워크 공간, 3장의 보안 항만을 위한 "과정 모형"process model을 규정하는 예외적 권한의

---

16. [옮긴이] 아프리카의 뿔(the Horn of Africa)은 아프리카 북동부의 반도를 가리킨다. 아덴 만의 남쪽을 따라 놓여 있으며 지부티, 에리트레아, 에티오피아, 소말리아 등을 포함한다. 이곳의 지형이 마치 코뿔소의 뿔과 같이 인도양으로 튀어나와 있는 데서 유래한 이름이다.

질서화가 그것이다. 전체적으로 그 이미지들은 일련의 폭력적이고 경쟁적인 지리들 – 운동과 흐름의 공간들 그리고 경계 짓기와 봉쇄의 공간들 – 을 보여 준다.

이 책은 로지스틱스의 근대 기술과 과학에 대한 계보학적·지리학적 연구를 시작한다. 1장은 로지스틱스의 오랜 삶과 유동적인 의미를 개괄한다. 이 장은 로지스틱스의 인프라, 기술, 풍경, 노동 형태 그리고 전문지식에서, 그러나 또한 다름 아닌 그 용어의 의미에서 근대 로지스틱스를 특징짓는 일련의 놀라운 전환들을 추적한다. 우선 1장에서는 전쟁술로서 로지스틱스가 지닌 오랜 군사적 역사를 개괄한다. 그리고 로지스틱스를 전략과 전술의 주도적인 위치에 두었던 20세기 초 석유 전쟁의 기술정치technopolitics를 개괄한다. 이어서 이 장은 로지스틱스 혁명과 그것의 공간적 계산의 개조를 그리고 지정학적인 경제적 삶 또한 추적하기 위해 1940년대부터 1960년대까지 시스템 분석과 비즈니스 그리고 물적 유통 관리(간단히 "로크레매틱스"rhocrematics로 알려져 있다) 분야의 논쟁을 깊이 살펴본다. 2장도 1장처럼 뒤에 나오는 보다 정치적인 장들을 위해 다소 기술적인 지반을 다진다. 2장은 점점 중요해지는 이 관국가적 보안 패러다임을 로지스틱스 공간 프로젝트의 핵심에 위치시키는 "공급 사슬 보안"의 탄생을 추적한다. 따라서 2장은 교란의 문제를 로지스틱스 공간의 "홈 없는"seamless 항로와 관문gateways의 건설을 뒷받침하는 인프라, 기술, 제도, 노동력, 그리고 규제의 배치의 일환으로 검토한다. 적시 순환 시스템에 대한 상존하는 위협으로서 교란은 공급 사슬 "보안"에 대한 하나의 위협이 되었다. 교란은 여러 힘에서 생겨날 수 있으며, 공급 사슬 보안이 통치하고자 하는 위협들이 지닌 학제간 본성은 공급 사슬 보안을 정의하는 특징 중 하나다. 지진, 장비 고장, 해적의 습격, 철도 봉쇄 그리고 무수히 많은 다른 이질적인 교란의 힘들이 모두 공급 사슬 보안의 규정 하에서 통치된다.

특정 장소에서 공급 보안 시스템이 지닌 차별적인 작업은 3장과 4장과 5장에서 다룬다. 이곳은 실험의 핵심 장소들 – 순환이 특히 강력한 교란과 맞닥뜨리는 구역들 – 이다. 3장은 로지스틱스의 노동을 살피면서 노동자들을 "보안"하는 최근의 계획들을 생산적 노동의 신체와 움직임을 관리하는 훨씬 더 오래된 전통 속에서 파악한다. 로지스틱스 기술은 전 분야에 걸쳐 노동 조건을 철저히 파괴해 왔지만, 나는 우리가 다소 관점을 바꿔서 이것을 주로 (비자유) 노동의 지리의 재조직화로 이해할 것을 요구한다. 로지스틱스 혁명이 보여 주듯이, 제작뿐 아니라 이동의 경계들이 세계로 뻗어 가는 로지스틱스 네트워크에서 모호해지면, 우리는 또한 이례적인 관리 장치의 성장을 목격한다. 이것은 그저 공적이지도 사적이지도 않으며 군사적이지도 민간적이지도 않은 다른 무엇이다. 하지만 로지스틱스에서 노동하는 사람들은 이 시스템보다 좀 더 "회복력 있는" 상태일지도 모른다. 그들은 계속해서 흐름을 교란하고 대안적인 순환을 구축하기 때문이다. 노동자들은 비타협적으로 경제 정의와 사회 정의를 주장해 왔고 전지구적 로지스틱스 네트워크에 강력하게 파문을 일으키는 장애물을 만들 수 있다. 하지만 공장이 전지구적인 시스템이라면, 생산을 교란할 수 있는 것은 엄밀한 의미에서 노동자만은 아니다. 실제로 – 4장에서 다루는 – 해적은 현대 제국주의의 법적으로 승인된 난폭한 무역에 대한 전지구적인 위협으로 거듭 나타났다. 아덴 만의 중대한 선박 항로는 전지구적인 사회적 공장 내부에서 확고하게 군사적, 법적, "인도주의적" 노력들이 실험되는 분쟁 지역이 되었다. 특히 유럽과 미국은 정치적 공간을 개조하고 1세기 전의 식민지 폭력을 되풀이하는 방식들로 물리적·상징적 폭력을 전개하는 데 적극적이다.

5장은 로지스틱스의 **도시** 혁명을 탐구한다. 5장은 경제와 인프라의 도시화를 추적하면서 또, "지구적 도시"에 대한 연구가 [탈군사적] 민간화의 관점을 거부할 것을 주장한다. 이 장은 "로지스틱스 도시" – 군사 기지의 예외 공간들과 기업의 수출 가공 지구를 결합한 혼종 형태 — 의 성장이 중요한 의미를 지니고 있음을 보여 준다. 기생충이자 보충물인 로지스틱스 도시는 도시적 시민성과 순환 그리고 정치적 투쟁의 미래에 대한 질문을 불러일으킨다.

결론 장 — 「난폭한 무역?」 — 역시 매우 상이한 기록에 의지하면서 대안적 미래를 탐색한다. 그것은 (로지스틱스와 마찬가지로 경영과학[관리과학]에서 출현한) 광고를 살핀다. 구체적으로 말하면 선도 로지스틱스 기업의 기업 캠페인 그리고 인간 세계 및 인간을 넘어서는 세계에 매력적이면서도 치명적인 로지스틱스의 브랜드화branding를 살펴본다. 책 전체에서 제기되는 주제를 모으면, 그 분석은 로지스틱스 공간의 사회적·공간적 조립에서 나타나는 욕망과 폭력의 시각을 탐구하면서 난폭한 무역의 대안적 미래와 어쩌면 대안적 경제에까지 이르는 길을 강조한다.

1장
로지스틱스 혁명

"미국의 마지막 검은 대륙"

근본적인 문제는 기술적이지 않기 때문에
기술은 논의되지 않을 것이다.
피터 드러커,「물적 유통」

〈그림 3〉의 단순하고 작은 다이어그램이 세계를 바꾸어 놓았다. 사각형과 그 관계를 아이처럼 단순하게 표현한, "통합 유통 관리를 향한 대안"이라는 1970년의 이 그림은 향후 수십 년 내에 전지구적 공간 경제를 뒤바꿀 분야의 탄생을 알렸다. 그 다이어그램은 『국제 물적 유통 저널』*International Journal of Physical Distribution* — 이 이름으로 더 이상 출판되지 않는, 소규모 전문 유통망을 가진 무명 출간물 — 아카이브에 40년이 넘게 묻혀 있었다. 이 다이어그램은 처음 출판된 이래 거의 빛조차 보지 못했고, 이후에도 오직 소수의 전문가 집단만이 검토했다. 이 다이어그램은 한 번도 널리 퍼진 적이 없으며 세계에 전해지지 않았다. 그것의 힘 — 세계 내에서 그것의 작동 — 은 다른 질서에 있었다. 사실 사태를 바꾼 것은 그 다이어그램이라기보다 그것이 포착하고 구체화한 심대한 개념적 변화들이었다. 바로 이 변화들이 그 다이어그램을 1970년대에서 끄집어내 우리 시대로 끌어들일 가치가 있도록 만든다. 그 다이어그램이 로지스틱스 혁명을 이끄는 논리의 핵심을 포착하고 있기 때문이다.

분명 20세기의 가장 덜 연구된 혁명인 로지스틱스 혁명은 한 국가 또는 정치 시스템의 대변동이 아니라 경제적 공간의 계산과 조직화의 혁명이었다. 로지스틱스 혁명과 더불어 비용과 편익을 계산하는 새로운 수단들이 — 처음에는 대기업에 의해 결국에는 사실상 나머지 모두에 의해 — 널리 채택되었다. 이 계산은 비즈니스를 하는 방법에 대한, 그리하여 비즈니스를 하는 **장소**에 대한 새로운 논리를 제공했다. 이 다이어그램과 그것이 알렸던 혁명은 물적 유통과 자재 관리라는 정체된 분야를 — 생산 이후 상품 유통을 관할하는 전자와 생산 과정과 결합된 후자의 권한을 — 결합시켜 새로운 포괄적인 경영과학[관리과학]을 창조했다. 한 문제가 더 이상 공급 사슬의 분리된 부분에 갇혀 있지 않음에 따라, 이 새로운 과학은 자신의 권한을 증대시켜 생산과 유통의 전체 시스템을 가로지르는 순환을 관리하게 될 것이

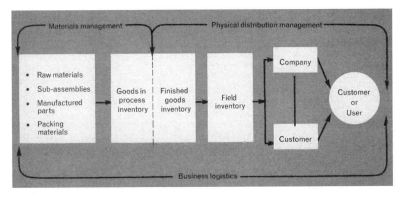

〈그림 3〉 "통합 유통 관리를 향한 대안." 출처 : LaLonde, Grabner, and Robeson 1970.

Materials management : 자재 관리 / Physical distribution management : 물적 유통 관리 / Raw materials : 원자재 / Sub-assemblies : 하위조립품 / Manufactured parts : 제조부품 / Packing materials : 포장 자재 / Goods in process inventory : 재공품 재고 / Finished goods inventory : 완성품 재고 / Field inventory : 현장 재고 / Company : 기업 / Customer : 고객 / Customer or User : 고객 또는 이용자 / Business Logistics : 비즈니스 로지스틱스

었다. 이 새로운 과학은 "비즈니스 로지스틱스"로 불렸다.

병사와 물자를 전선으로 이동시키는 군사술로서의 오랜 역사에서 출발한 로지스틱스는 2차 세계대전 이후 수년 만에 경영학으로 전환되었다. 비즈니스 로지스틱스 언어의 도입과 더불어, 공급 사슬의 분리된 부분에서의 유통 비용에 대한 기업의 초점은 생산과 소비의 장소에 걸쳐 있는 순환 시스템의 부가 가치에 대한 관심으로 전환되었다. 생산 이후 비용의 최소화에서 순환 시스템을 가로지르며 부가된 가치로 이동함에 따라 로지스틱스는 기업 내부에서 전략적 역할로 올라서게 되었다. 변혁된 로지스틱스는 또한 지구화된 로지스틱스였고 이는 물질생활이 만들어지고 유지되는 방식에 깊은 영향을 끼쳤다. 더 구체적으로 말하면 로지스틱스의 혁명과 지구화는 점점 보안의 틀을 통해 통치되는 관국가적 화물 흐름 네트워크를 낳았다. 동시에 로지스틱스 혁명은 자신의 "민간화"는 거의 드러내지 않았지만 생산과 파괴의 적시 지리들의 상이하며 한층 심화된 얽힘을 보여 주었다. 그 분

야의 이 전환들은 로지스틱스를, 분리되고 전문화된 군사술에서 편재하는 순환 과학으로 몰고 갔다. 따라서 이 다이어그램은 외과적 정밀함과 더불어 경제적 공간의 계산에서의 도약을 포착한다. 그 도약은 20세기 하반기의 생산의 지구화를 그것이 떠받치고 있을 때에도 거의 그 존재가 인정되지 않았다.

공간의 생산(Lefebvre 1984)과 "공간성"의 개념들(Soja 1989) 그리고 사회과학과 인문학을 가로지르는 학제 간 "공간적 전환"(Gupta and Ferguson 1992)에 대한 수십 년의 논쟁에도 불구하고, 공간은 여전히 우리 시대의 핵심에 있는 긴급한 일련의 지적이고 정치적인 문제들을 배제하는 방식으로 종종 자연화된다. 우리가 경제적 공간을 사고하고 계산하며 조직하는 방식에서의 심대한 전환이 평범한 시선에서는 여전히 가려진 채 고요하게 유지될 수 있었던 것은 공간의 주어짐에 대한 이 끈질긴, 완고하기까지 한 가정이다. 하지만 이 다이어그램의 중요성과 그것이 그림으로 표현하는 로지스틱스 혁명을 감지하기 위해 우리는 침로를 바꾸어야만 한다. 이 장은 2차 세계대전 이후 삼십 년 사이에 일어난 공간과 경제에 대한 계산적 지식의 심대한 전환을 추적한다. 그것은 비즈니스 로지스틱스의 발생을 가능하게 했던 엄청난 양의 지적 노동 ― 수년에 걸친 연구, 논쟁, 학회, 책, 저널 논문, 그리고 실험 ― 을 보여 준다. 그것은 또한 전문화의 노동 ― 학위 과정과 연구소의 설립, 무역 저널과 전문가 협회의 창립, 기업 내부에서 그리고 경제 내부에서 부상하는 로지스틱스의 힘을 반영하는 새로운 기업 구조의 창출 ― 을 추적한다. 그러나 이러한 전문적 담론과 전문화된 실천과 더불어, 이 장은 이 "순수한" 새로운 과학의 창출을 촉발하고 유지시켰던 더 넓은 정치 프로젝트, 논리, 상상계 그리고 이해관계의 일부 또한 그린다. 이 장은 이 경영 과학[관리과학]의 성장을 영속적인 식민 정치와 제국 정치의 맥락에서 그리고 미국 내의 격렬한 계급 투쟁과 노동 투쟁의 맥락에서 바라보면서 미국

주도 제국 권력의 정치적·경제적·공간적 논리의 전환을 추적하고 그리하여 이 강력한 기술과학의 사회적 삶을 제시한다.

"냉철한 계산": 전쟁의 로지스틱스

역사적으로 보면 로지스틱스는 오늘날과는 매우 다른 어떤 것을 의미했다. 로지스틱스의 기원은 민간 과학이 아니라 군사술이었다. 전쟁의 로지스틱스에 대한 역사적 학식은 보잘것없는 몸통만 있을 뿐이다. 군사 저술가들은 대개 일상적인 것보다는 기념비적인 것을 지향하면서 조직된 폭력의 가장 선정적인 양상들에 이끌린다. 반대로 정확히 로지스틱스는 흥미로운 전략 작업이 끝나면 해야 하는, 잔여적이고 단순한, 심지어는 관료적인 직무로 통했다. 조지 C. 소프George C. Thorpe 중령은 1917년에 [이렇게] 썼다. "전략과 전쟁의 관계는 플롯과 연극의 관계와 같다." 반면 "로지스틱스는 무대 연출과 소도구 그리고 정비를 제공한다." 소프는 청중이 "연기자의 기술과 연극 행위에 감동을 받지"만 결정적이나 "교묘하게 숨겨진 무대 연출의 세부사항들"을 간과한다고 보았다. 남성적 허세는 대개 군사軍史 쓰기의 특징이다. 마르틴 반 크레펠트Martin Van Creveld(2004)의 말에 따르면, "이러한 계산은 상상력에 호소하지 않는다"는 사실이 "군사 역사가들이 계산을 너무나도 자주 무시하는" 이유일지도 모른다(1~2)[1]. (아주 소수의 군사 로지스틱스 역사가 중 한 명인) 반 크레펠트는 그 주제를 다룬 모든 책에 수백 개의 전략과 전술이 있다고 언급한다(233). 하지만 그가 주장하듯이 그리고

---

[1] [한국어판] 마르틴 반 크레펠트, 『보급전의 역사』, 우보형 옮김, 플래닛미디어, 2010, 17쪽. 인용문에 있는 "이러한 계산"이란 작전을 수행하기 위해 필요한 계산, 즉 병사에게 식량을 얼마나 어떻게 제공할 것인지, 수송로를 어떻게 확보할 것인지 등의 계산을 말한다.

무수히 많은 실무자들이 확인해 주듯이 성공적인 군사 작전은 "어떤 위대한 전략적 천재성이 아니라 오로지 평범하고 고된 작업과 냉철한 계산"을 요구한다(1). "로지스틱스는 전쟁 업무의 9할을 차지하고, 군대의 이동과 보급을 계산하는 일과 관련된 수학적 문제들은 나폴레옹을 인용하면, 라이프니츠나 뉴턴이 할 만한 일이라는"(233) 사실에도 불구하고 로지스틱스는 여전히 크게 간과되고 있다.

전쟁 학자에서 전쟁 실무로 시선을 돌리면 다른 이야기가 드러난다. 여기서 우리는 거듭 되풀이되는 로지스틱스의 중요성을 보지만, 대개는 파편적인 인용문과 문학 기록들뿐이다. 고대 중국 전쟁 조직의 전체 역사는 아직 쓰이지 않았다. 오늘날 우리는 로지스틱스라는 말이 심지어 발명되기도 전에 고대 중국에서 보급이 훌륭하게 수행했던 중심적인 역할의 흔적만을 가지고 있을 뿐이다. 손자의 글은 새로운 형태의 전쟁을 형성하는 데 이바지했다. 그 특징은 계획적인 전쟁술과 장교라는 전문 집단인데 이것이 결합하여 과거에 강조되던 카리스마적 리더십을 대체했다(Wilson 2008, 362). 성공적인 군사 작전을 수행하기 위해 필요한 것과 비용을 아주 현실적으로 산정하는 손자(1980, 72)[2]는 [이렇게] 쓴다. "일반적으로 군대를 부리려면, 빠른 전차 천 대, 운반용 수레 천 대, 무장한 병사 10만 명, 천 리[약 5백 킬로미터]에 걸친 수송과 보급[이 필요하다]. 따라서 총 비용, 즉 연락과 사절의 고용, 무기와 장비를 만들거나 고치는 데 들어가는 물자, 수레와 갑옷을 수리하고 보충하는 데 필요한 비용은 모두 하루에 천 금金에 이른다. 그런 연후에야 10만의 군대를 일으킬 수 있다." 로지스틱스라는 말은 이후에 생겨났다. 그 어원은 보통 그리스어 logistikos로 거슬러 올라가는데 이는 "계산에 능숙함"을 의미한다. 보급선[공급선]은 전쟁 조직을 정의하는 특징

---

2. [한국어판] 손무, 『손자병법』, 유동환 옮김, 홍익출판사, 2011, 74~75쪽.

인 동물 사료와 함께 그리스와 로마의 군사 전략에서 핵심적인 고려 사항이었다. 도널드 엥겔스Donald Engels(1980, 119)는 심지어 [이렇게] 주장한다. "보급은 알렉산더 [대왕]의 전략의 기초였다." 이 전략은 주로, 출정하는 말의 숫자를 줄이고 대신 부대가 가능한 많은 장비와 식량을 나르도록 하는 데 집중했다. 그럼에도 엥겔스는 알렉산더의 작전을 지원하는 기병 말 6천여 마리와 군 장비를 나르는 1천3백여 마리의 동물을 위한 사료용 곡물을 운반하는 데만 1천 마리 이상의 말이 필요했을 것으로 추산한다. 맥코넬McConnell과 하드만Hardemon 그리고 란스버그Ransburgh(2010, 173)에 따르면 이것은 "전략이 말馬의 필요품을 책임지도록 조정되어야 하는" 상황을 낳았다. 실제로 로지스틱스는 작전의 성패를 좌우할 만큼 핵심적인 문제였다. 알렉산더는 "나의 로지스틱스 관리자들은 유머를 잃은 무리다……그들은 나의 작전이 실패한다면 자신들이 내가 살해할 첫 번째 대상이라는 것을 알고 있다"(JAPCC 2011, 3)고 말한 것으로 유명할 정도이다.

로마 제국의 군대 역시 냉철한 로지스틱스 계산에 크게 의존하고 있었는지도 모른다. 조나단 로스Jonathan Roth(1999, 279)는 "로마인들이 광활한 제국의 정복과 유지에서 거둔 성공이 어떻게 부분적으로는 그들의 군사 문화와 무기 그리고 훈련에 있었는지" 설명한다. 의심의 여지없이 이것들은 로마 제국 권력에 대한 통념을 지배하는 요소들이다. 그러나 "한편으로는 멀리 떨어진 대규모 부대에 보급품을 공급하는 로마의 능력이 그 성공에서 마찬가지로, [혹은] 더욱 중요했다"(같은 책). 로마인들은 "전략적이면서 동시에 전술적인 무기로서" 로지스틱스를 이용했다 ─ 실제로, "군사 보급품에 대한 필요는 전쟁에서 로마 사령관의 판단에 영향을 미쳤으며 대개는 그 판단을 좌우했다"(같은 책). 사람과 물자의 이동에 대한 세심한 주의와 군대와 동물의 보급이 로마 제국의 힘의 기반이었다면 로지스틱스의 실패는 또한 제국의 쇠퇴의 원인이었다. 최근의 한 주요한 연구는 마르쿠스 아우렐

리우스가 집권한 시기에 늘어난 전쟁과 침략이 농업 생산과 식량 공급을 약화시켰고 점차 제국 자체를 약화시켰다고 주장한다(Thomas 2004).

로지스틱스의 근대적인 군사적 외형은 나폴레옹 전쟁을 통해 처음 그 형체를 갖추게 되었다. 로지스틱스는 "전략"과 "전술"이라는 보다 잘 알려진 술책과 더불어 지정학적 국가의 세 가지 "전쟁술" 중 하나였고, 국가 권력과 식민 권력의 건설에 필수적이었다. 종종 인용되는, "군대는 자신의 배stomach로 행군한다"는 나폴레옹의 말은 전쟁에서 보급선[공급선]의 핵심적인 역할을 표현한다. 실제로 부대에 음식을 보급하는 문제는 1800년 나폴레옹이 식품 보존을 위한 완전히 새로운 접근을 요구했을 정도였다. 그는 병사들의 식량을 보존하는 효과적인 시스템을 설계할 수 있는 발명가에게는 큰 상금을 주었다. 이것이 니콜라 아페르Nicolas François Appert가 금속 캔을 발명하게 된 맥락이었다.

나폴레옹 전쟁의 양측 군사 전략가들은 점점 로지스틱스에 몰두했다. 클라우제비츠Carl von Clausewitz([1873] 2007, 78)는 [다음과 같은] 말을 한 것으로 유명하다. "보급에 대한 고려가 작전과 전쟁의 전략적 기본 틀에 영향을 미치는 것은 아주 흔한 일이다."[3] 클라우제비츠는 자신의 강의와 글을 통해 전투에서 "마찰"friction의 문제를 매우 강조했다. 그가 살던 시대의 자연과학에 영향을 받은 마찰은 그의 이론의 핵심 개념이 되었다. 실제로 그의 『전쟁론』에서 마찰은, 겉으로는 단순하게 보이는 과제를 어렵게 만드는 것이다. 클라우제비츠에 따르면 그것은 "현실 전쟁과 탁상paper 전쟁을 구별하는 변수와 거의 일치하는 유일한 개념"(119)[4]이다. 클라우제비츠는 더 나아가 전쟁의 일상을 특징짓는 미세한 문제, 난제, 지연 그리고 교란 들을

---

3. [한국어판] 카알 폰 클라우제비츠, 『전쟁론』 제1권, 김만수 옮김, 갈무리, 2006, 181쪽. 한국어 판에서 인용문의 "보급"은 "전투력의 유지"로 되어 있다.
4. [한국어판] 같은 책, 159쪽.

광범위하게 개괄한다. 이 문제들은 로지스틱스 고유의 영역에 속한다.

> 전쟁에서는 모든 것이 매우 단순하다. 하지만 가장 단순한 것이 어렵다. 그 어려움은, 전쟁을 본 적이 없는 사람은 상상도 할 수 없는 마찰을 축적하고 생산한다. 한 여행자를 생각해 보자. 그는 그날의 마지막 여행으로 저녁 무렵에 두 역驛을 더 갈 생각이다. 역마驛馬를 타고 큰길로 가면 4, 5리그[5]의 거리다 — 그 정도는 아무 것도 아니다. 그는 이제 다음 역에 도착했다. 그런데 말이 없다. 그나마 있는 말도 쓸 수 없는 말들이다. 게다가 가파른 지형에 길 상태도 좋지 않다. 깜깜한 밤이 되었다. 그는 온갖 고생 끝에 다음 역에 도착했다. 초라하나마 잘 곳을 찾아 마음을 놓는다. 전쟁도 이와 같다. 계획을 할 때는 제대로 기술할 수 없었던 수많은 작은 상황들이 영향을 미쳐서 모든 것이 실망스럽게 진행되며 목표에 미치지 못하게 된다.(50)[6]

마찰의 문제가 얼마만큼 직접적으로 로지스틱스의 문제였는지는 클라우제비츠가 [다음과 같이] 말할 때 분명하게 나타난다. "군사적 활동은 모두⋯⋯ 직접으로든 간접으로든 반드시 전투와 관련되어 있다. 군인을 소집하여 입히고 무장시키며 훈련을 시키는 목적, 그가 잠을 자고 먹고 마시고 행군하는 모든 목적은 오직 적절한 곳에서 적절한 때에 그가 싸워야 한다는 것뿐이다"([1873] 2007, 38).[7] 이때는 "종 생존"의 개념이 전쟁 중인 국가의 틀을 짓던 시기였다. 클라우제비츠와 다윈은 모두 경쟁적 투쟁을 사회 세계와 자연 세계의 원동력으로 이해했고 각각 국가와 종을 변화의 행위자

---

5. [옮긴이] 리그(league)는 거리 단위로 약 4킬로미터에 해당한다.
6. [한국어판] 같은 책, 158~159쪽.
7. [한국어판] 같은 책, 98쪽.

로 보았다(Cowen and Smith 2009를 보라). 독일의 지정학자 프리드리히 라첼Friedrich Ratzel은 이 담론을 심화시켰다. 동물학 교육을 받은 라첼은 다윈에 대한 책을 발간했을 뿐 아니라 성장에 대한 목적론적 동인과 광범위한 다윈의 유기체론을 그의 국민국가에 적용하기에 이르렀다. 라첼의 레벤스라움Lebensraum 개념은 "다윈의 자연선택을 공간적 또는 환경적 맥락에" 가져다 놓았다(Smith 1980, 53).

19세기 작가 앙투안-앙리 조미니Antoine-Henri Jomini처럼 나폴레옹과 싸웠던 군사 전략가들도 로지스틱스에 크게 주목했다. 조미니는 처음부터 로지스틱스가 전략과 전술을 조직하고 실행하는 데 있어 주도적인 자리를 차지할 것이라고 주장했다. 조미니([1836]2009, 189)는 로지스틱스가 "사람과 물자"를 전선으로 보내는, 중요하지만 따분한 일에 전념한다고 강조했다. 그뿐만 아니라 그는 전쟁에서 로지스틱스의 중요성이 커지고 있음을 입증하면서 [이렇게] 주장한다. "우리가 그 용어[로지스틱스]를 보존한다면 우리는 그 의미가 관할 참모 장교뿐 아니라 총사령관의 임무까지 포괄할 만큼 크게 확장되고 발달했음을 이해해야만 한다." 조미니는 이미 1870년대에 전쟁에서 로지스틱스의 중요성이 커지고 있다고 주장했다. 로지스틱스가 실제로 군사 전략의 원동력이 된 것은 석유를 에너지원으로 사용하는 전장의 발달이었음에도 말이다. "사람과 물자"에 대한 조미니의 설명에 덧붙여 우리는 로지스틱스가 또한 언제나 사람과 동물과 기계를 위한 에너지원을 전선으로 보내는 것과도 주된 관련이 있었음을 강조해야 한다. 사실 전쟁이 에너지원을 공급받는 방식의 전환은 근대전에서 로지스틱스가 잔여적 힘에서 원동력으로 부상하는 데 있어 결정적이었다.

전쟁 로지스틱스의 군사적 혁신이 지닌 오랜 그리고 중요한 역사에도 불구하고, 반 크레펠트(2004, 233)는 그 분야에서 가장 중요한 변화는 알렉산더나 나폴레옹과 함께 일어난 것이 아니라 휘발유petrol · 석유oil · 윤활유lubricants(POL)를 에너지원으로 하는 산업전의 부상과 함께 일어났다고 단호하게 주장한다. 유류POL의 출현과 함께 "18세기 때보다 훨씬 더, 전략은 로지스틱스의 부록물이 된다." 마누엘 데 란다Manuel De Landa(1991, 105~6)는 로지스틱스가 1차 세계대전 동안 전략과 전술을 **따라가기**보다 오히려 **이끌기** 시작했다는 것에 동의하며 또 그렇게 말한다. 데 란다에게 이것은 유류전이 지닌 그리고 유류전이 군대를 보급선[공급선]에 결정적으로 의존하게 만들었던 방식들이 지닌 한 가지 중요한 함의였다. 유류가 전쟁의 본성을 개조하기 시작했던 것은 1차 세계대전이지만, 그럼에도 가축은 여전히 결정적인 역할을 수행했고 사료는 막대한 로지스틱스상의 문제로 남아 있었다. 1차 세계대전 동안 영국에서 프랑스로 수송된 물자 중 가장 많은 양을 차지한 것은 탄약(5,253,538톤)이 아니라 말에게 먹일 귀리와 건초(5,438,602톤; Goralski and Freeburg 1987, 282)였다. 1차 세계대전이 유류전의 첫 번째 대규모 실험의 시작을 보여 주었다면, 2차 세계대전에서는 산업전의 로지스틱스가 무대의 중심을 차지했다. 도처의 지도자들이 전쟁의 형태와 결과를 형성하는 데 있어 에너지원의 결정적인 역할을 찬양했다. 처칠은 연합 작전에 대해 논평하면서 [이렇게] 외쳤다. "결국 휘발유가 모든 이동을 지배했다"(Goralski and Freeburg 1987, 284에서 재인용). 스탈린은 전쟁에 대한 유사한 성찰을 제공했다. "엔진과 옥탄이 전쟁을 결정지었다"(같은 책, 68). 여전히 말이 끄는 운송수단에 의존했던 전쟁에 독일이 뛰어들자마자, 아돌프 히틀러는 휘발유의 결정적인 역할을 빠르게 알아차렸다. 그는 외쳤다. "싸우기 위해" "우리는 기계에 필요한 석유가 있어야 한다."

이 모든 것에서 결정적인 것은 변화하는 폭력의 기술이 수단과 목적의 관계를 재조직했던 방식이다. 이것은 미국 제국의 심장부 내에서 점차 인식되었다. 어니스트 킹Ernest King 제독이 1946년 해군 장관에게 낸 보고서에서 강조했듯이, 2차 세계대전은 "생산전과 기계전으로 다양하게 불렸지"만,

"무엇보다······2차 세계대전은 로지스틱스전이다"("Logistics and Support" 2005에서 재인용). 불과 1년 뒤 미국의 역사가 던컨 발렌타인Duncan Ballantine(1947)은 2차 세계대전의 결과에서, 특히 해군에서 로지스틱스의 중요성을 되풀이해서 말했다. "2차 세계대전"의 교훈은 "해군 사령관은 전쟁 수단의 사용뿐 아니라 보급의 문제를 배워야 한다는 것이다." 그는 [이렇게] 설명했다. 로지스틱스는 "전략 및 전술과 별개의 것이 아니라 그 두 가지에 필수적인 요소다." 그는 "로지스틱스 전문가"를 양성하는 것에 대해 경고했고, 대신 "로지스틱스는 지휘 행사의 일환"이라고 주장했다. 실제로, 백악관으로 향하던 아이젠하워는 [이에] 동의했다. "전투와 작전 심지어는 전쟁의 승리 혹은 패배를 주로 로지스틱스가 결정했다는 것을 입증하기란 어렵지 않을 것이다"(Hawthorne 1948, xii).

"조금은 과장된 진술"일지도 모른다고 했지만, 미 해군 린드 맥코믹 Lynde McCormick 제독은 [이렇게] 말했다. "총을 쏘고, 폭탄을 투하하고, 어뢰를 발사하는 것을 제외하면 로지스틱스는 전쟁 수행의 모든 것이다"(Roloff 2003, 110에서 재인용). 로지스틱스 문제를 숙고했던 역사가들과 이론가들의 견해에 따르면 맥코믹은 앞을 내다보는 진술을 했다. 실제로 데 란다(1991, 105)는 더 나아가 이렇게 주장한다. "근대적인 전술과 전략은 로지스틱스의 특수 분과가 된 것처럼 보일 것이다." 로지스틱스는 오랫동안 전쟁에서 결정적이었지만, 군사 로지스틱스는 산업전의 부상과 더불어 전략과 전술을 이끌게 되었다. 로지스틱스는 [뒤늦게 사고되는] **실행상 보충에서 사고를 규정하는 계산적 실행**이 되었다. 에너지원의 물질적 형태와 사회적 조직화에서 일어난 변화로 로지스틱스는 점점 **본질을 구현하는 방법**이 되었다.

냉철한 전쟁 계산 : 맥나마라와 관리

2차 세계대전 동안 그리고 그 이후, 로지스틱스 분야는 군대 경계 밖의 힘들로부터 큰 주목을 받았다. 로지스틱스에 대한 기업의 관심은 "엄청난 양의 인력과 물자가 전 세계에 전략적으로 배치되어야 했던 2차 세계대전 동안 시작되었다"(Miller Davis 1974, 1). 2차 세계대전 동안 그리고 그 이후 미국의 전장을 지원하기 위해 설계된 사회적·산업적 기술이 결정적이었다. 미군은 적시 기법의 발달에 핵심적인 역할을 했다. 처음에는 미국의 조달 수요를 충족하기 위한 점령지 일본에서의 노동자 훈련을 통해서, 이후에는 한국 전쟁 물자 도급을 통해 이 기법을 확산함으로써 [그러했다](Reifer 2004, 24; Spencer 1967, 33). 미군의 또 다른 혁신인 표준 수송 컨테이너는 무역 지구화를 뒷받침하는 가장 중요한 기술적 혁신으로 거듭 호명되었다 (Levinson 2006; "Moving Story" 2002; Rodrigue and Notteboom 2008). 수송 컨테이너의 군사적 이용이 표준화된 지구적 형태로 확립된 것은 베트남 전쟁이 일어나고 나서였지만(Levinson 2006, 8, 178), 군사 물자를 전방으로 보내는 데 필요한 시간과 노동력을 감축하는 수단으로서, 상이한 교통수단을 오가며 운송될 수 있는 컨테이너에 대한 실험은 2차 세계대전 동안 이루어졌다. 이 특별한 기술은 복잡한 순환 및 유통 형태들을 관리하는 계산적 기술과 더불어 민간인을 유혹했다. 실제로 그랜트 밀러 데이비스Grant Miller Davis(1974, 1)는 "로지스틱스의 금전적 가치와 전략적 가치에 대한 기업가의 관심은 1950년대 말과 1960년대 초 사이에 급격하게 늘어났다"고 이야기한다.

그러나 로지스틱스가 기업 관리의 세계에서 풀어야 할 문제로 된 것은 언제이며, 옹호자들이 공간과 경제를 재고하는 군사적 방법을 이용하여 해결하려 하는 문제란 무엇인가? 지정학적 군사술로서 로지스틱스의 역사와 전지구적인 기업 공급 사슬 조직화에서 [나타나는] 그것의 보다 최근의 삶은 어떤 관계가 있는가?

비즈니스 로지스틱스의 성장에서 중대한 두 사람, 에드워드 스미케이Edward Smykay와 베르나르 라론드Bernard LaLonde(1967, 108)는 "기업이 로지스틱스 문제를 안고 있다고 처음 인식된 것이 언제인지는 정말로 아무도 모른다"고 주장한다. 그들은 "대략 1960년부터 학계에서는 로지스틱스-물적 유통에 대한 글이 꾸준히 늘어났고" 이러한 학문적 관심의 확대와 더불어 "미국 기업은 이 중요한 기능을 다루는 데 사용되는 조직과 방식에서 문자 그대로 '혁명'을 경험했다"고 이야기한다. 기업은 새로운 로지스틱스 방식을 적용하여 "상당한 비용을 절감할 수 있고, 고객에게 더 좋은 방법으로 [상품을] 제공할 수 있으며 기업은 사회에서 더 효과적으로 자신의 역할을 수행할 수 있다"는 것을 깨닫고 있었다. 폴 컨버스Paul D. Converse가 보스턴 유통 콘퍼런스에서 강연했던 것처럼, 1954년까지 기업은 여전히 "물적 운용보다는 사고파는 것에" "훨씬 더 주목"했다고 진단할 수 있었다. 컨버스는 더 나아가 [이렇게] 말했다. "판매원과 광고인과 시장조사원은 상품의 물적 운용을 거의 간과하는 것 같다······물적 유통의 문제는 그다지 중요하지 않은 문제인 양 너무나도 자주 무시된다"(Converse 1954, 22, Bowersox 1968, 63에서 재인용). 그는 경영 잡지도 물적 유통을 마찬가지로 등한시한다고 기술했다. 그의 말에 따르면 경영 잡지는 "물적 유통에 상대적으로 적은 지면을" 할애한다. 하지만 불과 10년 뒤, 물적 유통은 더 이상 간과되는 분야라고 할 수 없게 되었다. 1960년대 중반까지 [로지스틱스] 혁명은 잘 진행되고 있었다.

실제로 1965년 4월 6일, 경영 전문가 피터 드러커Peter Drucker는 "물적 유통은 그야말로 '전체 비즈니스 과정'을 말하는 또 다른 방식이다"라고 자신 있게 단언했다. 드러커는 새로 꾸려진 〈물적유통관리전국협회〉National

Council of Physical Distibution Management 강연에서 물적 유통은 "오늘날 비즈니스의 최전선"이라고 주장했다(Mangan, Lalwani, and Butcher 2008, 338에서 재인용). 드러커(1969, 8)에게 물적 유통의 장래성은 바로 "우리가 현재까지 진정으로 설계할 수 있는 유일한 비즈니스 모델이 – 다시 말해서 유일한 운영 시스템이 – 물적 유통, 즉 물자 흐름으로서의 비즈니스 모델"이라는 사실에 있었다.

이 당시에 그 주제[로지스틱스]를 다루는 새로운 글들이 쏟아져 나왔을 뿐 아니라 그 분야의 기관들이 급격하게 늘어났다. 로지스틱스의 기술과학적 지식이 지닌 권력의 성장은 특히 지난 이십 년 사이에 로지스틱스가 사회적·제도적 힘으로 부상하면서 일어났다. 로지스틱스 기업은 점점 전지구적 공급 사슬의 풀서비스 시스템full-service-systems 관리자로 행동하고 있다. 이 시기에 로지스틱스 전문가를 위한 새로운 협회들이 생겨났고 점점 늘어나던 전문적·학술적 프로그램의 등록자 수는 급증했다. 한때 운송이나 유통 심지어는 제조에 전문화되어 있던 기업들이 점점 로지스틱스 기업이라는 새로운 기업 정체성을 취하면서, 예전에는 운송이나 유통 또는 자재 관리를 다루던 무역 잡지들은 이제 "로지스틱스 전문가"를 겨냥한다. 공급 사슬 관리는 경영대학의 중심을 차지하고 있고 때로는 전통적인 경제학과를 대체하기도 한다(Busch 2007, 441).

〈미국경영협회〉[AMA]는 비즈니스 로지스틱스의 초기 발달에서 "선구자 그룹"이었다. 1959년 이들은 "물적 유통 기능의 관리"에 대한 세미나를 열었다. 4년 뒤, 〈물적유통관리전국협회〉가 설립되었다. "그 주제에 관심이 있을 뿐 아니라 물적 유통 프로그램에 활발하게 참여하는……고위 간부와 분석가 3백 명" 이상이 함께 했다.[8] 대학도 로지스틱스를 제도화하기 시

---

8. 1985년 〈물적유통관리전국협회〉(NCPDM)는 〈로지스틱스관리협회〉(CLM)가 되었다. 회원 수는 11,500명(1985년 이래 248퍼센트가 증가)이다.

작했다. 미시간 대학은 1957년 처음으로 유통 및 로지스틱스 과정을 개설했고 이후 점점 많은 학교와 학생 들이 이를 따랐다. 『유통 시대』*Distribution Age*, 『운용 및 수송』*Handling and Shipping*, 『교통 관리』*Traffic Management*, 그리고 『수송 및 유통 관리』*Transportation and Distribution Management*를 비롯한 다수의 새로운 무역 잡지들도 이때 창간되었다.

1961년 〈로지스틱스관리연구소〉LMI의 설립은 비즈니스 로지스틱스의 역사에서 결정적인 사건이었다. 같은 해에 앞서 국방 장관에 취임한 로버트 맥나마라Robert S. McNamara는 로지스틱스 연구를 전담하는 연방 기관의 필요성을 케네디 대통령에게 조언하기 시작했다. 맥나마라는 대통령에게 국방부가 조달과 로지스틱스 그리고 방위 산업과의 관계에서 심각한 문제에 맞닥뜨리고 있다고 보고했다. 맥나마라는 〈로지스틱스관리연구소〉가 "〈랜드Rand [연구소]〉 같은 그룹들이 기법상의 그리고 운영상의 문제들에 제공하는 새로운 의견을 로지스틱스에 대해" 생산하게 될 것이라고 주장했다 (LMI 발행 연도 불명). 그는 [이렇게] 설명했다. "우리는 뛰어난 자질을 갖춘 경영 관리 전문가들로 구성된 특별 전임 기구의 설립을 지원함으로써, 국방 예산의 절반을 소비하는 로지스틱스 관리에서 중요한 돌파구를 찾을 수 있다." 〈로지스틱스관리연구소〉는 고위급 군 장교들, 의장을 맡은 찰스 H. 켈스타트Charles H. Kellstadt(시어스로벅앤드컴퍼니[9]의 전 회장), 피터 드러커, 하버드 대학 학장 스탠리 E. 틸Stanley E. Teele, 하버드 경영대학원 교수 스털링 리빙스턴Steerling Livingston을 망라하는 강력한 이사회를 갖추고 몇 주 뒤에 설립되었다. 오늘날 〈로지스틱스관리연구소〉는 6백 명이 넘는 연구 인력을 갖추고 여전히 연구에 몰두 중이며 거의 모든 정부 부문과 그리고 점차 사적 부문 및 제3부문과 계약을 맺고 있다. 〈로지스틱스관리연구

---

9. [옮긴이] Sears, Roebuck, and Company. 미국의 종합유통업체.

소)의 설립은 이러한 로지스틱스 개편의 한 요소였을 뿐 아니라 로지스틱스의 증대하는 영향력을 보여 주는 상징이었다.

시스템의 과학

이제 "로지스틱스 혁명"의 시대로 부를 수 있는 1960년대는 거대한 실험의 시대였다(Bonacich 2005; Poist 1986). 경영 관리에서 이렇게 로지스틱스에 대한 관심이 증대되는 시기는 부분적으로는 전시戰時의 복잡한 로지스틱스 계획 및 운영의 표현으로 설명될 수 있다. 그러나 전후 시기에 로지스틱스를 경영 관리에서 주목받는 중심 대상으로 만들었던 다른 현실적인 요인들이 있었다. 양적 기법과 그것이 의존했던 컴퓨터가 핵심이었다(Stenger 1986). 도널드 바우어삭스Donald Bowersox(1968, 64)에 따르면 컴퓨터와 양적 방법은 모두 "물적 유통 응용의 생산력fertility에 기여할 것이었다." "1950년대 초반의 장기적인 이윤 감소는" 결국 1958년의 경기 후퇴로 이어졌고 미국의 대기업이 운영 비용 절감을 추구하도록 만들었다. 이 당시 로지스틱스는 복잡한 문제에 대한 해결책으로 간주되었다. 이러한 로지스틱스의 발전이 이루어짐에 따라 그것을 숙고하면서, 스미케이와 라론드(1967, 108)는 [이렇게] 썼다. "적절한 시기다. 작물은 풍성하고, 수확만 기다린다."

로지스틱스 연구의 팽창뿐 아니라 그 이론과 실천에서 일어난 급격한 변화 또한 이 시기에 매우 중요했다. 로지스틱스 혁명을 보여 주는 기업의 공간적 실천의 전환은 공간을 새롭게 사고하고 계산함으로써 발생했다. 1950년대 말 무렵 그 분야의 강조점이 운송과 물적 유통 그리고 "로크레매틱스"(Brewer and Rosenzweig 1961; Bedeian 1974)로 알려진 것에서 로지스틱스로 이동한 데에는 매우 영향력 있는 두 개의 논문이 기여했다(Lewis, Culliton, and Steel 1956; Meyer 1959). 이 논문들은 단순히 공장을 벗어난 고립된 재화의 운동보다 훨씬 더 중요한 것을 강조했다. 오히려 그 논문들은 행위의 새로운 공간을 여는 것 – 기업 안팎에서 공간적 조직화의 합리화와 계획적 관리 – 을 강조했다. 그러나 이 초기 논문들만큼이나 중요한 것은 그것들[합리화와 계획적 관리]이 여전히 비용 최소화를 전제로 작동했다는 점이다. 1960년대 초 무렵 비용 최소화는 부가가치를 강조하는 모델로 대체되었다. 이 변화의 본성은 알아차리기 힘들지만 근본적이다. W. 브루스 알렌W. Bruce Allen(1997, 114)이 설명하듯이, "전형적인 분석은 [다음과] 같다. x톤의 제품을 A에서 B로 옮겨야 한다. 총 유통 비용이 가장 적은 수송 방식은 무엇인가? [반면] 이윤 최대화 접근은 x[톤]이 수송하는 데 가장 좋은 양인지, A지점에서 B지점으로의 수송이 적절한 시·종점 쌍인지 물을 것이다." 1960년대 초반 유통 지리 분야에 도입된 시스템 사고systems thinking는 이윤 최대화 접근으로의 변화에 중요한 영향을 끼쳤다. 그 분야에 혁명을 일으킨 것은 로지스틱스 문제에 대한 시스템 접근으로의 변화였다. 시스템 분석과 더불어 로지스틱스와 유통은 완전히 다르게 개념화되었다.

전통적인 비즈니스 운영 방향에서 생산 라인의 종점은, 제지 산업의 경우 기계의 건조 단부dry end에 있다. 하지만 물적 유통 관점은 "생산 라인은 어디서 끝나는가?"라는 질문에 완전히 새로운 실마리를 던진다. 물적 유통 관리의 시각에서 생산 라인의 종점은 소비자가 실제로 그 제품을 사용하는 지점이다. 석유 산업은 좋은 사례다. 주유소에서 판매되는 휘발유는 실제로 제품의 전 과정과 유통의 종점이다. 하지만 그 제품이 최종적으로 자동차의 탱크에 옮겨질 때조차 그것을 실제로 본 사람은 아무도 없

다.(Smykay and LaLonde 1967)

의심의 여지없이 전후 초기 로지스틱스의 사고와 실천에서 일어났던 가장 큰 유일한 변화는 "시스템 관점"의 도입이었다(Smykay and LaLonde 1967; LaLonde, Gabner, and Robeson 1970). 그 당시 그리고 최근 들어 그 분야의 진화를 평가하는 주요 전문가들은 시스템 접근으로 향하는 광범한 패러다임 변화의 깊은 영향을 인정한다(Bertalanffy 1951; Johnson, Kast, and Rosenzweig 1964; Poist 1986). 그때까지 그 분야는 "물적 유통 관리"로 알려져 있었다. 1948년 〈미국마케팅협회〉American Marketing Association는 이를 "생산 지점부터 소비 또는 사용 지점까지 상품의 이동 및 처리"로 정의했다(Haskett, Ivie, and Glaskowsky 1964, 7에서 재인용). 시스템 접근이 도입될 때까지 물적 유통은 오로지 완성품의 이동에만 관심이 있었다. 그러한 바탕 위에서, 〈물적유통관리전국협회〉는 그 분야를 "다양한 완성품을 유통 라인의 종점에서 소비자에게로, 그리고 경우에 따라서는······ 원자재를 공급지에서 생산 라인의 시점으로 이동하는 것"으로 정의했다(Smykay 1961, 4에서 재인용). 여기서 핵심은 생산 관련 일과 유통 관련 일의, 생산 과정과 유통 과정의 엄격한 분리다.

그러나 스미케이와 라론드(1967, 17)가 설명하듯이, "시스템 개념에서는 한 기능의 개별 요소들보다는 그 기능의 전체적인 작동에 관심이 집중된다." 시스템 관점은 "통합 유통 관리"로 알려진 새로운 접근법을 낳았다. 이것은 비즈니스 로지스틱스 분야의 새로운 이름이며 중요한 것은 재규모화된rescaled 행위의 공간이다. 유통은 점차 [생산을] 뒤따르는 별개의 기능이라기보다 생산 과정의 한 요소로 이해되었다. 이 당시 록히드와 보잉 같은 기업들은 로지스틱스 계산을 생산 흐름에 통합하기 시작했고 더 나아가 생산과 유통의 구별을 모두 허물어뜨렸다(Miller Davis 1974, 1). 이 장 처음에 나왔던 간단한 오렌지색 다이어그램이 보여 주듯이 비즈니스 로지스틱스는 생산 및 유통의 전체 시스템에 초점을 맞췄다. 로날드 벌루Ronald Ballou(2006, 377)의 설명처럼, 비즈니스 로지스틱스라는 이름의 도입은 그 분야를 군사 로지스틱스와 구별하려는 시도였으며 또한 중요한 것은 "기업 내부에서 일어나는 로지스틱스 활동에 초점을 맞추기 위한" 시도였다. 이 변화가 지닌 영향력은 엄청나다. 혁명의 1960년대 말 무렵, 비즈니스 로지스틱스는 "원자재와 재공품 재고 그리고 완성품 재고를 원산지에서 사용처까지 혹은 소비처까지 물리적으로 매입하고 옮기며 보관하는 일과 관련된 모든 활동들의 관리에 대한 종합적인 접근"으로 정의되었다(LaLonde, Grabner, and Robeson 1970, 43; LaLonde 1994도 보라). 밀러 데이비스가 1974년에 설명한 것처럼 기업 내부 활동은

> 종합 시스템을 형성한다. 즉, 현대적인 기업 내부에서 일어나는 구매, 재고 관리, 자재 취급, 창고업, 위치 결정, 주문 처리, 마케팅 그리고 다른 기능적 활동들은 하나의 포괄적인 단위로 인지되고 식별되며 취급되어야 하는 공통의 관계를 맺고 있다.(1)

로지스틱스 혁명의 로지스틱스 : 총비용

시스템 분석은 [로지스틱스] 분야의 전환에서 중추적인 역할을 담당하는 것으로 인식되지만, 이 사고[시스템 분석]의 원천은 산업계의 설명에서는 명백하게 그리고 눈에 띄게 결여되어 있다. 로지스틱스 관리자와 공급 사슬 관리자 들이 자신들의 역사를 말할 때, 그들은 시스템 접근의 영향을 불가피하게 강조하고 그것의 계보는 완전하게 명시하지 않는다. 바우어삭스

(1968, 64)가 설명하듯이, "문제 해결에 대한 시스템 접근의 정확한 기원을 추적하는 것은 쉽지 않다." 사실 시스템 사고와 "총비용 분석"은 모두 "통합 물적 유통"을 다루는 이 초기 논의들에서 강조된다. 논자들은 통합 유통 관리의 출현에서 그 두 가지가 지닌 중요성을 언급하지만, 후자는 빠르게 희미해지고 양자의 연관성은 논의되지 않은 채 남는다. 실제로 총비용 분석은 시스템 사고가 그 분야에 진입할 때 사용된 수단이었던 것 같다.

그 연관성은 우리가 "총비용"의 작용과 효과를 추적할 때 분명해진다. 총비용 분석은 전통적으로 [유통] 분야와 관련된 제한된 활동 부분이 아니라 기업의 모든 활동을 가로지르는 실제 유통 비용을 밝히려고 한다. 1965년에 쓴 매우 영향력 있는 논문에서 부즈 앨런 해밀턴[10]의 존 스톨 John Stolle과 리차드 리카쉬먼Richard LeKashman은 [이렇게] 설명한다. "실제 유통 비용은 대부분의 기업들이 유통 비용을 처리하려 할 때 고려하는 것보다 훨씬 더 많은 것을 포함한다"(1965, 34). 이 저자들은 "어떤 재무 보고서나 영업 보고서에서도 절대 유통 비용으로 언급되지 않지만, 사업 중 곳곳에서 상이한 시간과 온갖 장소에서 ─ 구매, 생산, 서류 작업을 하는 도중에 ─ 정체와 이유를 알 수 없는 모습으로 나타나는" 비용들은 실제로 "모두 하나의 공통의 끈으로 서로 연결되어 있고 밀접한 관련을 맺고 있다"고 주장한다. "그것들은 모두 기업이 자신의 생산물을 유통하는 방식에서 기인한다"(LeKashman and Stolle 1965, 33). 불과 4년 뒤 피터 드러커는 물적 유통의 총비용이 전체 생산 및 유통 과정에 소요되는 총비용의 50퍼센트를 차지한다고 추산했다. 여기서 핵심은 예전에는 유통과 별개의 것으로 이해되었던 다양한 기능들이 이제는 유통의 총비용의 일부가 되었다는 점이다. 여기에는 재고 유지와 재고자산 감모손실, 창고업, 운송, 대체 생산,

---

10. [옮긴이] Booz Allen Hamilton. 미국의 경영 컨설팅 업체.

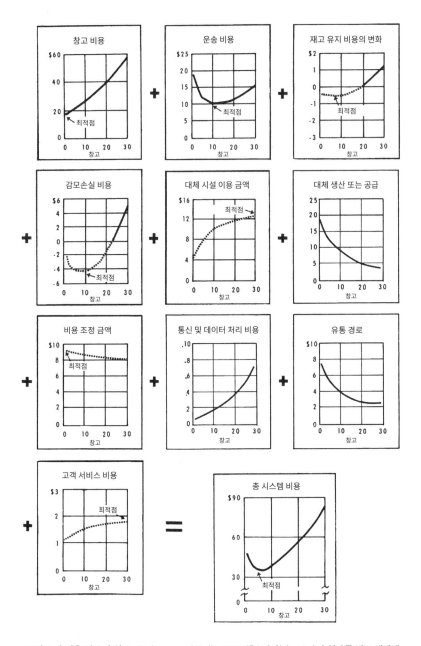

〈그림 4〉 총비용 접근. 출처 : LeKashman and Stolle 1965, 엘스비어(Elsevier)의 허가를 받고 재게재;
미국저작권사용허가센터를 통해 받은 허가임.

통신 및 데이터 처리, 고객 서비스, 대체 시설 이용, 유통 경로, 비용 조정이 포함된다. 총비용 분석은 다른 기능에 포함된 그리고 "감춰진" 유통 비용을 알려주므로(LeKashman and Stolle 1965, 37), 총비용 분석의 한 가지 실질적인 영향은 생산과 유통을 구별하는 어떤 장벽도 허물어뜨리는 것이었다.

리카쉬먼과 스톨의 1965년 논문에 수록된 〈그림 4〉는 총비용에 대한 두 가지 핵심 교훈을 전달한다. 아마도 가장 명백한 첫 번째는 총비용 분석을 수행하기 위해 요구되는 데이터의 양이 엄청나다는 것이다. 그런 복잡한 계산은 컴퓨터와 비선형 계획법 그리고 시뮬레이션 모델링이 등장하지 않았다면 불가능할 정도로 노동 집약적이다. 실제로 리카쉬먼과 스톨은 기업이 아직 유통에 대한 총비용 접근을 적용하지 않았던 세 가지 이유를 언급한다. 첫째는 다른 활동들에 깊이 내포되어 있고 뒤얽혀 있는 유통 비용의 본성 때문이고, 둘째는 전통적으로 생산과 재무를 지향하는 회계 부서의 성향 때문이며, 셋째는 리카쉬먼과 스톨이 결정적인 것이라고 생각하는 [다음의] 이유 때문이다. 그들은 [이렇게] 설명한다. "이 유통 관련 비용들이 계속해서 우리 경제의 모든 부문에서 이윤 폭을 증대시키고 감소시켜 온 주된 이유"는 "유통 시스템 설계에서의 상대적으로 단순한 문제조차도 수천 가지 방식으로 상호작용하는 수백 가지 정보를 수반할 수 있기" 때문이다. "그래서 유통 비용 덩어리를 다루는 방법은 없었다." 도움을 줄 수 있는 기법과 기술이 고안되기 전까지는 말이다(1965, 37). 이 기술의 보다 넓은 가용성이 총비용 [접근]의 성장 시기를 설명해 준다.

에드워드 스미케이와 베르나르 라론드(1967)는 1960년대 말에 쓴 글에서 당시 컴퓨터 기술은 경영 관리의 관심을 끌기 위해 물적 유통과 경쟁했지만, 후자[물적 유통]는 전자[컴퓨터 기술]의 적용을 위한 영역이었다는 점과 물적 유통에 대한 관심은 컴퓨터 기술의 변형 능력과 불가분한 관계를 맺고 있었다는 점은 분명하다고 주장했다.

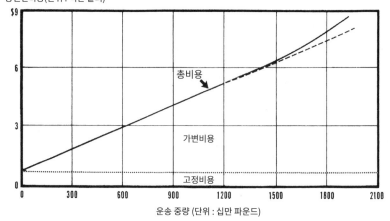

총연간비용(단위 : 백만 달러)

총비용

가변비용

고정비용

운송 중량 (단위 : 십만 파운드)

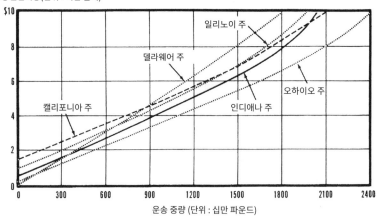

총연간비용(단위 : 백만 달러)

일리노이 주

델라웨어 주

오하이오 주

캘리포니아 주

인디애나 주

운송 중량 (단위 : 십만 파운드)

〈그림 5〉 총 공장 및 창고 비용, 5개의 공장. 출처 : LeKashman and Stolle 1965, 엘스비어(Elsevier)의 허가를 받고 재게재; 미국저작권사용허가센터를 통해 받은 허가임.

적어도 새로운 비용 계산을 가능하게 했던 컴퓨터 기술의 성장만큼이나 중요한 〈그림 5〉의 도표 모음은 총비용 분석 자체가, "다른 방식으로는 식별할 수 없거나 이용할 수 없었던 기업 이윤의 증대 기회"를 기업을 위해 식별해 준다는 점을 보여 준다(LeKashman and Stolle 1965, 38). 총비용 분석은 기업 전략에 매우 상이한 영향들을 끼치면서 새로운 이윤의 원천을 생산했고, 이 전략은 본질적으로 공간적이었다. 기업이 더 많은 창고에 투자를 하든, 생산지를 바꾸든, 아니면 더 많은 교통 인프라에 투자하든, 모든 것은 총비용이나 전체 수익성이라는 보다 넓은 이해관계와 상관적으로 내려진 결정일 것이었다. 총비용 분석은 종종 장소에 관한 직관과 상반되는 결정을 도출한다. 리카쉬먼과 스톨은 하나의 사례를 들며 [이렇게] 주장한다. "예를 들면, 이 사업의 수익은 다코타Dakotas 11의 고객들에게 [다코타에서] 훨씬 가까운 일리노이 주Illinois의 시설보다 오히려 [더 멀리 있는] 오하이오 주Ohio 공장에서 [생산된 상품을] 공급함으로써 증대될 수 있다는 것은 오직 총비용 접근만이 밝힐 수 있었다. 하지만 총이윤을 계산했을 때 이것은 이 기업의 기존 시설을 가장 수익성 있게 사용하는 요소로 밝혀졌다"(1965, 43; 〈그림 5〉를 보라). 그 분석의 "학제 간" 본성 때문에 고위 간부의 지지는 총비용 분석을 하는 데 필수적이었고, 이것은 따라서 로지스틱스 문제를 훨씬 더 높은 수준의 경영으로 몰고 간다. 실제로 총비용 [접근]을 채택하면서 기업 전략은 더욱 더 로지스틱스가 규정하게 되었다.

이와 같이 총비용 분석은 1960년대 동안 [로지스틱스] 분야의 개편에 결정적이었고 시스템 접근이 그 분야에 진입하는 실천적 수단이었다. 이 후자의 주장은 중요한 함의를 갖는다. 초기 로지스틱스 사조에서 시스템 사고의 원천 또한 명백해지는 것을 뜻하기 때문이다. 총비용 분석은 〈랜드 연구소〉의 연구원들이 전후 운영 연구[작전 연구]12의 일환으로 개발했다. 실제로 총

---

11. [옮긴이] 다코타(the Dakotas)는 미국 중북부에 있는 노스다코타 주와 사우스다코타 주를 합쳐서 부르는 이름이다.

12. [옮긴이] 운영 연구(operations research)는 더 나은 의사결정을 돕기 위한 고도의 분석적 방법이 적용을 다루는 분야다. 과학적 방법(수리 모형)을 시스템의 관리 및 경영에 적용하여 최적의 방법을 찾는다. 일반적으로 음역하여 오퍼레이션 리서치 또는 줄여서 OR이라고 부른다. 본래 2차 세계대전 중 작전상(operational) 문제를 해결하기 위해 발전되어 전후 경영 부문에 널리 적용되었다.

비용 개념과 총비용법은 1950년대 공군의 무기 시스템에 대한 〈랜드 연구소〉의 연구에서 직접 유래한다(Fisher 1956을 보라). 이것은 단순히 비즈니스의 군사화가 아니라 시장과 군대의 더욱 복잡한 뒤얽힘을 시사한다.

통합 유통 관리의 성장은 부가가치를 강조하는 모델이 비용 최소화를 서서히 대체했음을 의미했다(Allen 1997). 로지스틱스는 유통의 개별 부분에 대한 최소 비용 분석에서 순환 시스템을 통한 부가가치에 대한 과학으로 전환되었다. 로지스틱스 혁명은 운송을 생산 이후의 상품 유통이라는 잔여적 행위나 분리된 영역보다는 생산 시스템의 필수 요소로 개념화했다. 이를 통해 공장과 창고의 위치를 비롯한 기업의 공간적 조직화 전체가 곧장 문제로 되었다. 이 시점 이래 로지스틱스는 "시스템의 과학"이 되었고 유통에 좀 더 국한되어 있던 로지스틱스 업무는 공간적 관리라는 포괄적인 과학으로 전환되었다. 그 분야에서 가장 중요한 초기 인물들 중 두 명의 말에 따르면, "'생산 라인은 어디서 끝나는가?' 물적 유통 관리의 시각에서 생산 라인의 종점은 소비자가 실제로 그 생산품을 사용하는 지점이다"(Smykay and LaLonde 1967, 98).

사회적 전쟁과 기술 변화

비즈니스 로지스틱스 과학은 경제적 공간이 고안되고 계산되는 방법을 재구성함으로써, 전지구적 규모에서 자본주의적 생산과 유통의 지리를 개조하는 데 결정적이었다. 비즈니스 로지스틱스는 전지구적인 사회적 공장을 건설하는 일에 조력했다. 이 방법에 따른 "시스템"의 재고再考는 일리노이 주에서 오하이오 주로 이어질 뿐 아니라 전 세계에 펼쳐져 있는 공급 사슬 구성 요소들의 재배치와 재조직화를 촉진했다. 물론 목화와 모피와 차茶 무역 같은 식민지 무역 체제의 경험뿐 아니라 점점 관국가적인 생산과 순환의 조직화에 대한 많은 선례가 있었다. 로지스틱스 혁명에 즉각 반영된, 더 최근의 그리고 훨씬 더 직접적으로 관련 있는 사건은 미군이 전쟁 물자 공급에 수송 컨테이너를 채택한 일이었다. 2차 세계대전 중에 그리고 전후에 미군의 로지스틱스 문제를 해결하기 위해 처음 개발된 컨테이너는 최종적으로 민간 생활의 조직화를 바꾸는 데 기여하게 되었다. 컨테이너 기술에 대한 초기의 실험들이 있었지만 그것의 발달과 표준화를 이끈 것은 미군의 이용이었다. 군사 장비를 전선으로 보내는 효율적인 수단으로 도입된 지 50년이 더 지나 컨테이너는 다음 세기에 일어난 경제 지구화의 가장 중요한 발명품으로 찬양받았다(Levinson 2006; "Moving Story" 2002; Rodrigue and Notteboom 2008). 컨테이너화는 배에 [화물을] 싣고 내리는 데 걸리는 시간을 크게 줄였고 항만 노동 비용을 줄여 제조업자는 엄청난 비용을 절감할 수 있었고 재고를 최소 수준으로 줄일 수 있었다. 따라서 컨테이너화는 적시JIT 생산 기법의 성장에 필수적인 토대였다. 적시 생산 기법이 지구화된 시스템이 되기 위해서 [자원] 투입과 상품은 빠르고 신뢰할 수 있게 공간을 가로질러 조정되고 수송되어야 했다. 미국 군수품 조달은 한국 전쟁 동안 이 작업을 위한 많은 인프라 토대를 놓았다(Reifer 2004, 24). 베트남 전쟁 동안 대규모 공급 사슬을 관리하기 위한 군대의 컨테이너 이용과 함께 컨테이너 수송은 확고하게 자리 잡았다(Levinson 2006, 8, 178).

컨테이너화가 미국의 대외 전쟁에서 대부분의 초기 발달이 진행된 기술이었다면, 표준 수송 컨테이너의 도입은 국내의 운수 노동자들을 상대로 한 커져 가는 사회적 전쟁의 일환이기도 했다. 컨테이너화에 따른 비용 절감의 대부분은 선박에서 [화물을] 내리고 다시 싣는 데 필요한 노동자들의 시간 감소에서 직접적으로 생겨났다. 미국과 해외의 항만에서 컨테이너화를 둘러싼 투쟁들은 대개 격렬했고, 컨테이너의 특정한 문제뿐만 아니라 자신들의 작업장에서 벌어지는 기술적 혁신의 계획과 관리에 관한 의사결정에 참여하는 노동자들의 권리에 의해 고무되었다. 소유자와 관리자의 입장에서 시간은 절대적으로 중요했다. 항만 노동을 기계화하여 노동 시간을 대폭 줄이는 것은 컨테이너화의 직접적인 결과였지만 기술적 변화는 또한 조직된 노동의 세력을 약화시킬 수 있는 기회를, 그래서 노동 조건을 악화시킬 수 있는 기회와 재화의 흐름에 대한 더 많은 통제를 주장할 수 있는 기회를 제공했다. 노조가 채택하는 전략 ― 어떤 경우에는 컨테이너화에 맞서 싸우고 다른 경우에는 이 기술적 전환을 일부 통제하기 위해 싸우는 ― 에 따라 달라지는 컨테이너화의 경험들이 다양하게 존재한다(Bonacich 2005; Lim 2011; Reifer 2004). 우리는 5장에서 노동과 로지스틱스를 둘러싼 이 투쟁들로 돌아가서 효율적인 공급 사슬을 위한 화물 흐름의 보호가 운수 노동자들에게 끼치는 파괴적인 영향과 더불어 그것이 어떻게 최근 들어 국가 안보[보안]의 문제로 여겨지게 되었는지 살펴볼 것이다(Amoore and De Goede 2008; Cooper 2006; Rice and Caniato 2003). 하지만 운수 노동자들에 대한 이 국내의 사회적 전쟁이 지닌 또 다른 측면 ― 이것은 [로지스틱스] 혁명에 결정적이었고 무역 지구화의 구성적 요소였다 ― 은 여기서 간단한 검토를 필요로 한다. 탈규제가 그것이다.

컨테이너가 무역의 사회적 조직화뿐 아니라 공간적 조직화까지 전환하고 조직된 항만 노동 세력에 대한 공격 기회를 제공한 물리적 기술이었다면, 탈규제는 많은 운송 수단을 가로지르며 유사한 영향을 끼친 사회적 기술이었다. 수송 부문에서의 탈규제 압력은 "통찰력 있는 사람들이 수송과 로지스틱스 분야가 중요하다는 씨앗을 뿌리던" 1950년대에 사실상 대거 등장했다(Allen 1997, 119). 아이젠하워 대통령 하에서 의뢰된 보고서 즉, 1955년의 윅스Weeks 보고서와 1960년의 뮐러Mueller 보고서 그리고 도일Doyle 보고서는 모두 수송 규제가 "경제 발전을 저해하고 있다"고 조언하면서 탈규제를 권고했다(Arth 1962; Allen 1997). 케네디 대통령과 존슨 대통령도 비슷한 평가를 내렸다. 탈규제 옹호는 초당파적이었다. 알렌(1997, 108)이 설명하듯이, "씨앗은 뿌려졌다 - 규칙은 규칙이어야 할 필요가 없었다. 기업은 운송에 기반을 두고 경쟁할 수 있었다." 원가 관리와 경쟁에 대한 우려를 심화한 1970년대의 경기 후퇴, 석유 금수 조치 그리고 치솟는 인플레이션에 힘입어 탈규제 로비는 힘을 얻었다. 카터는 닉슨과 포드 행정부의 선례를 좇아 [탈규제] 주장을 받아들였고 인플레이션을 통제하기 위해 규제와 싸운다는 이유로 1980년 재선 운동을 펼쳤다(Allen 1997, 108). 수송 역사에서 규제는 재규제의 오랜 역사로서 이해하는 것이 좀 더 생산적일지도 모르지만, 1980년은 중요한 순간으로 기록된다. 실제로 제임스 맥도날드James MacDonald와 린다 캐벌루조Linda Cavalluzzo(1996, 80)가 설명하듯이, "1975년과 1983년 사이 의회는 미국의 운송 규제 시스템을 근본적으로 바꾸어 놓았고" 이것은 소유주와 경영자에게 깊은 영향을 끼쳤다. 지배적인 국면의 신자유주의를 반영하기에 적절한 이념적 열정을 가진 클리포드 린치Clifford Lynch(1998, 3)는 [이렇게] 주장한다. "1980년은 이 모든 것들[13]을 할 수 있는 기회를 가져왔다. 미국 수송 산업에 대한 탈규제가 이루어진 것이 이 시기였다. 시대에 뒤진 그리고 대개 불공정하게 적용된 법이 1백 년 이상 지난 후, 국가의 운송회사들은 마침내 자유시장 환경에서 자유롭게 움직였다. 그들은 창조적이고 혁신적일 수 있는 자유를 누렸다. 가장 중요한 것은 그들의 고객들이 자유롭게 경쟁적으로 행동했다는 점이다." 불과 몇 년 뒤 〈물적유통관리전국협회〉는 〈로지스틱스관리협회〉Council of

---

13. [옮긴이] 인용문의 앞 문단 내용은 다음과 같다. "…… 1970년대는 심각한 인플레이션 압력이 유통 수행에 영향을 주기 시작한 시기였다.…… 연료비는 급격하게 상승했다.…… 예를 들어 식품 산업의 경우 1970년대 동안 유통 비용은 연간 12퍼센트의 비율로 늘어났다. 중대한 비용 관리, 생산성 향상, 그리고 관리[경영] 양식 및 기법의 재평가가 필요한 시기였다"(Lynch 1998, 3).

Logistics Management로 이름을 바꿨다. 1985년 사설에서 그들은 "산업에서 물적 유통의 역할이, 특히 탈규제가 출현한 이후 어떻게 급격하게 바뀌었는지" 설명한다. [협회의] 이름은, 로지스틱스가 공간을 통한 기업의 매입 및 유통 활동에 대한 관리를 기술하는 가장 포괄적인 용어라는 점을 인식하기 위해서 (특히 출입 물자뿐 아니라 그 작업 관리 자체를 포함하기 위해서) 바뀌었다. 실제로 그들은 [이렇게] 이야기한다. "'로지스틱스'가 '물적 유통'보다 훨씬 더 다양한 활동을 함축하기 때문에 '로지스틱스'로의 움직임은 아주 긍정적인 발걸음이다. 커뮤니케이션과 정보 흐름 그리고 데이터 교환은 총 물자/완제품 주기cycle를 그 어느 때보다 훨씬 더 긴밀하게 통합하는 강력한 관리자들이다"(Cutshell 1985, 7). 그러나 그 전문가 협회는 이름의 변화가 "협회의 참여와 관심을 국경 너머로 확장하기 위해 고안된 움직임"이었다고도 말한다("NCPDM" 1985).

탈규제가 "고객의 자유"를 향상시킨다는 단순한 평가와는 다르게, 더 주의 깊은 검토는 탈규제가 운송 산업의 상이한 부문들에서 아주 상이하게 형성된 복잡한 과정이었음을 보여 준다. 제임스 피플스James Peoples(1998, 128)의 설명처럼, "탈규제는 트럭운송과 철도, 항공, 통신 산업의 노동관계를 완전히 뒤바꾸어 놓았다. 그러나 흥미로운 점은 노동 비용을 줄이기 위해 각 산업에서 사용되었던 상이한 접근들이다." 사실 몇 가지 공통적인 결과들이 있었다. 미국 수송 부문의 탈규제는 노동자들에게 파괴적인 영향을 끼쳤고, 전반적으로 [수송] 산업이 전적으로 국가적인 중심을 벗어나 관국가적인 재화 수송을 지향하게 했다. 그러나 탈규제가 작용하는 특정한 방식들과 구체적인 결과들은 다르다. 철도 부문의 경우 맥도날드와 캐벌루조(1996, 80)는 1980년 〈스태거스 철도법〉[14]이 노동에 대해 거의 아

---

14. [옮긴이] 〈스태거스 철도법〉(Staggers Rail Act)은 미국의 철도 산업을 상당한 정도로 탈규제한 미국 연방법이다.

무런 직접적인 언급을 하지 않았음에도, 그 법은 "극적인 고용 감소"와 점진적인 임금 하락 그리고 노조의 협상력 위축을 낳았다고 주장한다. 이것은 원가 절감이 "수송 방식의 변화와 결부된 노동 수요 감소에서 생겨나기" 때문이었다(같은 책). 이것은 특별한 의미가 있다. 왜냐하면 철도는 노조 조직률이 높았고 탈규제 시기 내내 그것을 유지했던 부문이기 때문이다(Peoples 1998). 하지만 그럼에도 불구하고 철도 노동자들은 상당한 노동 조건 악화를 겪었다. 다른 한편 트럭운송 산업은 1978년부터 1996년까지 탈규제 시기 동안 노조 가입률이 46퍼센트에서 23퍼센트로 눈에 띄게 떨어졌다(Peoples 1998, 112). 같은 기간 동안 그 부문의 주당 소득은 1983~84년 고정 달러로 주당 499달러에서 353달러로 떨어졌다(같은 책). 이 감소는 전적으로 1980년 〈자동차운송법〉[15]으로 인한 것이다. 이 법은 위험이 소유주에서 운전기사로 전가되도록 조장했고 비≠노조 "개인 트럭 사업자"의 광범위한 이용을 촉진했다. 이 사업자는 "자기고용"이라는 호칭이 연상시키는 것보다 소작인에 더 가깝다. 피플스(1998)의 말처럼 트럭운송과 항공처럼 탈규제 이후 노동인구가 계속해서 늘어난 부문에서는 임금과 노조 조직률이 직접적인 공세에 시달린 반면, 임금과 노조 조직률이 보다 일정하게 유지되었던 철도 부문에서 급격하게 줄어든 것은 노동자의 숫자였다. 전체적으로 보면 이것은 모든 수송 산업에 걸쳐 탈규제에서 거둔 원가 절감은 거의 노동자로부터 직접 취해졌음을 의미했다. 탈규제 이전 시기 대비 1991년 노동의 총 연간 보수를 살펴보면, 노동자의 손실은 트럭운송에서는 57억 달러, 철도에서는 12억 달러, 항공에서는 34억 달러, 그리고 통신에서는 51억 달러에 이른다(Peoples 1998, 128).

---

15. [옮긴이] 일반적으로 〈자동차운송법〉(Motor Carrier Act)으로 불리는 〈자동차운송 규제 개혁 및 현대화 법〉(Motor Carrier Regulatory Reform and Modernization Act)은 트럭운송 산업을 탈규제한 미국의 연방법이다.

1970년대 말부터 1990년대까지 일어났던 탈규제 흐름의 또 다른 영향은 운송수단 연계화intermodalism의 성장이었다. 운송수단 연계화는 하나 이상의 [운송] 수단을 가로지르는 운송의 조직화를 말하여 이것은 전지구적 로지스틱스의 성장에 핵심적인 요소였다. 탈규제 이전 운송수단 연계화는 협력과 합동 기획에 불리한 금융 혜택을 야기했던 정책으로 인해 좌절되었다. 탈규제는 로지스틱스 산업에서 중개인의 급속한 성장을 촉진했다. 하지만 수송 탈규제가 진행되기 전에도 산업 분석가들은 중개인들의 성장이 운송수단 연계화의 거의 필수적인 특징이라고 예견했다. 라론드와 그래브너 그리고 로브슨은 1970년에 쓴 글에서 [이렇게] 이야기한다. "운송수단 연계 능력을 갖춘 새로운 형태의 유통 매개인과 광범위한 중간 유통 기능의 연결이 다국적 유통 관리자의 필요에 부응하기 위해 1970년대 중에 출현할 것이다"(48). 운송수단 연계화의 이야기는 수송 컨테이너의 출현과 전쟁 시기의 실험을 상기시킨다. 장-폴 로드리그Jean-Paul Rodrigue와 테오 노테붐Theo Notteboom(2009)은 운송수단 연계화가 운송 세계에서 결코 새로운 개념이 아니었으며 사실 한 수송 수단에서 다른 운송 수단으로 재화의 이전을 용이하게 하려는 그러한 노력은 19세기 말과 20세기 초에 활발했다고 말한다. 그들은 팰릿pallet이 성공적인 첫 번째 운송수단 연계 기술이었다고 이야기한다. 팰릿은 1930년대에 유개차에서 짐을 부리는 데 필요한 시간을 3일에서 4시간으로 줄였다. 사실 "팰릿의 사용이 시간과 노동을 절약하는 이점이 있음을 보여 준" 것은 2차 세계대전이었다(2009, 2). 하지만 로드리그와 노테붐은 운송수단 연계화에 선행하는 전례가 있었다고 주장한다. "운송수단 연계 수송에 가장 큰 영향을 끼쳤던 것은 컨테이너의 등장"이었다(2009, 2). 진정한 운송수단 연계화가 발달하기까지는 시간이 얼마간 필요했는데 이것은 선박 회사들이 [컨테이너] 상자와 그것의 인프라가 표준화되기 전에 컨테이너 기술에 과도하게 투자하기를 꺼렸기 때문이다. 해상 부문은 〈국제표준화기구〉의 두 가지 표준 척도 지정 이후 표준 치수 컨테이너를 서서히 추진할 수 있었다. [두 가지 표준 척도 중] 20피트에 해당하는 단위(TEU)는 화물 용량과 선박 적재량의 산업 표준 기준이 되었고 40피트에 해당하는 단위(FEU)는 오늘날 가장 일반적으로 사용하는 컨테이너다. 하지만 미국 철도는 탈규제 이전에는 [운송수단 연계에] 적응할 수 없었다. 로드리그와 노테붐(2008, 4)은 1980년 〈스태거스 철도법〉 이후 탈규제 과정이 활발해지자, "기업이 다른 [운송] 수단을 교차하며 소유하는 것이 더 이상 금지되지 않고 기업은 운송수단 연계 협력을 향해 거세게 약동했다"고 설명한다. 실제로 〈그림 6〉이 보여 주듯이 (운송수단 연계 공급 사슬의 핵심 고리로서 철도와 더불어) 운송수단 연계 철도 적재의 성장은 1965년 이후에 증가했지만, 성장률이 정말로 급격하게 증가한 것은 1980년 이후다.

따라서 미국 철도 부문의 탈규제는 비즈니스 로지스틱스를 위한 전지구적인 물질적 인프라 건설의 핵심이었다. 운송수단 연계화가 약속하는 홈 없는 시스템을 찬양하면서 로드리그와 노테붐(2008, 4)은 [이렇게] 진술한다. "각 [운송] 수단이 지닌 이점이 홈 없는 시스템에서 활용될 수 있을 것이다. 고객은 [운송] 수단의 장벽을 신경 쓸 필요 없이 제품을 출발지에서 도착지까지 배송하는 서비스를 구매할 수 있을 것이다. 물품이 한 [운송] 수단에서 다른 수단으로 옮겨지더라도 의뢰인은 하나의 선하증권을 가지고 단일 통운임으로 받을 수 있다." 국내 수송 부문의 탈규제는 이 모든 영향들을 비롯하여 다른 영향들을 끼쳤다. 그러나 그것 또한 노동에 대한 공격에 힘입은 것이었으며 이것은 형태와 범위에서 명백히 관국가적이었다. 선박 산업의 엄청난 재규제 ─ 전간기에 시작하여 "편의치적"을 낳았던 까다롭고 논쟁적인 과정 ─ 가 미국 산업의 지구화와 수송 부문의 탈규제가 전개되는 선례로서 기능했다는 것은 어쩌면 놀라운 일이 아닐지도 모른다. "개방 등록" 또는 "편의치적"은 미국 기업들이 파나마에서 처음 시도했다. 그것의 사용은 2차 세계대전 동안 그리고 그 이후에 두드러지게 늘어났고 1973년 석유 위기 이후 다시 늘어났다. 파나마는 1949년에 이미 미국, 영국, 노르웨이를 잇는, 네 번째로 큰 해운국이 되었다 — 하지만 등록 선박의 압도적 다수는 미국인 소유였다(462대 선박 중 306대; Cafruny 1987, 94). 조나단 바튼 Jonathan Barton(1999, 149)은 편의치적 논란이 지닌 중요성을 주장한다. 그 논란은 "전통적으로 선박에만 관련되어 있었지만 이제는 다른 경제 부문들의 지구화라는 측면에서 볼 때, 보다 넓은 파생 효과를 지닌다." 선박 규제 지리학의 급진적 전이는 "유연하고 지구화하는 지경학적 힘들의 규제에 실패하는 국가 간 모델을 제공했다." 하지만 이것이 경제에 미치는 보다 광범한 영향은 중대하며 빠르게 진척되기 때문에 이것은 편의를 제공하는 또는 성공적인 실패로만 이해될 수 있다. 사실 "국민국가의 법률적·경제적 통제를" 기업이 지리적으로 우회할 수 있도록 함으로써 "개방 등록 이슈는 국경을 넘는 지경학적 에쿠메네[16]에 대한 국제 합의와 국제 관리 문제의 흥미로우면서도 혼란스러운 사례를 제공한다"(Barton 1999, 149).

가이 하이네만Guy Heinemann과 도널드 모스Donald Moss(1969~70, 416)는 편의치적이 선주船主에게 "직접 과세의 면제, 보다 저렴한 수리비, 엄격한 연안 경비대 안전성 요건의 우회, 미국 선원에게 지불되는 높은 임금의 회피"를 비롯한 [여러] 이점들을 제공한다고 설명한다. 바튼(1999, 148)은 편의치적이 "순수한 경제적 혜택을 넘어서" "선주에게 익명성이라는 유익한 장막을 제공한다"고 주장한다. "선주와 지주회사 그리고 자회사의 추적과 해난조사가 결합된 어려움이 국제 해양 기관들이 풀어야 할 복잡한 상황을 만들기 때문이다." 전 세계 배의 절반 이상이 이러한 방식으로 국기를 단다. 세계 상선대의 다수는 그리스와 일본, 미국, 노르웨이, 그리고 홍콩의 선

---

16. [옮긴이] 에쿠메네(ecumene)는 알려진 세계, 거주 세계를 뜻하는 고대 그리스어로서 지구에서 인류가 점유하고 있는 부분을 가리킨다.

연도	1965	1970	1975	1980	1985	1990	1995	1997
적재량 (백만)	1.7	2.4	2.2	3.1	4.6	6.2	8.1	8.7

〈그림 6〉 철도의 운송수단 연계 적재. 출처 : Association of American Railroads, Plant 2002에서 발췌.

주들이 소유하고 있지만 말이다. 이것은 "국가 선박이라는 전통적인 개념과 지구화된 선박이라는 현대적 형태의 분리를 입증하는" 통계다(Barton 1999, 145).

앨런 캐프루니Alan Cafruny(1987, 96)는 노동과 편의치적의 직접적인 관련을 개괄한다. "국제 시장의 창출로 인해 소유주들은 전투적인 선원 노조가 쟁취했던 국가적 이익을 국제적으로, 특히 미국에서 붕괴시킬 수 있었다." 다시 말하면 "편의치적은 이처럼 미국의 해운 노조를 수세에 빠뜨렸다." 해운 노동자들은 1950년대부터 이 새로운 사태와 싸웠다. 〈국제선원노조〉Seafarers International Union와 〈전국해운노조〉National Maritime Union는 1958년 전지구적인 선박 보이콧에 돌입했다. 이것은 미국 내에서 가장 큰 영향을 미쳤다. "129개의 선박에서 피켓 시위가 벌어져 이 선박들 주변의 부두들은 기능할 수 없었고 다른 부두 노동자들은 피켓 라인을 넘어가기를 거부했다"(Heinemann and Moss 1969~70, 417). 1961년 또 한 번의 [시위] 행동 이후, 대통령은 18일간의 산업 교란을 끝내기 위해 〈태프트-하틀리 명령〉[17]을 발동했다. 편의치적의 팽창은 미국 정부가 보호했을 뿐 아니라 적극적으로 공작했다. 캐프루니(1987, 94)는 ─ 의회의 비활동이 "암묵적으로 지지한" ─ "다국적 채굴 기업들과 대규모 독립 선주들과 행정부" 간의 적극

---

17. [옮긴이] 〈태프트-하틀리(Taft-Hartley) 법〉은 노동조합에 유리했던 기존의 와그너법을 수정하여 1947년에 제정된 노사관계법이다. 노조의 단결권 제약을 위한 내용을 담고 있으며, 노동자들의 파업이 국가 경제 또는 안보를 위협할 경우 대통령이 법원의 허가를 얻어 노동자들의 직장 복귀를 명령할 수 있다.

적인 제휴가 어떻게 전후 시기에 이 강력한 선례를 수립했는지 개괄한다. 해운 노동이 편의치적의 성장이 지닌 영향력을 감지했던 것은 전혀 놀라운 일이 아니다 — 노동은 부수적 피해의 대상이라기보다 핵심 표적이었다. 〈그림 7〉은 노동 비용이 — 특히 미국의 — 전후 선박 산업의 고려 사항에서 얼마나 핵심적이었는지 보여 줄 뿐 아니라 영국의 수치는 인종과 국적이 해운 노동의 얼마나 큰 조직화 원리였는지도 드러낸다. 캐프루니(1987, 94)는, 이 표가 실렸던 [미국] 교통부 해운청의 1954년 보고서가 미국 외부의 [유럽이나 일본의] 화주들이 "비국민"을 고용할 수 있다는 점이 극적인 임금 격차의 주요인이라는 것을 발견했다고 설명한다.[18]

새로운 제국적 상상계 : 지도제작과 공간적 메타포

인문지리의 생산에서 모델과 지도 그리고 다른 "고안된" 공간의 역할에 대한 관심이 풍부해졌음에도(Elden 2007; Lefebvre 1991; Huxley 2006), 지구화된 자본주의의 경제적 공간이 고안되고 계산된 방식들의 전환은 경영 관리라는 응용 분야를 제외하면 거의 완전히 무시된다. 아마도 가장 비슷한 작업은 "시공간 압축"(Bell 1974) 개념에 대한 글이다. 데이비드 하비David Harvey는 그 개념을 사용하여 지구화 과정이 그리고 적시 생산 기법과 공급 사슬의 속도를 통해 조직되는 선진 자본주의의 부상이 어떻게 공간의 경험과 재현을 극적으로 전환하는지 탐구했다. 그의 시공간 압축 개념은 "우리가 우리 자신에게 세계를 재현하는 방식을 바꾸도록, 때로

---

18. [옮긴이] "미국법에 따르면 미국 등록 배의 선원의 75퍼센트는 미국 시민이어야 한다. 따라서 편의치적은 미국인 선주들이 다른 국가에서 선원을 고용하는 것을 가능하게 만들었다"(Cafruny 1987, 94).

	선원의 숫자	월 임금 총액 (미국 달러)
영국, 다인종 선원	80	5,541
영국, 백인 선원	54	6,444
일본	56	6,273
노르웨이	43	7,145
네덜란드	55	7,567
이탈리아	41	7,713
덴마크	43	7,990
프랑스	47	10,274
미국	48	29,426

〈그림 7〉 미국 선박과 외국 선박의 선원 임금 비용 비교, 1953. 출처 : 미국 상무부, Cafruny 1987에서 발췌.

는 아주 급진적인 방식으로 바꾸도록 강제될 만큼 시공간의 객관적 특질을 완전히 뒤바꾸는 과정"을 보여 준다(1989, 240). 하지만 비즈니스 로지스틱스의 역사는 공간의 재현의 변화가 시공간 압축의 결과일 뿐 아니라 시공간의 생활 관계 변화를 위한 기반이었다는 점을 보여 준다.

앙리 르페브르Henri Lefebvre(1991)는 보다 광범위하게 공간에 대한 기술적·전문적 개념들이 공간의 생산에서 지닌 역할에 대해 가장 설득력 있는 분석 중 하나를 제공했다. 그의 영향력 있는 "삼항" 공간 개념[19]은 과학

---

19. [옮긴이] 삼항 공간 개념이란 공간적 실천(spatial practice), 공간 재현(representations of space), 재현 공간(representational spaces)을 가리킨다. 이 각각의 개념에서 "공간은 세 가지 방식으로, 즉 지각되고(perceived), 고안되고(conceived), 체험되는(lived) 방식으로 나타난다." 먼저 "하나의 사회 안에서 이루어지는 공간적 실천은 공간을 분비한다.……공간적 실천은 공간을 지배하면서, 또 전유하면서, 느리지만 확실하게 공간을 생산한다.……'근대적인' 공간적 실천은 도시 교외에 위치한 서민 공동임대주택 주민의 일상으로 정의될 수 있다." 이러한 공간적 실천은 공간 생산 과정상의 응집성을 지시하지만 반드시 지적으로 잘 정리되고 논리적인 성격을 갖는 것은 아니다. 공간 재현은 "언어화된 구조에 따르는 지배적 공간 규

자, 기술자, 관료, 관리자[경영자]의 공간 재현이 공간의 지각과 공간적 실천을 형성하는 데 있어 담당하는 역할을 강조한다. 지리학과 다른 사회과학 분야의 학자들은 경제적 공간이 어떻게 생산되고 규제되는지 이해하기 위해서 그리고 경제 행위자들이 경제 문제와 해결책에 대한 자신들의 재현을 통해 어떻게 자신들의 방법과 이론을 정의하고 정당화하는지 탐구하기 위해서 점점 담론적 방법론을 동원한다(Amin and Thrift 2004; Barnes 2004; Buck-Morss 1995; Callon 1998; Gibson-Graham 1996; Mitchell 2005). 그러나 공간의 생산에 대해 오랫동안 지속되는 관심과(Gregory 1994; Harvey 1973; Lefebvre 1991; Massey 1977; McDowell 1999; Smith 1984; Soja 1989; Thrift 1996) "지경학적" 계산의 부상을 다룬 최근 작업(Neil Smith 2005; Sparke 2006), 그리고 "경제의 성과"를 다루는 사회·정치 이론에 대한 관심의 증가(Barnes 2002; Callon 1998; Mitchell 2005; Strathern 2002; Thrift 2000)에도 불구하고 로지스틱스 공간의 재현을 다루는 학문은 부족하다.

우리는 비즈니스 로지스틱스의 형성에 있어 시스템 사고가 얼마나 중대했는지 이미 살펴보았다. 유통을 별개의 구분된 활동보다는 통합된 생산 및 순환 시스템의 한 요소로 재고하는 것은 시스템을 다르게 조직할 수

정의 논리 차원이다. 공간 재현은 주로 공간에 대한 이론적 체계화의 시도를 통해 부각되며, 대표적으로 길이나 넓이에 대한 이른바 '과학적' 공간 인식이 여기에 해당된다." 공간 재현에서의 공간은 지식과 논리의 공간, 지도의 공간, 엔지니어와 도시계획가의 도구적 공간이다. 마지막으로 재현 공간은 "이미지와 상징을 통해서 체험된 공간"으로서, "차이의 공간, 즉 일상적 체험과 예술 작품을 통해 드러나는 차이의 공간성이다. 예를 들어 이태원, 강남과 강북 같은 지역 이름과 결부된 이미지가 주는 공간성이나, 그 거리를 걸으면서 체험하는 공간성 등이 여기에 속한다." 즉, 시간이 흐르면서 그리고 그것의 사용을 통해 생산되고 변형되는 공간을 말한다. 요컨대 공간적 실천의 공간은 실재적(real) 공간이고, 공간 재현의 공간은 상상된(imagined) 공간이며, 재현 공간의 공간은 실재적이며 상상된(real-and-imagined) 공간이다(앙리 르페브르, 『공간의 생산』, 양영란 옮김, 에코리브르, 2011, 86~88쪽; 신승원, 『앙리 르페브르』, 커뮤니케이션북스, 2016, 67~68쪽; Stuart Elden, 2004, *Understanding Henri Lefebvre — Theory and the Possible*, Continuum, 190.).

있는 가능성을 연다. 그러나 시스템 개념은 어떤 이해와 어떤 연관을 가져오는가? 이미 시스템 개념과 연관된 특정한 의미들이 물적 유통 시스템이 고안되고 실천되는 방식에 영향을 주지 않았는가? 시스템 이론은 자연과학에서 출현했고 사회과학 연구에 진출한 것은 1960년대에 이르러서였다. 루드비히 폰 베르탈란피Ludwig Von Bertalanffy의 시스템 이론은 운영 연구 그리고 〈랜드 [연구소]〉의 시스템 분석과는 다른 시스템 사고의 한 변종이다. 그럼에도 그것들은 공통의 개념적 기반을 공유하며 대중 세계와 연구 세계에서 겹친다(Hammond 2002). 폰 베르탈란피는 자신의 대표적 저서인 『일반 시스템 이론』General Systems Theory(1973, 46)에서 시스템을 "하나의 통일체 또는 유기적 전체를 형성하기 위한 방식으로 관련되어 있는 개체들의 배열"로 정의한다. 생물학적 틀은 유기체로서의 조직이라는 유기적 모델로 지속되었다. 이것은 우연이 아니라 목적이었다. 폰 베르탈란피는 [이렇게] 설명한다. "살아 있는 유기체든 사회든," "조직의 특성은 전체성, 성장, 분화, 위계적 질서, 지배, 통제, 경쟁 같은 개념들이다." 그는 계속해서 "어떤 조직에도 적용되는" "철칙"을 언급한다. 그가 제일 먼저 언급하는 것은 맬서스의 인구 법칙이다.

인간 사회를 겨냥한 생물학적 모델은 새로울 것이 없다 ― 예를 들어, "정치체"body politic는 오랫동안 명백한 효과를 지닌 강력한 정치적 메타포였다(Rasmussen and Brown 2002). 시스템 이론은 "시스템의 주체적 경계 짓기"를 강조하며 "근본적으로는 흐름을 강조"한다(Naim, Holweg, and Towill 2003). 나임, 홀베그 그리고 토월(2003)은 공급 사슬 관리의 시스템 사고에 대한 최근 논문에서 [이렇게] 쓴다. "시스템들은 흐름에 의해, 즉 정보와 물질의 교환에 의해 내적으로 그리고 상호간에 연결되어 있다. 운영 환경에서 통합의 정도를 결정하는 것은 이 흐름이다." 이와 같이 시스템 이론은 흐름에 생물학적 명령을 상정하며, 여기서 교란은 다름 아닌 시스템의

이윤 향상을 위한 지침은 정보, 개인 역량, 유통 경제학 그리고 전반적인 유통 문제를 통제하는 기업의 변화하는 접근을 통해 드러난다.

〈그림 8〉 "물적 유통 — 잊혀진 개척지." 출처 : Neuschel 1967.

회복력에 대한 위협이 된다. 시스템의 보전에서 이 유기적 명령의 개념은 공급 사슬을 교란으로부터 보호하려는 보다 최근의 시도에서 중요하게 된다(Collier and Lakoff 2007; Pettit, Fiskel, and Croxton 2010). 그리고 이것은 보안화가 전개된 방식에 영향을 미쳤다. 이것은 2장 그리고 결론 장에서 좀 더 자세히 살펴볼 것이다.

그러나 시스템의 메타포에 있어 생물학적 윤곽이 여러 방식으로 비즈니스 로지스틱스의 조립에 영향을 미친다면, 빈번하게 전개되는 또 다른 일련의 메타포는 비즈니스 로지스틱스가 자신의 군사적 과거에 여전히 매이게 하는 데 있어 결정적인 역할을 했다. 1960년대와 1970년대 초까지 그 분야를 정의했던 글들에서 식민적·군사적 메타포는 만연했다. 로지스틱스와 물적 유통에 대한 기념비적인 저작은 "새로운 개척지"new frontiers와 "검은 대륙"에 대한 제목을 달고 있다. 이것은 이 새로운 경영학이 지닌 오랜 군사술의 역사를 상기시켜 준다. 1962년 경영 전문가 피터 드러커(1962, 72)는 『포춘』*Fortune*지에 쓴 글에서 로지스틱스와 물적 유통을 미국의 "마지막 검

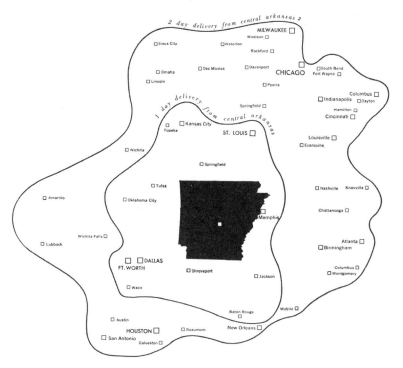

〈그림 9〉 현대적인 산업 목표. 출처 : *Fortune* magazine, June 1968에 실린 광고.

은 대륙"으로 간주했다. "우리가 오늘날 유통에 대해 알고 있는 것은 나폴레옹 시대의 사람들이 아프리카 내륙에 대해 알고 있었던 것과 별반 차이가 없다. 우리는 그것이 거기에 있다는 것, 그것이 크다는 것을 안다. 그게 전부다."

　이 식민적 메타포는 그 저자들이 추측하는 것보다 더 효과적인지도 모른다. 로지스틱스는 국민 국가·영토 국가·지정학적 국가에 봉사하는 군사술로서의 역사에서 시작하여, 상관적인 지경학적 공간에서 움직이는 초국가적 기업의 기술이 되었다. 식민지 지배와 연관된 지정학적 계산의 절대 영토와는 달리, 지경학은 영토적 경계를 가로지르는 재화와 자본과 정보의 방해받지 않는 흐름에 의지한다. 닐 스미스Neil Smith가 미 제국주의 분석에서 주장한 것처럼 지경학은 직접적인 영토적 통제에서 시장을 통한 지배로의 변화를 보여 준다(Smith 2004; 2005, 71). 영토적 지배는 전략적 필수 요소라기보다는 전술적 선택 사항이 된다. 따라서 지경학은 "공간을 넘어서" 혹은 "지리 이후에" 작동하는 것이 아니다. 반대로 지경학적 정치지리는 공간적 계산을 생략하기보다는 그것을 전환시키며, 로지스틱스 작업은 영토를 넘어서는 공간의 생산과 정확히 관계가 있다. 사실 로지스틱스 혁명은 정확히 자본주의 내에서의 혁명이며 전지구적인 경제적·정치적 권력이 지닌 공간적 논리의 혁명이다. 이 메타포는 변화하면서 지속되는 제국주의의 정치를 들여다볼 수 있게 한다. 이것은 우리가 이후 장에서 다시 살펴볼 주제다.

혁명 이후

1991년, (뛰어난 로지스틱스전으로 널리 알려진) 사막의 폭풍 작전[20] 이후 기업계는 다시 한 번 미군이 로지스틱스의 가르침을 주리라 기대했다. 하지만 이번에 그들이 발견한 것은 자신들에게 되돌아온 자신들의 모델과 언어와 가르침뿐이었다. 유력한 경영 잡지와의 인터뷰에서 로지스틱스 책임자 윌리엄 파고니스William Pagonis 장군은 기업 로지스틱스 관리가 주는 가르침을 아주 높이 샀다. 그는 "이익률"과 "고객 만족" 같은 개념들을 동원하여 그것들이 전쟁술로 전이되는 것을 무심코 설명한다. 실제로 인터뷰어는 [이렇게] 언급한다. "파고니스는 세계적인 기업의 고위 간부들이 언제나 알

---

20. [옮긴이] 사막의 폭풍 작전(Operation Desert Storm)은 1991년 걸프전 당시 이라크의 쿠웨이트 침공 및 합병에 대응하여 미국이 주도하는 34개 연합군이 벌인 바그다드 공습 작전이다.

고 있던 것을 보여 준다. 좋은 로지스틱스는 경쟁우위의 원천이 될 수 있다는 것, 그리고 뛰어난 로지스틱스 관리는 종합 관리를 비롯한 다른 관리 분야와 많은 유사점이 있고 다른 관리 분야를 위한 좋은 방법을 갖고 있다는 것 말이다"(Sharman 1991, 3). 브라이언 레이어Brian Layer 소령(1994)은 우발 작전 로지스틱스에 대한 보고서에서 비슷한 주장을 한다. 그는 지난 수십 년 동안 미국 로지스틱스가 "민간의 유통 업무를 혁명했던" "로지스틱스 혁신"에 뒤쳐져 있었다고 주장한다. 하지만 "그 부족함에도 불구하고" "미국 작전술가들은 이 혁신적인 로지스틱스 아이디어에서 이득을 얻을 수 있다······많은 성공적인 기업들이 훌륭한 로지스틱스 설계 모델을 제공한다"고 레이어는 주장한다. "로지스틱스 설계를 경쟁사에 대한 경쟁우위를 확보하는 도구로 바라보는" 주요 민간 기업처럼 "군사 계획가는 자신의 로지스틱스 시스템을 적에 대한 작전상 우위를 확보하는 수단으로 바라보아야 한다"고 레이어는 주장한다.

지난 60년간 로지스틱스의 "민간화" 또는 "기업화"를 이야기하는 것은 솔깃한 일일지도 모르지만, 이 이야기는 불완전한 진실일 것이다. 로지스틱스 혁명은 자신의 "민간화"는 거의 보여 주지 않았지만 군사적 방법과 시장 방법 간의 상이하고 심지어는 심화된 얽힘을 보여 주었다.

이어지는 장들에서 살펴볼 바와 같이, 1960년대의 로지스틱스 혁명에 진입할 당시에는 기업계가 군사 지식에서 배우려고 갈망했다면, [혁명을 통과하여] 반대편으로 나온 [지금은, 관련] 기술art과 과학이 그 영향력에서 깊이 뒤섞여 있고, 로지스틱스 전문가들은 사관학교뿐 아니라 경영 대학원에서 교육을 받으며, 로지스틱스 산업은 기업뿐 아니라 군대의 전략을 위한 뼈대를 제공한다. 누가 무엇을 말했는지 구분하려는 시도는 무익할 만큼 말이다. 그뿐만 아니라 결론 장에서 살펴볼 바와 같이 로지스틱스는 현재 미국의 군사 업무 중에서 민간 군사 기업에 위탁될 가능성이 가장 높은 분야다. 이것의 확산 또한 이 군사–민간 분리에 도전한다. 결론적으로 2장에서 다소 깊이 있게 살펴볼 것처럼 군사 로지스틱스와 민간 로지스틱스의 얽힘은 특히 최근 "공급 사슬 보안"의 성장에서 뚜렷하다. 이것은 지구적 무역의 물적 인프라와 상품 흐름을 보호하고자 하는 보안의 형태다.

2장

국경에서 전지구적 흠으로

공급 사슬 보안의 부상

〈그림 10〉의 다이어그램은 전지구적 공급 사슬의 보안이라는 커져 가는 과제를 다룬 2006년 『뉴욕타임스』 기사에 실렸다(Fattah and Lipton 2006). 〈랜드 연구소〉와 미국 관세국경보호청, 회계감사원 그리고 AMR 리서치[1]의 자료를 사용하여 모은 "재화 흐름의 보안"은 원산지에서 목적지로 향하는 가상 수송 컨테이너의 관국가적 여정을 보여 준다. 그 다이어그램은 [수송] 경로 어딘가에 있는, "보안 문제"가 발생하는 무수한 장소들을 강조한다. 컨테이너 내용물의 조작 가능성, 검사 기술이 뒤떨어지거나 불충분한 곳, 항구를 둘러싼 물리적 보안 [장치](출입문, 담장, 자물쇠, 카메라)와 다른 환적 설비가 부족한 장소들. 그 다이어그램은 이 인지된 위험에 대응하여 설계된 다양한 보안 협정들도 소개한다. 그러나 전형적인 국가 보안 [안보] 협정과는 아주 대조적으로 여기서 국경은 "지리적 중심축"으로 기능하지 않는다. 국경은 사라지지 않았지만 그것의 정확한 소재所在를 결정하는 데는 다소 노력이 필요하다. 국경은 아마 "해상"at sea과 "미국"으로 표시된 구역들 사이 ─ 관세국경보호청이 자신의 마크가 붙은 많은 심사와 검사 중 하나를 하는 곳 ─ 에서 찾을 수 있을 것이다〈그림 10〉 참조]. 국경에서, 그리고 그것이 의존하고 있는 영토적 보안 모델에서 문자 그대로 벗어나는 것은 지구적 무역의 관국가적인 물질적·정보적 네트워크를 보안하려는 보다 폭넓은 시도가 지닌 특징이다. 이 다이어그램은 국민국가 영토성으로 조직되는 지정학적 형태에 점점 도전하는 새로운 보안 패러다임 ─ 공급 사슬 보안 ─ 의 부상을 나타내는 데 도움을 준다.

전지구적 공급 사슬의 보안을 재현한 이 그림에서 눈에 띄는 것이 적어도 두 가지 있다. 첫째, 이 다이어그램이 1장 도입부에 있던 그림 [3]과 아주 유사하다는 점이다. "통합 유통 관리를 향한 대안"[〈그림 3〉]은 로지스틱

---

1. [옮긴이] AMR 리서치는 전지구적 공급 사슬의 모범 사례를 주로 분석했던 미국의 리서치 및 산업 분석 기업이었으며 2009년 가트너 리서치(Gartner Research)에 매각되었다.

Securing the Flow of Goods

About 25,000 shipping containers, each the size of a small home, enter the nation's 361 ports each day. From a warehouse overseas to one here, each container changes hands multiple times. U.S. Customs and the U.S. Coast Guard enforce security at the ports.

Security concerns are in italic.

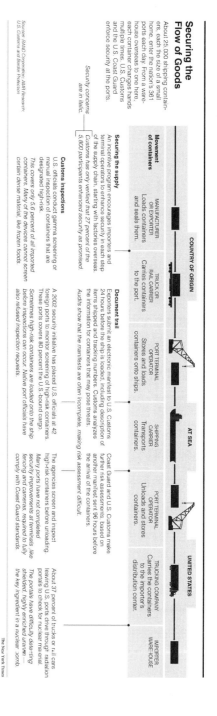

COUNTRY OF ORIGIN | **AT SEA** | **UNITED STATES**

Movement of containers

MANUFACTURER OR EXPORTER
Loads containers and seals them.

TRUCK OR RAIL CARRIER
Carries containers to the port.

PORT TERMINAL OPERATOR
Stores and loads containers onto ships.

SHIPPING CARRIER
Transports containers.

PORT TERMINAL OPERATOR
Unloads and stores containers.

TRUCKING COMPANY
Carries the containers to the importer's distribution center.

IMPORTER
WAREHOUSE

Securing the supply
An incentive program encourages importers and terminal operators to enhance security in each step of the supply chain, starting with factories overseas.

Customs has only verified that 27 percent of the 5,800 participants enhanced security as promised.

Document trail
Exporters submit an electronic manifest to U.S. Customs 24 hours before the ship is loaded, including description of items shipped and tracking numbers. Customs analyzes the information for containers that may pose threats.

Audits show that the manifests are often incomplete, making risk assessment difficult.

Coast Guard and U.S. Customs make further risk assessments, based on another manifest sent 96 hours before the arrival of the containers.

Customs inspections
U.S. officials conduct gamma screening or manual inspection of containers that are designated high-risk.

This covers only 5.6 percent of all imported containers. Many of the devices cannot screen certain dense material, like frozen foods.

A 2002 security initiative has placed U.S. officials at 42 foreign ports to monitor screening of high-risk containers. These ports covers 80 percent the U.S.-bound cargo.

Sometimes high-risk containers are loaded onto the ship before inspections can occur. Native port officials have also refused inspection requests.

The agencies screen and inspect high-risk containers before unloading.

Many ports have not completed security improvements at terminals like fencing and cameras, required to fully comply with Coast Guard standards.

About 37 percent of trucks or rail cars leaving U.S. ports drive through radiation portals to check for nuclear material.

The portals have difficulty detecting highly enriched uranium — the key ingredient in a nuclear bomb.

Sources: RAND Corporation; ABR Research; U.S. Customs and Border Protection

〈그림 10〉 "재화 흐름의 보안." 출처 : Fattah and Lipton 2006. Copyright 2006 *New York Times*. All rights reserved.

스 혁명의 개념적 변화를 즉각 보여 주었다. 예전에는 생산 과정 중의 자재 관리 그리고 이후의 유통과 관련하여 분리되어 있던 분야들이 비즈니스 로지스틱스라는 새로운 통합 분야로 그리고 공급 사슬을 하나의 시스템으로 바라보는 새로운 시각 속으로 포개졌다. "재화 흐름의 보안"[〈그림 10〉]은 동일한 시스템 맥락을 상정한다. 그것은 동일한 활동을 제조 과정으로 시작해서 유통을 거쳐 구매자에 이르는 동일한 구성으로 보여 준다. "재화 흐름의 보안"은 1장의 다이어그램과 동일한 일련의 운동을 취하지만 그 운동을 국경을 가로질러 세계 전역으로 넓힌다.

이것은 면밀한 검토를 요하는 그 다이어그램의 최종적인 한 가지 특성으로 우리를 데려간다. 이 다이어그램들은 유사하지만 여기서는 보안에 주목하는 것이 명백히 다르다. 1장의 다이어그램이 로지스틱스 혁명을 보여 주었다면, 이 다이어그램은 지구화되고 변혁된 로지스틱스의 보안화를 명백하게 나타낸다. 21세기 초 보안에 대한 요구는 편재하는 것이 되었다. 테러에 직면한 국가의 국가 안보[보안] 주장에서부터 재난에 대비하여 시민을 보호하는 인간 안보[보안]에 대한 비정부 기구의 요구, 생활임금을 추구하는 활동가들의 소득 보장[보안] 요구, 지역 식량 안보[보안]에 대한 사회 운동의 커져 가는 요구에 이르기까지, 보안은 중대한 정치적 의제다. 하지만 이러한 현대의 공통 감각에도 불구하고 공급 사슬은 보안화의 그저 또 다른 장소를 훨씬 넘어선다. 경제가 정책이 된 신자유주의적 맥락에서 무역이라는 물자 흐름의 보호는 다른 무엇보다 중요하다. 국경을 가로질러 "무역의 관로들"로 로지스틱스 시스템이 확장된다는 것은 공급 사슬 보안이 보안의 대상뿐 아니라 보안의 논리와 공간적 형태까지 재구성한다는 것을 뜻한다. 이 다이어그램은 이 변화를 탐구하도록 그리고 [다음과 같은] 질문을 던지도록 자극한다. 국가 정부, 초국적 통치 기구, 관국가적 수송 및 로지스틱스 기업, 그리고 소매상 들이 "공급 사슬을 보안하기" 위해 광범위한 노력을 기울이기 시작한 것은 언제인가? 공급 사슬 보안의 성장이 정치와 공간과 시민성에 끼친 영향은 무엇인가?

이와 같이 "재화 흐름의 보안"은 보안과 공간과 경제 간의 관계에서 [나타나는] 일련의 심대한 변화에 대한 질문을 불러일으키며 이것은 후속 연구를 고취시킨다. 이 장은 국민 국가와 초국적 통치 기구 그리고 초국적 기업이 로지스틱스 혁명의 약속 – "홈 없는" 로지스틱스 시스템을 만드는 것 – 을 실현하기 위해 기울인 노력을 좇아간다. 그러나 로지스틱스를 하나의 시스템으로 여기는 것과 규제 개혁을 수행하고 물적 인프라를 확장하며 그 시스템의 순환 속도를 높이는 것은 별개의 일이다. 이 후자의 작업은 1장에서 다룬 운송수단 연계화의 성장과 수송 부문 탈규제와 함께 촉발되었다(Allen 1997; Levinson 2006; Rodrigue and Notteboom 2008). 하지만 1990년대에 이 노력들은 완전히 새로운 규모로 구체화되었다. 관국가적 무역 협정들은 화물 흐름 성장의 징후였을 뿐 아니라 화물 흐름 증대의 중요한 요소였다. 국가들이 지구적 무역의 물적 순환에 참여하는 능력은 그 자체로 성장의 척도가 되었고, 세기가 바뀔 무렵 〈세계은행〉은 로지스틱스 시스템의 속도와 신뢰성에 전적으로 기초한 전지구적인 국가 경쟁력 지표들을 산출하고 있었다. 전지구적 로지스틱스에 대한 이 커져 가는 강조는 단순히 경제의 규모를 – 예를 들어, 국가에서 대륙으로 심지어는 지구적 공간으로 – 확장한 것만은 아니었다. 오히려 그것은 무역의 인프라 네트워크에 대한 강조와 "항로 및 관문"에 대한 관심을 새롭게 불러일으켰다. 이것은 모두 기업과 함께 혹은 기업처럼 행동하는 국가가 주도하는 거대한 로지스틱스 인프라 프로젝트에 기반하고 있다(Cowen and Smith 2009 참조). 그러나 국가와 기업이 홈 없는 화물 순환을 향상하기 위해 인프라와 규제에 엄청난 투자를 했다면, 그들은 그 순환을 보호하기 위해 공급 사슬 보안의 창출에도 투자했다. 사실 매끄러운 공간을 통한 빠른 화물 순환에 기초하는 시스템은 새로운 형태의 취약성을 수반한다. 〈경제협력개발기구〉(이하 〈OECD〉)가 주장하듯이, 세계 무역은 "가능한 마찰이 없도록" 만들어진 해상 운송 시스템에 근본적으로 의존하고 있다. 이것은 그 시스템을 근본적으로 취약하게 만드는데, "해상 운송 시스템의 어떤 중대한 붕괴도 세계 경제에 근본적으로 손상을 입힐 것이기" 때문이다(2003, 2). 교란은 전지구적 로지스틱스 시스템의 아킬레스건이다.

로지스틱스 혁명이 이전에는 생산과 유통으로 각각 정의되었던 것을 분해하고 재구분하도록 했다면, 로지스틱스의 지구화는 그러한 변화와 지구를 가로지르는 공급 사슬의 재구분된 구성 요소들에서 직접 생겨났다. 비즈니스 로지스틱스는 공급 사슬의 속도에 의존하기 때문에 이 지구화된 네트워크의 보호에 대한 엄청난 실험을 촉발했다. 이 실험은 보안의 "네트워크" 모델 또는 "시스템" 모델을 낳았고, 여기서 국경[경계]은 상이하게 재구성되고 통치된다. 사실 이 보안 모델들은 흐름을 우선시하지만 그 모델들은 새로운 형태의 봉쇄 ─ 새로운 종류의 경계와 보안 구역 ─ 로 조직된다. 비즈니스 로지스틱스의 성장은 지정학적 계산에 그리고 역사적으로 그 계산에 형태를 부여했던 국가적·영토적 보안 형태들에 직접 도전한다.

로지스틱스의 지구화

로지스틱스 혁명에 이어 전지구적 무역은 경이로운 성장의 시기를 경험했다. 1970년에 국제 해운 화물의 전체 거래량은 2천5백 톤을 조금 넘었지만, 2008년에는 그 수치가 82억 톤에 이르렀다(IMO 2012, 6). 〈유엔환경계획〉UNEP은 2006년 세계 해운이 전지구적 무역 거래량의 90퍼센트를 차지했다고 보고하고 있으며 달러 수치를 사용하여 국제 무역의 마찬가지로

경이적인 확장을 기록한다. 수입액은 1973년 10억 달러 미만에서 2006년
에는 120억 달러를 초과했다(Vidal 2008). 산업 로비 집단인 〈세계해운위
원회〉World Shipping Council에 따르면 1966년 컨테이너선이 처음 대서양을 횡
단한 뒤 몇 년 사이 전지구적 컨테이너 물동량은 눈부신 속도로 팽창했다.
1973년 미국과 유럽 그리고 아시아의 컨테이너선 운항사는 4백만 TEU를
수송했지만, 불과 10년이 지난 1983년 그 수치는 1천2백만 TEU로 뛰어 올
랐고 컨테이너 기술은 중동과 인도 아대륙 그리고 동서 아프리카로 퍼졌다.
『통상신문』Journal of Commerce에 따르면 2010년 세계 컨테이너 물동량은 5억
6천만 TEU라는 놀라운 수치를 기록했다(Barnard 2011).

　　무역 지구화와 로지스틱스 사이에 연계가 있다는 것은 경영 대학원
의 담벼락을 넘어 점차 대중적으로도 널리 분명해지고 있다(Dicken 2003;
Makillie 2006). 하지만 로지스틱스 혁명이 보여 주는 전환과 이 전환이 생

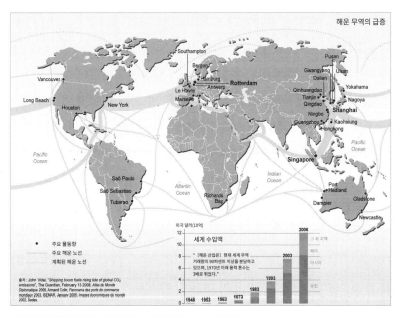

〈그림 11〉 해운 무역의 급증. 출처 : UNEP/GRID-Arendal 2009.

산과 무역의 지구화를 뒷받침하는 ― 그것에 단순히 부합한다기보다 ― 방식들은 평범한 시각에서는 여전히 드러나지 않는다. 세계에서 가장 큰 기업인 월마트가 소매업으로 위장한 로지스틱스 기업으로 흔히 묘사되는 것은 특별한 의미를 갖는다(Lecavalier 2010). 다른 어떤 기업보다 많은 용적 톤수를 미국으로 수입하는 월마트는 재고 운반 관리를 전문으로 하는, 세계에서 가장 큰 민간 위성 시스템을 보유하고 있으며 그 분야의 세계 표준 ― 예를 들어 20년 전 바코드의 시행 ― 을 만든다(Bonacich and Wilson 2008, 9). 에드나 보나시치Edna Bonacich와 제이크 윌슨Jake Wilson(2008, 3)은 지난 10년 동안 그 주제에 관해 출간되는 "교과서 광풍"이 불었으며, 여기에다 로지스틱스를 전문으로 다루는 무역 저널과 전문가 프로그램이 급증했다고 올바르게 지적한다. 하지만 그들은 이 한바탕 벌어진 움직임이, 로지스틱스 혁명 자체가 최근의 사건이라는 걸 보여 준다고 말하면서 정곡을 벗어난다. 1장에서 설명한 것처럼 로지스틱스 혁명의 근간을 이루는 가장 중대한 개념적·계산적 변화들은 1960년대에 일어났다. 그리고 로지스틱스가 대기업 내에서 이사급으로 승격된 일 그리고 전문가 조직을 설립하고 탈규제를 로비하며 운송수단 연계 인프라에 투자하는 일은 이미 1970년대에 상당히 진척되었다. 사실 로지스틱스가 기업 분야를 가로지르며 대중화되고 일반화된 것은 최근의 일이다. 오늘날 로지스틱스에 대해 고심하며 전체 공급 사슬의 기반 위에서 경쟁하는 것은 그 분야를 진지하게 취급하는 선두 대기업뿐만 아니라 크기와 종류를 막론하는 모든 기업들이다. 싱크탱크 역시 행동에 뛰어들어 로지스틱스가 국가 경쟁력의 핵심이라고 선언한다. 〈브루킹스 연구소〉(Robins and Strauss-Wieder 2006, 8)는 [이렇게] 묻는다. "도래하는 지구적 경제에서 경쟁하고 번영할 수 있는 능력은 이제 국가의 화물 운송 시스템의 힘에 달려 있기 때문에, 이 역동적인 상황은 한 가지 중대한 문제를 낳는다. 미국의 인프라는 [운송] 수량을 처리하고 재화 운반에서 경제적 가치를 충분히 뽑아낼 수 있는가?" 일련의 대중 광고 캠페인은 로지스틱스를 폭넓은 대중에게 흥미롭지는 않지만 접근 가능한 것으로 만들었다. DHL[2]은 텔레비전과 유투브 광고를 통해 자신들이 로지스틱스에 "열정적"이라고 설명한다. 반면 유나이티드파슬서비스UPS[3]는 "우리는 로지스틱스를 사랑한다"고 ― 결론 장에서 다룰 정동적인 기업 수행 ― 선언한다. 사실 기업과 국가 그리고 초국가적 영역의 경쟁력이 "홈 없는" 공급 사슬을 동원하는 자신의 능력에, 즉 적시에 그리고 신뢰할 수 있는 방법으로 사물을 순환시키는 자신의 능력에 달려 있다는 것은 점점 상식이 되고 있다.

이렇게 로지스틱스에 주목하는 광풍이 부는 가운데 눈에 띄는 점은 정부, 특히 기업가적 국민국가와 〈세계은행〉 및 〈유엔〉 같은 초국적 기구의 관심이 커져 가고 있다는 것이다. 〈세계은행〉은 로지스틱스를 "국제 무역의 중추"라고 부르면서 그 과학의 가장 진지한 옹호자 중 하나가 되었다. 1970년대 이후 구조조정 프로그램을 통해 부과된, 수출 주도 성장 전략에 대한 그들의 공격적인 요청은 그들이 더 일찍 로지스틱스를 받아들이지 않았다는 점을 거의 놀라운 사실로 만든다. 이제는 지구적 무역에서 로지스틱스가 담당하는 중추적 역할에 대한 합의가 이루어졌고 거듭 되풀이되고 있다. 세계적인 컨설팅 기업 딜로이트Deloitte(2011, 3)는 인도의 로지스틱스 인프라에 대한 보고서에서, 수출 지향 성장을 돕는 많은 인자들이 있지만 "가장 중요한 성공 요인은 (주로 항구, 도로, 공항, 철도의) 교통 인프라와 통신 그리고 전력의 개선"이라고 말한다.

2007년이 되어서야 〈세계은행〉은 "경쟁을 위한 연결 : 지구적 경제의 무역 로지스틱스"(Arvis et al. 2007)라는 제목으로 첫 번째 로지스틱스성과지수LPI를 발표했다. 저자들은 보고서를 여는 페이지에 성장에서 로지스틱스

---

2. [옮긴이] 독일에 본사를 둔 세계적인 종합로지스틱스기업.
3. [옮긴이] United Parcel Service. 미국에 본사를 둔 세계적인 로지스틱스 운송업체.

가 담당하는 핵심 역할을 설명하면서 "'물리적 인터넷'[4]으로 불렸던 것에 연결"할 수 있는 능력이 "빠르게 한 국가의 경쟁력을 결정하는 핵심 요소가 되고 있다"고 주장한다. 『이코노미스트』가 전지구적 로지스틱스 시스템의 네트워크적 성격을 기술하기 위해 사용한 용어인 "물리적 인터넷"은 "광대한 새로운 시장에 대한 접근 기회"를 제공해 준다고 이야기된다. "그러나 전지구적 로지스틱스망과의 연결 고리가 취약한 국가의 배제 비용은 상당하며 늘어나고 있다"(Arvis et al. 2007, 3). 국가 로지스틱스 시스템의 경쟁력에 대한 이 지구적 순위는 로지스틱스 인프라에 대한 정부, 특히 전지구적 남부의 정부의 더 많은 관심을 끄는 데 상당한 영향을 끼쳤다. 자신들이 그 분야에 기울인 노력을 자찬하는 〈세계은행〉의 저자들은 첫 번째 로지스틱스성과지수가 7개 국가로 하여금 로지스틱스 성과를 개선하는 프로그램에 착수하도록 자극했고, 로지스틱스 분야에서 공공 부문과 사적 부문 간 협력 증진을 촉진했으며, 두 번째 로지스틱스성과지수 ─ 2010년에 발표되었고 2년 마다 갱신된다 ─ 에 대한 요구를 불러일으켰다고 보고한다. 〈그림 12〉의 지도는 2010년 보고서에서 가져온 로지스틱스성과지수 순위를 재현한 그림이다. 성과 점수가 높을수록 더 짙은 색으로 표현된 전지구적 로지스틱스 시스템의 적나라한 불평등은 전지구적 정치경제의 적나라한 불평등을 은연중에 드러낸다. 특히 〈세계은행〉이 로지스틱스 성과에 대한 자신의 관심을 "빈곤 완화"라는 더 큰 프로젝트 속에 둔다는 점을 고려하면 로지스틱스성과지수는 주로 고소득 국가와 저소득 국가 들 간의 "로지스틱스 격차"와 관련이 있다. 그 보고서는 "발전도상국의 경쟁력에 있어 무역

---

4. [옮긴이] 로지스틱스에서 물리적 인터넷(physical Internet)이란 캡슐화, 인터페이스 및 프로토콜을 통한 물리적·디지털·운용 상호연결성에 기반을 두는 개방형 전지구적 로지스틱스 시스템을 말한다. 즉, 디지털 인터넷처럼 로지스틱스 네트워크가 특정 연결고리 없이 상호 연결되고 공유될 수 있도록 하는 것을 가리킨다.

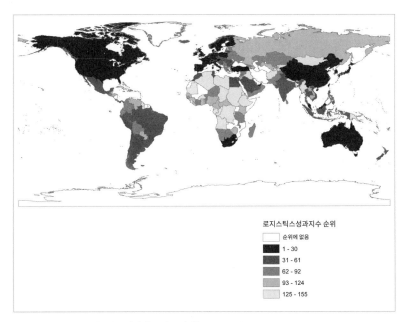

로지스틱스성과지수 순위

순위에 없음
1 - 30
31 - 61
62 - 92
93 - 124
125 - 155

〈그림 12〉 지구적 로지스틱스성과지수 지도. 출처 : Arvis et al. 2010.

로지스틱스가 지닌 중요성과 [그] 국가들이 지구화의 혜택을 입고 빈곤에 대항할 수 있도록 그 분야가 도울 수 있는 방식들"을 강조한다(Arvis et al. 2010, 12).

〈세계은행〉의 수출 주도 성장 모델에 대한 비판은 광범위하며 세계 곳곳에서 제기된다(Sparr 1994; Plehwe, Walpen, and Neunhöffer 2006; Potter 2007). 이 비판을 여기서 되풀이 하지는 않겠지만 이 모델의 확장과 실제로 무역 로지스틱스에 대한 강조를 통해 그 논리가 심화되는 것은 강조할 가치가 있다. 〈세계은행〉은 점점 로지스틱스 시스템과 그 인프라 구성 요소를 겨냥하고 있으며 민관 기반 시설 협력사업에 돈을 대고 있다. 한 예로 〈세계은행〉은 현재 베트남의 대규모 로지스틱스 계획에 돈을 대고 있다. 그 계획은 2010년 베트남에서 20만 명의 노동자를 고용하고 9천4백만 켤레의 신발을 생산한 나이키의 요청에 따라 구체화되었다. 나이키는 자신의 공급 사슬을 강화하기 위해 정부에게 인프라에 투자할 것을 로비하기 시작했다. 미국 국제개발처USAID의 〈베트남경쟁력강화계획〉VNCI은 인프라의 민영화와 그에 대한 민간 투자를 돕고 있다 — 그들의 말에 따르면 "[베트남] 계획투자부MPI가 민간 투자를 끌어들여 공공 조달을 개선하도록 지원하고 있다." 〈베트남경쟁력강화계획〉은 나이키 그리고 거대 해운 회사인 머스크5 및 에이피엘6과 협력하여 베트남 당국이 "항만 및 로지스틱스 인프라의 민관협력사업을 위한 새로운 모델에 대해" 배우는 "연구 사절단"을 편성하고 후원했다. 이 인프라 투자의 목표 중 하나는 재화 순환 속도를 2007년 3백만 TEU 수준에서 2013년에는 1천3백만 TEU 수준으로 향상시키기 위해 호치민시 주변 항구들의 수용력을 늘리는 것이다. 연구 사절단은 또한 싱가포르를 방문하여 싱가포르 경제개발청, 통상산업부, 재무부, 해양항만청뿐만 아니라 프라이스워터하우스쿠퍼스, 로벨스리앤리, 피치레이팅스7, 다른 주요 수출업자 및 로지스틱스 공급자 같은 인프라 및 수출 개발, 금융, 프로젝트 개발, 프로젝트 관리에 책임이 있는 이해 관계자들을 만났다. 〈베트남경쟁력강화계획〉은 또한 "민관협력 방법"을 60개 정부 당국에게 교육하기 위해 〈아시아개발은행〉과 함께 일했으며 "민관협력 인프라 프로젝트의 보다 효율적인 경쟁 조달을 위해 [베트남] 계획투자부에 신설될 새로운 민관협력 행정 기구"를 지원할 것이다(ADB 2012).

요컨대 미국의 그리고 지구적 기관들은 나이키 같은 초국적 생산 기업

---

5. [옮긴이] 간단히 머스크(Maersk)로 알려진 A.P. 몰러-머스크 그룹(A.P. Moller-Maersk Group)은 덴마크의 복합기업이다. 다양한 사업 분야에서 활동하며 주된 부문은 수송과 에너지 분야다. 1996년 이래 세계 최대의 컨테이너선 운용 기업이자 보급선 운용 기업이다.

6. [옮긴이] 간단히 에이피엘(APL)로 불리는 아메리칸프레지던트라인스(American President Lines Ltd.)는 세계에서 세 번째로 큰 미국의 컨테이너 해상운송 기업이다.

7. [옮긴이] 프라이스워터하우스쿠퍼스(PricewaterhouseCoopers)는 영국 런던에 본사를 둔 다국적 회계 컨설팅 기업이고, 로벨스리앤리(Lovells Lee and Lee)는 로펌 회사이며, 피치레이팅스(Fitch Ratings)는 뉴욕과 런던에 본사를 둔 국제 신용평가기관이다.

들의 로지스틱스 역량 향상에 대한 필요를 충족시키기 위해서, 또한 머스크와 에이피엘 같은 로지스틱스 기업들의 확장을 지원하기 위해서 베트남의 대규모 인프라 투자에 자금을 대고 있다. 이 프로젝트는 현대의 로지스틱스 프로젝트에서 작동하는 다양한 역학을 드러낸다. 공공 투자의 우선순위를 정하는 데 있어 외국 투자자들의 주도적인 역할, 인프라의 민간 소유와 민간 출자 그리고 프로젝트를 계획하고 운영하기 위해 만들어지는 민관 협력[이 그것이다. 이것들은 신자유주의적 통치를 정의하는 특징은 아니라고 해도 모두 익숙한 것들이다. 사회적 재화를 분배한다는 지구적 자본주의의 전망에 대한 변함없는 헌신, 시장의 효율성에 대한 보편적인 믿음, 그리고 보다 광범위하게는 통치를 조직하는 의심받지 않는 원리로의 시장 합리성의 승격이 [신자유주의적 통치의] 모든 특징들이다. 하지만 신자유주의가 통치의 극적인 사유화[민영화]를 수반했다고 해도, 이것이 명백하게 국가의 쇠약을 의미한 것은 아니다. 여기서 또 다른 주제가 야기된다. 사실 토마스 렘케Thomas Lemke(2001, 201)가 우리에게 상기시켜 주듯이, "신자유주의적 통치 형태가 단순히 …… 국가의 축소나 몇몇 기본적인 기능들의 제한으로 이어지는 것은 아니다." 오히려 신자유주의적 모델의 국가는 자신의 전통적인 기능들을 유지할 뿐 아니라 새로운 기능과 과업을 맡는다. 고전적인 자유주의 내에서 국가의 역할이 국가 및 개인 재산의 보안에 머무른다면(Cowen 2006), 신자유주의적 국가는 결정적으로 시장 창출이라는 새로운 역할을 담당한다. 렘케의 말에 따르면(2001, 197), "정부 자체가 경쟁을 보편화하고 개인과 집단 그리고 제도를 위한 시장 형태의 행동 시스템을 발명하는 임무를 띤 일종의 기업이 된다." 우리가 베트남 프로젝트에서 본 것처럼 말이다. 〈유엔〉(UN Industrial Development Organization 2009, xv)은 민관 로지스틱스 협력의 맥락에서 국가를 위한 이 역할의 요소들을 포착한다. 〈유엔〉은 [이렇게] 주장한다. "로지스틱스는 정부가 만든 지체 때문에 교란될 수 있고 혹은 정부가 공급한 인프라 덕분에 빨라질 수도 있다." 제레미 플랜트Jeremy Plant(2002, 29)는 사적 이익을 위해 이러한 공적 공급의 증대를 로비하면서 [이렇게] 말한다. "운송수단 연계화는 반드시 해밀턴8 메시지를 주장하는, 즉 공동체 목표의 달성을 위해서 사적 운영자들을 위해 공적 수단으로 인프라를 증대할 필요를 주장하는 정책 옹호자를 필요로 한다."

국가의 역할 변화와 더불어 지구적 로지스틱스 프로젝트에 대한 투자 또한 국가적 공간에서 초국가적 영역으로 통치 규모가 변하는 데 분명히 일조하고 있다. 새로운 시장을 차지하고 새로운 자원이나 노동력을 착취하기 위한 "자유 무역" 지대의 이러한 확장은 신자유주의의 구성적 특징이 되었다(Brenner and Theodore 2002; Peck and Tickell 2002; Sparke, Roberts, and Secor 2003). 미국과 베트남의 자유무역협정("Agreement" 2000)은 베트남이 "지역 경제와 세계 경제에 통합될 절차를, 그중에서도 〈동남아시아국가연합〉ASEAN과 〈아세안자유무역지대〉AFTA 그리고 〈아시아태평양경제협력체〉APEC에 가입하여 통합될 절차를 밟고 있으며 〈세계무역기구〉WTO에 가입하기 위해 노력하고 있는 것"에 주목한다. [그리고] 〈세계무역기구〉에는 그 후 2007년에 가입하게 된다. 그에 따라 미국과 베트남은 "내국민 대우"를 상대방의 생산물과 생산자 들로 확장했다.

지구화된 로지스틱스의 신자유주의적 본성에 대한 이러한 일반적인 관측들은 취할 만한 점이 없지는 않지만, 진행되고 있는 더 미묘한 변화를 피하고 그것의 효과에 주목하지 않는다. 로지스틱스의 지구화에 대한 더 주의 깊은 연구는 훨씬 더 정확하게 새롭게 출현하는 것을 드러낸다 ― 정치적인 것에 대한 새로운 지도제작. 이것은 새로운 시장이나 자원 혹은 노

---

8. [옮긴이] 해밀턴은 미국의 초대 재무장관으로 정부에 의한 자국 산업의 보호·육성과 사회 간접 자본에 대한 공공 투자의 필요성 등을 주장했다.

동력을 차지하기 위한 자유무역지대의 확장에 대한 것일 뿐 아니라 사물의 순환을 위한 항로나 네트워크 혹은 "관로들"의 창출에 대한 것이다. 이 네트워크 지리학의 중요성은 이러한 순환 시스템을 보호하기 위해 생겨난 매우 실천적인 노력과 그것이 시민성과 보안에 끼친 근본적인 영향을 살펴보면 분명해진다.

관문과 항로의 지도제작

어쩌면 아이러니하게도 북미의 공간 경제에 대한 이 최근의 지도를 그리는 일에는 경영 대학원 교수가 필요했다. 스티븐 블랭크Stephen Blank (2006)는 거대 지역으로 재편되는 토지의 영토적 블록보다 항로와 관문의 관국가적 네트워크가 좀 더 적절한 시각적 표현을 제공한다고 말한다. 아이러니는 40년 전에 학술 좌담에서 항로와 관문을 논의하는 (그리고 지도를 그리고 있었던) 사람은 지리학자였다는 사실에서 생겨난다. 이후에는 [이런 일이] 거의 사라졌다. 1960년대 말과 1970년대 초 경제 활동의 지리에서 관문과 항로의 역할은 "도시 시스템" 논쟁의 중요한 기둥을 형성했다 (Burghardt 1971; Whebell 1969). 공급 사슬이 기업계에서 근본적인 전환과 검토를 경험하고 있었던 바로 그 시기에 지리학계에서 이 논쟁이 쇠퇴한 것은 우연의 일치가 아니라 로지스틱스 혁명의 질문되지 않는 효과 중 하나다. 로지스틱스 관리가 "유통 지리학"을 포함하게 됨에 따라, 기업의 순환의 효율성을 높이려고 했던 응용 연구(Allen 1997; Ballou 2006; LaLonde, Grabner, and Robeson 1970; Pettit, Fiksel, and Croxton 2010)와 지구적 자본주의를 개선하기보다는 전환하는 데 몰두하는 지리학에서 출현하는 급진적 분석의 보다 비판적인 궤적(Dalby 1999; Elden 2007; Gibson-

Graham 1996; Harvey 1989; Mitchell 2005) 사이에 분열이 일어났다. 운송에 대한 연구는 여전히 지리학과 내에서 이루어진다. 비록 그 분야의 첨단과는 거리가 있지만 말이다. 전문적인 로지스틱스 프로그램들은 대체로 경영 대학원에 있고 로렌스 부쉬Lawrence Busch(2007, 441)의 말처럼 공급 사슬 관리 프로그램은 때때로 전통적인 경제학과를 대체하고 있다.

트레버 히버Trevor Heaver(2007, 1)는 오늘날의 "관문과 항로" 로지스틱스 계획을 검토하면서 [이렇게] 설명한다. "한때 '관문'이라는 용어는 배후지로 통하는 항구의 이미지를 포착하기 위해 지리학자들이 주로 사용했다. 오늘날 그 용어는 항구 터미널의 그리고 그 너머의 수많은 활동들이, 항구 커뮤니티를 통해 배후지를 오가는 재화의 흐름에서 작동하는 결정적인 역할을 포착하기 위해 비즈니스와 정치에서 사용하는 인기 있는 용어가 되었다." 관문 개념이 최근 몇 년 사이에 두드러진 방식으로 팽창했다는 히버의 말은 옳다. 데이비드 길렌David Gillen 외(2007, 11)가 적고 있듯이, 오늘날 관문과 항로는 "지역을 가로지르는 재화의 환적에 관한 것일 뿐 아니라" "부가가치 서비스의 창출과 중대한 로지스틱스 산업의 개발에 관한 것이다. 이것은 무엇보다 화주에게 국경을 넘는 비용을 줄여 준다." 하지만 운송 인프라의 핵심적 역할은 그대로 남아 있다. 앤드류 버가트Andrew Burghardt는 1971년에 쓴 글에서 관문을 [이렇게] 기술했다. "[관문은] 어떤 지역으로 들어가는 입구(이자 필연적으로 그곳에서 나오는 출구)다……[관문은] 운송에서 매우 중요한 장소, 즉 하역 지점이나 운송 결절에 위치한다"(269). 그 당시 중심지 이론의 명성 때문에 버가트는 이 모델을 "중심지" 모델과 대비시킨다. 그는 [이렇게] 쓴다. "중심지는……운송에서 특별히 중요한 장소라는 측면에서 사고된 것이 아니었다"(270).

이것은 학자들이 지구화의 지리 변화에 대한 질문을 피해 왔음을 말하지 않는다. 반대로 이 영역에는 광대한 논쟁이 있다. 하지만 지구화된 로지스틱스의 핵심에 있는 관문과 항로 지도제작은 비판적 학술 연구에서 거의 다루어지지 않았다. 더군다나 이 지도제작은 단순한 무역로의 지리보다 훨씬 더 많은 것을 재현한다. 항로 지도제작이 경제 통합에 대한 최선의 지도를 제공한다는 경영 대학원 교수의 말은 맞지만, 그것은 또한 지정학적 국가를 활발하게 재가공하고 있는 보안과 유동성의 형태에 대한 강력한 지도화를 제공한다. 이 네트워크 지리학은 도래하는 로지스틱스의 **정치적 공간의 경계**를 그린다.

　　"새로운 지역주의"와 국가의 재규모화에 대한 활발한 논쟁들은 이 주제를 탐구했지만 그 논쟁들은 대체로 공간과 정치와 경제의 관계의 재직조reconfiguration보다는 정치적 영토의 확장 — 예를 들어 지역의 재규모화 — 에 초점을 맞췄다. "지경학"에 대한 최근 연구는 지정학적 사고와 실천을 뒷받침하는 것과는 다른 공간성의 논리를 탐구하고 있다는 점에서 관문과 항로 지도제작에 관한 이 질문에 가장 근접했다. 지정학이 영토적으로 구획된 국민국가 시스템 내에서 주권과 권위의 문제 그리고 권력의 행사와 주로 관련이 있다면 "지경학"은 지구화된 시장 논리와 관국가적 행위자들에 의한 국제 공간의 재교정을 강조한다(Cowen and Smith 2009). 매튜 스파크Matthew Sparke(2000, 6)의 말처럼 지경학은 "지구화의 맥락에서 점점 흔해지는, 영토를 묘사하고 기입하는 새로운 형태들을 — 고전 지정학과 마찬가지로 하향식top-down, 비장소에서의 관점9, 시각적 집착으로 공간적 관계를 다루지만 오늘날 횡국가화된 경제의 경계를 가로지르는 지도제작 및 탈규제 역학에 대한 비국가 중심적 동일시라는 전혀 다른 특징도 지닌 묘사와 기입의 형태들을" 수반한다. 스파크는 지역의 "재지도화" — 특히 〈북미자유무역협정〉NAFTA[이하 〈나프타〉]의 대륙 통합이 뒷받침하는, 미국 서부와 캐나

---

9. [옮긴이] view-from-nowhere. 어떤 입장에도 뿌리를 두지 않고 대상을 객관적으로 파악하려는 시선을 가리킨다.

다 사이의 국경에 걸쳐 있는 "캐스캐디아"Cascadia — 에 대한 연구에서 국경을 가로지르는 지역 통합을 지경학의 "차별적인 지리적 요소"로 강조했다. 그의 연구는 그가 지역을 "재규모화"한다고 주장하는 일련의 초국적 무역 지도를 검토한다.

〈나프타〉 같은 국제 무역 협정들은 이미 확장 중인 통합에 응하여 만들어졌지만 국경을 가로지르는 무역의 거래량 증대에 있어 중추를 담당하기도 했다. 〈나프타〉의 설계자들에게 놀라웠던 것은 국경을 가로지르는 흐름의 성장 자체가 아니라 〈나프타〉의 이행 이후에 기업 내에서 국경을 가로지르는 재화 운동이 급격하게 증가한 일이었다. 이 "심화된" 혹은 "구조적 통합"은 북미의 "국경을 가로지르는 복합적인 공급 사슬"을 정의하게 되었다(Blank, Golob, and Stanley 2006, 5). 〈나프타〉는 북미의 오랜 국가 주도 운송 정책 역사에서 후반부에 자리한다. 캐나다와 미국의 수송 정책은 처음에는 모두 식민지 정착을 위해 동서 운동의 국가 시스템 건설을 지향했지만, 오늘날에는 점점 남북 흐름의 대륙 시스템을 지향한다. 〈나프타〉는 운송 인프라에 대해 어떤 직접적인 재정적 지원도 제공하지 않았지만(Brooks 2001), 노동과 위험 물질 그리고 기술 분야의 광범위한 규제 기준을 다루는 30개의 실무단과 위원회를 설립했다. 〈미국의 관문과 무역 항로를 위한 연합〉Coalition for America's Gateways and Trade Corridors 같은 대규모 로비 그룹이 연방 정부의 더 많은 조치를 요구하기 위해 생겨났다. 보통 연방 기금을 받지만 주 정부 및 지방 정부와 협력하는 민간 분야 연합체들이 대체로 주도하는, 북미 로지스틱스 항로의 지도를 그리고 건설하기 위한 실질적인 노력들이 있다. 가장 눈에 띄는 것은 〈북미슈퍼항로연합〉NASCO이다. 중부대륙항로로도 알려져 있지만 비평가들은 흔히 "〈나프타〉 슈퍼고속도로"라고 부른다. 〈캐나멕스〉CANAMEX는 캐스캐디아 지역을 관통하는 또 다른 중요한 북미 항로 계획이다(〈그림 13〉을 보라). 최근 생겨난 지도들은 관국가적 영토의 블록과는 다른 공간적 상상계를 만든다. 블랭크가 주장하듯이 그 지도들은 공급선의 단순한 지도화보다 훨씬 더 많은 것을 재현한다. 물리적 인프라 강화와 더불어 이 항로 프로젝트들은 통합과 표준화 그리고 세관 및 무역 규제의 동기화 같은 "소프트 인프라"에 계속해서 주력한다. 이 로지스틱스 항로들의 실제 공간을 보안하기 위한 전체 노력들은 말할 것도 없다. 이것은 곧 다룰 것이다.

로지스틱스 항로 프로젝트들과 기술적·대중적 지도제작에서 그 프로젝트들의 시각적 표현은 세계 도처에서 나타나고 있다. 프로젝트는 아프리카를 가로지르며 진행 중이다. 아프리카에서 미국 국제개발처는 "무역 원활화" 작업의 일환으로 로지스틱스 진단 연구를 의뢰했다. 〈마푸토 항로 로지스틱스 계획〉MCLI은 그 대륙에서 현재 진행 중인 몇 가지 주요 로지스틱스 항로 프로젝트 중 하나다. 여기서 미국 국제개발처는 핵심적인 역할을 했다 (다른 사례로는 동아프리카 항로, 서아프리카 운송 로지스틱스 항로, 칼라하리 횡단 항로가 있다). 〈마푸토 항로 로지스틱스 계획〉은 [남아프리카 공화국의] 요하네스버그와 모잠비크의 항구 도시 마푸토를 연결하는 철도와 항만 그리고 도로 부문 민간·공공 주주들의 연합체다. 〈마푸토 항로 로지스틱스 계획〉의 로비 노력은 모잠비크와 남아프리카 공화국 국경의 관리뿐 아니라 인프라를 전환하는 데 있어 성공적이었다. 이 점과 관련하여 가장 눈에 띄는 것은 2010년 로지스틱스를 위한 "원스톱 통관 사무소"의 개설이었다(여객 왕래의 경우 같은 해에 좀 더 늦게 도입되었다). 이것은 두 국가를 위한 공동 가공 구역을 가능하게 한다. "홈 없는 통합 아시아" 계획을 지지하는 〈아시아개발은행〉은 로지스틱스 항로 프로젝트를 돕는 일에 적극적이었다(ADB 2009, 2010). 이 은행은 "아시아의 연결성"에 대한 보고서에서 관국가적 무역 경로가 역사적으로 그 지역에서 수행했던 결정적 역할을 보여 주기 위해 실크로드의 유산을 불러낸다. 〈아시아개발은행〉이 재정 지원을 하

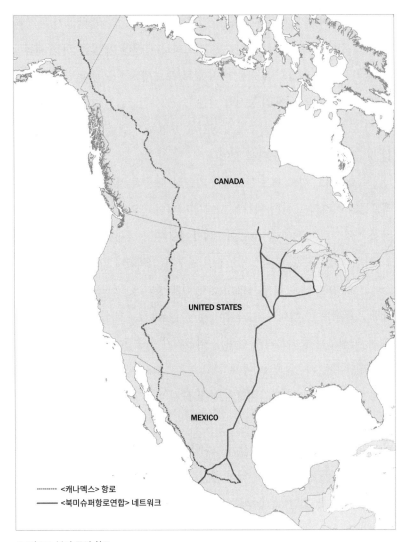

〈그림 13〉 북미 무역 항로.

고 있는 많은 주요 프로젝트 중 하나는 메콩 강 항로다. 가끔씩 아세안 로지
스틱스 항로로 불리기도 하는 이것은 미얀마와 중국, 라오스, 베트남을 가
로지른다(〈그림 14〉를 보라). 이 국가들 간의 협정은 세관과 품질 검사 부서
그리고 출입국 관리소가 동시에 진행하는 합동 검사를 가능하게 만든다.

〈그림 14〉 미얀마 몰먀잉에서 베트남 해변까지 국경을 가로질러 연결하는 대(大)메콩 강 항로 프로젝트. 출처 : ADB 2008.

    중국이 항로 및 관문 프로젝트의 선두주자였다는 사실을 알게 되더라도 놀랄 일은 아니다. 흔히 세계의 공장으로 상상되는 중국은 세계 수출의 엄청난 – 전 세계 총량의 4분의 1에 해당하는(UNCTAD 2010) – 몫을 생산하고 있다. 하지만 로지스틱스 혁명의 교훈이 중국에서 길을 잃었던 것은 아니다. 중국은 세계의 공장보다는 로지스틱스 제국으로 개념화하는 것이 더 좋을지도 모른다. 세계에서 가장 큰 컨테이너 및 크레인 제조업체를 보유한 중국은 이제 독일을 제치고 제3의 선주국이 되었고, 일본을 제치고 제2의 조선국이 되었으며, 인도를 뛰어넘어 제1의 선박 재활용 국가가 되었다(UNCTAD 2010, xiv).[10] 중국은 로지스틱스 항로를 세계 다른 지역으로

---

10. [옮긴이] 저자는 인용 쪽수(xiv)를 xvi로 오기했다.

연장하기 위해 자신의 관문들을 적극적으로 조립해 왔다. 아테네 바로 외곽에 있는 그리스 최대 항구 피레우스항의 관리에 대한 널리 알려진 입찰로 인해, 중국은 "유럽으로 향하는 관문"뿐 아니라 "매우 유망한 남동유럽 시장과 흑해"로 향하는 관문까지 획득했다(Faiola 2010). 이러한 중국의 담대한 그리스 진출로 중국의 거대 해운 기업 중국원양운수공사COSCO는 35년 동안 50억 달러를 내고 컨테이너 운영에 대한 모든 관리를 맡았다.

이 로지스틱스 관문은 중국의 재화를 유럽과 흑해로 가져올 뿐 아니라 중국의 노동 행위와 관리 방법까지 그리스로 연장한다. 부두 노동자 존 마크리디미트리스John Makrydimitris는 피레우스 컨테이너 터미널에 서서 자신의 발을 가리키며 "여기는 그리스다"라고 말한 뒤 몇 야드 떨어진 철제 펜스를 가리키며 웃으며 덧붙였다. "그리고 저기는 중국이다." 실제로 피레우스 부두노조는 그 거래를 "중국 노동 모델을 그리스로 들여오는 것"으로 본다. 중국원양운수공사 터미널에서는 노조가 인정되지 않는다. 임금에서부터 교육, 노동 시간에 이르는 모든 것의 산업 기준이 완전히 약화되었다(Morris 2011). 그러나 그 중국제 관문은 중국원양운수공사 터미널의 경계 너머에 있는 노동관계까지 바꾸고 있다. 부두노조 위원장 닉 조르조Nick Georgiou는 [이렇게] 말한다. "그 결과 중국인이 운영하지 않는 기업들이, 중국인이 노동 비용과 노동자 권리를 축소하는 것에 영향을 받고 있다"(Lim 2011에서 재인용). 중국원양운수공사 회장 웨이 지아푸Wei Jiafu도 [이에] 동의한다. 2010년 〈세계경제포럼〉 모임에서 그는 [이렇게] 말했다. "지구화됨에 따라 우리도 우리의 문화를 세계의 다른 지역에 전파하고 있다"(Lim 2011에서 재인용). 그리스 정무장관 하리스 팜부키스Haris Pamboukis는 피레우스가 미래 협정을 위한 모델을 제공한다고 주장한다. 그리스 정치에 대한 중국의 영향력은 중국의 투자와 더불어 증대된다. 이는 중국이 그리스를 총체적인 금융 붕괴에서 구할 수 있을 것이라는 그리스 지도자들의 희망의 직접적인 결과다. 하지만 팜부키스는 "피레우스는 식민지가 아니다"(Lim 2011에서 재인용)라고 방어적으로 주장한다.

〈아시아태평양관문항로계획〉

오늘날 세계에서 조립 중인 모든 관국가적 항로 및 관문 프로젝트 중에서 〈아시아태평양관문항로계획〉APGCI은 로지스틱스 공간 건설에 관련된 이해관계의 일면을 가장 잘 보여 주는 것처럼 보인다. 〈아시아태평양관문항로계획〉은 공식적으로는 캐나다 연방 정부의 프로젝트지만(Woo 2011), 이것은 활동하는 기관에 대한 설명으로는 매우 부적절하다. 베트남의 로지스틱스 프로젝트처럼, 〈아시아태평양관문항로계획〉도 처음에는 초국적 기업들의 소그룹이 착수했다. 이 기업들도 대규모 공공 투자 결정에 직접 연루되어 있으며 더군다나 메가 프로젝트의 수혜자들이다. 중국의 "유럽으로 향하는 관문"처럼, 〈아시아태평양관문항로계획〉은 그것이 포괄하는 영토들을 가로지르며 전혀 다른 노동 체제들이 순환하도록 돕는다. 3장에서 보게 될 바와 같이, 〈아시아태평양관문항로계획〉은 (그 계획에 착수했던 동일한 기업들이 다수를 이루는) 해양 고용주 연합체가 캐나다의 로지스틱스 부문에 비자유unfree 노동의 "두바이 모델"을 들여오기 위한 수단이었다. 〈아시아태평양관문항로계획〉은 제국적 지배의 변화하는 논리와 기법을 들여다 볼 수 있는 기회도 제공한다. 교란으로부터 관문과 항로를 "보안"하기 위한 노력들은 지구화된 재화의 순환을 보호하는 정치를, 토지와 생계를 둘러싸고 진행되는 반식민지 투쟁들과의 직접적인 갈등에 빠뜨린다. 무역 네트워크를 보안하는 낡은 그리고 새로운 정치에 대한 〈아시아태평양관문항로계획〉의 실험은 원주민의 주권 투쟁과 직접 충돌한다. 아마도 가장 두드러지는 것으로는 관국가적 로지스틱스 공간의 형태와 기능에 맞는 국가 주권과 국가 안보[보안]의 재조직화에 대한 〈아시아태평양관문항로계획〉의 이야기를 들 수 있다. 보안에 대한 새로운 지도제작은 국가 공간의 가장자리에서 국민국가의 주권을 보장하는 영토적 경계보다는 지구적 순환 네트워크를 보호하는 것을 목표로 삼는다. 〈그림 15〉의 개념 지도가 보여 주듯이 〈아시아태평양관문항로계획〉에서 국경은 사라진 것은 아니지만 관국가적 네트워크와 흐름 그리고 도시 결절 들로 대체된다.

〈아시아태평양관문항로계획〉은 아시아와 북미 간 화물 흐름의 수용력과 생산성, 속도 그리고 신뢰도를 증진하기 위한 주요 민/관 계획이다. 내가 인터뷰한 주州 정책국장에 따르면[11] 연방 정부와 주 정부 그리고 민간 부문은 이미 그 프로젝트의 인프라에 150억 달러를 투자했다(Moore 2008도 보라). 〈아시아태평양관문항로계획〉은 지난 10년 동안의 주州의 영토적 모델에서 벗어나는 캐나다 연방 교통부의 완전한 재조직화를 야기했다. 캐나다 교통국은 이 네트워크 모델을 자신의 조직 구조와 운영에 수용하기 위해 내적 전환 과정을 겪었다.[12] 캐나다 교통국은 이제 세 가지 주요 관문(아시아태평양, 대서양, 대륙)을 중심으로 조직되어 있다. 이 중 서부 해안 〈아시아태평양관문항로계획〉은 가장 중요하다. 그 계획은 밴쿠버에 있는 화주와 터미널 운영업체 그리고 다른 로지스틱스 기업들의 대화에서 그리고 그다음에는 그들로 이루어진 좀 더 공식적인 연합체에서 출현했다. 브리티시컬럼비아[13]의 항구에서 작업하는 세계 30대 기업들 대부분이 참여한 이 모임은 명백히 지구적 자본의 지역 모임이었다. 1994년 머스크, 중국

---

11. 리사 고(Lisa Gow), [캐나다] 브리티시컬럼비아 주 교통부 태평양관문 부서 국장, 저자와의 인터뷰, 밴쿠버, 2009년 6월 10일.
12. 존 렌(John Rehn), 캐나다 교통국, 보안 및 비상대책, (해양) 수송 보안 운영, 지역 관리자, 저자와의 인터뷰, 토론토, 2009년 7월 7일. Transport Canada 2011도 보라.
13. [옮긴이] 캐나다 남서부 태평양 연안의 주. 밴쿠버는 브리티시컬럼비아 주에 있는 항구도시다.

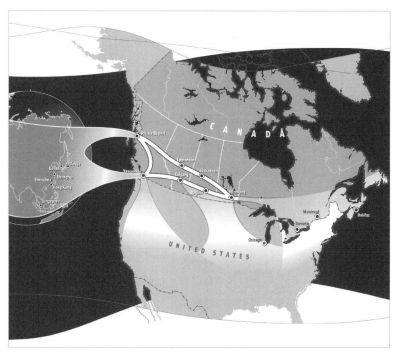

〈그림 15〉〈아시아태평양관문항로계획〉의 개념 지도. 출처 : Asia Pacific Gateway and Corridor Initiative 2009.

원양운수공사, 두바이포트월드, 한진, TSI, 마허 터미널, 하파로이드, 케이라인 그리고 〈브리티시컬럼비아해양고용주연합〉BCMEA이 대표하는 53개의 다른 기업들은 밴쿠버 항, 프레이저 항, 캐나다 국영철도회사와 캐나다태평양철도회사, 〈국제항운노조〉, 서부경제권다각화부서[14] 그리고 〈아시아태평양재단〉을 만나 〈광역밴쿠버관문위원회〉GVGC를 설립했다. 〈광역밴쿠버관문위원회〉의 사명은 밴쿠버 인근 지역 내에서 "흠 없는 로지스틱스 서비스"를 제공하는 것이었다(Gow 2009).

　몇 년 뒤, 기회를 검토하고 무엇이 필요한지 확인하는 "아마도 1백만 달

---

14. [옮긴이] 캐나다 서부의 비즈니스 및 커뮤니티 혁신, 경쟁력 강화를 주 업무로 하는 캐나다 연방 부서다.

러"짜리 연구 조사를 한 다음, 〈광역밴쿠버관문위원회〉는 "주 정부와 연방 정부를 향해 돌아서서 다가가 [이렇게] 말했다. '당신은 정말로 이것을 지지해야 한다. 당신은 정말로 이것을 자신의 계획으로 맡아야 한다. 당신은 — 정책과 입법적 관점에서뿐만 아니라 인프라의 관점에서 — 필요한 것에 투자를 시작해야 한다' "(Gow 2009). 〈광역밴쿠버관문위원회〉의 연구 조사는 20년간 자본 투자 70억 달러라는 2001년 계획으로 마무리되었다. 바로 5년 뒤 브리티시컬럼비아 정부는 30억 달러 투자를 발표하고 〈태평양관문전략실행계획〉을 공개했다. 그리고 연방 정부는 공식적으로 〈아시아태평양관문항로계획〉을 발표하고 그다음 2년 동안 국가 인프라 프로젝트에 전례 없는 수준의 기금 — 2006년과 2007년에만 330억 달러 — 을 투입했다. 이 공적 기금은 그 항로에서 사적 이익이 발생하게 하는 데 있어 결정적이지만, 정부는 계획과 전략을 시스템의 규모에서 보장하는 데 있어 훨씬 더 결정적인 역할을 했다. 브리티시컬럼비아 태평양관문 부서 국장 리사 고는 정부의 핵심 역할은 "운영자 효율성이 아니라 운영 시스템 효율성"을 위한 계획 수립이라고 말한다. 그녀는 "운영자들은 자신들의 효율성 개선에 관한 일은 정말로 아주 훌륭하게 수행했지만 그들이 더 광범한 시스템 효율성을 검토하도록 이끄는 유인책은 없다"고 주장한다. 초기 연합체의 명백한 성과 중 하나는 시스템과 그것의 가시성 증대에 대한 정밀 조사였다. 〈아시아태평양관문항로계획〉은 "[브리티시컬럼비아] 로어메인랜드의 컨테이너 트럭 운송 시스템 전체에 대한 지도를 그려서" 개선이 필요한 문제 영역들을 발견했다. "그 문제 영역들 중의 일부는 트럭 운송 시스템에서, 또 일부는 항구에서 찾았다. 그리고 중복해서 일어나는 활동의 상당수를 제거할 수 있는 아주 많은 기회를 발견했다"(Gow 2009).

기업 파트너는 여전히 관문집행위원회를 통해 〈아시아태평양관문항로계획〉을 운영하는 핵심으로 남아 있다. 그 위원회는 "경영 간부로만" 구성되며 협력하여 계획을 수립하기 위해 분기별로 모임을 갖는다. "그것은 매우 공식적이다. 그것은 공식적인 구조다." 고는 [이렇게] 전한다. "모든 의사결정은 협력적으로 [이루어진다]. 그것의 기반은 합의. 그래서 그 위원회는 서로의 직접적인 경쟁자들과 [같은] 방에 앉을 수 있을 정도로 열려 있다. 그들은 정보를 얼마나 서로 공유할 수 있는 지에 대해 놀랄 만큼 터놓고 말했다. 그것은 항상 쉬운 일은 아니지만 일어난다." 집행위원회는 또한 그 관문의 국제적인 측면이다. 구성원들은 "임무"를 가지고 함께 움직인다. 고는 [이렇게] 설명한다. "우리는 실제로 우리가 임무라고 부르는 것을 해 왔다. 그 임무란 우리가 실제로 아시아에 진출하는 것이다. 우리는 미국 중서부에 진출한다 …… 임무는 우리에게 가장 소중한 것이다." 임무는 기업과 정부가 공통의 "종합적인 마케팅과 커뮤니케이션"을 가지고 일할 수 있는 기회를 제공한다. 그것은 "전략적이면서 전술적인, 모든 파트너를 위해 개발된 계획이다. 우리는 합의를 이룬 공통의 로고, 공통의 브랜딩을 개발했다. 우리에게는 모든 파트너들이 자신의 대외 활동에서 사용하는 공통의 포지셔닝 구호[15]가 있다. 그래서 우리는 모두 '캐나다의 태평양 관문'이다. 우리는 그것을 사용한다. 연방 정부도 민간 부문도 그것을 사용한다." 〈아시아태평양관문항로계획〉 집행위원회는 2008년 아시아 임무를 위해 두바이로 갔다. 고는 "디즈니랜드 같았다. 그곳[두바이]은 아주 흥미로웠다 — 아주 흥미로웠다"고 묘사했다. 두바이포트[월드]는 〈아시아태평양관문항로계획〉 집행위원회의 구성원이며 따라서 "전체 가족의 일부"로 취급되므로, 그 해외 여행은 "집으로" 가는 여행이기도 했다. 그 임무는 〈아시아태평양관문항로계획〉이 자신을 홍보할 수 있는 기회를 제공했고, 또한 그 임무로 인해 정부 대표들은 항만 및 운송 규제에 따라 전혀 다른 노동 및 법적 체제를 볼

---

15. [옮긴이] 포지셔닝(positioning)은 경쟁자와 차별되는 지위를 갖기 위한 마케팅 전략이며, 포지셔닝 구호(positioning statements)는 이를 위한 표현이다.

수 있었다.

두바이는 정말로 흥미로운 접근법 몇 가지를 가지고 있다. 두바이는 분명히 우리가 여기서 다루고 있는 것과는 전혀 다른 통치 구조지만 그들은 거대하게 사고하고 있다. 다시 말하자면 종합 계획에 대한 이야기다. 그것은 그들이 무언가를 할 때 모든 것을 사고하는 개체다. 그들은 세계 최고를 고용한다. 그들은 자문을 구하고 사람들을 불러 모은다. 그리고 그들은 그냥 항구를 개발하는 것이 아니다. 그들은 시스템 — 그것은 인프라고 항구며, 자유 무역 지대다. 그것은 숙박 시설이고 승객 운송이며, 에너지다 — 을 개발하며 그렇게 함으로써 모든 것이 고려된다. 그러므로 그것은 정말로 종합적이다.

두바이는 아마도 자본을 위한 "디즈니랜드"일 것이다. 그것의 근본적인 사회 질서에서 사람들은 노동자와 시민이라는 계급으로 분리되어 있다. [두바이는] 노동자를 시민성의 영역에서 제거하기 위해, 마찬가지로 경제적인 것을 정치적인 것에서 제거하기 위해 극단적인 시도를 한다. 노동력의 90퍼센트가 비#시민인 두바이는 엘리트 전문직에게는 "두바이를 사랑하거나 떠나거나"의 접근법을 보장하고 나머지에게는 비참한 노동 및 임금 조건을 보장한다. 공장이 공급 사슬을 가로질러 펼쳐져 있고 전 세계에 분포해 있다면 근본적으로 상이한 노동 체제들은 이미 공장 "내부에" 있다. 그리고 3장에서 살펴볼 바와 같이, 〈아시아태평양관문항로계획〉의 기업 구성원들은 두바이 모델을 북미로 가져오려고 노력함으로써 자신이 공급 사슬을 표준화할 뿐이라고 여긴다.

처음에는 로지스틱스 기업들이 그다음에는 〈광역밴쿠버관문위원회〉가 그리고 마지막에는 정부가 분명하게 밝힌 〈아시아태평양관문항로계획〉

의 비전은 아시아와 북미 간의 무역을 강화하고 확장하는 것이다. 캐나다 정부는 캐나다가 "성장하는 아시아 경제와 북미 간의 교차로로서 번창할 수 있는 지리적 위치에" 있다고 주장한다. 여기서 그 표현 — 캐나다는 교차로에 자리하는 것이 아니라 교차로로서 자리하고 있다 — 은 의미심장하다. 이것이 중요한 이유는 바로 그것이 재화의 최종 목적지와는 무관하게 탐나는 재화 운반 활동이기 때문이다. 로지스틱스 혁명, 생산 및 유통 범주들의 분할 그리고 그다음에는 공간을 가로질러 재분포될 수 있는 공급 사슬의 구성요소로 그 범주들의 재조립과 더불어, 재화의 순환은 더 이상 단순한 운송의 문제가 아니다. 로지스틱스 — 공급 사슬의 관리 — 는 그 자체가 부가가치와 파생 경제 활동을 가진 급성장 산업이다. 〈아시아태평양관문항로계획〉에 대한 컨설턴트들의 초기 보고서는 두 제국 사이에서 그 계획의 지리적 위치가 가진 중요성과 두 제국 사이의 "수송량"의 가치가 가진 중요성을 모두 보여 준다. 그들은 [이렇게] 설명한다. "아시아와 미국 사이에 자리 잡은" "서부 해안에 있는 우리의 항구와 공항 들도 이 주요 무역 파트너들 사이에서 점증하는 수송량의 일부를 차지하기에 이상적인 위치에 있다"(InterVISTAS 2007, 2). 〈아시아태평양관문항로계획〉의 목적은 무역을 증대하고 강화하는 것뿐만 아니라 미국으로 향하는 엄청난 재화량의 일부를 흡수해서 캐나다 로지스틱스 시스템을 통해 그것을 순환시키는 것이다. 실제로 캐나다 정부는 공공 투자의 근거에 대한 심의를 "상하이에서 시카고로 이어지는 기회"라는 표제 하에서 구상한다.

어떻게 보더라도 중국과 중국의 가장 큰 무역 파트너, 즉 미국 사이의 무역량과 무역액은 어마어마하며 계속 늘어나고 있다. 21세기의 첫 10년 동안 두 국가 간의 총 무역액은 2001년 1천2백10억 달러에서 2010년 4천5백 60억 달러로 네 배 늘었다(U.S.-China Business Council 발행 연도 불명). 캐나다가 대영제국의 시녀, 그다음에는 미 제국의 시녀라는 역사를 가지고 있다면 〈아시아태평양관문항로계획〉은 이 역사의 또 다른 중대한 변화를 암시한다. 하지만 캐나다 정부가 중국과의 관계에 쏟는 널리 알려진 열의에도 불구하고 이 변화는 단순히 미 제국을 벗어나 중국 제국으로 향하는 것이 아니다. 그보다 캐나다 정부는 지경학적 로지스틱스 논리를 적극적으로 지향하고 있다.

국가 투자 및 인프라를 중–미 회로에 맞추는 이 시도가 "시카고 익스프레스"만큼 적나라하게 드러나는 곳은 없다. 〈아시아태평양관문항로계획〉의 이 북부 항로는 브리티시컬럼비아의 프린스루퍼트Prince Rupert에서 미국 철도의 중심지 시카고까지 이어지며, 이 항로의 별칭[시카고 익스프레스]은 그것의 건설을 부채질했던 의도를 드러낸다. 고(2009)에 따르면 "그 의도는 약 94퍼센트, 95퍼센트가 미국이 주도한 것이었다."

본질적으로 그 아이디어는 제품이 들어오면 그것을 내리고 바로 철도로 옮겨서(생산물 대다수가 철도에 드나든다), 철도에 싣고, 가능한 빨리 시카고에 내리는 것이다. 가는 도중에는 두세 번 정차한다 — 그러니까 위니펙Winnipeg에 정차하고 시카고, 멤피스에 정차할 것이다. 그다음 돌아오는 길에는 그 다양한 관할 지역의 수출품으로 컨테이너를 채운다 — 그러니까 멤피스와 시카고에서 종이와 다른 생산물을 실을 것이다. 그런 식으로 농업 생산물과 다른 생산물의 경우에는 에드먼턴Edmonton에 정차할 것이다. 그다음에는 프린스조지Prince George에 정차해서 수출용 목재를 실을 것이다 — 그러고는 배에 짐을 내린다. 그러므로 엄청난 급행 서비스다. 멤피스에 배달하는 데 5일 내지 6일이 걸릴 거라고 생각한다.

〈그림 16〉이 보여 주듯이 "시카고 익스프레스"는 캐나다의 양쪽 국경을 훨씬 넘어서 연장된다. 그것은 컨테이너를 아시아에서 미국까지 운송하

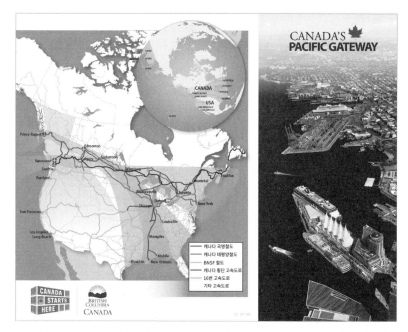

〈그림 16〉 "시카고 익스프레스"로 불리는 〈아시아태평양관문항로계획〉의 북부 항로. 출처 : Asia Pacific Gateway and Corridor Initiative 2009.

는 데 걸리는 시간을 2일 내지 3일 가량 단축시킬 것이라고 약속한다. 이것은 부분적으로는 브리티시컬럼비아 북부와 동아시아가 지리적으로 가깝기 때문에 가능하지만 프린스루퍼트가 그 해안의 다른 항구들에 비해 덜 혼잡한 까닭도 있다. 하지만 "시카고 익스프레스"는 국경이 협조할 경우에만 이 시간 절감을 약속할 수 있다. 그런 까닭에 국경은 처음부터 〈아시아태평양관문항로계획〉의 주요 관심사였다. 〈아시아태평양관문항로계획〉의 개념 지도처럼 여기서 국경은 표현되어 있지만 최소한의 선만 있어 마치 배경 속으로 물러난 것처럼 보인다. 이것은 대체로 교통 인프라를 따라가면서 시카고와 멤피스 그리고 마지막으로 뉴올리언스로 내려가기 전에 캐나다 서부를 가로지르며 태평양에서 프린스루퍼트 항까지 횡단하는 굵은 금빛 선과 대조를 이룬다. 이 시각적 재현이 담고 있는 것은 그저 관국가적 재화 흐름이라는 기업의 판타지에 그치지 않는다. 이 이미지를 현실화하려는 노력 – 로지스틱스 공간을 강화하는 수단으로서 국경을 배경 속으로 사라지게 만드는 것 – 은 중대한 영향을 미치고 있다. [미국] 관세국경보호청 직원은 이제 [캐나다] 프린스루퍼트 항에 배치되어 캐나다 쪽 직원과 함께 컨테이너가 북미 해안에 도착하면 검사한다. 캐나다 교통국의 태평양 지역 총책임자 마이크 헨더슨이 나에게 설명한 것처럼,[16]

열차는 좋은 사례다. 컨테이너는 이제 열차에 실려 루퍼트에서 시카고로 내려간다……그리고 온타리오 주 북서부의 포트프랜서스–래니어에 있는 국경을 넘는다. 나는 그 열차를 보려고 몇 차례 그곳을 방문했다. 루퍼트에서 출발한 열차는 거의 멈추지 않는다. 그 열차가 실제로 보는 건 무스 [북미산 큰 사슴]뿐이다. 기차는 위니펙에 도착해서 잠깐 정차한 다음 계속 달린다. 국경을 넘을 때도 멈추지 않는다. 속도를 늦춰서 통과한 다음 시카고까지 바로 간다. 그 서비스의 가장 큰 장점은 컨테이너를 프린스루퍼트에서 시카고까지 1백 시간 이내에 옮길 수 있다는 점이다 – 예를 들면 시애틀에서 시카고까지 혹은 L.A./롱비치에서 시카고까지 컨테이너를 옮기는 것보다 훨씬 빠르다. 그래서 그 열차는 미국 국경수비대와 모든 훈련, 즉 국경 보안 [절차]를 마쳤다. 그 컨테이너가 국경에 도달하기 전에 미국은 그 안에 있는 모든 것을, 그것이 어디에서 왔고, 누가 그것을 보냈는지 알고 있다.

〈아시아태평양관문항로계획〉은 처음부터 보안에 대한 우려 때문에 활기를 띠었다. 이것은 부분적으로는 그것의 개발 시기가 9·11 이후였기 때

---

16. 마이크 헨더슨(Mike Henderson), 캐나다 교통국, 태평양 지역, 지역 총책임자, 저자와의 인터뷰, 밴쿠버, 2009년 6월 10일.

문이다. 국경을 넘는 이동의 보안에 대한 대중의 우려에 응답하는 것은 핵심적인 고려사항이었다. 하지만 우선적으로 고려된 것은 로지스틱스 시스템 자체의 보안에 대한 우려이지 국경을 넘는 화물 이동이 사람들에게 혹은 사람들이 여행하는 장소에 미칠 영향은 아니다. 화물 이동의 보안에 대한 우려는 2007년 컨설턴트의 관문 평가에서 분명하게 표현된다. 이 평가는 정부가 다음의 사항을 고려해야 한다고 주장한다.

·이중 통관 절차를 최소화하거나 없애는 새로운 접근법의 이행 기회를 적극적으로 추구할 것
·아시아태평양 지역에서 수송 및 국경 보안 정책의 상호 인정과 조화를 조성함에 있어 주도적인 역할을 맡을 것
·미국과의 외곽 통관perimeter clearance을 적극적으로 추구할 것(InterVIS-TAS 2007, 3)

이에 대한 응답으로 2009년 〈아시아태평양관문항로계획〉은 "보안 하위분야 원탁회의"를 구성하여 관문의 공급 사슬 보안을 연구할 컨설턴트를 고용했다. 이 보고서는 관문에서 정부가 맡는 광범한 역할 ─ 개별 기업의 접근을 전체 시스템 접근에 맞춰 조정하는 것 ─ 과 거의 유사하게, 보안에서 정부의 역할도 그것을 실제로 시행할 무수한 이해관계자들을 위한 공통의 비전과 계획을 수립하는 것이라고 제안했다. 그 보고서는, 관문 전략에서 "공급 사슬 보안에 대한 총체적 접근 또는 네트워크 접근의 개념은 핵심적"인데도 "관문 내 보안은 현재 개별 기관이나 공급 사슬 요소들에 의해 대부분 계획되고 실행된다"고 말한다(APGST 2009, 6). 보고서는 "보안에 대한 종합적·네트워크 접근의 결여는 관문 내 위험을 증가시키고 공급 사슬의 보안을 가장 약한 고리의 상태로 내버려두는 것"이라고 경고한다.

〈아시아태평양관문항로계획〉의 연구와 지구적 무역의 보안에 대한 광범위한 논의에서 분명하게 나타나는 점은 시스템의 바로 그 본성과 그것이 기업에 가져다주는 혜택이 순환의 속도에 기초하고 있다는 것이다. 이것은 새로운 취약성을 만들어 낸다. 전지구적 로지스틱스는 아킬레스 건 ─ 다름 아닌 빠른 흐름에 대한 의존에서 파생하는 취약성 ─ 을 가지고 있다. 실제로 〈아시아태평양관문항로계획〉의 핵심 관계자의 말에 따르면 "그것은 그렇게 전적으로 재화의 홈 없는 운동에 대한 개념이다…… 당신이 접속할 때마다, 무언가 일어날 가능성이 존재한다"(Gow 2009).

"홈 없는" 시스템의 보안 : 공급 사슬 보안

2002년 가을로 돌아가면 "국가 간 보안의 필요와 지구적 무역의 필요 사이에는 긴장이 존재한다"("Moving Story")는 『이코노미스트』지의 주장은 여전히 유의미했다. 국경에서 극심한 이 긴장은 특히 영토의 통제와 공급 사슬의 속도라는 상충하는 명령에 있었다. 다시 말해서 이 긴장은 근본적으로 공간적 계산에 대한 지정학적 모델과 로지스틱스적 모델 사이에 존재한다. 이 주장의 시기는 의미심장했다. 그 주장이 정점에 달했던 것처럼 그때는 바로 국경 개방과 국경 폐쇄 사이에 갈등이 고조되던 시기였다. 지구적 로지스틱스 산업의 핵심부에 있는 사람들은 지구적 무역과 국가 안보[보안] 간의 이 명백한 갈등에 대해 반복해서 경고를 보냈고 후자가 전자에 끼칠 영향을 염려했다. 몇몇은 9·11 이후 보안화의 맥락에서 적시 생산 시스템이 종말할 것으로 추측했다. 2003년 〈국제해운회의소〉의 브라이언 파킨슨Brian Parkinson(UNECE 2003, xlii)은 [이렇게] 주장했다. "테러리즘 자체뿐 아니라 테러리즘과 싸우기 위해 개발된 조치들이 무역을 위협할지도 모른다. 무역은 성장 엔진이며 선진국과 발전도상국 모두에게 꾸준한 향상을 위한 최고의 기회를 제공한다."

이 긴장은 분명 새로운 것은 아니었다. 마크 솔터^{Mark Salter}(2004, 72)가 말했듯이 "국경 문제는" 오랫동안 "두 개의 강력한 통치 욕망, 즉 보안과 이동성의 결과"였다. 더군다나 학자들은 이동성의 시대에 "보안"은 더 이상 "국경 봉쇄"의 패러다임을 통해 작동할 수 없으며 대신 "흐름을 전달하고 감시하는" 일에 복무할 것이라고 이미 지적하기 시작했다(Bigo 2001). 하지만 근본적으로 다른 종류의 보안 – 무역 흐름의 보호에 전념하는 보안 – 이 본격적으로 출현하여 『이코노미스트』지의 등식에 의문을 갖게 한 것은 21세기 첫 10년의 후반이 되고 나서였다. 공급 사슬의 보호에 전념하는 보안 모델의 설계는 국가 간 보안과 지구적 무역이라는 어떤 단순한 병치를 허물어뜨린다. 경제의 물질적 흐름과 그것을 뒷받침하는 교통 및 통신 인프라는 [보안과] 상충하는 힘이라기보다 점점 보안의 대상이 된다. 실제로 "공급 사슬 보안"에 대한 불과 10년의 실험 이후 판도가 바뀌었다. 「지구적 공급 사슬 보안을 위한 미 국가 전략」(DHS 2012)의 서문에서 오바마 대통령은 [이렇게] 설명한다. "우리는 안보[보안]와 효율성 사이에서의 잘못된 선택을 거부하며 국가와 국민 같은 우리의 핵심 가치를 보호하면서 경제 성장을 이룰 수 있다고 굳게 믿는다."

공급 사슬 보안의 씨앗은 로지스틱스 혁명과 함께 뿌려졌다. 더 긴 거리를 이동하는 더 많은 사물이 적시 생산 기법의 가속화된 속도와 결합하여 국경에서 압박 증대를 촉발했다. 더군다나 공급 사슬에 대한 시스템 접근은 (이제는 지구를 가로질러 펼쳐진) 생산 및 유통의 전체 네트워크에 이목을 집중시킨다. 이 장의 도입부에 있는 『뉴욕타임스』의 다이어그램으로 보았듯이 말이다. 하지만 더 정확한 계보는 공급 사슬 보안의 출현을 21세기의 첫 10년에 둘 것이다. 공급 사슬 보안이 그렇게 이름 붙여진 것도,

그 분야의 첫 교과서, 논문, 전문가가 출현한 것도 이 시기였다(Thomas 2010). 커져 가는 국경에서의 압박, 즉 『이코노미스트』지가 말한 무역과 보안 사이의 "긴장"은 2001년 9월 북미에서 완전히 궁지에 빠졌다.

그러나 이 보안 패러다임의 탄생에서 결정적이었던 것은 9월 11일의 사건 — 인명 손실, 도시 인프라의 파괴, 또는 심지어 국가 주권의 침해 — 이 아니었다. 그 위기를 보여 주고 대응을 촉발했던 것은 오히려 9월 12, 13, 14일과 그 이후의 사건들 — 미국 국경의 폐쇄, 화물 흐름의 붕괴, 그리고 무역 특히 국경을 넘는 자동차 산업에 끼친 깊은 충격(CRS 2005; Flynn 2003, 115 참조) — 이었다. 적시 공급 사슬을 [북미] 대륙 전역으로 확장한 〈나프타〉가 촉진한 북미 경제의 깊은 통합은 갑자기 위험에 빠졌다. 직접적인 지연 비용이 개별 트럭의 규모에서, 항구별, 관문별, 분야별 그리고 전체 경제에 대해 계산되었다(CRS 2002; Globerman and Storer 2009; RAND 2004). 그러나 국경 폐쇄로 인한 직접적인 교란 비용 외에도 9·11 이후 국경 강화와 관련된 장기 비용에 대한 우려가 커지고 있었다. 단순히 연결이 아니라 연결의 속도에 기반하는 시스템의 경우 국경 보안은 그 자체가 공급 사슬에 있어 불안insecurity의 원천일 수 있다. 로지스틱스 및 공급 사슬 관리의 세계에서 2001년의 핵심 재난은 (쌍둥이 빌딩이 아니라) 무역 교란이었다. 이에 대한 대응으로 중앙 정부, 국제 통치 기구, 로지스틱스 기업, 관국가적 소매업자, 사설 보안 업체 그리고 다국적 싱크탱크 들은 뒤따르는 교란을 피하고 순환을 회복하기 위해 정책, 기준, 실행 그리고 기술을 거의 정신없이 실험하는 일에 착수했다.

공급 사슬 보안SCS이란 무엇인가? 〈세계은행〉은 "공급 사슬에 대한 위협과 그로 인한, 시민과 조직된 사회의 경제적·사회적·물리적 안녕에 대한 위협을 다루기 위해 적용되는 프로그램, 시스템, 절차, 기술 그리고 해결책을 포괄하는 개념"으로 정의한다(IBRD 2009, 8). 명료하지는 않지만 그럼에도 이 정의는 이 도래하는 패러다임의 중심에 있는 핵심 가정과 술책을 드러낸다는 점에서 유용하다. 지구적 무역의 보안이 시민과 사회의 안전[보안]에 직접 연결되어 있다는 가정 말이다. 사실 공급 사슬 보안은 무역 흐름의 보호와 국가 안보[보안] 간의 연결을 상정하는 것 너머로 나아간다. 정부가 무역 흐름의 보호를 강조하는 보안의 비전을 제시하는 동안, 공급 사슬 보안 전문가들은 이제 공급 사슬의 보안을 국가 안보[보안]에 근본적인 것으로, [그 두 가지가] 실제로 교환가능하지는 않다고 해도 깊이 뒤얽혀 있는 것으로 개념화한다(Haveman and Shatz 2006). 캐나다의 2001 반反테러리즘 계획, 〈C-36 법안〉의 네 가지 핵심 목표 중 하나는 "캐나다-미국의 국경 보안을 유지하고 합법적인 무역에는 개방하는 것"이다. 한편 그럴 듯하게 이름 지은 〈북미 안보번영동맹〉은 "우리의 안보[보안]와 우리의 경제 번영이 서로를 강화한다는 것을 전제로" 삼았다(CRS 2009). [북미] 〈안보번영동맹〉은 2011년에 〈미국-캐나다 국경초월행동계획〉Beyond the Border Action Plan — "외곽 보안과 경제 경쟁력을 위한 비전 공유" — 으로 대체되었다. 경제적인 것과 정치적인 것의 이러한 뒤얽힘은 전형적인 신자유주의적 형태로서의 공급 사슬 보안에 관한 문제를 제기한다.

공급 사슬 보안의 핵심 고려 사항은 상품 흐름과 그것을 뒷받침하는 교통 및 통신 인프라 네트워크를 보호하는 것이다. [공급 사슬 보안] 계획은 수송 컨테이너, 해항海港 그리고 완전한 운송수단 연계 교통 시스템을 목표로 삼는다. 공급 사슬 보안은 무역 흐름을 교란할 수 있는 잠재력을 가진 사건과 세력을 통치하고자 하는 국가적·초국가적 프로그램들을 통해 형성된다. 공급 사슬 보안은 화산 폭발이나 테러 공격처럼 예측 불가능할 수 있는 위협들에 맞춰져 있기 때문에, 취약성을 줄이기 위해 선제 기법을 동원하고(Cooper 2006; Amoore and De Goede 2008을 보라) 회복력 구축과 교란 이후의 순환 회복을 위해 대비 조치를 동원한다(Collier and Lakoff

2007; Pettit, Fiskel, and Croxton 2010을 보라). 공급 사슬 보안은 교란을 일으키는 사람들과 위험물을 식별하고 이들을 순환 시스템에서 떼어 놓는 위험 관리에 의지한다. 이것은 고위험 컨테이너와 화주와 노동자를 번갈아 겨냥한다. 그러나 4장에서 보게 될 것처럼, 병력 전개도 그 패러다임의 일환이다. 아덴 만에서 무역로를 치안하는 해군은 무역 보안 사슬의 핵심 고리다. 군사 보안과 민간 보안의 혼합은 관국가적 공급 사슬 지리의 특징이다. 사실 이 장 도입부의 다이어그램이 시사하듯이, 공급 사슬 보안 계획들을 결합하는 것은 "외국에 있는 공장 출입문에서 생산품의 최종 목적지까지"(Haveman and Shatz 2006, 1) 뻗쳐 있는 순환 시스템의 공간이다.

경계선에서 "홈"Seam 공간으로

공급 사슬 보안을 위한 최초의 지구적 얼개의 실행은 수송 컨테이너와 해항 그리고 완전한 운송수단 연계 교통 시스템을 겨냥한 국가적·국제적 정책과 기준들이 잇따라 빠르게 나오면서 2002년에 시작되었다. 2002년부터 미국은 수송 및 무역 네트워크 내의 특정 장소를 겨냥하는 일련의 프로그램 외에도 명확하게 공급 사슬 보안을 다루는 11개의 계획을 수립했다. 이 국가 계획들에 이어 2004년에는 〈국제해사기구〉가, 2005년에는 〈국제표준기구〉와 〈세계관세기구〉가 공급 사슬 보안을 위한 의무적인 세계 표준을 공표했으며, 이것은 모두 미국 정부의 직접적인 요청에 따라 이루어졌다(IMO 2004). 공급 사슬 보안을 위한 이 지구적 비전은 〈그림 17〉에 나타나 있다. 이 그림은 무역의 위험 지대와 길목 그리고 관문에 대한 지도다. 시각적 표현뿐 아니라 첨부된 글에서 눈에 띄는 것은 공급 사슬 교란의 광범위한 범위가 "보안"의 렌즈 아래로 접혀 들어간다는 점이다. 이것은 공급 사슬 보안의 더욱 폭넓은 논리가 지닌 핵심 특징이다. 재화 흐름을 교란할 수 있는 능력을 지닌 무수한 사건들, 행위자들, 세력들은 보안이라는 평가기준 아래에서 모두 교환 가능한 것으로 다루어지는 것이다. 그것이 노동 행동이든, 화산 폭발이든, 테러 공격이든, 해적이든, 원주민의 토지 소유권을 둘러싼 대립이든, 심지어는 국경에서의 지체조차도 [그렇다]. 프라이스워터하우스쿠퍼스는 자신들의 지도에서 재현된 지구적 위험의 규모를 설명하며 "공급 사슬 보안"(2011, 16) 보고서에서 [다음과 같이] 말한다.

> 공급 사슬에 대한 공격은 대개 적은 투자로 큰 이득을 추구하고 있다. 공급 사슬은 무역 흐름에서 너무나 필수적이기 때문에 공항이나 항구 같은 로지스틱스 허브는 이상적인 표적이 된다. 로지스틱스 허브 교란이 초래할 수 있는 결과는 가령 2002년의 항만 파업을 살펴보면 예상할 수 있다. 당시 미국 서부 해안의 29개 항구가 부두 노동자 1만 5백 명의 파업으로 폐쇄되었다. 그 파업은 미국 경제에 막대한 영향을 끼쳤다. 하루에 대략 10억 달러가 날아갔고 회복하는 데는 6개월이 넘게 걸렸다.

공급 사슬에 대한 "공격"을 정량화하는 수단으로서 노동 교란[파업]의 이용은 지구적 무역을 국가 안보[보안]의 핵심으로 상정하는 앞선 조치에서 직접 생겨난다. 그것은 공통점이라곤 매끄러운 순환에 가하는 위협밖에 없는, 근본적으로 다른 행동과 행위자 들의 교환가능성을 고려한다. 작업장 민주주의를 주장하는 적법 행위는 공급 사슬 보안의 렌즈로 보면 그냥 공격과는 다른 ─ 온전한 흐름에 대한 공격이다. 실제로 이 항만 노동자 그룹은 지속되는 사회적 전쟁의 초점이었으며, 때로는 지구적 공급 사슬의 핵심 결절에 대한 교란 때문에 노골적으로 "테러리스트"로 간주되었다. 우리는 3장에서 이 노동자 그룹과 노동자들의 특정한 관심사로 그리고 더 광범

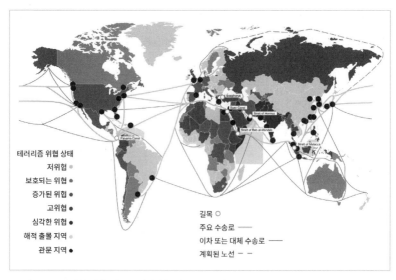

〈그림 17〉 공급 사슬 위험 지도 — 해상 항로와 길목. 색이 짙을수록 더 큰 위험을 나타낸다. 검은 원은 지구적 공급 사슬의 "관문"을, 하얀 원은 길목을 의미한다. 출처 : PwC 2011.

위하게는 공급 사슬 보안의 맥락에서의 노동으로 되돌아간다. 지금은 공급 사슬 보안에 대한 가장 놀랄 만한 "위협"이 무엇일지 알아볼 필요가 있다. 국경[이 그것이다]. "테러와의 전쟁"이라는 규정 아래 [이루어진] 보안에 대한 막대한 금융적·정치적·기술적·정동적 투자는 무역 지체라는 특정한 관점에서 국경을 "두텁게 하고" "강화하는" 주제에 막대한 관심을 불러일으켰다. 실제로 국경은 무역 운동에 가장 큰 장애물 중 하나로 표시된다. 검사와 규제의 확대라는 맥락에서 국경 보안이 공급 사슬 보안에 위협을 가한다는 것이다.

하지만 10년간의 활발한 실험 이후 공급 사슬 보안은 국경 공간을 통치하기 위한 법적·사회적 기술들뿐 아니라 국경 보안의 지리적 공간까지 활발하게 재직조하고 있다. 새로운 보안 프로그램들은, 정치적으로는 미분화된 주권 영토들로 남아 있으면서도 [경제적으로는] 통합된 지구적 경제 공간을 통치하고자 한다. 초국적 공급 사슬의 네트워크 공간을 중심으로 보안을 재교정하는 노력들은 국경 관리 구역을 밖으로는 외국 항구 속으로, 안으로는 국내 수송 네트워크를 따라 "로지스틱스 도시"(Cowen 2009)의 공간 속으로 확장함으로써, 그리고 통상적인 법과 권리 들이 조정되거나 유예되는 예외 구역들 – "보안 지역들" – 을 항구 주변에 창출함으로써 국가 주권의 오랜 영토적 개념에 도전한다.

　지금까지 수년 동안 군사·민간 기관들은 위협의 개념 변화에 대응하기 위해 적극적으로 보안을 재고해 왔다. 특히 근대 국민국가에 법적으로 형체를 부여했던 영토적 보안 패러다임은 근본적인 전환을 겪고 있다. 영토적 보안 모델 내에서 국경은 국가 주권의 법적·공간적·존재론적 한계를 정의했다. 경찰과 군대, 전쟁과 평화, 범죄와 테러 사이의 구별은 국가 공간 내/외부의 분리에서 형체를 갖추었다(Giddens 1985, 192; Foucault 〔1997〕 2003, 49). 주권과 형식적 시민권이 모두 국경선에 의해 정해짐에 따라 "내/외부"의 구별은 지정학적 국가의 핵심 이데올로기였다(Cowen and Smith 2009). 영토적 한계로서 국경은 경찰과 군대를 그리고 범죄와 테러를 분할하는 공식적인 기반이었고, 또한 "국내의" 법적 공간을 만들어 냈다. 하지만 이 영토적 분할의 형성적 본성에도 불구하고, 바로 그 국가들이 침입을 통해, 가장 적나라하게는 식민지 팽창을 통해 만들어졌다. 여기서 "외부"는 "내부"가 되었고 군대가 경찰로 대개 교체[교환] 가능했다(Badiou 2002; Mignolo and Tlostanova 2006; Asad 2007 참조). 지정학적 국가는 국경선의 주권 영토성에 의존했던 동시에 그것이 창출했던 구별에 대한 침입에 의존했다. 그러나 내/외부 구별이 조직한 권위와 폭력의 분할은 지정학적 국가의 일상적 실재만큼이나 주권적 환상이었음에도, 그것은 실제적인 효과를 끼쳤다. 국경은 한 번도 내/외부 구별이 연상시키는 최종적인 방식으로 관리된 적이 없고 한 번도 절대 공간^{absolute space}의 선에 불과했던 적도 없다(Agnew 1999; Newman 2006). 그러나 우리는 그럼에도 주권 공간의 모델과 실행 양자에서 나타나는 중요한 변화를 추적해 볼 수 있다. 공급 사슬 보안은 보안의 사회적·공간적 실행의 전환뿐 아니라 보안의 변화하는 의미에 대해 심원한 질문을 던진다.

시스템 보안에 있어 영토적 경계는 해결책이기보다 오히려 문제일 수 있다. 군사 및 민간 보안 전문가들은 낡은 범주들이 법 집행과 국제 보안 업무에 있어 문제를 만들어 내고 있으며, 오늘날 위험insecurity에 대응하기 위해 필요한 것은 바로 경찰과 군대의 기술과 전술의 [구별을] 흐리게 하는 것이라고 주장한다. 미 육군 중령 랠프 피터스Ralph Peters(1995, 12)가 주장하듯이, "군대가 하는 일, 경찰이 하는 일 그리고 정부가 법적으로 할 수 있는 일에 대한 지난 세기의 모델은 우리를 제약한다. 마약왕이건 군벌이건 우리의 적은 이러한 낡은 관습을 받아들이지 않는다." 10년이 지난 2006년 미 육군 중령 토머스 고스Thomas Goss는 이 새로운 경계 공간을 "홈"the seam

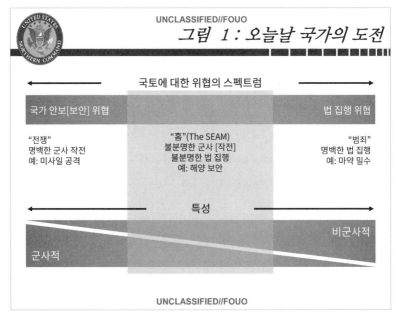

〈그림 18〉 국토 안보[보안] 위협 스펙트럼. 출처 : Goss 2006.

이라고 불렀다. [그것은] 내부 공간과 외부 공간 사이의 역閾 지대liminal zone 다. 여기서 낡은 분할은 더 이상 유지되지 않는다. "홈"에서, 경찰권과 군사 권 사이의 경계는 흐려지며, 범죄와 테러 사이의 선 역시 그렇다. 토머스 고 스는 〈그림 18〉을 시험 사례로 제공하는데 이 그림은 해양 경계를 눈에 띄 게 사용한다.

해양 경계는 실험과 개선을 위한 전형적인 공간이다. 이것은 바로 무역 흐름에 대한 접근을 "열고 닫는" 도전의 거대한 규모 때문이다. 지구적 무역 전체의 90퍼센트와 미국행 화물의 95퍼센트가 배로 이동하므로, 해양 공 급 사슬의 보안이라는 도전은 의미심장하다. 실제로 2001년 9월 이후 공급 사슬 보안을 지원하기 위해 수립된 [미국] 국토안보부DHS의 최근 보고서에 언급된 11개의 계획은 모두 해양 및 항만 보안을 목표로 삼고 있다(DHS 2007). 당연하게도, 2001년 이후 사람들의 이동을 보안하는 것에 대한 실 험이 무수히 이루어졌다(Balibar 2002; Salter 2004; Sparke 2004; Walters 2004). 이 노력들은 새로운 형태의 생체인식 감시를 도입하는 매우 인종화 된 여러 프로그램들을 촉발시켰다. 하지만 (상품과 공급 사슬을 위한) 사 물의 보안에 대한 우려는 점점 더 국가적·초국가적 정책 행위의 주제가 되 었다.

〈OECD〉와 〈랜드 [연구소]〉 같은 기관들은 고스의 다이어그램과 매우 유사한 다이어그램을 유포한다(〈그림 19〉를 보라). 여기서 다시, 두 개의 구 별되는 공간과 그에 수반되는 규범과 법을 나누는 역사상의 국경선이었던 것은 낡은 구분의 어느 쪽과도 맞지 않는 그 자체의 공간으로 전환된다. 이 모델에서 해양 경계는 그저 문제화된 공간의 한 사례가 아니다. 오히려 이 두 번째 다이어그램에서 항구는 국가 영토들 사이에 있는 공간으로 존재 한다. 두 사례에서 해양 경계는 전이 공간a space of transition이 된다. [이곳은] 특별한 통치를 받는 구역이다.

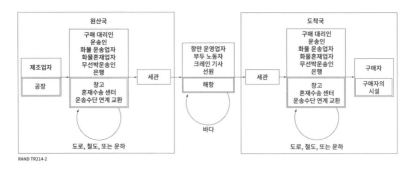

〈그림 19〉 "컨테이너화된 지구적 공급 사슬의 보안 평가." 출처 : RAND 2004.

　　이 경계 공간 실험은 그 자체가 국경[경계] 보안을 해체하려고 하는 것
은 아니지만, 영토적 모델의 한계를 인정하고, 국가 공간에 뻗쳐 있는 시스
템을 지원하는 그 모델의 의미와 실행을 개조하려고 시도한다. [미국] 국토
안보부(2007, 2012)는 위험 화물을 막고 내부에서의 침투를 처리하며 인프
라를 보안하려는 목적으로 위험 관리, 비용-편익 분석, 다계층layered 보안
이라는 세 갈래의 전략을 택했다.

　　2001년 9월의 직접적인 여파로 미국 관리들은 항구에 대한 새로운 보
안 계획을 조용하고 신속하게 설계하기 시작했다. 이것은 국내 공간뿐 아
니라 전지구적 보안 실행을 개조할 것이었다. 미국 당국이 규정하고 관리
하는 프로그램인 〈컨테이너보안협정〉CSI은 미국행 화물을 검사하기 위해
수십 개의 외국항에 관세국경보호청 직원들을 파견한다. 〈컨테이너보안협
정〉은 "미국 국경이 방어선의 처음이 아니라 마지막이 되도록〔미국의〕보
안 구역을 바깥으로 확장"하는 것을 목표로 삼고 있다(DHS 2009). 미 관
세청17 부청장 더글러스 브라우닝Douglas Browning(2003)에 따르면 〈컨테이

17. [옮긴이] 미국 관세청(Customs Service)은 재무부 산하 기관이었으나, 2003년 3월 국토 안
　　보 재조직화의 결과로 대부분의 기능이 국토안보부 산하 관세국경보호청(CBP)으로 통합되
　　었다. 이 기관은 출입국 관리를 하지만 소속이 달랐던 관세청(재무부), 이민국(법무부), 동식

너보안협정)과 더불어 세관원들은 "테러리스트나 테러 무기가 미국으로 오기 전에 그것들을 포함할 위험이 있는 고위험 화물 컨테이너를 식별하고 미리 걸러낸다. 이 간단한 개념은 표준 관행의 주요한 혁명을 보여 준다. 현재 — 미 관세청을 비롯하여 — 전 세계 대부분의 관세청이 고위험 컨테이너가 입국항에 있는 동안 그것을 표적으로 삼고 검사한다." 〈로지스틱스관리연구소〉는 그 이름을 한 번도 홍보물에 드러낸 적이 없지만 〈컨테이너보안협정〉 설계에서 주도적인 역할을 맡았다. 실제로 미국 공급 사슬 보안의 초석인 〈컨테이너보안협정〉은 국가와 기업 부문을 가로지르는 보안에 대한 새로운 협력적 접근의 완벽한 사례다. 〈로지스틱스관리연구소〉의 작전 로지스틱스 부소장 레이 샤이블Ray Schaible 18이 나에게 설명했듯이, "우리는 APL, 그러니까 아메리칸프레지던트라인스와 함께 일하고 있었다. 그들이 대형 컨테이너 기업을 비롯한 모든 것을 보유하고 있었기 때문이다. 그리고 우리는 MARAD, 즉 [미국] 해사청을 통해서 그다음에는 [미국] 교통안전청과 일했다. 그래서 그것은 일종의 컨소시엄이었지만 우리가 주도권을 잡고 국경을 밖으로 밀어내는 전체 개념을 개발했다." 샤이블은 고위험 컨테이너들이 미국 국토로 출발하기도 전에 그것을 표적으로 삼는 것의 중요성에 대해 지적했다. "컨테이너 — 일단 배에 실리면 그것은 수상한 컨테이너다. 그것은 다루기가 매우 어렵다." "수상한 컨테이너들"을 차단하려는 욕망이 〈컨테이너보안협정〉의 설계를 촉발했고 "해안 경비대와 다른 감시관들을 해외 항구에 배치시켰다." 샤이블은 화물 흐름의 속도를 줄이지 않고 통제를 강화하는 일이 핵심적인 과제라고 강조했다. "우리가 〈컨테이너보안협정〉 [설계]에 들어갔을 때 상업 기업들은 공급 사슬을 통과하는 물품들의

물 검역소(농림부) 등의 조직을 9·11 이후 신설된 국토안보부 소속으로 통합한 것이다.

18. 레이몬드 샤이블(Raymond Schaible), 〈로지스틱스관리연구소〉 작전로지스틱스부 부소장, 저자와의 인터뷰, 2010년 4월 16일.

이동이 느려지는 것에 대해 매우 우려했다. 재고 [방출]이 느려지면 비용이 발생하기 때문이다. 그러므로 예를 들어 반입되는 컨테이너를 1백 퍼센트 조사할 수는 없다. 그래서 살펴보고 싶은 컨테이너를 선별해야 하기 마련이다." 컨테이너를 선별하는 수단, 고위험과 저위험을 판독하는 수단들은 전적으로 금융 서류에 집중했다. 예측 가능한 방식으로 행동하는, 거래 수준이 일정한 기업들은 저위험 점수를 받는다. 반면, 보다 예측하기 어렵게 행동하는 기업들은 정밀 조사의 표적이 된다. 샤이블은 [이렇게] 설명했다. "이것은 우리가 그 서류를 살펴보도록 그리고 시스템을 통해 흐르고 있었던 서류를 통해 불량 행위자들을 식별하려고 애쓰도록 만들었다. 금융계, 특히 금융 서류. 그래서 만일 거기서 이상점[19]을 발견한다거나 무언가가 잘못된 것처럼 보인다면 ─ 그러니까 이전에는 한 번도 들어본 적도 없는 곳에서 온 컨테이너가 하나 있다면 ─ 그것을 살펴보고 싶을지도 모른다. 그리고 그것이……가장 좋은 위험 분석이었다." 〈컨테이너보안협정〉은 현재 58개의 항구에서 시행되며, 이는 미국에 도착하는 전체 컨테이너의 85퍼센트를 차지한다.[20]

---

19. [옮긴이] 통계에서 이상점(outlier)이란 변수의 분포에서 비정상적으로 분포를 벗어난 값을 말한다.
20. 현재 〈컨테이너보안협정〉 내에서 운영 중인 항구는 다음과 같다. 부에노스아이레스(아르헨티나), 프리포트(바하마), 앤트워프, 제브뤼헤(이상 벨기에), 산투스(브라질), 몬트리올, 밴쿠버, 핼리팩스(이상 캐나다), 홍콩, 선전, 상하이(이상 중국), 카르타헤나(콜롬비아), 차우세도(도미니카 공화국), 알렉산드리아(이집트), 르아브르, 마르세유(이상 프랑스), 브레머하펜, 함부르크(이상 독일), 피레우스(그리스), 푸에르토 코르테스(온두라스), 아슈도드, 하이파(이상 이스라엘), 라스페치아, 제노바, 나폴리, 지오이아 타우로, 리보르노(이상 이탈리아), 킹스턴(자메이카), 요코하마, 도쿄, 나고야, 고베(이상 일본), 포트클랑, 탄중 펠레파스(이상 말레이시아), 로테르담(네덜란드), 포트살라라(오만), 포트카심(파키스탄), 발보아, 콜론, 만사니요(이상 파나마), 리스본(포르투갈), 싱가포르, 더반(남아프리카 공화국), 부산(한국), 알헤시라스, 바르셀로나, 발렌시아(스페인), 콜롬보(스리랑카), 고텐버그(스웨덴), 가오슝, 지룽(이상 타이완), 람차방(태국), 두바이(아랍에미리트), 펠릭스토우, 리버풀, 탬스포트, 틸버리, 사우샘프턴(이상 영국).

• 미국의 〈컨테이너보안협정〉에 참여하는 항구들

〈그림 20〉 미국의 〈컨테이너보안협정〉에 참여하는 항구들. 출처 : DHS 2007. 허가를 받아 수정 및 사용.

국경을 외부로 확장하는 또 다른 역외 보안 프로그램인 〈대테러민관협력〉Customs-Trade Partnership against Terrorism, C-TPAT은 2002년 4월 시작되었고 전체 공급 사슬의 보안 요건을 준수하는 기업들에게 신속한 화물 처리를 제공한다. "〈대테러민관협력〉 하에서 기업들은 화물의 원산지로 거슬러 올라가는 자신들의 공급 사슬 보안을 위해 관세국경보호청의 가이드라인을 따른다. 세관은 그 운영의 보안을 확인한다. 〈대테러민관협력〉에는 현재 7천2백 개의 기업 회원이 있다. 그 프로그램의 회원이라는 것은 세관이 한 기업을 '믿을 수 있는 파트너'로 지정하기 위해 사용하는 기준들 중 하나다. '믿을 수 있는 파트너'란 보통 더 적은 화물 조사와 신속한 선적 처리를 받는 지위를 말한다"(Mongelluzzo 2012). 〈대테러민관협력〉에는 수입업자, 운송업자, 통관업자, 그리고 운송 주선인[21]이 참여하며 이들은 "제조에서 최종 유통에 이르는 로지스틱스 사슬의 모든 부문"을 포괄한다(Browning

---

21. [옮긴이] 운송수단을 보유하지 않으면서도 실제 운송인처럼 기능하는 일종의 수송 대행 기관이다.

2003, 172). 이들은 관세국경보호청 자동선별시스템에서 저위험 점수를 받기 때문에 화물 검사를 덜 받는다. [〈대테러민관협력〉] 행위자들이 국가 안보[보안]에 대한 책임을 떠맡게 되면서 보안은 민영화된다. 〈대테러민관협력〉 참여 기업들은 로지스틱스 사슬 보안에 대한 자기 평가를 실시하겠다고 약속하는 동의서에 서명한다(CRS 2005, 10~11). 브라우닝(2003, 171~72)은 [이렇게] 설명한다. "그러니까 우리가 보안하고자 하는 대부분의 공급 사슬을 민간 부문 업체가 관리한다는 사실은 변함이 없다. 하지만 〈컨테이너보안협정〉을 통해 우리는 잠재적인 위험 요소security risks를 찾기 위해 다른 정부와 공조할 수 있다. 〈대테러민관협력〉은 관세청의 개입 능력이 제한적인 로지스틱스 사슬 일부에서 보안을 강화하는 자원을 동원할 수 있도록 무역계와의 대화를 시작한다."

〈대테러민관협력〉은 보안의 민영화로 향하는 더 넓은 변화의 일환이다. 민영화는 신자유주의 통치의 새로운 특징이라고 할 수는 없지만(Burchell 1996, 29) 공급 사슬 보안을 통해 수행되는 국가 안보[보안]의 민영화는 전례가 없는 일이다. 민간 기업은 프로그램 관리, 기술의 설계 또는 제작 그리고 장비 공급에 관여할 뿐만 아니라 해결이 필요한 문제의 식별과 정책 설계에도 파트너로 관여한다. 이것은 국가 안보[보안] 분야에서 특히 주목할 가치가 있다. 고전 자유주의에서 국가 안보[보안]는 개인주의라는 정치적 풍경에서 예외적인 국가 행위의 영역이었다. 고전 자유주의 정치 이론가들에 따르면 국가 안보[보안]는 국가가 독점해야 하는 예외적인 영역들 중 하나였다. 실제로 안보[보안]는 자유주의 국가의 핵심 근거였고 개인의 자유를 위한 전제 조건으로 여겨졌다. 저명한 신자유주의자인 밀턴 프리드먼Milton Friedman조차 안보[보안]의 집합적 조직화를 옹호하면서 [이렇게] 주장했다. "내가 원하는 수준만큼만 국방을 얻을 수는 없는 일이고, 당신이 그와 다른 수준을 원한다 한들 그만큼만 얻을 수 없기는 마찬가지다"(Friedman 2002, 23)[22]. 그러나 국가가 여전히 안보[보안]의 계획과 조정에서 중심적인 역할을 수행하지만, 공급 사슬 보안의 맥락에서 보면 국가는 전적으로 민간 부문 행위자들을 본보기로 삼는다. 이 민간 행위자들은 프로그램의 설계에 조언하기 위해 초대받고 민관 보안 협력의 협치에 참여한다.

보안의 민영화는 국제 조화harmonization의 일환이기도 하다. 2008년 〈대테러민관협력〉은 캐나다와 미국 간 〈상호인정협정〉에 따라 〈캐나다 보호협력PIP 프로그램〉과 조화했다. 〈[캐나다] 보호협력〉은 처음에는 국제 무역이 관세 규정을 따르도록 촉진하기 위해 1995년에 개발되었지만 좀 더 최근에는 뚜렷하게 보안에 중점을 두는 것으로 개조되었다. 캐나다 국경관리국 웹사이트는 "9·11 사건 이후 보호협력 프로그램의 초점은 무역 사슬 보안을 훨씬 더 강조하는 것으로 이동했다"고 설명한다. 2002년 들어 보호협력 회원 자격은 〈자유보안무역〉FAST 프로그램에 참여하기 위한 전제 조건이 되었다. 이 프로그램은 사전 승인된(저위험) 수입업자, 운송 회사, 운전자 들이 캐나다로 들어가는 국경 통관 절차를 신속하게 통과할 수 있도록 돕는다. 따라서 그 프로그램은 더 광범한 보안 인프라에 연결되고 그것의 중요성은 크게 향상된다. 2009년의 [국제] 조화 이후, 단일한 프로그램application이 〈대테러민관협력〉과 보호협력에 모두 적용될 수 있다. 이것은 사실상 이전에는 국제 공간을 통치하는 두 개의 국가 프로그램이었던 것들의 표준화를 수반한다. 조화된 〈대테러민관협력〉과 보호협력은 또한 두 국가를 가로지르는 정보-공유 보안의 심화된 통합을 수반한다. 〈상호인정협정〉은 그 후 프로그램의 영역을 확장하여 일본과 〈유럽연합〉(둘 다 2012년에 공식화되었다), 한국과 싱가포르를 포함했다. 실제로 『통상신문』(Mongel-

---

22. [한국어판] 밀턴 프리드먼, 『자본주의와 자유』, 심준보·변동열 옮김, 청어람미디어, 2007, 59쪽.

luzzo 2012)은 〈대테러민관협력〉에 대해 [이렇게] 기술했다. "[그것은] 아마도 지난 10년간 가장 많이 복제된 보안 프로그램이다……캐나다, 요르단, 멕시코, 뉴질랜드, 싱가포르, 일본, 한국 그리고 가장 최근에는 〈유럽연합〉이 유사한 프로그램을 개발했다."

이러한 민영화는 분명 국경을 가로지른다. 기업이 국경을 신속하게 통과할 수 있는 "신뢰할 수 있는 거래자" 지위를 신청할 수 있도록 하는 보호협력처럼, 캐나다 정부는 국가 공간 내에서 시설과 운영자의 보안을 규제하는 〈보안비상관리시스템〉SEMS을 시행했다. 〈보안비상관리시스템〉은 보호협력과 유사하게, 저위험으로 간주되는 이해관계자를 위한 검사 축소를 장려한다. 그 프로그램 하에서 기업은 독자적인 보안 계획을 개발하고 정부에 계획의 준수를 보고하기도 한다. "기업에게는 훨씬 더 쉬운 일이다." 캐나다 교통국 보안비상대비 부서의 한 고위 간부는 나에게 설명했다.[23] "우리에게는 환상적인 몇몇 시설이 있다. 그들은 그러한 보안 환경, 보안 태도를 매우 진지하게 받아들인다……그래서 우리가 하고 있는 것은 만일 이 이해관계자가 지난 삼사년 동안 [규정] 위반이나 사고 혹은 결함이 없다면, 말을 하는 것이다. 어쩌면 우리가 하는 것은 위험을 감수하고 그 시설을 관리하면서 말하는 것이다. '그거 알죠? 올해는 당신을 검사하지 않을 겁니다.'" 이 프로그램들은 보안 분야의 국가 개편에서 핵심적인 요소들이다. 낡은 "집행 태도" 대신, 캐나다 교통국은 "자발적 준수"를 지향한다. 여기서는 "우리가 점검표를 들고 다니면서 '좋습니다, 담장은 세웠나요? 당신의 해양 시설에 대한 접근은 통제되고 있습니까?'라고 묻기보다는" 사적 부문이 "자신의 프로그램의 주인"이 된다. "……그것이 우리의 궁극적인 목표다."

(영토적 보안 모델 내에서 특권화된 공간적 경계인) 국경은 지정학적

---

23. 존 렌, 2009.

국가가 직접 통치했던 반면, 공급 사슬에 대한 항로 지도제작의 보안은 시스템의 구성 요소에게 위임된다. 이것은 부분적으로는 시스템 지리 자체의 특징 — 무역 네트워크를 보안하는 것이 목적이라고 할 때 주의를 요하는 장소와 공간 들의 숫자는 잠재적으로 무한하다 — 이다. 하지만 그것은 보안 영역에 위험 분석을 도입함으로써 나타나는 특징이기도 하다. 보안 사고는 불가피하게 있을 수밖에 없다고 상정하는 위험 분석은, 제한된 자원을 대상으로 하여 가장 큰 효과를 끼칠 수 있는 가장 효율적인 방법은 무엇인가라고 묻는다. 그 고위 간부의 말에 따르면,

> 하루에 24시간 동안 캐나다 교통국 감시관을 모든 교두보에, 모든 운하에, 모든 시설에 둘 것인가? 그것이 [어떤] 행동을 막을 수 있을까? 그것이 테러리즘을 막을 수 있을까? 비용 효율이 높은 지점은 어디인가? 비용 효율이 낮은 지점은 어디인가? 그래서 우리가 하고 있는 일의 다수는 위험 기반 관리로 불리는 것이다.

공급 사슬 보안의 지구적 얼개?

이렇게 미국의 국경 업무를 바깥으로 연장하는 노력들 — 컨테이너가 국제 공급 사슬에 들어서는 지점에서 화물을 조사하는 것 그리고 민간 부문에 책임을 위임하는 것 — 외에도 미국 관리들은 초국적 통치 기구들에 압력을 가해서, 회원 국가들이 불응하면 지구적 무역에서 고립되는 새로운 정책을 개발하도록 했다. 실제로 도래하는 공급 사슬 보안의 지구적 얼개에서 핵심적인 기둥은 모두 미국에서 직·간접적으로 도래하며, 이것은 이 지구적 시스템이 명백하게 미국의 국가 이익에 맞춰져 있다는 많은 비난을 불러일

으켰다(Boske 2006, 16). 〈유엔 국제해사기구〉는 〈국제선박 및 항만시설보안ISPS 규칙〉을 관리한다. 〈국제선박 및 항만시설보안 규칙〉은 미국의 직접적인 요청에 따라 만들어졌지만 직접적인 미국의 해외 주둔과 통제에 대한 대안을 제공한다. 이 규칙은 국제 항구와 선박이 따라야 하는 기본적인 보안 표준을 규정한다. 2004년 이 규칙은 전지구적으로 시행되었다. 152개 국가가 그 규칙을 채택했고 5만 5천 척의 선박과 2만 개의 항구가 그 규칙의 준수를 요구받는다. 무엇보다도 그 규칙은 화물에 접근하고 취급하는 데 있어 엄격한 기준을 요구한다. 세부적인 정책 설계는 회원국의 몫으로 남겨 놓았지만 말이다. 그럼에도 많은 국가의 기관들은 앞 절에서 살펴본 경계 공간 모델을 실행에 옮기는 직접 회담 이후, 아주 유사한 프로그램들을 설계했다. 이 프로그램들은 전지구적 로지스틱스 네트워크의 이 중요한 결절들에 있는 "고위험" 노동자들을 표적으로 삼음으로써 "홈 공간"의 보안을 목적으로 한다. 미국과 오스트레일리아 그리고 캐나다의 항만 노동자들에 대한 보안 프로그램은 각각 2007년 1월과 2006년 9월 그리고 2006년 11월에 법률로 제정되었다. 각 사례에서 이것[법률 제정]은 정책 설계를 둘러싼 이 세 국가들 간의 정보 공유에서 나왔을 뿐 아니라 문제가 되고 있는 그 프로그램들의 운명을 둘러싸고 연방 기관과 해양 고용주와 노동 사이에서 벌어진 수년에 걸친 투쟁에서 출현했다. 세 프로그램 모두 항구 주변에 정상적인 민법과 노동법이 유예될 수 있는 특별 보안 구역 ― 사실상 통치의 예외 공간 ― 을 만든다(Cowen 2007, 2009). 이 프로그램들의 세부 사항은 4장에서 더 살펴보겠지만, 지금은 이 구역들이 고스의 모델과 〈OECD〉 모델의 ― 완전히 법의 내부에 있지 않지만 법의 외부에 있지도 않은 ― 사이 공간in-between spaces처럼 기능한다는 점을 강조할 필요가 있다. 그 프로그램들은 또한 공급 사슬 보안이 노동 행동과 테러리즘의 위험을 동일시하며 약속하는 것과 같은 교란의 통제로 조금씩 나아간다.

심대한 정치적 실험의 계기로서 보안 위기에 대한 주목은 오늘날의 풍부한 정책 수단뿐 아니라 정치 형태의 발달에서 전쟁 같은 위기의 역할에 대한 학문적 관심의 증대에도 응답한다. 인지된 위험의 시대에 국가는 국민의 보호를 주장하며 그 인민은 권리와 자격의 극적인 개혁을 촉진할 수 있다(Titmuss 1958; Rose 1989; Tilly 1990; De Landa 1991; Foucault 〔1997〕 2003; Cowen 2005, 2008; Cowen and Gilbert 2008). 로지스틱스 혁명도 이를 따른다. 지난 사십 년간의 점진적인 개혁은 로지스틱스 혁명에 힘입어 조금씩 진행되었고 2001년 안보[보안] 위기에 대응하여 일어난 전면적이고 집중된 변화로 이제 극에 달한다. 위기의 시대에 시민권과 통치의 개혁이 새로운 일은 아니지만, 그럼에도 공급 사슬 보안과 함께 진행 중인 개혁의 본성은 획기적이다. 이 보안 모델은 국가나 인구의 보안을 직접적으로 위한다기보다 국제 무역의 보호를 위해 노력한다. 이 모델의 옹호자들은 이것이 국가와 인구의 보안에 핵심적이라고 여긴다. 공급 사슬 보안은 보다 낡은 영토적 보안 형태가 국가의 군사·민간 기관들 내부에서 도전받고 재가공되는 것을 목격하고 있다.

　　광범위한 행위자들이 다양한 장소에서 서로 다른 전략에 대한 단편적인 노력들로 시작했던 것이 위험 기반·다계층·네트워크 보안의 통합된 국가 및 국제적 얼개가 되고 있다. 이것은 특히 컨테이너 이동에 초점을 맞춘다. 이 장 도입부에 있었던 다이어그램으로 돌아가면 관문과 항로의 건설을 통한 전지구적 로지스틱스 시스템이 더욱 강조됨에 따라 새로운 보안 과제가 생겨났음을 알 수 있다. 이 논리는 사실 비즈니스 로지스틱스의 탄생과 함께 그리고 시스템 구성 요소의 수행보다는 시스템의 효율성에 대한 강조와 함께 도입되었다. 우리가 이 장에서 살펴본 것은 1990년대를 거쳐 21세기까지 이어지는 로지스틱스 혁명 논리의 연장이다. 이것은 무엇보다 전지구적 로지스틱스 항로 및 관문 계획을 통한 시스템 자체의 확장과 향상으로 이루어졌다. "홈 없는" 순환 시스템을 건설하려는 노력은 단지 노력일 뿐이다. 그 시스템을 구성하는 사람, 장소, 인프라로 이루어진 복합적인 관국가적 네트워크들은 결코 완전히 통제될 수 없다. 사물의 홈 없는 지구적 순환은 하나의 기획이다. 그것은 실재는 아니지만 그럼에도 명백한 효과를 가진 기획이다. 우리는 이미 국경이 작동하는 장소, 방식, 대상이 크게 재조직되는 것을 살펴보았다. 공급 사슬 보안의 영역에서 국경은, 아마도 "관로"로 개념화하는 것이 가장 적절한 관국가적 순환 네트워크에 맞추어 개조되고 주조되었다. 이 관로의 보안 관리는 국제화되고 디지털화되고 거의 민영화되었다. 우리가 3장에서 더 살펴볼 것처럼, 영토적 경계는 점점 예외 구역으로 관리된다. 예외 구역은 국가 공간의 내부도 외부도 아니며, 잠재적으로 범죄나 테러로 분류되는 행동을 상대하는 경찰과 군대 모두의 권한 아래에 있다. 다음 장에서는 공급 사슬의 특정 공간들을 더 깊이 살펴볼 것이다. 그 공간에서 특정 행위자들은 전지구적 로지스틱스 패러다임에 도전하고 있고 공급 사슬 보안 전문가들은 새로운 사회적·법적 기술들을 실험하고 있다.

3장

로지스틱스의 노동

적시 일자리

조업 중단은 관문에 매우 부정적인 영향을 끼친다. 단기적으로는 거래가 경쟁 항구로 몰릴 뿐 아니라 장기적으로도 고객을 끌어들이고 유지하려면 신뢰도가 관문에게는 결정적이기 때문이다. 이 척도는 항구에만 제한되지 않는다. 국경/보안 [담당] 직원이나 공급 사슬의 다른 요소에 의한 철도 혹은 트럭 운송 회사에서의 노동 교란도 영향을 끼칠 것이다. 이에 대한 이상적인 목표는 조업 중단이 제로가 되는 것이다.
인터비스타스

더욱 더 "완벽한" 가시성과 검사 그리고 통제 시스템을 발견하려는 끊임없는 경영의 강박 관념이 증명하는 것은 약한, 훈육된 주체를 압박하는 지배의 무게가 아니라 노동자 저항의 회복력과 힘이다.
앨런 맥킨레이, 「푸코 관리하기」

세계를 움직이는 사람들은 세계를 멈출 수도 있다.
조안 위피예프스키

〈그림 21〉은 운수노동자인증증명서TWIC[이하 인증증명서] 신청 절차의 개념 지도를 보여 준다. 인증증명서는 — 미국 행정부가 적극적으로 "해외 비상 작전"이란 이름으로 재브랜드화 하고 있는 — 더 광범위한 "테러와의 전쟁"에서 공급 사슬 보안에 대한 미국의 다계층·위험 기반 접근의 중심 요소다(Anderson 2011, 206). 그것은 미국이 〈국제해사기구〉의 2004 〈국제선박 및 항만시설보안 규칙〉 — 이 규칙 자체가 미국의 직접적인 요청으로 시행된 것이다 — 을 준수하도록 이끈다(Boske 2006). [〈그림 21〉의] 다이어그램은 [인증증명서] 프로그램의 여러 핵심 요소 — 인증증명서에 포함된 노동자에 대한 다양한 "심사", 관리되는 다양한 데이터베이스 그리고 그 계획의 관리와 관련된 많은 행위자들, 즉 미국 국토안보부, 미국 연안경비대, 정보기관 등 — 를 드러낸다. 그 다이어그램은 "정부 책임"인 청록색 구역 내의 일단의 핵심적 활동들이 실제로는 미국 교통안전국을 위해 일하는 하청업체에 의해 관리된다는 것을 보여 준다. 선택된 하청업체, 즉 악명 높은 록히드 마틴을 언급하지는 않지만 말이다. 인증증명서 프로그램 자체와 마찬가지로, 이 다이어그램은 정밀 조사와 국가 통제의 강화를 위해 노동자들의 움직임의 세부 사항을 보여 준다. 인증증명서는 국가 감시의 한계를 다시 쓰고 노동 보호를 대신하지만, 노동법으로 제시되지는 않는다. 가장 중요한 것은, 인증증명서가 범죄와 테러 사이의 그리고 경찰권과 군사권 사이의 경계를 흐린다는 점이다. 위험insecurity을 통치하는 권한들과 법규들 사이의 이 경계들은 근본적으로 지리적이다. 그 경계들은 한때는 신성시된 국가 주권의 경계들이다. 인증증명서와 거의 동일한 판본들이 전 세계의 많은 항구에서 시행되면서 그 증명서는 해상 경계의 중대한 "홈"을 보안하고자 하며 "위험 인물"을 로지스틱스 시스템에서 떼어 놓음으로써 교란을 방지한다(Cowen 2007, 2009). 이 프로그램들은 고도로 전문화된 노동자 집단을 겨냥한 예외적인 척도로 짜여 있지만, 전지구적인 사회적 공장의 중대한 결절들에서 선례를

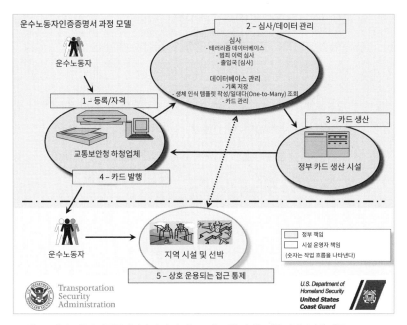

〈그림 21〉 운수노동자 인증증명서의 과정 지도[프로세스 맵]. 출처 : 미국 연안경비대 제공.

구축하고 [현재] 진행 중인 업무 및 노동 재구조화의 쐐기 역할을 한다. 인증증명서는 공급 사슬 보안 계획이라는 더 넓은 얼개의 한 설비로서, 공급 사슬 자본주의의 순환 시스템을 온전하게 유지하고 그 속도를 보호하려는 목적을 갖고 있다(Tsing 2009).

자본주의적 논리가 순환의 속도를 높이려 한다는 관측에는 새로울 것이 없다. 맑스가 한 세기 반 전 1867년에 [말했듯이], 자본주의는 속도를 위해 공간과 시간의 관계를 끊임없이 재형성한다. 하지만 지난 40년 동안 적시 생산 시스템의 부상과 로지스틱스의 지구화로 강화된, 자본주의 내의 이 일반적 경향은 무역의 보안화라는 맥락 내에서 새로운 힘과 함께 계속되었다. 공급 사슬 보안의 논리는 로지스틱스 시스템의 교란을 국가 안보[보안]의 문제로 재정의하면서 노동자에 대한 사회적 전쟁을 옹호한다.

이 장은 최근의 공급 사슬 보안화가, 지난 40년간 로지스틱스 혁명과 컨테이너화 그리고 적시 생산 기법과 더불어 일어났던 노동 생산성에 대한 압력 증대와 교차하는 방식들을 검토한다. 여기서 중심 초점은 노동자의 신체다. 창고 속 노동자들의 감금된 신체에서부터 부두 위 항만 노동자들의 으스러진 신체에 이르기까지, 이 장은 "홈 없는" 로지스틱스 시스템의 난잡하고 폭력적인 일상 노동을 탐구한다. 그리고 홈 없는 사물 이동을 통한 자본 순환 가속화라는 더 큰 목적이 공급의 보안화를 통해 재구성되고 심화되는 방식들을 개괄한다.

죽음과 교란

2007년 6월 9일 오후 10시 43분, 〈국제항운노조〉ILWU 집행위원 얼 홉슨Earle Hopson은 분주한 시내 부두의 야간 근무를 위해 이스트밴쿠버의 거리를 빠르게 통과했다. (반인종주의와 조합원 민주주의 그리고 경제 정의를 바탕으로 1937년에 설립된) 〈국제항운노조〉는 캘리포니아 주에 있는 최남단 항구에서부터 코디액, 수어드, 더치하버 그리고 앵커리지 같은 곳에 있는 대륙 최북단의 시설들에 이르기까지 서부 해안의 모든 부두 노동자들을 대변한다. 지구에서 가장 거대한 소비 국가의 출입문에서 그리고 북쪽의 "현관"에서,[1] 〈국제항운노조〉는 세계 무역의 (말 그대로) 광대한 몫을 처리한다. 〈국제항운노조〉 조합원들은 배에 짐을 싣고 내린다. 컨테이너를 기차와 트럭으로 옮기고, 항구 공간을 구상하며, 전기 기술자·현장 감독·안전 감시관의 역할을 하고 예인선을 운영한다. 그리고 **사물**을 순환시키는 다른 무수한 형태의 노동을 수행한다. 그들의 노동은 전지구적 상품 흐름

---

1. 미국 관세국경보호청 직원들은 캐나다의 항구들을 흔히 미국의 "현관"이라고 부른다.

시스템의 핵심이다. 〈국제항운노조〉 조합원들이 정치적으로 행동하면 그들은 생산 및 유통 체계 전체에 두루 파급 효과를 끼치는, 지나갈 수 없는 길목을 창출할 수 있다. 그들의 비타협적인 국제 정치 성향과 더불어 그들 노동의 중대한 위치는 〈국제항운노조〉를 지구적 무역의 광대하고 복합적인 무대에서 강력한 세력으로 그리고 기업 관리자의 입장에서는 가시 같은 존재로 만든다.

얼은 노조의 조합원이 되기 위해 "게시판을 오르는" 임시 노동자로 11년을 보냈다. 10년 혹은 그 이상의 (비정규적인, 불확실한 그리고 부적절한 시간으로 이루어진) 불안정은 그 산업에서는 흔한 일이다. 매주 그리고 매해 직업소개소로 가장 끈질기게 돌아가고 느리게 굴러가는 교대 근무시간을 보내고 나서야 안정적인 고용과 완전한 정치적 지위의 후보로 올라설 수 있다. "게시판을 오르기"는 문자 그대로 임시 고용인들의 지위를 [순서대로] 정리하는 알파벳순으로 배열된 게시판 시스템 ─ 가장 위에는 "AA"가 있고 알파벳순으로 모든 것이 작동하는 ─ 의 자리에 노동자의 근무 시간 기록표가 삽입되는 과정을 말한다. 어떤 주어진 시간에 게시판에는 수백, 심지어는 수천 명의 임시 고용인이 있을 수 있다. 이는 그 지역의 규모와 그 항구의 사업 상태에 달려 있다. 이 기나긴 가입 과정은 경제적·인종적·사회적 정의에 관한 노조의 단호한 입장과 결합하여 노조원 자격을 얻는 사람들 사이에 강한 정동적 유대를 만든다. 자신의 몸에 노조 로고가 없는 〈국제항운노조〉 조합원을 만나기란 어려운 일이다. 티셔츠나 재킷, 모자 또는 배지까지 이 모든 것들을 장식하는 부두 노동자의 갈고리는 부두 노동자 패션의 표준이다. 〈세계산업노동자연맹〉의 모토 "한 사람의 피해는 모두의 피해다"를 노조가 열렬히 수용한 것은 이러한 집단정신을 두드러지게 만든다. 가족과 집이라는 표현은 메타포를 넘어선다. 부두 노동자들의 세대를 가로지르는 혈연관계는 빈번하게 노조 조합원들을 연결한다. 친족 관계가 생물학적이지 않을 때에도 여전히 가족의 용어로 ─ 흔히 공간을 공유하는 특징을 지닌, 차용한 즉 선택한 가족으로서 ─ 정의된다. 얼은 [이렇게] 설명한다. "해안을 이리저리 오가는 우리는 모두 우리의 파견 사무소를 우리의 집으로 생각합니다." 나는 노조 지부를 충분히 방문했고 그 이야기를 여러 번 반복해서 들어서 그것이 사실임을 알 수 있었다. 얼은 계속해서 말했다. "노조가 없었다면" "나는 아이를 갖지 않는 편이, 가족을 갖지 않는 편이 나을 것입니다, 나는 내 집을 갖지 않았을 것이고, 내 딸을 갖지 않았을 것입니다." 그러나 문제의 그날 저녁은 평화로운 가족 유대의 날이 아니었다. 대신 부두 노동자들 사이의 유대가 폭력적으로 찢겨진 순간이었다. 부두에서의 생생한 죽음이라는 사건은 점점 흔하게 되었다.

"나를 완전히 엉망으로 만든 사람은 루씨오Lucio였습니다." 얼은 [이렇게] 설명한다. "나는 루씨오와 함께 게시판을 올랐습니다……루씨오 ─ 그는 특수한 일을 하다 크레인에서 떨어졌습니다."

그날 저녁 노조 사무실에 차를 대기 바로 직전에 얼은 주간 집행위원인 서지Serge의 전화를 받았다. "퍼시픽 엘리베이터에서 만납시다. 끔찍한 사고가 일어났어요. 루씨오에게 말입니다." 얼은 계속해서 이야기한다.

나는 그곳을 향해 속도를 냈습니다……그러나 기차 옆에 멈춰야 했습니다. 그래서 나와 서지, 조니 ─ 루씨오의 형제 ─ 그리고 구급차는 이 기차 뒤에 갇혀 있었습니다. 우리는 고용주와 통화를 했습니다. 조니는 "기차를 분리해, 기차를 분리해"라고 계속해서 말했습니다. 그 녀석은 거의 죽은 것처럼 보였고 죽을지도 몰랐습니다. 나는 차에서 내려서 전철수를 찾기 위해 기차를 따라 뛰어갔습니다. [하지만] 전철수를 찾을 수는 없었습니다. 사람들은 반대쪽 끝 완전히 아래쪽에 있었습니다. 나는 뛰어가다가 ─ 보기 좋은 광경은 아니죠. [얼은 웃었다.] 당시 나는 담배를 막 끊었고 3백 파운드[136킬로그램] 정도 나갔습니다. 그래서 결국 전철수 찾기를 포기하고 돌아왔고 우리는 결국 5분, 10분 정도 뒤에 기차를 분리했습니다.

우리는 통과해서 주차를 했습니다. 그다음 조니는 달리기 시작했습니다. 나도 달리기 시작했습니다. 우리는 배에 올라탔습니다⋯⋯ 그리고 그곳이 어디인지 알았습니다. 모두가 서 있었거든요⋯⋯ 그리고 나는 그곳에 가서 나의 친구가, 그 녀석이 피바다 속에 누워 있는 걸 봤습니다⋯⋯

아시다시피 나는 그때까지 이런 일을 한 번도 겪어본 적이 없었습니다 ⋯⋯ 그러나 예전 집행위원들과 이야기하면서⋯⋯ 이들은 나와 함께 커온 사람들입니다. 그들은 말했습니다. "네가 가장 먼저 할 일은, 할 수 있다면 모든 사람을 내보내는 거야." 그래서 나는 모두 내보내려고 한 다음 조니에게 갔습니다. 조니는 자신의 형에게 애정을 표현하고 있었습니다⋯⋯ 나는 그를 내보내려고 애썼습니다. 그래서 나는 그냥 그를 떼어놓고 꼭 붙잡았습니다. 응급 처치원과 의료 보조원들이 그를 설득했습니다. 그리고⋯⋯ 그⋯⋯ 그것은 영원처럼 느껴졌습니다.

그리고 결국⋯⋯ 나는 루씨오를 바라보며 조니를 힘차게 안았습니다. 이제 그가 내 이름을 외치기 시작하는 것이 들립니다. 나는 바라보고, 소리를 지르는 그의 얼굴은 이렇게 끔찍한 표정을 하고 있습니다. 그의 얼굴은 완전히 일그러져 있습니다―그는 엄청난 고통과 괴로움에 빠져 있습니다. 그것이 아주 오랜 시간 동안 나를 망쳐버렸던 것입니다⋯⋯ 그래서 나는 쉬지 않고 교대 근무를 했습니다⋯⋯ 그리고 그날 밤 다시 담배를 피우기 시작했습니다.

집행위원(노동자와 고용주 간의 공식적인 매개자)으로서 이런 상황들을 협상하는 것이 얼의 일이었다. 격분한 노동자와 고용주, 즉 두바이포트월드Dubai Ports World의 관계를 관리하는 것. 그러나 이것은 어떤 의미 있는 방식으로도 "중재될" 수 있는 사건이 아니었다. 이것은 단순히 얼 개인의 트라우마와 분노 때문이 아니다. 여기서 금속과 신체의 충돌은 이해관계와 효율성의 충돌이기도 하다. 교란은 이미 이 지구화된 로지스틱스의 이야기에서 두드러진 역할을 했다. 교란을 방지하고 교란의 여파 속에 있는 상품 순환 시스템을 회복하기 위한 노력들은 2장에서 검토했던 공급 사슬 보안의 기획 전체를 뒷받침한다. 교란은 정상적인 삶의 중단을 나타낸다. 빠른 흐름 위에 세워진 세계에서 교란의 문제는 방대한 규모를 이룬다. 속도에 대한 의존은 공급 사슬의 상호연결성과 결합하여 겉으로 보기에는 별개의 한 장소에서 일어난 교란을 시스템 전체의 위기로 몰고 간다. 일반적으로 지구화된 로지스틱스 세계에서 교란은 사물의 흐름이 중단되는 것을 뜻한다. 하지만 얼의 이야기에서 작동하는 교란은 기이한 아이러니를 띤다. 설치된 기차가 지나갈 수 없는 벽이 되어 구급차를 가로막은 것이다. 사물을 멀리 보내기 위해 건설된 바로 그 인프라가 지역 연결을 가로막는 장애물이 된다. 전지구적인 적시 로지스틱스 시스템의 인프라가 길을 막았기 때문에 루씨오의 죽어 가는 신체에 도달할 수가 없었다. 하지만 지역 도로를 막고 있는 그 기차가 유일한 교란의 형태는 아니다. 루씨오의 부러진 신체, 즉 삶의 최후의 교란[붕괴] 자체 또한 항구의 작동을 방해한다. "생산성"이 스스로를 교란한다. 루씨오의 시체가 치워진 뒤 얼은 즉각 일터로 돌아갔지만 배는 며칠 동안 움직일 수 없었다.

전장戰場으로서의 신체

루씨오의 부러진 신체는 항구에서 커져 가는 더 높은 생산성에 대한 요구와 이 요구가 생산하는 죽음 간의 특별한 그리고 유혈의 갈등을 나타낸다. 루씨오의 죽음은 비극적인 이야기지만 주기적으로 반복되는 이야기다. 항구 노동자의 신체는 빈번하게 높은 곳에서 떨어지고, 기계 사이로 구겨 들어가며, 무너진 더미 밑에 깔리고, 금속 봉에 몸을 찔리며, 화물을 배에 실을 때 몸이 잘려 나간다. 즉각적인 부상으로 쓰러지지 않은 사람은 산업 일자리에서는 자연스러운 독소에 몇 년간 노출된 뒤에 종종 숨을 거둔다. 인체면역결핍바이러스HIV 또한 항만 노동을 비롯한 운수 산업에서 강력하다 ─ [이것은] 이 분야의 아주 많은 노동자들에게 나타나는 이동성과 비자유의 결합이 지닌 특징이다(ITF 발행 연도 불명). (루씨오의 죽음 같은) 트라우마의 효과는 체화되기도 한다. 노동자들이 니코틴 같은 물질로 슬픔과 불안감을 다스리는 것이다. 항구와 운송과 로지스틱스는 작업장 건강과 안전safety을 감독하는 정부에 의해 항상 가장 위험한 산업으로 꼽힌다(HSE 2012; WorkSafeBC 2011). 미국에서 항구 노동보다 연간 작업장 사망과 부상 숫자가 높은 산업은 광산업 밖에 없다(Bonacich and Wilson 2008, 182). 캘리포니아에서 창고업과 트럭 운송은 [미국] 〈직업안정건강협회〉가 꼽은 2009~10 "가장 위험한 직업" 목록에 올랐다(Lydersen 2011; UEPI 2011). 그 협회는 트럭 및 기관차를 운전하고 창고에서 일하는 사람들에게 나타나는 건강상의 위험으로 디젤 배기가스로 인한 극심한 열 스트레스heat stress와 폐암을 들고 있다.

로지스틱스 노동의 고위험은 부분적으로는 큰 기계와 금속 상자가 있는 환경에서 노동이 지닌 내재적인 위험들의 특징이다. 중장비와 인간의 살은 한 번도 수월한 동료였던 적이 없다. 하지만 위험은 최근 몇 년간 공급사슬의 속도 증대 때문이기도 하다. 자본의 순환 속도는 자본이 축적하는 한 중요한 일이었지만 로지스틱스 혁명은 판도를 바꾸어 놓았다. 에드나 보나시치와 제이크 윌슨(2008, 159~60)에 따르면, 로지스틱스 혁명은 "의심할 여지없이 기업을 더 효율적으로 만들었다." 그들은 [로지스틱스] 혁명이 불러

온 재고의 감소, 운송 비용의 절감, 소비재 가격의 하락을 강조한다. 미국 점령 하의 일본에서 개척된 적시 생산의 원리에 기대고 있는 로지스틱스 혁명은 재화의 흐름을 더 빠르게 만들었다.

기술 발전은 노동 규제의 변화와 더불어 운송수단 연계화의 증대 — 즉 더욱 "홈 없는" 인프라 및 물적 순환 시스템 — 를 낳았다. 배는 수십 년 전에 걸렸던 시간의 몇 분의 일만에 짐을 내린다 — 표준 컨테이너 배의 경우 수 주圖에서 겨우 수일로 [줄었다]. 화물은 몇 분 만에 배에서 철도나 트럭으로 옮겨지고 유통 센터는 대개 완전히 자동화되었다. 어떤 경우 재화는 계속해서 컨베이어 벨트 위를 순환한다. 하지만 이 속도를 얻는 방식과 비용이 바로 로지스틱스를 투쟁의 영역으로 만드는 것이다. 로지스틱스 혁명이 기업에 유익했다고 강조한 뒤에 보나시치와 윌슨(2008, 159~60)은 그 효과가 노동에도 긍정적이었는지 묻는다. 그들의 답은 명백하게 부정적이다. 그들

〈그림 22〉 [미국] 뉴저지 주 엘리자베스 항의 갠트리 크레인, 2006. 출처 : 저자 촬영.

은 [로지스틱스] 혁명에 이어 로지스틱스 노동에서 지구적으로 심화되었던 세 가지 경향을 강조한다. (1) 우발성의 증가. 이는 임시직과 계약직 그리고 일반적으로 불안정한 노동 형태의 성장으로부터 파생된다. (2) 노조의 약화. 이것은 전자의 특정한 결과지만 또한 로지스틱스 노동을 더욱 불안정하게 만드는 능동적 원인이다. (3) 인종화. 이것은 경제적으로 보다 불안정한 커뮤니티에 대한 기업의 의도적인 표적화 targeting의 결과지만 또한 인종화된 노동자들이 이미 불안정한 노동 형태에 집중되어 있기 때문이다. 의심할 여지없이 이 분야의 노동 조건은 지구적 규모에서 매우 다르게 나타난다 — 그러므로 이 경향들은 상이한 장소에서 상이하게 표현된다. 우리는 점점 통합되는 지구적 시스템에서 노동 체제의 불균등에 대한 문제로 곧 돌아가겠지만 지금은 공격적인 민영화와 탈규제가 이 분야의 노동 조건을 위태롭게 만들고 있다고 말하는 것으로 충분하다.

미국에서 운송 분야의 탈규제는 이 효과들을 꾀하는 데 있어 핵심적이었다. 1장은 미국 운송 분야의 탈규제가 로지스틱스 혁명의 특징이었을 뿐만 아니라 그것을 뒷받침하는 과정이었음을 입증했다. 로지스틱스 혁명은 해양, 트럭 운송, 철도, 항공, 그리고 통신에서 상이한 모습을 띠고 있었지만 이 모든 분야들을 가로지르면서 조직된 노동의 힘과 규모를 약화시키는 데 기여했고, 노동 조건을 하락시켰으며, 인종 간 임금 격차를 심화시켰고, 중개인에게 그 분야를 개방했고, 산업이 재화의 국내 수송보다 관국가적 수송을 지향하게 했다(LaLonde, Grabner, and Robeson 1970; Peoples and Saunders 1993; Peoples 1998; Bonacich and Wilson 2008; Rodrigue and Notteboom 2008).

로지스틱스 혁명은 또한 노동 관리에 대해 공격적이고 징벌적으로 접근하는 거대 소매·로지스틱스 기업의 성장을 보여 준다. 수익과 고용 양 측면에서 세계에서 가장 큰 기업인 월마트는 저임금, 형편없는 복리 후생, 고

〈그림 23〉 [캐나다] 브리티시컬럼비아 주 밴쿠버 항의 컨테이너선, 2007. 출처: 저자 촬영.

도로 젠더화되고 인종화된 노동력으로 악명이 높다(Ortega 1998; Fish-man 2006). 월마트는 거대 소매 기업으로 널리 알려져 있을지도 모르지만 경영학계에서는 로지스틱스 기업으로 알려져 있다(Bonacich 2005; David-son and Rummel 2000; Dawson 2000, 2006). 월마트는 가장 큰 민간 위성 네트워크를 보유하고 있으며 이보다 큰 위성 네트워크를 보유한 곳은 미국 국방부 밖에 없다. 그 기업은 풀 생산² 복합 시스템으로 유명한데 이것은 판매자와 생산자의 실시간 정보기술 접속에 크게 의존한다. 월마트는 겨우 50년 만에 9천 개에 가까운 매장과 2백 만 명이 넘는 직원이 있는 현재 규모로 성장했다 ─ 1970년대 초반 단 하나의 매장에서 시작한 월마트

---

2. [옮긴이] 시장에서 소비자는 자신이 필요로 하는 정보나 재화를 "당기고"(pull) 기업은 그것 들을 소비자에게 "민다"(push). 푸시(push) 생산이란 수요 예측에 기반하는 방식이고 풀 (pull) 생산은 실제 수요에 혹은 소비된 수요에 기반하는 방식이다.

의 기하급수적인 성장은 로지스틱스 혁명의 힘을 보여 주는 증거다. 월마트는 [로지스틱스] 산업을 위한 길을 만들어 왔다(Fishman 2006; Hernandez 2003; Spector 2005). 자신의 고용 및 계약 관행에서뿐만 아니라 보다 광범위하게 로지스틱스 분야의 고용 및 계약 관행에서도 그러한데, 이것은 ─ 〈국제항운노조〉와의 공격적인 노동관계로 악명이 높은 ─ 캘리포니아 〈서부해안워터프론트협회〉West Coast Waterfront Coalition 같은 산업 고용주 집단을 통해 정부에 로비하는 데 있어 핵심적인 역할을 함으로써 이루어진다(Bonacich and Wilson 2008).

이러한 변화와 그 밖의 다른 모든 것들이 부두에서의 죽음을 낳은 직접적인 원인이 되었다. 〈국제운수연맹〉 의장 패디 크럼린Paddy Crumlin이 〈국제운수연맹〉 웹사이트에서 주장한 바대로, "남성 및 여성 항구 노동자들의 건강과 안전safety은 임시 노동 또는 훈련받지 않은 노동이 건강 및 안전 모범 규준을 따르지 않을 때, 또한 고용주들이 더 적은 인원으로 더 많은 일을 하려고 함에 따라 늘어난 업무량을 처리하는 항구 노동자들이 장시간 또는 적절한 휴식 없이 일할 때, 위협받을 수 있다." 실제로 생산성에 대한 요구 증대는 일반적으로 비용 삭감 계획을 동반한다. 이것은 장비와 인프라의 유지 및 검사 수준뿐 아니라 항구 노동자들의 훈련 수준에 직접적인 영향을 미칠 수 있다.

운동(의) 노동

이 모든 것은 로지스틱스 노동이 왜 그렇게 철저한 조사를 받는지 묻게 만든다. 전지구적 무역에서 로지스틱스 노동의 역할에 대해 어떤 말을 할 수 있을까? 운수 노동에 대해 그리고 자본의 축적에서 빠른 순환이 지닌 결정적인 역할에 대해 적어도 일반적인 용어로는 이미 많이 쓰여 있다. 일과 노동에 대한 대중적인 상상계는 일반적으로 **상품 제조** 장면을 불러내지만, 운송은 오랫동안 그 자체가 가치의 원천으로 그리고 생산 형태로 이해되어 왔다. 맑스는 『자본론』 2권 6장(〔1887〕 1993)에서 상품의 소비로 실현되는 사용가치가 어떻게 "장소 변경"을 요구할 수 있는지, 따라서 "수송 산업의 추가 생산 과정"을 요구할 수 있는지 개괄한다.[3] 수송은 부분적으로는 기술과 인프라라는 죽은 노동을 통해서 잉여가치를 생산한다. 맑스는 널리 알려진 것처럼 어떻게 "대공업"modern industry에서 "처음으로 인간이 자신의 과거 노동의 생산물을 무상으로, 자연력과 마찬가지로 대규모로 작용시킬 수 있게 되었는지" 묘사했다(Marx 〔1887〕 1993, 366; 1장도 보라).[4] 그러나 더욱 결정적인 것은 "수송에서 수행된 노동을 통해서", 즉 다시 말하면 "잉여가치와 임금의 보전"을 통해서 부가된 가치다. 따라서 맑스의 정식화에서 그리고 환원주의적 가정과는 반대로 "장소 변경"은 특별한 종류의 상품이며 수송 산업은 생산에 기여할 뿐 아니라 그 자체로 하나의 생산 형태다.

우리는 또한 맑스가, 이러한 상품을 생산하기 위해 착취된 노동력은 자본 순환[유통]의 맥락에서 특별한 중요성을 갖는다고 주장하는 것으로 해석할 수 있다. 데이비드 하비가 강조하듯이(2010), 자본은 **이동 중인 가치**value in motion다. 의심의 여지없이 자본의 순환[유통]에 대한 맑스의 작업, 특히 『자본론』 2권에서의 작업은 이러한 이동성을 강조한다. 실제로 맑스(〔1887〕 1993, 144)[5]는 "자본주의적 생산의 모든 특징은 선대된 자본가치의 증식에 의해 규정된다"고 설명한다. 그리고 축적, 즉 "확대된 규모의 생

---

3. [한국어판] 카를 마르크스, 『자본 II』, 강신준 옮김, 길, 2010, 185쪽.
4. [한국어판] 카를 마르크스, 『자본 I-1』, 강신준 옮김, 길, 2010, 526쪽.
5. [한국어판] 카를 마르크스, 『자본 II』, 강신준 옮김, 길, 2010, 101쪽.

산"이 일어나도록 하기 위해 자본은 M-C-M 공식(화폐 자본-상품 자본-팽창된 화폐 자본)으로 표현되는 상이한 형태들을 순환해야만 한다. 『자본론』 1권이 생산 과정 ─ "자본가에 의한 구매된 상품의 생산적 소비" ─ 을 특히 강조했다면 상이한 형태들을 통과하는 자본의 순환[유통]은 [상대적으로] 덜 다루어진 2권의 "직접적인 연구 대상"이다. 가장 기본적으로 자본은 축적을 위해 순환[유통]해야 할 뿐 아니라 그 순환[유통] 과정은 축적의 가능한 규모와 정도에 크게 영향을 끼칠 수 있다. 맑스는 [이렇게] 쓴다. "순환[유통] 과정"은 "자본의 가치 크기와는 무관하게 자본의 효율, 즉 자본의 확대와 축소를 결정하는 새로운 힘에 영향을 미친다." 다시 말해서 순환[유통]의 속도, 즉 "자본이 상품 형태를 벗어던지고 화폐 형태를 취하는 특정한 속도"는 축적 과정에서 중대한 역할을 한다.[6]

자본의 순환circuit에 대한 맑스의 논의는 자본의 특정한 물질적 형태로부터 크게 추상되어 있다. 여기서 기술된 "순환[유통]"은 오늘날 그 용어가 보통 사용되는 방식으로 단순히 혹은 즉각적으로 **물리적 이동**으로 이해될 수는 없다. 그것은 오히려 가치가, 자본의 순환[유통]을 구성하는 상이한 형태들로 전환되는 것이다. 순환[유통]은 분명히 물질적 형태를 취하지만, 어떤 명백한 또는 미리 결정된 방식으로는 아니다. 상품 자본은 어쩌면 가장 뚜렷한 물질성과 공간성을 지닌다. 예를 들어 우리는 금융 자본의 물리적 순환[유통]보다는 상품의 물리적 운동을 보다 쉽게 추적할 수 있다. 하지만 "상품 따라가기"라는 외견상의 단순함도 오해를 사기 쉽다. 생산자에서 소비자로 가는 단순한 여정의 도중에 상품은 여러 차례 구매될 수 있고 판매될 수 있기 때문이다. 이것은 다양한 자본 형태들이 작동함을 의미한다. 맑스([1887] 1993, 226)[7]는, 상품의 순환[유통]은 "물리적인 운동 없이

---

6. [한국어판] 카를 마르크스, 『자본 II』, 강신준 옮김, 길, 2010, 59쪽.
7. [한국어판] 카를 마르크스, 『자본 II』, 강신준 옮김, 길, 2010, 184쪽.

도 일어날 수 있다……A에서 B에게 팔린 집은 상품으로서 순환[유통]하지만 집은 일어나서 걷지 않는다"고 말하면서 이 점을 직접 다룬다. 더욱 중요한 것은 다음의 말이다. "면화나 선철鐵鐵처럼 움직일 수 있는 상품 가치도 동일한 창고에 머무른 채 많은 순환[유통] 과정을 경과하고 투기업자에게 판매되었다가 다시 구매되기도 한다." 즉 "여기서 실제로 운동하는 것은 사물 그 자체가 아니라 그 사물에 대한 소유권이다." 금융 자본은 심원한 물질성을 지니고 있다. 모순된 방식으로지만 그것은 풍경에 자신의 표식을 만든다. 서브프라임 위기 같은 전지구적 사건들은 모든 형태의 자본이 지리적으로 작동한다고 강조한다. 하지만 우리를 순환[유통]의 물질성에 대한 사고로 가장 깊숙이 데려 가는 것은 ─ 맑스가 함께 숙고하는 ─ 수송 및 통신 산업의 생산 자본이다. 수송(과 통신)은 생산 과정의 일부로 기능하지만 상품의 물리적 순환[유통]을 가속시킬 수 있는 특별한 능력을 갖는다. 시장에 더 빠르게 도달하는 것은 자본이 상품 형태에서 화폐 형태로 순환[유통]하는 속도에도 영향을 끼칠 수 있다. 수송 산업은 "한편으로는 독자적인 생산 부문을, 그래서 생산 자본의 특수한 투하 영역을" 형성한다는 점에서 예외적이다. "다른 한편으로는 그것이 순환[유통] 과정 내부의 그리고 순환[유통] 과정을 위한 생산 과정의 연속으로 나타난다는 점에서 구별된다"(강조는 원문의 것).[8]

맑스의 글은 자본 순환[유통]의 물질적 형태들을 주로 함의하고 있지만 의심의 여지없이 그에게 있어 이 순환circuit들은 추상적인 속도의 문제일 뿐 아니라 물질적인 시공간의 문제다. 맑스는 150년 전에 자본주의는 속도를 위해 공간과 시간의 관계를 끊임없이 재형상화 한다고 말했다. 맑스는 『정치경제학 비판 요강』(〔1939〕 2005, 539)에서 자본주의의 시간과 공

---

8. [한국어판] 카를 마르크스, 『자본 II』, 강신준 옮김, 길, 2010, 187쪽.

간에 대한 이러한 상관적인 (그리고 제국적인) 이해를 강조한다. 그는 [이렇게] 쓴다. 자본은 "한편으로 교류, 즉 교환의 모든 공간적 제약을 무너뜨리고 지구 전체를 자신의 시장으로 정복하고자 노력해야만 한다." 그러나 자본은 축적의 공간을 확장하기만 하는 것은 아니다. 그것은 또한 순환[유통]의 가속화를 위해 **공간에 소요되는 시간**을 줄이려고 시공간을 전환한다. 지리학자들이 자주 인용하는 이 구절에서 맑스는 계속해서 약술한다. 자본은 "다른 한편으로는 시간에 의해 공간을 절멸시키고자 한다. 즉 한 장소로부터 다른 장소로의 이동에 소요되는 시간을 극소치로 줄이고자 한다"(539).[9]

공장을 펼치기

자본 순환의 속도를 향한 이 일반적인 경향들은 지난 40년간의 무역 지구화와 더불어 강화되어, 다니엘 벨(1974)과 데이비드 하비(1989)를 비롯한 다양한 저자들에게서 나온 "시공간 압축"이라는 이론을 선사한다. 그들은 항구 같은 장소에서의 생산성에 대한 압박을 이해하는 데 중요한 맥락을 제공한다. 점점 지구화되는 무역의 맥락에서 상관적 공간의 재직조와 자본 흐름의 속도에 대한 이 논쟁들이 (특히 비판 지리학에서) 계속되는 동안, 아마도 훨씬 더 많은 문헌은 제조업에서 전지구적 노동의 재조직화에 특히 주목했다. 이것은 특히 "신국제분업", 오프쇼링, 마킬라도라[10]의

9. [한국어판] 칼 맑스, 『정치경제학 비판 요강 II』, 김호균 옮김, 그린비, 2007, 175쪽.
10. [옮긴이] 오프쇼링(off-shoring)은 아웃소싱의 한 형태로 기업들이 경비를 절감하기 위해 생산, 용역, 일자리 등을 해외로 이전하는 것을 말한다. 마킬라도라(maquiladora)는 일반적으로 미국과의 북부 접경지대에 위치하고 있으며 값싼 노동력을 이용하여 북미로 수출하는 멕시코의 조립 가공업체를 가리킨다.

성장 그리고 "공장 철수" 현상에 대한 연구와 글, 옹호에서 나타난다(Amin and Thrift 2004; Antràs, Garicano, and Rossi-Hansberg 2005; Dicken 2003; Harrod and O'Brien 2002; Harvey 1989; Sassen 1991; Wilson 1992; Wright 2002). 이 모든 것들은 임금·사회적 보호·노동 규제의 근본적인 지리적 불균등을 착취하기 위해 세계의 저임금 지역으로 제조업을 이전하는 방식에 의해 발생했던 믿을 수 없을 만큼의 폭리를 보여 준다. 의심할 여지 없이 이 논쟁들은 생산적이었고, 지구적 무역 시대의 생산 관계와 지리에 대해 아주 미묘하게 다른 개념들을 가능하게 했다. 그러나 로지스틱스 혁명과 전지구적 공급 사슬의 성장이 로지스틱스 노동의 재조직화에 미친 영향을 인식하려면 다른 변화를 탐색할 필요가 있다. 제작과 운동, 즉 생산과 유통 간 관계의 극적인 재구성[을 탐색할 필요가 있다]. 여기서 중요한 것은 생산 자체의 재규모화와 네트워킹이다 ― 보다 복잡한 직조로 펼쳐질 수 있고 재배열될 수 있는 구성 요소들로 생산이 탈구된다. 다시 말해서 생산과 유통 간의 재직조된 관계의 공간적 배열이 이 문제의 핵심이다.

로지스틱스의 지구화는 생산의 전지구적 유통뿐만 아니라 공급 사슬의 발명과 국가 경제의 관국가적 시스템으로의 재조직화를 보여 준다. 여기서 공장은 국경을 가로질러 심지어는 전 세계로 펼쳐진다(Cooper et al. 1997). 단일 장소에 위치한 공장의 이미지는 그 어느 때보다 부적절하다. 대신 공장의 기능들은 총비용의 논리에 따라 공간을 가로질러 분해되고 확산되었다. 상품은 점점 다양한 국가들을 가로지르며 제조되는 데 이것은 바로 근본적으로 불균등한 노동 양상들을 생산 과정에 편입하기 위해서다(Harvey 1989; Smith 1984). 오늘날 다국적으로 조직되는 생산이 그리 새로운 일은 아니지만, 우리의 개념과 탐구 방법에서, 특히 로지스틱스의 성장이라는 맥락에서 고려해 보면 이 변화가 함축하고 있는 모든 영향들은 충분히 인식되지 않았다.

2장에서 탐구한 개념적·계산적 노동은 이 모든 것의 중심에 있었다. 그것은 "기업 로지스틱스 시스템"의 "총비용"을 계산할 수 있는 능력을 창출했고, 이는 기업 경영으로 하여금 생산과 유통의 교정을 재고하도록 했다(Drucker 1969; LeKashman and Stolle 1965; Smykay and LaLonde 1967). 시스템 접근과 총비용 계산은 그 분야를 전환했는데 이것은 바로 생산과 유통의 경계를 개념적으로 공격함으로써 이루어졌다. 로지스틱스 비용 계산의 조작操作이 가능하게 된 시기의 선도적인 경영 이론가들이 개시한 주장으로 돌아가 보면 (제조 이전, 도중, 이후의) 그 어떤 생산 단계에서도 물질의 운동은 모두 함께 고려되었음을 알 수 있다. 물적 유통이라는 오래된 분야의 특징이었던, 최종 생산물을 소비자에게 운송하는 훨씬 더 제한적인 비용 대신, 총비용과 더불어 물질(그리고 최종적으로 정보)의 모든 물리적 운동이 설명된다. 1960년대와 70년대의 기업 경영이 총비용 분석을 통해 학습함에 따라 설비를 소비자로부터 더 멀리 이동시키는 것에서 이윤을 얻을 수 있었다(LeKashman and Stolle 1965).

로지스틱스 혁명은 단순히 운송을 더 중요한 것으로 만들었던 것만은 아니었다. 그것은 직접적으로 그리고 의도적으로 수송과 다른 생산적 노동 형태들 사이의 경계를 흐릿하게 만들었다. (생산 과정 내부에서 물질과 정보의 운동으로 이해되었던) 생산의 물질[자재] 관리와 (생산 과정과 설비의 내외부로 향하는 물질과 정보의 운동으로 이해되었던) 물적 유통 간의 구별을 허물어뜨리는 것이 핵심이었다(Harland 2005; Houlihan 1987). 기업 시스템을 가로지르는 사물의 모든 운동이 기업 로지스틱스의 영역이 되었고 그에 따라 그것은 중요하게 계산되게 되었다. 이것은 사실상 **생산 과정**이 더 이상 제조 설비의 고정된 공간으로 구획되거나 엄밀히 그 내부에 자리하지 않음을 의미했다. 이러한 공장의 "펼치기"는 포착하기는 어렵지만 강력한 전환을 촉발했다. 그것은 지경학적인 계산적 상상계의 성장에 의존하면서 그 성장을 보강했다. 실제로 이 개념적 변화는 그것이 비용과 가치의 측정을 개조하는 방식에 실천적인 영향을 끼쳤다.

토마스 라이퍼Thomas Reifer(2011, 7)는 "맑스가 오늘날 글을 쓴다면", 자본에 대한 연구 전체를 상이한 출발점에서 착수했을지도 모른다고 대담하게 말한다. 라이퍼에게 로지스틱스 혁명을 통한 전지구적 정치경제 조직화의 전환은 컨테이너가 어떻게 상품을 대체할 것인지 숙고할 만큼 아주 광범위하고 심대한 것이었다. 그는 [이렇게] 말한다. 오늘날의 맑스는 "21세기에 국가의 부는 점점 거대한 컨테이너의 집적으로 나타난다고 말하면서 『자본론』을 시작했을지도 모른다. 이와 같이 맑스는 자본에 대한 분석을, 컨테이너와 그 내용물 그리고 컨테이너가 구성 요소로 있는 전지구적인 사회적 관계의 네트워크에 대한 분석으로 시작했을지도 모른다."[11] 이러한 생각은 흥미롭다. [실제로] 정치경제에서 그리고 정체경제를 넘어서 컨테이너 연구에서 얻을 수 있는 것은 많다. 그럼에도 로지스틱스 혁명은 자본과 가치 분석의 상이한 재규모화를 예고한다. 그것은 공급 사슬―기업 경쟁을 위한 기초로서 분해되고, 분산된, 부분적으로는 가공의 로지스틱스 네트워크―의 탄생을 나타낸다. 공급 사슬은 그것에 부여된 홈 없음seamlessness이나 통일성을 지니고 있지 않지만 그럼에도 그것은 매우 실재적이다.

로지스틱스 혁명의 중대한 핵심은 사실 맑스가 150년 전에 명료하게 밝혔던 통찰을 되풀이한 것이라고 말할 수 있다. [그 통찰이란] 운송이 가치를, "유용한 효과"의 가치를 창출한다는 것이다(Marx 〔1887〕 1993, 226).[12] 이것은 운송을 후속 활동이 아니라 하나의 생산 형태로 만든다. 어떤 의미

---

11. [옮긴이] 맑스의 『자본론』은 이렇게 시작한다. "자본주의적 생산양식이 지배하는 사회에서 부는 하나의 '거대한 상품 집적'으로 나타나고, 하나하나의 상품은 이러한 부의 기본형태로 나타난다. 그래서 우리의 연구는 상품의 분석부터 시작한다."(『자본 I-1』, 87쪽.)
12. [한국어판] 카를 마르크스, 『자본 II』, 강신준 옮김, 길, 2010, 185쪽.

에서 로지스틱스 혁명이 시작된 1960년대에 경영 관리는 맑스의 『자본론』이 주는 가르침을 학습했다. 20세기 중반의 미국 군사술과 경영학이라는 특정한 계보에서 출현한, 역사적으로 그리고 지리적으로 매우 특유한 상태의 방식이긴 하지만 말이다. 경영 관리라는 응용 분야 외부의 로지스틱스 혁명을 검토하는 극소수의 학술 논문들 중 하나에서 W. 브루스 알렌 W. Bruce Allen(1997, 110)은 "재고로 있는 완성품이나 원자재는……바로 창고에 변장한 채 있는 달러 지폐다"라고 쓰면서, 자본 순환의 기본 원리를 다시 진술한다. 매우 결정적이면서도 잘 연구되지 않은 전지구적 자본주의의 전환을 기록하는 알렌의 논문이, 이 책이 쓰인 시기에 겨우 열두 번(그중에서 두 번은 이 저자가 [자신의] 초기 연구에서 인용한 것이다) 인용되었다는 것은 주목할 만하다. 이것은 생산과 유통의 분리가 어떻게 처음 일어났는지, 즉 자재 관리(생산 과정 내에서 사물을 운반하는 노동)가 어떻게 물적 유통(생산에서 소비까지 사물을 운반하는 노동. 1장을 보라)과 구별되는 분야가 되었는지 질문하게 만든다. 신고전주의 경제학자들의 작업에서 또는 초창기 경영 분야에서 나타나는 이 분리의 계보는 이 장의 범위를 넘어선다. (공장에 대한) 내·외부 운동의 구별뿐 아니라 거리와 운동의 규모에 대한 문제가 분명히 여기서 작동한다. 그것은 또한 로지스틱스 부문의 체현된 노동이 어떻게 펼쳐진, 네트워크된 전지구적 공장에 맞춰 재교정되고 있는지에 대한 검토를 요한다(Bonacich 2005; Bonacich and Wilson 2008; Reifer 2004).

관리를 위한 지도화

공장 자체가 연속 생산과 경영 시스템 그리고 공급 사슬의 네트워크로 재규모화됨에 따라, 그 시스템을 가로지르며 물질[자재]을 이동시키는 노동 또한 다시 유심히 검토된다. 부두에서 빈번하게 일어나는 신체 상해가 더 높은 공급 사슬 생산성에 대한 요구의 특징이라면, 자동화의 기술과 관리 기법이라는 커져 가는 병기창 역시 그렇다. 이것은 노동자의 신체를 표적으로 삼는다. 실제로 우리는 노동자 움직임의 세부 사항에 대한 새로운 관심과 그 움직임을 전지구적 로지스틱스 시스템에 맞춰 교정하려는 시도들을 목격하고 있다. 닐슨^{Neilson}과 로시터^{Rossiter}(2010, 4)는 최근에 쓴 글에서 "노동 관리의 수준에서 로지스틱스는 직무의 수행과 사물의 운동에 대한 시간을 계산하여 기록한다"고 주장한다. 노동자의 신체가 크게 주목받는 것은 놀라운 일이 아니다. 과학적 관리에 대해 말하는 초기의 표현들에서 신체는 중요한 관심사였다. 경영계의 권위자 피터 드러커(1973, 181)[13]에 따르면 "역사상 최초로 노동을 체계적으로 연구하고 관찰해야 할 대상으로 바라본 인물"은 바로 노동자 신체의 움직임의 효율성에 관심이 있었다. 테일러의 1911년 작 『과학적 관리의 원리』[이하 『원리』]는 노동자 신체의 움직임과 사물의 움직임 사이의 관계에 주목한다. 실제로 테일러는 후자가 널리 주목받던 시대에 전자의 효율성에 대한 관심을 명확히 표현함으로써 개입한다. 그는 『원리』의 첫머리에서 이러한 관심에 대해 말한다. "우리는 물질적인 사물의 낭비를 볼 수 있고 느낄 수 있다. 하지만 그 이면에 있는 미숙하거나 비효율적인 또는 방향이 그릇된 인간의 움직임들은 볼 수 없고 만질 수 없다. 인간의 움직임을 인식하기 위해서는 기억하는 행위, 상상하는 노력이 필요하다. 이러한 이유로 비록 이 원천[인간의 움직임]에서 비롯되는 일상적 손실이 물질적 사물의 낭비에서 비롯되는 손실보다 훨씬 많음에도 불구하고 하나는 우리를 깊이 각성시켰지만, 다른 하나는 우리를 거

---

13. [한국어판] 피터 드러커, 『피터 드러커의 매니지먼트(상)』, 조성숙·이건·박선영 옮김, 21세기북스, 2009, 364쪽.

의 바꾸지 못했다"(6). 마누엘 데 란다(2005, 120)는 노동자의 신체에 대한 관리가 테일러와 더불어 출현한 것으로 추정하는 이 일반적인 경향이 그것의 골치 아픈 민간화를 저버린다고 말한다. 대신 그는 네덜란드의 지휘관 마우리츠Maurice of Nassau가 "이미 이 방법을 1560년대부터 병사들의 훈련에 적용했다"는 것에 주목한다. "마우리츠는 무기를 장전하고 조준하며 발사하는 데 필요한 동작을 미세한 움직임들로 분해하여, 효율을 극대화하기 위해 그 움직임들을 재설계한 다음, 그것을 반복되는 훈련을 통해 병사들에게 부과했다." 어쩌면 놀랄 것도 없이, 데 란다는 군사 로지스틱스 및 조달 분야를 통해 전장의 훈육에서 공장의 훈육까지 연결되는 고리를 추적한다. 그는 군 장비를 위한 표준화된 부품에 대한 요구가 이 전문화된 생산 무대에서 생산의 표준화를 촉진했고, 이것은 수공업 노동자의 노동 과정 통제를 약화시키는 이점 또한 있었다고 말한다. 실제로 데 란다는 "미국 제조업 시스템"의 "실제 역사"는 그것을 에워싸고 있는 신화와는 다르며, "그 행위자는 개별적으로 일하는 민간인들이 아니라 군수부Ordnance Department와 스프링필드 병기창 그리고 하퍼스 페리 병기창 같은 제도 기관을 배경으로 일하는 군 장교들과 무기 공장 관리자들의 네트워크"라고 주장한다(122).

하지만 민간 영역 바깥에 테일러의 중대한 선구자가 있었고 테일러의 혁신으로 이어지는 ─ 군대와 시장의 관계를 더욱 광범위하게 재고할 수 있도록 뒷받침하는 ─ 몇몇 중요한 군사적 계보들이 존재했음에도 불구하고, 과학적 관리는 관리의 성장을 이해하는 데 있어 결정적인 것으로 남아 있다. 테일러의 과학적 관리에 대한 관심은 널리 퍼졌고 이것은 표준화된 조립라인 노동의 시대의 개시에 기여했다. 테일러주의는 알려진 바대로 생산에서 노동의 효율성에 관심이 있었고 일단의 특정한 원리들을 촉발했다(Braverman 1974, 112). 테일러는 통제가 관리의 중심이 되도록 "노동의 구상과 실행을 분리"하고자 했다(Bahnisch 2000, 54). 테일러(1985, 158)는 "과거에는 노동자들의 두뇌에 그리고 노동자들의 육체적인 숙련과 솜씨에 있었던 엄청난 양의 전통적인 지식 전체"를 관리가 전유해야 한다고 주장했다. 테일러([1907] 1995, 10)는 "훈육되지 않은 노동하는 신체에 대한 극심한 두려움"(Bahnisch 2000, 62)을 드러내면서 [이렇게] 주장했다. "관리는 우리의 장소에 있는 모든 노동자보다 더 잘 알아야만 한다." 그의 방법은 노동자들의 사적인 행동으로 통제를 확장함으로써, 따라서 "노동을, 훈육되고 대상화된 신체의 몸짓과 움직임으로 격하"(Bahnisch 2000, 54)함으로써 관리의 권위를 확대하는 데 그치지 않았다. 테일러는 또한 노동을 해부하여, 직무를 움직임 성분들로 분할하고, 몸짓을 간소화하기 위해 그 움직임들을 재배열하고 규칙으로 정립하여 급격한 속도pace 증가를 겪도록 만들었다. 이러한 방식으로 노동자들의 행동은 자신의 의도 및 통제와 무관해졌고 대신 "조립라인, 스톱워치와 시계 그리고 관리의 식민 주체성에 의해 연출되었다"(같은 책).

이러한 방식으로 과학적 관리는 훈육된 그리고 대상화된 신체를 기반으로 하는 노동의 정치를 확립한다. 하지만 마크 바니쉬Mark Bahnisch(2000, 63)가 주장했듯이, 테일러주의는 또한 "계급 및 성적sexed 주체성에 작용한다." 가치화된 남성성에 대한 약속은 테일러의 거래의 중심축이었다. 노동자는 고된 육체노동을 통해 얻은 그의 남성성이 가치가 매겨진 뒤 성과급으로 보상받는 것이 보장되었다. 심지어 자신의 노동에 대해 생각할 수 있는 아무런 능력도 없는 "순수한 신체"로 구성되었을 때조차도 말이다. 선철노동에 대한 유명한 논의에서 육체노동자에 대한 이 온정주의paternalism는 명백하게 드러난다. 테일러(1911, 59)는 이 직업에 적합한 사람은 "정신적 기질이 바로 황소를 닮을 만큼 우둔하고 무감각해야" 한다고 설명한다.

과학적 관리를 통한 노동자 훈육은 특정한 공간성에 의지했다. 이것은 이미 노동자의 신체와 움직임에 주목하는 것을 통해 드러나지만 좀 더 주의 깊게 고찰할 가치가 있다. 테일러에게 가장 즉각적인 공간적 문제는 그가 완전히 재배치했던 공장이라는 공간이었다. 구상 노동을 육체적 실행과 분리하기 위해서 그리고 작업을 구성적·반복적 직무로 분할하기 위해서, 작업 공간은 철저히 검토되었고 새롭게 정돈되었다. 테일러가 "이 무질서한 신체들을 억제하려고" 했다면, 그는 "가장 단순한 노동 형태에서 가장 복잡한 형태까지, 모든 직무와 움직임을 분할하여 작업 시간에 이루어지는 무려 6백 개의 신체 움직임들을 명시하면서 …… 물리적 공장의 조직화를 통해 그 신체들을 가두는 공간을" 건설해야 했을 것이다(Bahnisch 2000, 62). 그러나 테일러의 과학적 관리에는 은연중에 작동하는 다른 공간성도 존재한다. 테일러가 아주 의도적으로 과학적 관리의 문제를 국가적 효율성의 문제로 만든다는 사실은 별로 주목받지 못한다. "우리는 우리의 숲이 사라지는 것을, 우리의 수력水力이 낭비되는 것을, 우리의 토양이 홍수로 인해 바다로 쓸려 가는 것을, 그리고 우리의 석탄과 철의 고갈이 임박했음을 볼 수 있다"고 테일러(1911, 2~3)는 말한다. "그러나 실수나 방향이 잘못된 또는 비효율적인 우리의 행동을 통해 매일 일어나는, 그리고 루스벨트가 '국가적 효율성'의 결여라고 말한 인간 노력의 더 많은 낭비는 보기 어렵고, 만지기 어려우며 모호하게 인식될 뿐이다"라고 이어서 말한다. 그는 나아가서 『원리』는 "무엇보다 일련의 단순한 예증을 통해 나라 전체가 거의 모든 일상의 행동에서 비효율성으로 피해를 입고 있는 거대한 손실을 지적하기 위해 썼다"고 설명한다.

과학적 관리의 국가주의는 단순히 말의 문제가 아니라 테일러의 기본 논리에까지 스며 있다. 국가 경제 ─ 그가 [책을] 쓰고 있었던 시기에 만들어지고 있던 프로젝트(Mitchell 2005) ─ 라는 가정은 효율성의 문제에 대한 가정에 영향을 미친다. 이것은 과학적 관리의 가장 기본적인 약속, 즉 효율성의 개선이 고용주와 고용인에게 이득을 준다는 약속에서 나타난다. 실제로 테일러의 핵심적인 약속은 "증대된 생산성에 기반하는 자본과 노동 간의 본질적인 '이해관계의 조화'"의 가능성이었다(Noble 1977, 271). 테일러는 "태업" – 해고를 피하기 위해서 노동자들이 의도적으로 노력을 낭비하면서 생산을 지연시키는 것 – 이 생산성의 선순환에 의해 약화될 것이라고 주장했다.[14] 여기서 작동하는 경쟁 논리는 언급되지는 않지만 그럼에도 불구하고 매우 지리적이다. "예를 들어보자. 만일 당신[고용주]과 당신의 노동자가 매우 능숙하게 되어 함께 하루에 두 켤레의 신발을 만들 수 있는데 반해 당신의 경쟁자와 그의 노동자가 한 켤레 밖에 만들지 못한다면, 당신은 두 켤레의 신발을 판매한 뒤에, 한 켤레 밖에 생산하지 못하는 경쟁자가 그의 노동자에게 지불할 수 있는 것보다 훨씬 높은 임금을 당신의 노동자에게 지불할 수 있고, 당신이 경쟁자보다 더 많은 이윤을 확보할 수 있을 만큼 돈이 충분히 남아 있을 것이라는 점은 분명하다"(Taylor 1911, 6). 이 단순한 논리는 많은 것을 가정한다 – 여기서 핵심은 상이한 작업장에서 노동 조건이 대략 균등하게 유지된다는 것이다. 그렇게 말하지 않아도 테일러의 주장은 공동 노동 시장을, 따라서 어떤 공동 통치 형태를 필요로 한다. 국가 경제의 성장과 더불어 국경은 노동 체제에서 흔한 근본적인 불균등을 표시하게 되었다. 국민국가들을 가로지르는 – 그리고 국민국가들에 의해 구성되는 – 이 불균등 발달은 바로, 기업이 최근 들어 생산을 국제적으로 아웃소싱하면서 활용했던 격차의 원천이다. 기업으로 하여금 공동의 노동 기준과 규제로부터 벗어날 수 있게 하는 것은 바로, 생산을 한 국가 공간의 외부로 그리

---

14. [옮긴이] 테일러는 노동자들이 태업을 하는 이유를 다음과 같이 설명한다. 노동자들이 태업을 하는 데는 "노동자들이 오랫동안 보편적으로 믿어 온 그릇된 신념이 원인으로 작용한다. 이 신념이란 산업현장에서 개별 노동자나 개별 기계의 실질적인 생산량이 늘어나게 되면 결국에 노동자들의 대량실직이 일어나리라는 것이다"(프레드릭 테일러, 『과학적 관리법』, 방영호 옮김, 21세기북스, 2010, 27쪽).

고 다른 국가 공간 속으로 이전하는 행동이다. 아웃소싱은 자본가가 노동자 생산성을 극적으로 **향상시킬** 수 있도록 함과 동시에 이윤의 노동자 몫을 급격하게 **줄일** 수 있게 해 준다. 이것은 미국의 남쪽 국경 너머 인근에 마킬라도라가 형성된 이유를 말해 준다. 틀림없이 노동 시장은 국민국가 내에서 지역에 따라 매우 불균등하며 자본가는 대개 동일한 지역 내에서도 여성화된 그리고 인종화된 노동자들을 훨씬 더 높은 비율로 착취할 수 있다. 그러나 노동 조건의 가장 극적인 격차는 지정학적 시대에 국제적으로 조직되었다.

포착하기 어려운 공간성 외에도 이 구절은 또한 새롭게 발견된 생산성의 증대된 이윤을 노동자들과 공유하는 자본가의 선의를 가정한다. 말할 나위도 없이 이것은 — 말뿐 아니라 실천에서도 — 뜨거운 논쟁을 낳은 과학적 관리의 가정이었다. 바니쉬(2000, 64)는 노동과 노동자에 대한 새로운 방식의 통치라는 관점에서 테일러의 과학적 관리가 지닌 효과를 강조한다. 그는 "테일러주의의 성취는 노동하는 주체를 억누르고 훈육하는 것이었다. 이것은 노동 과정에 대한 의식과 그 의식의 노동에서의 육화를 분할한다"고 주장한다. 그러나 노동자들이 자신의 노동과 신체를 재교정하도록 강제하는 이 기법과 기술은 그 성공에도 불구하고 저항에도 부딪혔다. 데이비드 노블David Noble(1977, 272~73)이 설명하듯이, 노동자들은 테일러의 과학적 관리에 다양한 방식으로 대응했다. "조직되지 않은 노동자들은 불복종과 사보타주에 의지했고 조직된 노동자들은 파업을 사용했다." 노블은 나아가 베들레헴 철강 회사Bethlehem Steel — 테일러가 첫 걸음을 내디뎠던 기업 — 를 비롯하여 미국 전역의 공장에서 과학적 관리의 시행에 대응했던 많은 노동 행동을 기록한다.

20세기 초 과학적 관리의 테일러주의적 동작 연구처럼, 오늘날의 "프로세스 매핑[과정 지도화]"[15]은 관리상 검토를 위해 생산 과정을 개방한다

(Graham 2008). 프로세스 매핑[과정 지도화]은 **관국가적 효율성**을 위해 재 **규모화된 동작 연구**로 이해될 수 있을 것이다. 그것은 노동자 신체의 규모 에서 운송수단 연계 시스템까지 다양한 규모로 작동한다. 전자를 후자에 맞추어 교정하려 하면서 말이다. P&O 네들로이드 로지스틱스[16](2004, 3) 의 보고서는 [이렇게] 주장한다. "지구화와 함께", "오늘날의 공급 사슬은 자 신의 범위를 전통적인 지리적 영역 너머로 빠르게 확장했다." 이러한 맥락 에서 그들은 프로세스 맵[과정 지도], 즉 "공급 사슬 내에서 시간이 소요되 는 곳을 가시적으로 보여 줄 필요에 따라 개발된……본질적으로 작업 프 로세스[과정]의 도식화를 위한 시각 교재"의 이점을 찬양한다. "그러면 시 간 압축, 즉 사업 프로세스[과정]에서 낭비되는 시간의 소거를 적용할 수 있 다"(2). 그 보고서는 관리에서 프로세스 맵[과정 지도]이 지닌 이점을 계속해 서 극찬한다. "매핑[지도화]은 관리자들이 전체 그림을 볼 수 있게 해 준다." "전체 그림"의 매핑[지도화]은 공급 사슬 수행의 측정에서 결정적이다. 시각 적 재현은 통제를 향한 수단이며, 이것은 "수행의 복잡한 실재를 일련의 제 한된 상징들로 변형"함으로써 성취된다(Lebas 1995, Chan 2003, 180에서 재인용). 다시 말해서 프로세스 매핑[과정 지도화]은 시스템을 가시적으로 만드는 것을 목표로 삼는다. 그러면 시스템의 구성 요소들은 측정될 수 있 고 관리될 수 있다. 실제로 필릭스 찬Felix Chan(2003)은 공급 사슬 프로세 스[과정]의 매핑[지도화]은 그 프로세스[과정]의 관리에 내재하는 것이라고 말하면서 그에 따라 프로세스 매핑[과정 지도화]을 1990년대 이후 (전지구 적인) 공급 사슬 관리의 성장에 필수적인 요소로 놓는다.

---

15. [옮긴이] 프로세스 매핑(process mapping)은 어떤 과제를 진행하면서 전체 프로세스를 이 해하거나 효율성을 개선하기 위해 도식적으로 검증하는 방법이다.

16. [옮긴이] P&O 네들로이드 로지스틱스(P&O Nedlloyd Logistics)는 영국 P&O와 네덜란드 네들로이드의 합병으로 탄생한 세계적인 컨테이너 해운업체였으며, 2005년 머스크사에 합 병되었다.

프로세스 매핑[과정 지도화]은 로지스틱스 시스템의 운송수단 연계 자동화에 기대고 있으며 또한 그 사회기술적 시스템들을 더욱 통합하는 데 기여한다. 프로세스 매핑[과정 지도화]은 또한 이전에는 구별되던 과정들을 통합함으로써, 따라서 "낭비되는" 시간과 자원을 관리함으로써 로지스틱스 시스템의 구축을 돕는다. 한 세기 전 테일러의 과학적 관리와는 달리, 노동자들의 신체 움직임은 명백한 관심의 초점은 아니다. 프로세스 매핑[과정 지도화]은 효율성을 추구함에 있어 몸통의 움직임이나 팔 동작의 세부 사항에 머무르지 않는다. 그럼에도 신체는 ─ 비용을 나타내는 숫자로 전환되었음에도 ─ 프로세스 맵[과정 지도]과 중요하게 얽혀 있다. 공급 사슬 수행의 관리는 "행동의 효과성과 효율성에 대한 양화量化"를 수반한다(Neely et al. 1995, Chan 2003, 180에서 재인용). 노동자 신체의 움직임과 노동은 종합되고 양화되며, 이런 방식으로 관리 작업의 중심을 차지한다.

프로세스 맵[과정 지도]이 "전체 시스템"의 시각적 재현을 통해 공급 사슬에 대한 관리상 검토를 가능하게 한다면(Miller Davis 1974), 다양한 컴퓨터 시스템들이 이제 그 시스템을 구성하는 막대한 데이터 흐름을 관리하기 위해 사용된다. 기업자원계획ERP 시스템은 기업의 모든 부서와 기능을 단일한 컴퓨터 시스템으로 통합하는 것을 목표로 한다. 이것은 수행의 종추적tracking and tracing뿐 아니라 (회계, 금융, 영업, 유통 등) 기업을 가로지르는 실시간 의사소통을 가능하게 한다(Bradford and Florin 2003; Grabski and Leech 2007; IGI 2010; Wang et al. 2007). 신세대 기업자원계획 시스템도 기업이 다른 기업들과 소통하고 통합할 수 있도록 하는 데 맞춰져 있다. 기업자원계획 시스템은 "조직을 가로지르며 과정들을 연결하고 기업의 한 부문에서 일어나는 사건의 영향을 나머지 부문에 정확하게 전하는 디지털 신경 시스템"으로 묘사되어 왔다(Mabert, Soni, and Venkataramanan 2001, 76). 그것은 감소된 주기 시간cycle time, 더 빠른 정보 처리, 그리고 제조·창고 업무·노동 관리의 표준화 같은 이점을 기업에게 가져다준다고 한다. 한편 그것은 전자 상거래를 지원하기도 한다. 기업자원계획 시스템은 기업이 작동하는 방식을 바꾼다. 단순한 의미에서의 기술 변화를 통해서라기보다, 놀랄 만큼 복잡한 공급 사슬 조직화의 시대에 이 기능들의 자동화를 통해서 말이다. 물리적 형태라기보다 가상적 형태임에도 불구하고 기업자원계획 시스템은 중대한 투자 대상이다. 1990년대 말 얼라이드 웨이스트[17]는 기업자원계획 시스템에 1억 3천만 달러를 투자했고, 2001년 나이키는 4억 달러를 지출했다. 기업자원계획 시스템은 산업의 모범 사례를 곧장 그 소프트웨어 — 이 기술의 심대한 신자유주의적 본성을 나타내는 표식(Higgins and Larner 2010; Larner and Craig 2005; Rose 1996) — 에 심는다(Brown and Vessey 2003). 이 시스템이 노동에 미치는 영향을 숙고하면서 브렛 닐슨과 네드 로시터(2010, 5)는 [이렇게] 언급한다. "도구성의 폭력, 즉 계산을 통해…… 삶과 노동의 비물질성은 양적 매개변수로 코드화된다. 노동자가 어떻게 느끼든, 할당량은 충족되어야 하고 전지구적 공급 사슬은 절대 악영향을 받아선 안 되는 것이다. 느낌은 척도를 초과함과 동시에 끊임없이 척도의 범위 속으로 물러선다. 이것은 또다시 산 노동과 추상 노동의 긴장이다." 모든 규모의 모든 공급 사슬 현장에서 작업을 자동화함과 동시에 상이한 노동 형태들을 사슬에 통합하는 새로운 기술들이 시행되었다. 창고는 적당한 사례다. 창고는 이제 일반적으로 "유통 센터"로 불린다. 이는 적시 생산의 맥락에서 창고의 목적이 재고의 저장에서 상품의 분류 및 재유통으로 변화한 데 따른 것이다. 유통 센터는 완전히 문자 그대로 사물을 계속해서 이동하게 한다. 유통 센터는 모든 커뮤니케이션 기술에 의지하여 재고와 그 순환을 관리한다. 미국의 군사 연구소가 방위 목적으

---

17. [옮긴이] Allied Waste. 미국의 폐기물 수거 및 재활용 업체. 2008년 리퍼블릭 서비스(Republic Services, Inc)에 매각되었다.

로 개발한 모바일 로보틱스Mobile robotics 시스템은 이제 자동화된 기업 설비로 선적물을 모아서 정리한다(Everett and Gage 1999). 인간 노동과 인간 신체는 자동화된다. [물건의] 인출과 포장 같은 노동 집약적인 작업은 이제 컴퓨터 관리 음성 소프트웨어가 지도한다. 이것은 작은 휴대용 컴퓨터에 연결된 헤드셋을 통해 창고 노동자들의 미세한 움직임을 지시한다. "음성 인출"을 최근 도입했던 대형 식품점 체인의 한 관리자가 설명하듯이, 그 기술은 "정확도를 향상시켰을" 뿐 아니라, "생산성도 향상시켰다. 인출하는 사람은 실제로 다른 누구와도 대화를 하거나 소통할 시간이 없기 때문이다"(Trebilcock 2012). 그 기술이 이 관리자에게 주는 이점은 바로 노동자가 "시스템 자체와" 소통하는 것, "그래서 그 시스템은 노동자가 당면한 자신의 일에 좀 더 집중하도록 유지한다"는 것이었다.

훈육과 정확도의 추구 외에도 공급 사슬 관리자들이 자동화에 관심을 갖는 이유는 많다. 노동 공급은 결정적이다. 관리의 최우선 순위는 "인간 자원"이지만, 인간은 신뢰할 수 없는 자원이다. 관리자는 자동화를 통해 "노동력을 안정시킬" 수 있다. 이것은 고용 경쟁이 벌어지는 지역에서 특히 중요하다(McCune, Beatty, and Montagno 2006; U.S. Congress 1957; USOPM 2009). 지리는 또 다른 점에서 결정적이다. 한 관리자가 설명하듯이, "그것은 공간에 관한 것이다"(Trebilcock 2012). 급속한 지구적 도시화로 인해, "만일 1백만 평방피트의 창고가 필요하다 해도 요즘은 주요 도심지와 가까운 곳에서는 공간을 발견하는 것조차 매우 어렵다"고 그는 말한다. "압축된 부지는 더 친환경적인 설비다." 최종적으로 기술은 가격이 저렴해질수록 더 널리 이용할 수 있게 되었다. 얼마 전까지 공급 사슬 자동화는 가장 큰 사업체들로 한정되어 있었지만, 보다 소규모 기업들도 더 이용가능한 수준이 되고 있으며, 또한 그것은 산업 표준으로 시행되고 있다(Duclos, Vokurka, and Lummus 2003; Viswanadham 2002). 해항과 내륙

항 모두 자동화된 컨테이너 수송 시스템에 더욱 더 의지하고 있다(Hino et al. 2009; Zhang, Ioannou, and Chassiakos 2006). 월마트처럼 해당 분야의 선두 주자들은 재고 수준이 설정된 수준 아래로 떨어지면 자동으로 생산자에게 주문하는 전자 자료 교환을 도입했다. 이것은 생산 및 유통의 풀 시스템 성장에 결정적이다(Amin 1994; Aoyama and Ratick 2007). 컨테이너 내용물에 대한 정보가 담긴 저범위 무선 주파수를 송출하는 전파식별 RFID 태그는 얼마 전부터 사용되고 있다.

효율성과 생산성의 추구는 새로운 관리 기법의 도입을 통해 로지스틱스 노동에 영향을 미친다. 그러나 앞의 논의에서처럼, 노동 또한 새로운 기술— 새로운 기계 —의 도입으로 변형된다. 이 중 다수가 지난 10년 사이에 일어났다. 노동을 개조하는 기술의 출현이 그리 새로운 일은 아니지만 말이다(Castells and Hall 1994; Downey 2002). 1장에서 간략하게 살펴본 것처럼 반세기 전에 도입된 표준 수송 컨테이너는 관국가적 무역 시스템도 구축했기 때문에 로지스틱스 노동 자동화에 기여했던 기술로 그보다 더 좋은 사례는 없다. 컨테이너, 즉 미국의 군사적 혁신은 무역의 지구화를 뒷받침하는 가장 중요한 기술적 혁신으로 거듭 불려 왔다(Levinson 2006; "Moving Story" 2002; Rodrigue and Notteboom 2008). 수송 컨테이너는 오랜 실험의 역사를 가지고 있지만, 상이한 운송 수단을 가로지르며 옮길 수 있는 운송수단 연계 컨테이너의 표준화는 군수품을 전선으로 보내는 데 소요되는 시간과 노동을 줄이는 수단으로 2차 세계대전 중에 처음 실험되었다. 수송 컨테이너의 군사적 이용이 표준화된 지구적 형태를 확립한 것은 베트남전이 되고 나서였다(Levinson 2006, 8, 178). 컨테이너화는 로지스틱스 분야를 가로지르며 작업을 극적으로 바꿔 놓았다. 산적화물[18]

---

18. [옮긴이] 곡물, 광석 등과 같이 포장하지 않고 그대로 적재하고 운송하는 화물.

을 옮기는, 느리고 지저분하며 육체 집약적인 노동은 금속 및 기계와 함께하는 빠르고 위험한 작업으로 빠르게 전환되었다. 컨테이너가 재화 순환의 속도에 끼친 영향은 놀라운 것이었다. 재화를 한 운송 수단에서 다른 운송 수단으로 옮기는 데 걸리는 시간과 노동이 예전보다 몇 분의 일로 줄었다. 오늘날 항구 도시들을 장식하는, 눈에 띄는 대형 크레인 꼭대기에 앉아 있는 갠트리 크레인 운전수는 손으로 조작해서 컨테이너를 1, 2분에 하나의 속도로 배에서 트럭이나 열차로 옮길 수 있다. 로지스틱스를 일련의 분리된 운동들이 아니라 하나의 시스템으로 생각하고 운영할 수 있게 만든 것은 바로 컨테이너의 운송수단 연계 기능이다. 사실 운송수단 연계화도 운수 분야의 탈규제와 재규제에 의존했지만, 이 네트워크된 인프라의 물리적 능력은 전적으로 컨테이너에 의지했다.

　맑스가 오래전에 주장했듯이, 기술은 산 노동의 직접적인 대체를 통해서 또한 자동화의 위협이 노동자에게 야기하는 훈육을 통해서 생산 노동의 관리와 불가분한 관계를 맺는다. 그렇지만 기술은 분명히 그 어느 때보다 더욱 중요한 것이 되었다. 생산 속도를 높이고 로지스틱스 노동의 분성을 재조직하며 작업 조건을 악화시키는 것에 그치지 않는다. 로지스틱스 혁명 동안 일련의 새로운 기술들은 다양한 형태의 노동과 인프라로 이루어진 관국가적 운송수단 연계 통합의 가능성을 구성하는 데 있어 결정적이었다. 다시 말해서 이 분야의 자동화는 운송수단 연계 인프라를 통한 관국가적인 사회기술적 시스템의 건설이란 측면에서 어떤 특별한 지리적 함의를 갖고 있다. 이 기술들은 더 나아가 노동자의 신체를 살아 움직이는 시스템의 "신체"에 맞추어 교정한다. 전지구적 로지스틱스는 관국가적인 사회기술적 시스템의 탈국가적postnational 생명정치에 기대고 있다.

빠른 흐름과의 경합

이전 시기에서와 마찬가지로 새로운 기술과 관리 기법 들은 오늘날 노동과 노동자를 새롭게 생산하면서 노동자의 주체성을 "식민화한다." 하지만 공급 사슬의 속도 향상과 그것이 작업 본성에 끼친 효과는 로지스틱스 노동의 강력한 도전을 받는다. 세계 전역에서 일어나고 있는 로지스틱스 노동 행동의 숫자 자체가 공급 사슬 관리의 극심한 경합적 본성에 대한 증거다. 〈그림 24〉는 2007년 이후 로지스틱스 분야에서 일어난 중요한 노동 행동들에 대한 비공식적인 조사를 보여 준다. 포괄적인 목록을 시도하지 않음에도 여기서 주목할 만한 것은 사건의 숫자 자체와 그것의 전지구적 분포다. 이 투쟁들이 본성상 집중될 뿐 아니라 그 근거를 이루는 공통의 도발 요인이 있다는 것 그리고 가혹한 국가의 대응이 있다는 것 또한 중요하다. 공통의 도발 요인에는 로지스틱스 분야의 작업 조건에 대한 기업의 공격이나 고용과 인프라의 민영화가 포함된다. 그리스 피레우스 항의 사례가 보여 준 것처럼 후자는 전자의 거의 불가피한 일례다(Faiola 2010; Morris 2011). 그 사례에서 노동자들이 크게 반발했음에도, 중국원양운수공사는 예전의 공적인 컨테이너 운영에 대한 통제권을 확보했다. 중국원양운수공사의 인수는 노조 불인정 그리고 임금에서 교육과 노동 시간에 이르는 모든 것의 산업 기준 축소를 포함하는 새로운 노동 관행과 관리의 확장을 의미했다(Morris 2011).

생산성 증대에 대한 요구가 노동자의 신체를 표적으로 삼는다면, 이 관리 전략과 전술에 대한 저항이 로지스틱스 노동과 자본의 갈등이 지닌 피할 수 없는 물리성[육체성]physicality을 드러낸다는 점 또한 주목할 만하다. 때때로 아슬아슬한 방식으로 항만 노동자의 신체는 노동 행동을 통해 로지스틱스 시스템의 작동을 문자 그대로 물리적[육체적]으로 교란한다.

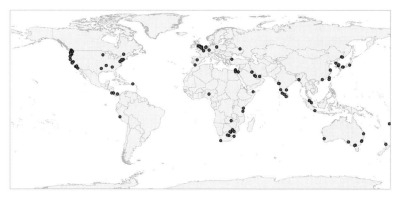

〈그림 24〉 2007년 이후 로지스틱스 산업에서 일어난 노동 행동 조사

2011년 항만 용접공이자 활동가인 김진숙은 한국 부산항의 갠트리 크레인을 점거했다(Su Seol 2011a). 노동자를 해고하고 임금을 삭감하려는 한진의 계획에 맞선 그녀의 점거는 땅에서 벌어지는 노동자들의 살쾡이 파업과 연계하여 2011년 1월 6일에 시작했다. 파업 중인 노동자들이 결국 그들의 계약에 대한 양보안을 받아들였지만, 김진숙은 자리를 지켰다. 수천 명의 움직임이 땅 위에서 그녀를 중심으로 대열을 만들었다. "희망 버스"라고 불린 이것은 그녀에게 로지스틱스적·정치적 지지를 보내는 것이었다. 309일이 지난 뒤, [김]진숙의 점거는 성과를 거두었다. 노동자들은 재고용되었고 체불 임금을 받았다. 이것은 한국에서 15년 만에 처음 있는 노동의 승리였다(Su Seol 2011b).

아이러니하게도 운수 노동자들은 자신의 일이 지닌 물리성[육체성]을 뒤집어, 노동 행동에서 자신의 신체를 사용하여 관리에 투쟁하고 순환을 어렵게, 심지어는 불가능하게 만든다. 피켓 라인은 종종 점거의 경향을 띤다. 운수 노조 복장을 오랫동안 장식했던 도상圖像처럼, 노동 행동은 대개 덩치 큰 근육질 신체를 통해 수행되는, 철저히 남성성으로 분류되는 특징을 갖는다. (공급 사슬에 대한 다른 많은 교란들에게 그랬듯이 — 4장과 5

장을 보라) 국가는 대규모의 물리적 힘으로 로지스틱스 노동 행동에 공격적으로 대응하고 있으며, 전개된 그 힘은 대개 노골적으로 군사화되어 있다. 방글라데시에서 1천5백 명의 부두 노동자들이 2010년 10월, 치타공항만국의 컨테이너와 화물 운영 민영화에 저항하기 위해 파업에 들어갔을 때, 정부는 파업을 억누르고 업무 재개를 강제하려고 군대를 동원했다("Bangladesh Port" 2010). 정확히 1년 뒤 미군은 워싱턴 주의 노동 분쟁에 개입했다. 관국가적 곡물 기업인 EGT는 [워싱턴 주] 롱뷰 항에 새로운 가공 시설을 만든 뒤에 기본 곡물 협정을 위반하고 〈국제항운노조〉가 아닌 노동자와 불법으로 계약했다. 노조의 관할권에 대한 이 직접적인 공격은 선동적인 피켓, 봉쇄, 경찰과의 직접적인 물리적 대치의 형태를 띤, 〈국제항운노조〉의 강력한 대응을 끌어냈다(Corvin and Harshman 2011; McEllrath 2011; Martin 2011; Rohar 2011b). 그 행동은 결국 인도와 한국처럼 멀리 떨어진 부두 노동자들의 연대 집회뿐 아니라 "점거하라"Occupy 운동으로부터 대규모의 그리고 매우 공적인 지지를 얻었다.[19] EGT의 불법 행동에도 불구하고 피켓 시위자들은 (220명의 체포를 비롯한) 공격적인 치안 행위에 직면했고, 오바마 대통령은 결국 EGT의 배를 경호하기 위한 연안경비대의 동원을 승인했다(Cordon 2012; Heyman 2012). 연안경비대는 군사 기관이다. 그러나 이 조직은 생활용수 또한 보호하는 예외적인 힘으로 오랫동안 기능했기 때문에 〈민병대소집법〉(1878)의 적용을 받지 않는다. 이 법은 국내 [문제]에 군대를 동원하는 것을 금지하고 있다.

이것은 미국이나 다른 곳에서 노동 행동에 대응하기 위해 군대가 전개된 첫 번째 사례가 결코 아니다(Graham 2006; Lutz 2001; Markusen et al. 1991). 하지만 이 사건과 다른 사건은 중대한 무언가를 보여 준다. 로지스틱

---

19. 그 투쟁에 대한 새로운 기록에 대해서는 다음을 보라. "Longshore and Shipping News," http://www.longshoreshippingnews.com/tag/egt-development.

스 노동 행동을 국가 안보[보안]의 문제로 호명하는 일이 점점 보편화[되는 것이다. 불과 몇 년 전 남쪽으로 1천 마일 떨어진 곳에서 또 다른 〈국제항운노조〉 지부가 국가 안보[보안]에 대한 위협으로 간주되었다. 2002년 〈국제항운노조〉는 부두에서 벌어진 전례 없는 숫자의 노동자 사망(6개월 동안 5명)에 항의하기 시작했다. 노조는 어떤 조직된 태업도 거부하였지만 또 한편 [이렇게] 말했다. "〈국제항운노조〉 교섭위원회는 부두에서의 안전safety을 증진하기 위해 조합원들이 한층 더 노력할 것을 요구하는 결의안을 오늘 통과시켰다. 모든 지부에 배포된 그 결의안은 연안 노동자들에게 속도 제한을 비롯한 모든 안전 절차를 따를 것을 요청한다. 즉, 장시간 교대 근무나 점심시간 근무 혹은 충분한 휴식 없는 연속 교대 근무를 자제할 것을 요청한다"(Walker 2002a, 2002b). 〈태평양해운협회〉PMA – 해운 고용주들의 조직 – 는 〈국제항운노조〉가 태업을 교묘하게 조직했다고 주장했고 이에 대응하여 사업장을 폐쇄했다. 딕 체니 부통령은 고용주를 옹호하면서 〈국제항운노조〉의 행동은 국가 안보[보안]에 대한 위협이라고 선언했다. 자신들의 적시 공급 사슬의 결함을 체득했던 델과 포드, 보잉 같은 기업들의 압력에 뒤이어 조지 부시는 〈태프트-하틀리 법〉 – 미국의 악명 높은 "노예 노동법" – 을 LA/롱비치의 미국 최대 항구들에서 발동했다. 부시 대통령은 벌금과 형사 고발 그리고 군대 전개의 위협을 받는 노동자들이 〈태평양해운협회〉의 요구에 응하도록 강요했다. 이 사건이 놀라웠던 것은 단순히 역사상 처음으로 고용주의 사업장 폐쇄가 〈태프트-하틀리 법〉을 시행하기 위해 사용되어서가 아니다. 한 노조 대변인에 따르면, "고용주들에게 던져진 메시지는 당신은 사업장을 폐쇄해서 위기를 만들어 낼 수 있고 그다음에는 단체 교섭에 대한 노동자들의 모든 권리를 침해하는 〈태프트-하틀리 법〉으로 정부가 개입하게끔 할 수 있다는 것이다"(OWCW 2002). 다시 말해서 그 사건은, 항구는 법이 법을 훼손하기 위해 사용될 수 있는 예외적인 시공간이라는 점을 입증했다. 이 공격적인 공세에 노동 운동 지도자들은 경악했다. 〈미국노동총연맹산업별조합회의〉AFL-CIO 서부 지역 책임자 론 저드Ron Judd는 그것을 "[지난] 50년 동안 노동자의 권리를 겨냥한 것 중 가장 지독한 공격"이라고 진단했다(같은 책). 저드는 노동 운동 전반에 대해 그 사건이 지닌 심각성을 지적하면서 [이렇게] 설명했다. "그들이 〈국제항운노조〉에 대해 그렇게 할 수 있다면, 그들은 어떤 노조에게도 그렇게 할 수 있다." LA/롱비치의 사건은 또한 공급 사슬의 교란이 국가 안보[보안]의 문제로 이해된다는 것을 입증했다. 이것이 바로 공급 사슬 보안의 논리다. 무역 교란은 경제적 비용에서 보안 위협으로 되었다.

순환을 보안하기 : 표적으로서의 운수 노동

전지구적 생산과 무역의 얼개는 빠른 흐름이라는 전제 위에 건설된다. 자본이 계속해서 순환한다면 상품은 물리적 이동 상태로 유지될 필요가 있다. 상품 흐름에 대한 교란은 적시 생산 시스템의 취약성을 드러내고 그리하여 오늘날 정치에서 로지스틱스 인프라와 그것의 보호가 지닌 중심성까지 드러낸다. 인터비스타스 컨설팅이 캐나다 연방 정부에 제출한 보고서에서 로지스틱스 관문의 미래에 대해 권고한 것처럼(이 장의 제사題詞로 인용되어 있다), 노동 관리의 이상적인 목표는 "조업 중단 제로"일 것이다(2007). 우리가 맑스와 테일러를 살펴보며 마주쳤던 그리고 오늘날 로지스틱스 혁명과 함께 새로운 중요성을 부여받은 생산 및 유통 시스템의 가속에 대한 오랜 관심은 공급 사슬을 보안하기 위한 현대의 노력과 강력하게 혼합되고 있다. 조업 중단 제로에 대한 관리적 욕망은 점점 보안화를 통해 관리되며, 여기서 노동 행동은 (전지구적) 무역의 (국가) 안보[보안]를 위협하는 것으로 이해된다.

2장에서 본 것처럼, 공급 사슬은 중요한 공간성을 가지며 이것은 직접적으로 보안의 문제를 함축한다. 보호의 대상이 네트워크나 사슬의 형태를 취한다면, "'사슬'의 보안은 가장 약한 고리에 달려 있다"(APF 2008, 10). 이 약한 고리라는 개념은, 위협이 표적이 되고 공간적으로 억제될 수 있도록 위협의 식별을 목표로 삼는 정치적인 지리적 상상계의 생산적 부분이다. 프로세스 매핑[과정 지도화]을 통한 통제를 위해 시스템을 가시적으로 만드는 더 폭넓은 관리 전략들과 수렴하면서, 공급 사슬을 보안하기 위한 노력들은 위험과 위협이 통치될 수 있도록 공급 시스템의 매핑[지도화]에 대한 요구를 불러일으키고 있다. 보안을 위해 〈아시아태평양관문항로계획〉(2009)의 일환으로 윤곽이 그려진 첫 번째 전략은 "공통의 보안 우산 아래에 있는 모든 범위의 시설과 서비스를 비롯하여 그 관문을 구성하는 공급 사슬의 지도를 그리고 목록을 만드는 프로젝트에 착수하는" 것이다. 2장에서 나왔던 "공급 사슬 위험"에 대한 산업 지도는 전지구적인 무역의 "길목"과 "위협 지대" 들을 표기하여, 보안 계획으로 그것들을 관리할 수 있도록 가시적으로 만든다. 이 지도들이 순환하는 장소들 중 하나는 "운송&로지스틱스 2030 4권:공급 사슬을 보안하기"라는 제목의 주요 산업 보고서에 있다. 이 보고서는 노동 행동과 테러 사건을 다소 은밀하게 연결한다(PwC 2011). 그 보고서는 명백하게 테러리즘에 초점을 두고 있지만, 또한 길목에서의 노동 행동이 테러의 효과에 대한 유용한 대용물을 제공한다고 말함으로써 두 가지 사이에서 얼마간 등가를 이끌어 낸다. "공급 사슬에 대한 공격은 대개 적은 투자로 큰 이득을 추구하고 있다." 이것은 "공항이나 항구 같은 로지스틱스 허브가 이상적인 표적이 된다"는 것을 뜻한다고 프라이스워터하우스쿠퍼스(PwC 2011, 16)는 설명한다. 그 보고서는 계속해서 주장한다. "로지스틱스 허브 교란이 초래할 수 있는 결과는……2002

년의 항만 파업을 살펴보면 예상할 수 있다. 당시 미국 서부 해안의 29개 항구가 부두 노동자 1만 5백 명의 파업으로 폐쇄되었다." 보고서는 나아가서 사업장 폐쇄의 영향을 열거하는데, 무역에서 하루에 10억 달러의 손실을 입은 것으로 추산했다.

하지만 노동 행동과 다른 형태의 교란이 갖는 공통적인 효과에 대한 간접적인 암시를 넘어서, 노동자는 노골적으로 공급 보안에 대한 특별한 위협으로 간주되었다. 노동 행동은 보안 위협 목록에 자주 포함된다. 예를 들어 "노동 파업"은 공급 사슬 산업 전문가들 사이에서 영향력이 있는 최근 책에서, 공급 사슬 보안을 위협하는 위험에 포함되어 있다(Lynch 2009). 더 중요한 점은 로지스틱스 노동자가 최근 일련의 공급 사슬 보안 계획에 중심적으로 그리고 직접적으로 연관되어 있다는 것이다. 2장에서 다소 자세하게 살펴본 것처럼, 공급 사슬 보안은 미국의 2001년 이후 보안화에서 중심적인 기둥이 되었다. 국제 커뮤니티에 대한 미국의 직접적인 압력은 〈유엔 국제해사기구〉 같은 다양한 전지구적 협치 기구들을 통해 잇따른 규제 법령들을 공격적으로 요구함으로써 국제 해운 커뮤니티(그것을 구성하는 정부와 기업 들)가 선례를 따르도록 몰아갔다. 이 공급 사슬의 보안화는 직접적으로 운수 노동자를 표적으로 삼는다. 이 계획의 중심 기둥은 해양 항구에 중점을 두고 운수 분야의 보안을 강화하기 위해 고안된 대규모 프로그램이다. 운수노동자인증증명서는 공급 사슬의 핵심 고리 ─ 항구에서 화물을 취급하는 사람들 ─ 를 표적으로 삼는 것이 교란을 방지할 것이라고 여긴다. 노동자는 자신의 작업장에 접근하기 위해서 침습적 보안 심사를 거쳐야만 한다. 허가를 얻는 데 성공한 사람들은 보안 카드 ─ 미국에서는 생체인식 카드 ─ 를 휴대해야 한다. 이것은 항구 주변에 새롭게 만들어진 보안 외곽과 연결되어 있다. 노동자는 자신의 활동 혹은 자신의 지부를 국가가 의심한다는 이유로 국가 안보[보안]에 대한 위협으로 간주될 수 있고 그렇게 함으로써 허가를 거절당하고 고용까지 거절당할 수 있다. 이 프로그램은 노동자를 위한 단체 협약과 사생활권 그리고 고용 안정security을 약화시킨다. 아이러니하게도 그 프로그램은 노동자 그룹을 범죄화하면서도 국가 안보[보안]에 대한 책임 또한 부여한다. 국가 안보에 대한 위협일지도 모르는 와중에도 노동자에게 지워진 국가 보호의 의무는 신자유주의의 범주를 넘어선다. 이것은 시민성과 통치성의 깊은 **신경증적** 형태로만 설명될 수 있을지도 모른다(Isin 2004 참조).

[미국] 국토안보부 산하의 교통보안국과 미국 연안경비대의 공동 책임 하에 있는 미국 운수노동자인증증명서[이하 인증증명서]는 사실상 록히드 마틴이 운영하고 유지한다. 인증증명서 프로그램의 이러한 사적 관리는 국가 안보[보안]의 신자유주의화를 보여 주는 또 다른 증거다. 정부가 의제를 설정하는 역할을 맡지만, 이행은 최저 입찰자에게 양도되는 것이다.

그러나 이 연구에 있어 아마도 가장 중요한 점은 항구 보안 프로그램이 범죄와 테러의 경계를 흐릿하게 만드는 효과를 갖고 있다는 것이다. 인증증명서는 노동자가 보안 위협 평가를 받을 것을 요구한다. 이것은 범죄 이력 심사와 출입국 심사 그리고 기밀/테러리즘 심사를 포함한다. "위험물을 부적절하게 운송하려는 시도"나 "보안 수송 사고에 연루된 범행 시도"를 비롯한 다양한 범죄에 해당하는 경우 노동자는 국가 안보[보안]에 대한 위협으로 간주되고 영구적으로 보안 허가가 거부된다. "신원 도용과 자금 세탁을 비롯한 부정행위나 사기 또는 허위 진술 미수", 출입국 위반 미수 그리고 "규제 약물의 유통, 유통할 목적의 소지 또는 수입 미수"를 포함하는 훨씬 더 긴 범죄 목록에 해당하는 경우 노동자는 7년 동안 [보안] 허가가 거부된다("TWIC Rules and Regulations" 2007).

인증증명서는 보수적으로 잡아도 최소한 150만 명의 노동자에게 영향을 미친다(Emsellem et al. 2009). 휴스턴 항의 불만에 찬 관리들은 국토안보부의 집계가 크게 빗나간 것이라고 하면서 실제 숫자는 10배가 넘을 것이라고 말한다. 이 모든 것에서 결정적으로 항구 트럭 운전사들의 30~50퍼센트를 차지하는 것으로 추산되는 불법 이민자들은 자동으로 허가를 받지 못할 것이다. 이것은 인간 이동에 대한 영토적 경계의 강화를 시사함과 동시에 그 동일한 경계가 재화의 흐름을 돕기 위해 재구성되는 것을 보여준다. 인증증명서는 국가 감시의 한도를 다시 쓸 뿐 아니라 노동 보호를 대체한다. 그러나 그 자체는 노동법으로서 제시되지 않는다. 〈국제항운노조〉 국제위원장 로버트 맥엘라스Robert McEllrath(2011)는 조합원들에게 인증증명서의 효과를 [이렇게] 설명한다.

인증증명서는 재앙과 다름없었다. 교통보안청TSA은 수만 명에게 범죄로 기소된 적이 있다면 인증증명서 자격을 얻지 못할 수도 있다는 내용의 편지를 보냈다. 그다음 교통보안청은 노동자들에게 자신이 결코 유죄 판결을 받은 적이 없다는 것을 입증할 책임을 지웠다. 이 비뚤어진 논리 하에서 노동자는 자신의 결백을 입증할 수 있을 때까지 유죄였다. 교통보안국은 평균적으로 69일 동안 [사람들이 보낸] 이 요청들을 방치했다. 그 결과 수천 명의 노동자들이 직장을 잃거나 집세와 자동차 할부금을 내지 못하거나 또는 가족의 필요를 해결할 수 없게 되었다. 〈전미고용법프로젝트〉[20]의 2009년 7월 보고서에 따르면, 아프리카계와 라틴계 미국인들은 훨씬 더 오랫동안 대기했다. 평균적으로 아프리카계 미국인은 백인보다 한 달 이상 대기했고, 이것은 한 달 이상의 임금 손실로 이어졌다. 라틴계 미국인은 평균적으로 [백인보다] 두 달 이상 대기했다.

---

20. [옮긴이] National Employment Law Project. 저임금 노동자들을 지원하는 단체.

미국의 인증증명서 프로그램과 매우 유사한, 캐나다의 해운보안허가 프로그램MTSCP은 해안 항구 주변에 "보안 구역"의 설립을 요구하며 그 구역에 대한 접근은 유효한 보안 증명서를 지닌 이들로 제한한다. 내가 다른 곳에서 주장한 바와 같이(Cowen 2007), 이 프로그램들은 국내에 길게 확립된 국가 권한의 선들을 가로지르고 테러 및 범죄와 싸우는 기술들을 뒤섞으면서 기본적인 권리와 보호를 효과적으로 유예한다. 미국의 인증증명서처럼, 캐나다의 해운보안허가프로그램과 오스트레일리아의 해운보안인증카드MSIC는 범죄를, 심지어는 **잠재적 범죄**까지 국가 안보[보안]의 문제로 만든다. 이러한 방식으로 고용 안정security과 단체 교섭까지 대체한다. 만일 한 노동자가 허가를 받을 수 없다면 그 또는 그녀는 항구에서 고용될 수 없다. 캐나다 〈국제항운노조〉 위원장 톰 뒤프렌Tom Dufresne은 [이렇게] 지적한다. "〔노조와 조합원 들〕은 분규 처리 절차가 없는, 즉 한 사람이 규칙을 위반했는지 또는 처벌은 무엇인지를 결정하는 어떤 최종 중재자가 없는 단체 협약에 절대 합의하지 않을 것이다. 하지만 보안 규제 ─ 그들이 제안하고 있는 내부 심사 ─ 로 인해 캐나다 연방 법원으로 가는 것 외에는 어떤 독립적이고 투명하며 가용한 항의 절차도 없다. 그러므로 '어쨌든 당신이 옳았어'[라는 말이] 얻을 수 있는 전부다. 누구에게 보상을 요청할까? 보상은 없다." 이 조건들이 항구 관계자들과의 정기 협상을 결코 통과하지 못할 것이라는 사실은 명백하다. [그러나] 정부는 그 규제들을 이행할 수 있는데 이는 명확히 그 규제들이 노동법이 아니라 국가 안보[보안]의 위기에 대응하는 예외적 조치라는 틀로 짜여 있기 때문이다. 영토를 토대로 하는 국가 시민권의 기반(국가 공간 내외부의 구별)이 약화되는 것은 바로 위기의 동원을 통해서다. 오스트레일리아의 운송 노조들이 새로운 해운보안인증카드를 다룬 합동 보고서에서 주장하듯이, "논평가들은 언제나 범죄 문제를 실제 테러 활동과는 대조되는 것으로 언급한다. [그러나] 논쟁이 심화되면서 범죄, 좀 더 구체적으로 말하면 범죄 판결의 역사와 테러리즘의 계획적인 위험 사이의 [경계가] 흐려진다"(Maritime Union of Australia 2005, 8). 이렇게 모든 범죄 활동 그리고 심지어는 범죄 혐의까지 국가 안보[보안]에 대한 위협으로 넘어가는 것은 예전에 국민의 지위와 관련되어 있던 보호를 일제히 무효로 만들면서 불안전*insecurity*의 의미를 재구성한다. 〈오스트레일리아 해운노조〉(2005, 8)는 [이렇게] 말한다. "해운보안인증카드 도입을 둘러싼 주장들이 범위를 확장하여 운송 사슬의 범죄자 또는 교화된 범죄자의 적발을 포함하게 된다면 [목표 대상이 너무 확장되므로] 모든 해양 보안 조치의 효과는 희석된다." 그러나 우리는 실제로 "보안"이 이 새로운 경계 프로그램으로 전혀 다른 무언가를 의미할 수 있다는 것을 고려해야 한다. 보안은 시민권에 심각한 영향을 미치는 방식들로, 위협의 이러한 범위 확장을 통해 희석되기보다 재구성된다.

미국과 캐나다의 교통 당국은 모두 이 프로그램들을, 잠재적으로 수백만 명의 노동자들과 얽혀 있는 운송 분야 전체로 확장할 계획을 갖고 있다고 한다. 노조 간부들은 보안 허가가 생체인식 국민 신분증의 기초로 작동할 수도 있다고 확신한다. 운수노동자인증증명서와 해운보안인증카드 그리고 해운보안허가프로그램은 고도로 전문화된 노동자 집단을 겨냥한 예외적 조치로 도입되고 있지만, 그럼에도 그것들은 노동법과 시민권을 보다 광범위하게 개조할 수 있는 선례를 만든다. 이 프로그램들이 수립하는 극적인 선례에도 불구하고, 항구의 경계 너머에 있는 사람들 중에는 그것의 존재를 들어본 적도 없는 사람이 많다. 정부는 그것들을 완전히 정치적인 법안들로 다루기보다는 고도로 기법적인 규제로 취급함으로써 의도적으로 공적 영역 바깥으로 떼어놓았다. 이것은 다이바 스태지울리스*Daiva Stasiulis*와 대릴 로스*Darryl Ross*(2006, 335) 그리고 여타의 사람들이 "보안화"로 부르는 것과 일치한다. [보안화는] "'보안'을 정치와 구별 짓는 통치 실천

[이다. 이것은] 정책 문제가 보안 문제로 바뀌는 일반적인 과정에 보안을 배치하고, 정치적 논쟁의 영역에서 그것을 제거한다."

부메랑과 회로

보안화는 또한 보다 많은 장소와 사법권을 가로지르며 더욱 표준화되고 있다. 의심의 여지없이 미국은 공급 사슬의 전지구적 보안화에서 크나큰 역할을 했다. 미국은 미국 영토 너머에 있는 사람과 장소 들도 통치하는 프로그램까지 설계하면서 전지구적 범위에서 새로운 보안 정책을 이행할 것을 요구한다(Boske 2006; Browning 2003; DHS 2009). 2장에서 논의한 〈컨테이너보안협정〉과 〈대테러민관협력〉 같은 미국의 초영토적 보안 프로그램들은 미국의 권한을 노골적으로 "상류로" 확장하여 전지구적 로지스틱스 시스템과 미국 영토 속으로 순환하는 화물과 사람들을 포함하고, 다수의 국가 안보[보안] 정책들이 작동하는 범위를 실질적으로 전지구적으로 만든다(Branch 2008; Browning 2003; CRS 2005; Mongelluzzo 2012). 미국 관리들은 초국적 통치 기구들이 새로운 표준과 정책을 개발하도록 압박을 가하기도 했다. [그렇게 개발된] 표준과 정책을 따르지 않는 회원국은 지구적 무역에서 고립된다. 〈국제해사기구〉의 〈국제선박 및 항만시설보안〉 규칙은 대표적인 사례다(Boske 2006). 미국의 정책은 다른 국가의 정책 설계에 아주 큰 영향을 미치기도 했다 — 예를 들어, [미국의] 운수노동자인증증명서 프로그램과 그것과 가까운 사촌 격인 캐나다와 오스트레일리아의 프로그램들을 들 수 있다. 미국의 전지구적 헤게모니에 대한 강력한 저항에도 불구하고, 미국 중심의 전지구적 공장과의 거래에서 추방될 위험을 무릅쓰는 국가는 거의 없다.

미국은 이러한 방식들로 전지구적 보안화와 중심적으로 얽혀 있지만, 우리는 무역 보안에서 상이한 운동을 추적할 수도 있다. 여기서 예외적인 국가들 ― 시민권과 노동과 보안 영역의 관행들이 미국이 공식적으로 옹호하는 자유 및 민주주의의 원리들과 표면적으로 대치되는 국가들 ― 은 무역 보안을 통한 미국의 정치적 권리와 공간의 재조직화를 위한 모델로 복무한다. 이 "부메랑" 효과 ― 푸코(〔1997〕2003, 103)[21]가 식민지적 순환에서 출몰하는 특징으로 기술하는 것으로, 이 순환에서 식민지화의 기법들과 "그 정치적·사법적 무기들"은 "서구에 되돌아왔다" ― 는 이미 전쟁과 보안의 현대 정치에 잘 기록되어 있으며(Graham 2004; Gregory 1994), 그것은 분명히 공급 사슬 보호가 지닌 특징이다.

아랍에미리트 그리고 특히 두바이는 미국의 항구 보안을 위한 모델로 홍보된다. 아랍에미리트는 미국과는 먼 세계로 보일지도 모르지만, 교란 방지와 흐름 지원의 문제에 대한 두바이의 지리적 해결책은 미국 도시의 항구 및 인프라 보안을 위한 모델이었다. 두바이에 대한 보다 깊은 논의는 5장에서 다루지만, 무역 보안과 로지스틱스 노동의 교차점에 대한 논의에서 그 장소를 잠시 "방문"하지 않기란 불가능하다. 두바이와 미국 항구의 직접적인 거래는, 미국 선박 터미널의 "아랍 운영" 가능성에 대한 미국에서의 대중적인 논란 이후 2006년에 중단되었다. (이 장의 출발점인 밴쿠버를 비롯하여) 수십 개의 국가에 터미널을 가진 아랍에미리트 국영기업 두바이포트월드가 22개의 미국 항구의 운영을 맡기로 한 계획에 대중들의 거센 비난이 쏟아졌다. 미국에 있는 대부분의 터미널처럼, 문제의 그 터미널들은 이미 외국인이 소유하여 운영하고 있었다. 그러나 "아랍 국가"의 소유 가능성은 국가 안보[보안]에 대한 인종주의적 두려움에서 비롯된, 의회의 폭넓은

---

21. [한국어판] 미셸 푸코, 『"사회를 보호해야 한다"』, 김상운 옮김, 난장, 2015, 132쪽.

초당적 반대를 불러일으켰다(Friedman 2006; Gibson 2006; Kirchgaessner 2006; "Peter King" 2006; Overby 2006). 행정부는 그 매각을 승인했고 대통령은 적극적으로 지원했다. 대통령은 그 거래를 보호하기 위해 자신의 첫 대통령 거부권을 행사하겠다고 위협하기까지 했다(Sanger and Lipton 2006). 그럼에도 노골적인 인종주의적 표현들을 상시적으로 퍼붓는 거센 반대는 결국 두바이포트월드가 자신의 지분을 팔아버리는 결과를 낳았다 ("Dubai Company" 2009). 두바이의 노동 관행과 인권 및 시민권에 대한 진지한 관심이 이따금씩 논쟁을 불러일으켰지만, 대다수의 공적 담론은 정형화되고 인종주의적인 이미지를 사용하여 아랍인을 테러리스트와 동일시할 뿐이었다. 그럼에도 이 거래가 실패했다고 해서 이 장소들과 항구들 사이의 광범한 연결을 놓쳐서는 안 된다. 5장에서 좀 더 자세하게 살펴볼 것처럼, 두바이는 항구 보안의 실천과 보안 무역의 더 넓은 정치적 논리를 위한 페트리 접시[22]로 예고된다.

두바이처럼 미국 항구들도 관국가적 로지스틱스 센터가 되었다. 주요 생산 지역에서 (대부분 중국에서) 시작되는 빠른 운동은 다양한 교통수단을 교차하고 두바이 같은 일련의 환승지들을 지나 미국 항구를 통해 미국 소비자에게 상품을 가져간다. 사실 미국 항구들을 예외적 통치의 구획된 공간으로 전환하고 있는 것은 새로운 보안 조치들이며, 이것은 미국 항구를 두바이 모델로 조금씩 밀고 간다. 두바이는 2005년 〈컨테이너보안협정〉에 가입한 첫 번째 "중동의 개체"였다. 결과적으로 미국 관세국경보호청은 미국행 컨테이너를 조사하기 위해 두바이 세관과 각별히 밀접하게 움직인다. 관세국경보호청(Dwyer 2006)의 보고에 따르면, "두바이 당국과의 협력은 탁월하게 진행되어 왔으며 이것은 〈컨테이너보안협정〉 항구들 내에서

---

22. [옮긴이] 세균 배양 등에 쓰이는 둥글넓적한 작은 접시.

다른 운영을 위한 모델이 되어 왔다." 더구나 노동 탄압은 〈두바이 로지스틱스 도시〉DLC 23와 미국 항구들이 수렴하는 핵심 영역이다. 무역 흐름을 위해 노동자의 권리를 폭력적으로 거부하는 일은 두바이 모델의 핵심이며, 운수노동자인증증명서[이하 인증증명서] 프로그램은 유사한 폭력을 제도화하기 위한 시도로 이해될 수 있다.

　시민권과 노동에 대한 두바이 특유의 체제를 고려해볼 때 두바이가 미국 관행을 위한 모델이 되었다는 것이 처음에는 놀라울지도 모른다. 파업과 노동조합은 아랍에미리트에서 불법이며, 이 중 어느 하나에 참여하면 국외로 영구 추방될 수 있다(Al Tamimi 발행 연도 불명; UAE Ministry of Labour 2011). 대다수의 노동자들은 어떤 공식적인 시민권도 없는 임시 노동 허가 상태에 있다. 비⁺시민[외국인]이 개인 노동력의 99퍼센트를 차지하며(이 중 3분의 2가 남아시아 출신이다), 공식적인 시민의 지위를 예외적으로 만든다(Kapiszewski 206). 미국 같은 나라들이 비시민[외국인] 노동에 크게 의지하지만, 이러한 점에서 아랍에미리트에 필적할 수 있는 곳은 지구상에 없다. 그러나 미국에 두바이를 아주 매력적으로 만드는 것은 무역 흐름에 직면하여 [이루어지는] 바로 이러한 정치적 권리의 쇠약이다. 보안화된

---

23. [옮긴이] 두바이 관광 진흥 공사에서 운영하는 웹사이트(www.visitdubai.com)는 〈두바이 로지스틱스 도시〉(Dubai Logistics City)를 다음과 같이 소개한다. "〈두바이 로지스틱스 도시〉(DLC)는 단일 세관 및 자유무역지대 환경 내에 경공업을 포함하여 운송 모델, 로지스틱스 및 부가가치서비스가 통합된 플랫폼입니다. DLC는 두바이 월드 센터에 있는 세계 최대의 공항이 될 알 마크툼(DWC) 국제 공항 인근에 있습니다. 역수출, 소매, 레저, 항공, IT 및 금융을 위한 지역 센터로서 두바이에서는 중동 수출 물량의 60퍼센트 이상이 처리되고 있습니다. 로지스틱스 시장이 성장함에 따라 두바이는 DLC 구축을 통한 추가 성장을 추진하고 있습니다. 이 플랫폼은 더 넓은 지역 즉 남동 유럽, 인도, 중동 및 아프리카의 20억 명 이상의 잠재 고객을 위한 시장에 대해 로지스틱스 중심지로서의 에미리트 시장의 선도적 지위를 지원하고 있습니다. DLC는 매년 1천 2백만 톤의 항공 화물 매출을 기록할 예정이며, 이외에도 인근에 스포츠 및 레저 시설, 레스토랑, 쇼핑 및 서비스 센터가 있는 직원용 주거단지를 조성할 예정입니다." http://www.visitdubai.com/ko/business-and-investment/business-incentives/dubai-free-zones/dubai-logistics-city.

로지스틱스 공간의 생산을 통해 관리되는, 공식적·실질적 시민권의 강탈을 통한 축적은 미국의 항구 도시들이 두바이에서 차용하고 있는 불길한 모델이다. 실제로 인증증명서는 국가 감시의 한계를 고쳐 쓸 뿐 아니라 노동 보호를 대체하고 있지만 자신을 노동법으로 제시하지 않는다. 그것은 단체 협약과 사생활 권리를 약화시키며 의미 있는 고용 안정security 개념들을 제거한다. 가장 중요한 것은 인증증명서가 범죄와 테러 사이의 그리고 경찰권과 군사권 사이의 경계를 흐리게 만든다는 점이다. 인증증명서만으로 미국 항구들을 두바이에서 제공하는 "로지스틱스 도시"로 바꿀 수는 없지만, 그것은 보안 정책의 앙상블의 일환으로서 노동 및 정치적 권리에 대한 눈에 띄지 않는 공격을 크고 깊게 감행한다. 이것은 이 세계들을 훨씬 더 가깝게 만든다. 로지스틱스 혁명이 공장을 전 세계로 펼쳤다면, 무역 보안은 "매끄러운" 노동 체제를 위해 작동하며, 사람들의 정치적 권리에 우선하는 사물의 빠른 흐름의 권리를 표준화하기 위해 작동한다.

현대의 공급 사슬에서 순환하고 있는 것은 소화물과 정책만이 아니다. 사람들도 이동한다. 이 논고의 주된 범주는 노동자의 신체와 통제지만 분명히 사람들의 이동도 언급했다. 그러나 물론 사람들은 공급 사슬을 통해 광대한 거리를 가로지르며 다양한 방식으로 이동한다. 공급 사슬에서 가장 명백하게 이동하는 사람들은 트럭 운전자, 철도 노동자, 비행사, 선원처럼 화물과 함께 이동하는 노동자들일 것이다. 관국가적 공간을 가로지르며 이동하는 노동자들 ─ 특히 배로 이동하는 노동자들 ─ 은 악명 높은 노동 조건에 직면한다. 그것은 대부분 "편의치적"을 배경으로 하는 규제 기피 때문이다. 그러나 전지구적 공급 사슬의 성장은 곧 로지스틱스 분야의 노동자들보다 훨씬 더 멀리 도달했다. 전지구적 공급 사슬의 발명이 공장을 전 세계로 펼쳤다면, 그것은 바로 공간적으로 엄밀하고 전략적인 방식들로, 불균등한 노동 양상들을 생산 과정에 편입하기 위해서였다. 이것은 다수의 오랜 산업 지역의 탈산업화와 세계의 저임금 지역으로의 생산 이전을 수반했을 뿐 아니라, 지구 남부에서의 노동자 초착취hyperexploitation와 관련된 지구 북부(이곳의 많은 불안정 노동자들이 지구 남부에서 온 이민자들이다)의 노동 조건 하락에 대한 압박을 의미했다. 그러나 이것은 동일한 분산된 생산 과정 내부에 있다(Cowen 2009를 보라). 닐슨과 로시터(2010, 12)는 [이렇게] 주장한다. "로지스틱스가 다른 상품의 운반에 적용되는 만큼 노동력의 이동의 통제에도 작용한다는 사실이 강조될 필요가 있다. 따라서 그것은 국경 통제의 정치와 노동 시장의 개조 그리고 시민-노동자 형상의 소멸을 검토할 때 고려하는 핵심 기술이다." 이것은 더 나은 노동 및 생활 조건을 찾아서 지구 남부에서 지구 북부로 이동하지만 마치 "고향에 돌아온" 것처럼 보이는 노동 형태 및 조건으로 공급 사슬에 편입된 자신을 발견하는 많은 세계 인구에게 고통스러울 만큼 아이러니한 함의를 갖는다.

아미라Ameera의 이야기는 로지스틱스 및 공급 사슬에 대한 이 지구적 규모의 이야기를 상세하게 부각하는 데 도움을 준다. 특히 그녀의 삶에 대한 이야기를 들으면 우리가 로지스틱스가 전쟁과 강력하고 지속적인 관계를 맺고 있음을 기억하는지 알 수 있다. 아미라는 수용소cage에서 자랐고 지금 — 그녀가 자란 곳의 지구 반대편에 있는 — 수용소에서 일한다. 그녀의 일대기는 폭력과 아이러니로 가득 차 있다. 그녀는 "개방된 창고 같았던" 이라크 북부의 구금 시설에서 대부분의 유년 시절을 보냈다. 아미라와 그녀의 가족 몇몇은 미등록 이주민으로 터키로 향하는 국경을 넘으려다 실패한 이후 1986년에 구금되었다. 지금 아미라는 뉴저지의 보안이 삼엄한 유통 센터에서 불안정, 저임금 임시직으로 일한다. [유년 시절을 보냈던] 구금 시설이 창고 같았다면, 아미라와 그녀의 동료들은 자신들의 작업장에 대한 느낌을 명확하게 [다음과 같이] 표현한다. "수용소 — 우리는 작업장을 그렇게 부른다 — 수용소." 그녀에겐 그럴 만한 이유가 있다. 그녀의 노동은 실제로 대형 창고의 감금된 한 구역에서 진행된다. 그녀가 일하는 자리에 접근하기 위해서는 두 단계의 보안 검사를 통과해야 하며, 보안 카메라가 그녀가 일하는 내내 그녀의 손을 지켜본다. 이러한 수준의 보안화는 아미라가 민감한 자재나 고가의 자재를 가지고 일한다는 것을 암시하지만, 그녀의 업무는 할인점으로 향하는 대량 생산된 옷의 포장을 풀어 꼬리표를 붙이고 다시 포장하는 것이다. 아미라는 관리직과 노동자들 사이에는 전반적인 의심의 분위기와 함께 긴장이 가득하다고 말한다. 그녀의 이야기는 보안화의 역설을 포착한다. 열악한 노동 조건은, 노동자는 충성심이 없고 회사 물건을 훔칠 거라는 관리직의 확신을 부채질한다. 관리직은 보안화의 강화로 대응하고 이것은 노동의 질을 더욱 해친다. 아미라는 관국가적 로지스틱스 기업 DB 솅커DB Schencker가 운영하는 시설에서 일하지만, 그녀의 공식적인 고용주는 그 시설 내부에 있는 임시직 파견업체다. DB 솅커는 130개 국가에서 2천 개의 시설을 운영한다. 이는 그 기업을 세계 최대의 지구적 통합 로지스틱스 업체 중 하나로 만든다. 미국에서 그 기업은 1천5백만 평방피트가 넘는 면적을 운영하며 〈대테러민관협력〉에 참여하고 있다. 이것은 아미라의 수용소를 통제하는 그 기업이 국토안보부에 의해 "신뢰받는 무역업체"로 지명되어 있고 그래서 공급 사슬 보안 프로그램의 준수를 감시할 책임을 위임받았을 뿐 아니라, 관세국경보호청 상업 활동 자문위원회의 "신뢰받는 무역업체 분과위원회"에 참여함으로써 그러한 동일한 정책들을 규정하는 일에 참여하도록 초대받는다는 것을 의미한다.

전지구적 공장의 로지스틱스 노동

로지스틱스 노동은 지난 50년 동안의 전지구적인 무역 재조직화에 대한 이야기에서 중심을 차지한다. 노동자 신체의 움직임은 지구적인 화물의 운동을 가능하게 만들지만 노동자 신체는 대개 로지스틱스 공간의 아주 빠른 상품 순환의 비용이기도 하다. 노동자 신체에 대한 이 모든 관심은 지구적 로지스틱스의 육체성과 물질성이 지닌 특징이다. 그러나 그것은 노동자를 시스템에 통합하려는 그리고 자동화된 사물 시스템의 필요에 따라 노동자의 움직임의 리듬을 교정하려는 적극적인 시도의 징후이기도 하다. 노동자의 신체는 역사적으로나 현재나 관리상의 훈육 및 통제 기법에 직접 얽매여 있다. 이것은 부분적으로는 다루기 힘들고 훈육되지 않은 노동계급 신체에 대한 두려움 때문이다. 보안 자격 증명의 근간이 되는 생체 정보, 그리고 카메라와 지도를 통한 노동자 움직임의 감시에서부터 군사 및 민간 보안 부대를 동원하는 난폭한 신체 상해까지, 보안화의 무수한 형태들도 노동자의 신체를 표적으로 삼는다. 실제로 공급 사슬 보안은 노동자들을 로지스틱스 시스템에 맞춰 계속 조정하는 것을 목표로 삼지만 또한 교란의 잠재성을 피하기 위해 작동함으로써 교란의 가능성에 대비한다. 만일 오늘날 해상 보안을 움직이는 것이 효율적인 무역 흐름의 보안이라면, 민주주의 같은 "비효율성"에서 생겨나는 개입과 그것을 요구하는 행위자들은 그 자체로 보안 위협으로 해석될 수도 있다. 항구라는 중대한 결절에서 노동의 민주주의는, 기본적인 시민권을 유예하고 범죄와 테러 사이에 확립된 장벽을 파기하는 예외적 수단으로 통치하는 현재의 보안 프로젝트에 대한 장벽이다. 이 수단들은 모두 초국가적 공급 시스템의 보안이라는 명목으로 이루어진다.

[로지스틱스] 혁명은 로지스틱스 노동을 믿을 수 없을 정도의 위험과 아주 낮은 임금, 불안정, 고도로 인종화된 상태로 만들었다(Bonacich and Wilson 2008). 그리고 지금 점점 보안화되고 있다. 그렇지만 사태는 변하고 있는지도 모른다. 보나시치(2003)는 "로지스틱스 노동자들은 전지구적

인 생산 및 배송 시스템의 중대한 지역적 요인이다……그들은 '역외로 이전될 수 없다'고 말한다. 라이퍼(2011, 10)는 로지스틱스 혁명이 "거의 틀림없이 전지구적 공급 사슬의 노동자들의 힘을 증대했을 거라고" 주장하면서, 만일 "[노동자] 연합체가 전지구적 무역 및 생산의 핵심 결절로서 자신들의 전략적 세력을 자본화할 수 있다면 그리고 국경을 가로지르는 국제 연대에 적극적으로 임할 수 있다면, 그 무대는 전지구적 시스템의 급진적 개편을 위해 설정될 수 있을 것"이라고 말한다. 혹은 조안 위피예프스키^{JoAnn Wypijewski}가 찰스턴에서 열린 2010 부두노동자 콘퍼런스에서 간단하게 말하듯이, "세계를 움직이는 사람들은 그것을 멈출 수도 있다." 실제로 이 능력의 징후는 몇몇 극적이지만 잘 보도되지 않은 최근의 사건들에 명백하게 숨겨져 있다. 한편으로는 조직하기 어려운 것으로 악명 높았던 분야들에서의 점진적인 조직화 노력들이 바로 그 분야의 지구적 규모와 전략적인 정치지리에 힘입어 늘어나고 있다. 우리는 〈〈국제운수연맹〉과 〈선원을 구하자〉[24]가 주도하는) 선원 생활 같은 분야에서 그리고 〈〈민주노조를 위한 팀스터회〉[25]가 주도하는) 택배 서비스 같은 분야에서 열기를 띠는 주요 지구적 캠페인을 목도하고 있다. 지구상에서 가장 큰 로지스틱스 길목 두 곳 ─ 수에즈 운하와 파나마 운하 ─ 에서 일어난 최근의 행동들은 훨씬 더 인상적이다. 두 지역은 모두 앞서 나온 노동 행동 지도[그림 24]에 출현한다. [두 지역에서 일어난] 두 사건은 모두 기업과 국가 권력의 엄청난 압박과 뚜렷한 역경에도 불구하고 노동 운동의 힘과 성공을 보여 준다. 파나마에서 [운하] 확장 공사를 하던 노동자들은 2012년 1월 파업에 돌입했고 13퍼센

---

24. [옮긴이] 〈선원을 구하자〉(Save Our Seafarers)는 해운 협회들이 모여 2011년 3월에 시작한 대해적 캠페인이다.

25. [옮긴이] 〈민주노조를 위한 팀스터회〉(Teamsters for a Democratic Union)는 〈팀스터〉(전미트럭운수노조, IBT)의 개혁을 위한 평조합원 단체다. '팀스터'는 트럭 운전사를 가리키는 말이다.

트의 임금 인상과 체불 임금 [지급] 약속을 곧 받아냈다. 이 노동자들은 한 노동자의 죽음에 대응하여 2012년 4월 다시 파업을 일으켰다. 이번에는 노동 조건과 산업 안전 그리고 급여의 개선을 위한 43가지 요구안을 쟁취했다(Radicella 2012; WSWS 2012). 1년 전 지구 반대편에서는 그 [20]10년대의 결정적 순간의 일부로서, 운하 노동자들이 이집트에서 호스니 무바라크를 몰아내는 데 중대한 역할을 했다. 공급 사슬 관리는 오랫동안 이 중대한 지구적 길목에 대한 교란을 두려워해 왔다. 그리고 2011년 이 교란은 엄청난 영향을 끼치며 일어났다. 그 해 2월 8일, 다섯 개의 용역 회사에서 일하는 6천 명 가량의 수에즈 운하 노동자들이 수에즈와 포트사이드 그리고 이스마일리아에서 살쾡이 파업에 들어갔다. 부두 노동자들은 핵심적인 아인수크나 항에서 조업을 중단했다. 이것은 극동으로 이어지는 이집트의 필수적인 해상 연결로를 교란했고 이집트의 국영 신문 『아람 온라인』*Ahram Online*과 『뉴욕타임스』가 이어서 보도한 것처럼 "파업이 계속된다면 막대한 경제적 손실뿐 아니라 선박 운항의 교란이 예상된다"(Mackey 2011; Rohar 2011a). 말할 필요도 없이 이것은 체제 변화를 위한 대중 동원의 결정적 행동이 되었다. 전지구적 로지스틱스 산업과 전지구적 로지스틱스의 시대에 노동에 [가해지는] 위험은 높다. 그러나 의심할 여지없이 이 위험은 바람이 바뀔 수 있다는 징후다.

4장

해적 행위의 지경학

"소말리아 해적"과 국제법의 개조

고대부터 유럽인들은 제국 정치의 정당화 같은 그들의 당면한 목적에 맞춰서 "해적 행위"에 대한 상이한 법적 개념들을 거듭 조정했다.

마이클 켐페, 「세계의 가장 외딴 곳에서도」

공급 사슬은 자연적인 교란과 사람이 만든 어떤 교란에 대해서도 보안되어야만 한다. 이것은 분명 새로운 사실이 아니다. 수백 년 전 상업 해운은 앤 보니나 프랜시스 드레이크 경 또는 클라우스 스퇴르테베커 같은 해적과 배교자의 위협을 받았고 그래서 수송선은 전투 태세를 갖춘 선원과 대포를 장착했다. 오늘날 "사업 모델"로서 해적 행위는 놀라운 부흥을 경험하고 있다. 그것은 국제 로지스틱스가 직면한 많은 위협들 중 하나일 뿐이다.

프라이스워터하우스쿠퍼스, 「공급 사슬 보안」

소말리아 해적의 맥락을 부정하는 것은 단순히 무지의 행위가 아니다. 그것은 제국주의의 행동이다.

무나 알리와 자라 무라드, 「해적 행위의 서사를 해명하기」

〈그림 25〉의 다이어그램은 새로운 공간의 구성을 나타낸다. 〈국제권고통항로〉IRTC[가 그것이다]. 이 공간은 개방 수역에서는 보이지 않는다. 깃발이나 검문소 혹은 노출된 다른 영토 주권의 표식이 없다. 그렇지만 〈국제권고통항로〉 — 현재 다국적 해군이 철저하게 치안을 담당하는 상업 운항을 위한 아덴 만의 특별 구역 — 는 정치적 공간과 국제법 그리고 제국적 폭력의 재구성이 일어나는 극적인 실험의 핵심 요소다. 〈국제권고통항로〉는 지경학적인 제국적 권위를 그 지역에서 행사하기 위한 법적 실험들의 앙상블의 일환이다. 수에즈 운하로 이어지는 이 중대한 수송로를 지나는 선박에 대한 공격 증가에 직면하여 초국적 기업과 국민국가 그리고 초국적 통치 기구 들은 사물의 전지구적 순환을 보호하기 위해 온 힘을 기울였다(Intertanko 2009; Stockbruegger 2010). 그러나 〈국제권고통항로〉는 단순히 보안 계획 및 프로그램의 증가하는 숫자의 한 요소인 것만은 아니다. 그것은 법이 공간을 통치하는 방식의 심대한 재정비의 한 요소이기도 하다. 2008년에 [채택된] 〈유엔 안전보장이사회〉의 일련의 결의안들은 소말리아 주권 영해와 내륙 영토 내에서 군사력의 사용을 승인했다.[1] 현재 〈다국적 유엔 안전보장군〉이 그 지역에서 변화무쌍한 합법성과 지휘권 틀 하에서 작전을 벌이며 활동 중이다. 선박 회사들은 그 지역을 통과하는 동안 승선하여 무장 호위를 제공하는 민간 군사 [기업]과 계약하며, 이는 수에즈 운하의 국가 주권을 둘러싼 복잡한 협상을 야기한다. 다국적 군대는 그 해역을 "치안"하기 위해 순찰대를 늘렸지만, 폭력과 구금과 기소의 사용에서 엄청난 국가적 변종이 있었다(MSCHOA 발행 연도 불명; Stockbruegger 2010).

해적 행위는 바로 어떤 단일 국가 권위의 영토와 권위 외부에서 일어나는 범죄이기 때문에 해적은 오랫동안, (국가) 주권의 지리에 의해 구성되

---

1. 결의안 목록은 다음을 보라. "United Nations Documents on Piracy," http://www.un.org/Depts/los/piracy/piracy_documents.htm.

지만 또한 근본적으로 그것을 괴롭히는 형상이었다(Cordingly 1996; Sutton 2009; Thomson 1994). 1858년까지 국제법은 두 개의 법적 실체를 인정했다. 개인과 국가[가 그것이다]. 그 당시 보편적인 범죄자로서 해적의 발명은 한 국가의 외부만이 아니라 모든 국가의 외부에서 벌어지는 범죄 행위에 의해 정의되고 모든 국가의 박해를 받는 제3의 실체를 만들어 냈다(Benton 2010; Rediker 2004). 따라서 국가 공간의 구성적 외부에서 움직이는 해적은 오랫동안 내부/외부라는 이원화된 지정학적 범주를 안정시킬 뿐 아니라 허물어뜨리는 형상이었고, 해적 행위라는 "법적 딱지"는 제국이 "폭력의 정치적 사용"을 감추기 위해 선호하는 수단을 제공했다(Kempe 2010, 36).

권위가 기업 상업의 항로를 보호하기 위해 재구성되는 공급 사슬 보안의 시대에, 해적 행위가 제기하는 특정한 위험들은 변했고 그 위험들을 관리하는 전략과 공간도 변했다. 사실 보안 기관들은 소말리아 해적들이 실

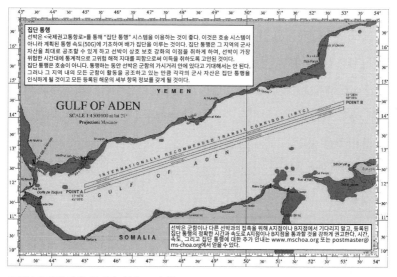

〈그림 25〉 아덴 만의 〈국제권고통항로〉. 출처 : IMO 2009a.

제 테러리스트인지 의문을 갖는다. 그 기관들이 가진 합법적인 무기 전체는 그 답에 의해 좌우된다. 아이러니하게도 아덴 만의 공급 사슬 보안 프로젝트를 관통하는 군대와 시장의 얽힘은 경제적인 것과 정치적인 것 사이의 절대적이지만 근본적으로는 허약한 구별에 의존한다. 해적 행위는 규제되지 않는 폭력의 이 다양성에 의해 관리되므로 전면전의 대상이 될 수 없다. 해적은 개념적으로 그리고 법적으로 테러리스트의 형상과 계속해서 구별된 채로 남아 있어야만 하는 것이다. 만일 소말리아 해적들이 "스스로를 소말리아 해안 경비대라고 일관되게 밝혀온 사람들"(Ali and Murad 2009, 91)이라면 따라서 자신들의 행동에 대한 명확한 정치적 입장을 주장하는 사람들이라면, 그 구별은 해소되는 것처럼 보일 것이다. 따라서 소말리아인의 행동의 정치적 차원들은 초국적 기업 무역에 대한 국가의 군사적 이해관계가 주장됨과 동시에 거부된다.

이 장은 이 중대한 선박 항로에서 공급 사슬을 보안하고 소말리아 해적의 문제를 관리하는 노력들에서 현재 진행 중인 정치적·법적 권위의 재구성을 살핀다. [그리고] 보안과 순환의 정치를 통한 새로운 제국적 형태들의 제조에서 나타나는 법적 범주들, 주체들 그리고 공간들의 상호 구성을 탐구한다. 〈국제권고통항로〉는 새로운 정치적 공간의 생산이 어떻게 해서 공급 사슬 보안의 배치에 필수적인가를 드러내며 역사적으로 그리고 현 시대에 해적 행위를 통치하려는 시도는 제국주의의 광범한 조직화의 징후라는 것을 말해 준다.

"소말리아의 사회악을 사냥하기"

2012년 5월 14일, 〈유럽연합〉 안보방위기구는 "〈유럽연합 해군〉EU NAV-

FOR-아탈란타 작전"이라 불리는, 소말리아에서의 〈유럽연합 해군〉의 작전에 관한 영상을 온라인에 게시했다. 그 영상은 군악대의 불길한 북소리로 시작한다. 바다에서 소말리아 해적을 나포하는 군함의 이미지가 화면을 채우고 영국식 억양의 중년 남성 목소리가 진지한 말투로 시청자에게 전한다. "WFP〔〈유엔 세계 식량 프로그램〉〕 수송에 대한 해적 행위의 위협은 매우 심각합니다. 〈유럽연합 해군〉 호위함은 소말리아 사람들에게 도달할 식량 수송 보안에 아주 중요합니다." 그 이미지는―여전히 입 안에 파리가 들끓고 생기 없는―쇠약한 아프리카 아이들을 담은 화면으로 바뀌면서 곧 닥칠 것처럼 보이는 대규모 기아의 위기를 경고한다. 카메라는 이제 아탈란타 작전 지휘관인 던컨 포츠Duncan Potts 영국 해군 소장과의 인터뷰로 향한다. 그는 설명한다. "해적 행위를 방지하기 위해서 이용가능한 모든 도구와 수단을 사용하는 것은 중요합니다……우리는 우리가 할 수 있는 곳에서 그들을 찾아내려고 노력합니다……우리는 모든 수단을, 우리의 역량 안에서 모든 **합법적인** 수단을 사용하려고 노력합니다"(강조는 그의 것). 포츠에 이어 우리는 하얀 피부의 멋진 젊은 유럽 여성―세계 식량 프로그램 소말리아의 해상 로지스틱스 담당자인 이피게니아 메탁사Ifigenia Metaxa―을 만난다. 그녀는 희망에 찬 미소를 지으며 〔물자〕 수송은 이제 "유럽 해군 덕분에……방해받지 않고……지속적으로 적시에 안전하게" 〔이루어진다고〕 설명한다. 그러고는 이제 보다 건강한 소말리아 아이들이 세계 식량 프로그램의 원조 식량을 먹는 이미지가 나오면서 해설자의 목소리가 다시 말을 이어간다. "해적 퇴치는 〈유럽연합 해군〉의 일상적인 기본 과업으로 남아 있다. 그리고 인도주의적 측면에서 아탈란타 작전은 아프리카의 뿔에 사는 사람들이 이 어려운 시기 동안 절실하게 요구되는 식량과 도움을 받도록 계속해서 보장한다."

이 영상이 온라인에 게시된 다음 날, 〈유럽연합〉은 소말리아를 폭격했다. 2012년 5월 15일 이른 아침, 수상기^{水上機}와 공격 헬기는 소말리아 중심 해안지대의 무두그^{Mudug} 지역에 있는 한달^{Handulle} 마을을 폭격했다. 이곳은 〈유럽연합〉이 "해적 소굴"로 명명한 곳이었다. "해적들"과 지역 어부들은 오늘날 소말리아에서 대개 동일한 사람들(Ali and Murad 2009)임에도 불구하고 그리고 아탈란타 작전은 인도주의적 임무로 표현됨에도 불구하고, 〈유럽연합〉은 거의 주저 없이 민간인을 대상으로 한 무장 전투에 개입했다. "우리가 하려는 것은 이 사람들의 삶을 좀 더 힘들게 만드는 것이다"라고 〈유럽연합〉 대해적군 대변인 재클린 쉐리프$^{Jacqueline Sherriff}$ 해군 소령은 말했다. "이것은 환상적인 기회다"(Gettlemen 2012에서 재인용). 그 공격은 미디어를 통해 "소말리아 해적이라는 사회악을 대상으로 한" 공습으로 널리 묘사되었다(같은 글). 그 공격에서 보고된 사상자는 없었지만 "소말리아 로지스틱스 인프라"는 손상되었다. "그들은 우리의 설비를 잿더미로 만들었다. 그것은 우리의 핵심 공급 센터였다." "해적 지도자"로 알려진 바일 후세인$^{Bile Hussein}$은 전 세계 신문에 실린 한 기사에서 설명했다. "남은 건 아무것도 없다"(Guled 2012).

〈유럽연합〉은 〈북대서양조약기구〉^{NATO} 그리고 미국이 주도하는 제151연합임무군^{CTF}과 함께 그 지역의 해적 퇴치 작전을 이끄는 여러 다국적군 중 하나다. 소말리아 앞바다에 무려 10척의 군함을 두고 있는 〈유럽연합 해군〉은 원조 물자를 소말리아로 나르는 배를 보호하는 책임을 지고 있다. 그러나 〈유럽연합 해군〉은 또한 [소말리아에] 전개^{展開}된 〈아프리카연합〉$^{African Union}$ 군대를 위해 로지스틱스 지원 선박을 제공한다("EU Forces" 2012). 〈유럽연합〉은 소말리아 과도연방정부 ─ 회의론이 무성한 기구 ─ 의 주요 금융 스폰서다. 모하메드 하싼$^{Mohamed Hassan}$(2010)은, 과도정부는 "소말리아에 사회적 기반이나 권위가 없다. 제국주의 군대가 과도정부를 지원하기 때문에 국제 수준에서만 겨우 존재할 뿐이다"라고 주장한다. 〈유럽연합〉은 해적 퇴치 활동을 위해 과도정부의 부대를 훈련시키고 이웃한 다섯 국가들의 해군에 증원 부대를 제공한다.

〈유럽연합〉은 2012년 2월 런던에서 열린 일련의 회의 이후 같은 해 3월 지상 공격을 승인했다. 유럽 국가들 간의 논쟁의 결과는, 공군력은 지상의 해적을 추적하기 위해 동원될 수 있지만 유럽인의 인명에 대한 위험은 지상전을 피함으로써 제한되어야 한다는 것이었다(Dempsey 2012). 공격 이후 〈유럽연합〉의 공식 성명은 "〈유럽연합 해군〉 '신병들'이 어디에도 상륙하지 않았다"고 반복해서 강조했다(Gettlemen 2012). 마치 공군력은 소말리아 주권을 덜 침해하고 폭력을 덜 행사한다고 암시하듯이 말이다. 하지만 이 주장은 런던의 단체 〈소말리아에서 떠나라〉Hands off Somalia(2012)가 그 공격은 "유럽 제국주의자들이 식민지 시대 이후 소말리아에 가한 첫 번째 직접 공격일 것"이라고 주장하는 것을 막지 못했다.

의심할 여지없이 그 공격의 식민적 영향은 극심하다. 영국이 거의 1세기 전 군사 작전에서 공군력 교리를 처음 실험했던 곳이 바로 [그 공격이 이루어진 곳과] 동일한 지역이었다. 공군력의 파괴적인 모든 역사는 1920년 영국의 소말릴란드[2] 폭격과 함께 시작되었다(Omissi 1990). 20년 넘게 진행된 실패한 지상 작전을 갑자기 종결하고 영국 공군은 오늘날 소말리아의 북부 지역에 21일 동안 폭격을 했다. 공군력은 1차 세계대전 대전 이후 영국 제국주의를 유지하는 데 있어 매우 중요했다. 쇠락한 그 제국은 공군력 덕분에 병력 절약으로 지배를 유지할 수 있었다. 앤서니 클레이턴Anthony Clayton(1986, 11)이 "병력"에 대한 "권력"의 행사에 대해 주장하듯이, "따라서 병력의 실제 사용을 최저한도로 하는 권력은 [식민 지배]의 주안점이었다······ 권력은 경제적이었다. 원초적인 병력 사용은 금세 소모되었기 때문

---

2. [옮긴이] 소말리아의 북부의 옛 영국령 소말릴란드 지역을 영토로 하는 나라. 1991년 5월 독립 선포 후 국제사회로부터 승인받지 못하여 미승인국가로 남아 있지만 실질적인 독립국이다.

이다. 더욱이 한 장소에 사용된 병력은 다른 곳에서 동시에 사용될 수 없었다. 하지만 권력의 영향력은 동시에 여러 장소에서 감지될 수 있었다."

2011년 소말리아 폭격이 이 지역에서 유럽 제국주의의 부활을 보여 준다면, 〈유럽연합〉의 영상은 그 얼개의 결정적인 요소다. 〈유럽연합 해군〉은 식민지 영화 — 가장 명백한 것으로는 의지할 곳 없는 아이로 표현되는 아프리카의 이미지 — 라는 일련의 진부한 수사법들을 재생산한다. 그 영상은 어린 아이로 취급된 아프리카인들이 백인 유럽인의 손길을 절실히 필요로 한다는 장면을 설정한다. 어린 소말리아인들은 무력하고 고통받기만 하는 것이 아니다. 그들은 또한 위협받고 있고 보호를 필요로 한다. 따라서 이차 기동연습에서 화면에 나오는 성인 소말리아인들 — 해적들 — 은 소말리아 아이들에 대한 중대한 위협으로 그려진다. 그 영상이 우리에게 보여 주는 것은 유럽인들이 소말리아 성인으로부터 소말리아 아이들을 구해야 한다는 것이다. 그것이 제작된 맥락은 이 영상이 제국적 폭력을 위한 시각 작품이 아닌 다른 어떤 것이라는 환상을 없애 버린다. 폭격 임무 전야에 그 영상이 공식적으로 유포되었으므로, 그것의 도구적 목적은 부인하기 어렵다(Landman 2009; Carter 2010). 테주 콜$^{Teju Cole}$(2012)이 "백인 구원자 산업 복합체"³라고 불렀던 것에 대한 인상적인 에피소드에서 소말리아 해적

---

3. [옮긴이] 테주 콜은 〈코니 2012〉(Kony 2012) 영상을 본 뒤 트위터에 번호를 매긴 비판적인 글을 연달아 남겼다. "1- [제프리] 삭스(Sachs)에서부터 크리스토프(Kristof), 〈보이지 않는 아이들〉(Invisible Children), 테드(TED)에 이르기까지, 미국에서 가장 급성장하는 산업은 백인 구원자 산업 복합체(white savior industrial complex)다." "2- 백인 구원자는 아침에는 잔혹한 정책을 지원하고 오후에는 구호 단체를 설립하며 저녁에는 상을 받는다." "3- 악의 평범함은 감성주의의 평범함으로 바뀐다. 세계는 열정에 의해 해결될 수 있는 문제에 불과하다." "4- 이 세계는 백인들과 오프라(Oprah)의 — 무엇보다 감성적 필요를 비롯한 — 필요를 충족시키기 위해 존재할 뿐이다." "5- 백인 구원자 산업 복합체는 정의에 관한 것이 아니다. 그것은 특권을 확인하는 큰 감정적 경험에 관한 것이다." 〈코니 2012〉는 미국의 비영리단체 〈보이지 않는 아이들〉이 만든 영상으로 우간다 반군 지도자인 조셉 코니(Joseph Kony)를 국제형사재판소 법정에 세우자는 주장을 담고 있다.

의 사냥은 현대 제국적 지배의 일련의 법적·정치적·군사적 실험들에서 중심적인 자리를 차지한다. 이 복합체는 분명 새로운 것이 아니다. 그것의 감성주의sentimentality는 식민 지배의 오랜 역사에서 출현한다. 사실 린 페스타 Lynn Festa(2006, 8)가 주장하듯이, "감성주의는 멀리 떨어진 타자와의 관계를 사고할 수 있는 것으로 만드는 수사법을 형성한다."

"새로운 아프리카 쟁탈전"(Carmody 2012; Hallinan 2011) 그리고 아프리카 해상 경계에 대한 쟁탈전이 진행됨에 따라, 우리도 새로운 감성적 형태의 순환을 목격한다. 이 "새로운 쟁탈전"에 대한 논쟁은 주로 자원 채취와 지정학적 지배를 위해 아프리카 대륙에서 벌어지는 미국과 중국의 개입에 초점을 맞춘다. 그러나 그것은 제국적 권력의 변화하는 지리와 논리 또한 보여 준다. 이 식민적 쟁탈전에 대한 문헌들은 "신향신료길"new spice road 에 대한 서술들과 이따금씩 짝을 이루며, 이것은 유용하게도 무역과 순환의 인프라를 강조한다. 닉 터스Nick Turse(2012)는 오늘날의 "'향신료길'은 계피나 정향, 혹은 비단과 아무런 관련이 없다"고 설명한다. "대신 그 길은 초강대국의 초고속도로다. 여기서 트럭과 배는 증가하는 해양 및 지상 교통 인프라를 통해 ─ 급격하게 증가하는 아프리카 주둔 미군에게 서비스를 제공하는 ─ 보급창과 소규모 캠프 그리고 비행장의 네트워크에 연료와 식량과 군사 장비를 실어 나른다." 인도주의적 정동은 현대 군사 임무의 강력한 특징이다. "끝나지 않는 전쟁"(Duffield 2007)의 시대에 전쟁과 개발 사이의 흐려지는 경계에 대한 논쟁 또한 최근 몇 년 사이 활기를 띠었다. 콜(2012)은 이 복합체 내에서 인도주의의 중추적 역할에 주목한다(Holzgrefe and Keohane 2003도 보라). 그는 [이렇게] 주장한다. "백인 구원자는 아침에는 잔혹한 정책을 지원하고 오후에는 구호 단체를 설립하며 저녁에는 상을 받는다." 그는 더 나아가 [이렇게] 말한다. "악의 평범함은 감성주의의 평범함으로 바뀐다."

마찬가지로 아프리카의 뿔 주변의 해적 행위는 〈유럽연합〉의 영상에서처럼 소말리아 식량 안보[보안]의 문제일 뿐 아니라, 국가 군대·〈유럽연합〉같은 관국가적 통치 기구 그리고 해운업에 의해 근본적으로는 **공급 사슬 보안**의 문제로 거듭 간주되어 왔다. 지경학이 [아프리카] 대륙에 대한 제국적 개입의 현대적 논리를 움직인다면, 아덴 만과 아프리카의 뿔에 병력 사용을 조직하는 것은 공급 사슬의 보호다. 소말리아 해적 행위 문제를 관리하는 방법에 대한 논쟁은 재화 순환의 문제가 얼마나 중대하게 되었는가를 알려준다. 미국 해안 경비대의 윌리엄 바움가트너William Baumgartner 해군 소장은 2009년 4월 "해적 퇴치를 위한 국제 공조"를 다루는 미 하원 소위원회에서 [이렇게] 진술했다. "방해받지 않는 해양 상업 흐름은 지구 경제의 생명선이다." 영국 제국 권력의 정점 이래, 특히 소말리아와의 오랜 제국적 관계 이래 해운업에서 영국이 차지한 중심적인 역할을 고려해 보면, 영국 의회 외교위원회(2011)가 "영국 경제에서 지구적 해양 산업이 지닌 특별한 중요성"이 "해적과의 전투가 영국 정부에게 주요 우선 사항이어야 함"을 의미한다고 주장하는 것은 놀라운 일이 아니다. "영국은 지구적 해상 무역의 중심에 자리 잡고 있다……그러므로 해적은 영국의 매우 커다란 문제다." 국가들뿐 아니라 기업들도 소말리아 해적이 지구적 경제를 위협한다고 주장한다. 〈국제해운회의소〉가 이끄는 국제 해운 커뮤니티는 2008년 공동 공식 성명에서 "소말리아 해적은 선원들의 생명과 세계 무역의 안전[보안]을 위협한다"고 주장했다.

〈유럽연합〉의 폭력을 촉발했던 해적 행위 문제에 대한 주목은, 무역 흐름의 보호에 종사하며 영토와 주권의 개조를 강조하는 현대 제국주의가 지닌 몇 가지 특별히 결정적인 차원들을 드러낸다. 해적은 단순히 소말리아 사람들의 적으로 묘사되지 않는다. 그보다 그들이 굶주린 아이들의 삶에 제기하는 위협은 그들을 괴물로 만든다. 해적은 단순히 특정한 인간들의 적이라기보다는 우리 공통의 인간성에 대한 적인 것이다. 이것이 바로 해적이 역사적으로 수행했던 역할 — "인류의 적"hostis humani generis — 이다(Benton 2010; Cordingly 1996; Poier 2009; Rediker 2004). 해적의 형상이 국제법의 수립에서 중추적 — 이지만 크게 간과된 — 역할을 수행했던 초기 식민지 시대에서처럼, 오늘날 해적은 다시 한 번 지구적 협치 규범의 개조에서 핵심적인 역할을 한다. 현대의 해적퇴치 계획의 핵심은 법적·주권적 공간의 개조와 제국적인 (지경학적인) 지구적 통치의 개조다.

해적 행위란 무엇인가?

안대, 선장의 삼각 모자, 해골 마크, 줄무늬 셔츠, 어깨 위에 앉아 악명 높은 "악"arrghh을 내뱉는 앵무새와 함께하는 거칠고 잔혹한 남자라는 대중적인 문화적 이미지들과 직접 마주치지 않고 해적 행위에 대한 논의를 시작하는 것은 불가능하다. 영화, 만화책, 동화 등에서 유통되는 이 만화적인 이미지는 17세기와 18세기 유럽 해적 행위의 전성기에 나온 것이다. 그렇지만 해적 행위는 훨씬 더 오랜 역사 — 지구적인 역사 — 를 갖고 있으며 오늘날에는 매우 다르긴 하지만 아무튼 인식가능한 것으로 살아남았다(Ali and Murad 2009; Benton 2010; Cordingly 1996; Konstam 2008; Sutton 2009; Thomson 1994). 이 만화적인 이미지들과는 달리, 해적 행위의 지구적인 역사와 현대 지리에서 그 형상이 백인인 경우는 별로 흔하지 않으며 분명히 다른 옷을 입고 있다. 대중문화의 해적과 숱한 해상 분쟁의 해적 사이의 이 간극은 제국적 정치의 작동을 보여 줄 뿐 아니라 감추기도 한다. 그러나 해적 행위에 대한 실제의 미학과 상상의 미학의 차이와 더불어 중요한 연속성도 존재한다. 살바토레 포이어Salvatore Poier(2009)

의 말에 따르면, "'해적 행위'라는 용어는 전혀 다른 맥락에서 벌어지는 상이한 많은 활동들에 적용되었음에도 불구하고, 그 의미의 사회적·정치적 핵심은 맨 처음부터 달라지지 않았다." 해적은 시간을 가로지르며 악당이자 영웅으로 묘사된다. 그때나 지금이나 해적의 형상은 숭배되고 매도된다. 포이어가 쓴 것처럼, "해적은 ─ 그리고 여전히 해적은…… 피에 굶주린, 하지만 낭만적인 영웅으로 ─ 비춰지기도 했다." 해적을 독특하게 만드는 것은 바로 해적의 비결정성undecidability이다. 그는 정동의 그리고 중요하게는 서구법의 어떤 이원화된 체계가 지닌 이분법 바깥에 있다. 해적 행위에 대한 대중 서사는 흔히, 선원을 어떤 때는 왕권의 수호자로 묘사하고 그다음에는 인류의 적으로 묘사하는 국가 권위의 자의적인 본성을 암암리에 인정하거나 심지어 수용한다. 해적에 대한 대중의 열의는 그 형상의 "횡단성"transness ─ 법의 양면에 다 있는 그의 출생지 ─ 에도 불구하고가 아니라 그것 때문에 지속된다.

해적의 사회적 삶에서 가장 강력한 역사적 연속성은 심미적이거나 문화적인 것이 아니라 정치적이다. 해적이 우리의 범주에 야기하는 어려움을 대중문화가 보여 줄지도 모르지만, 사실 대중적 호기심은 대체로 해적의 전개에서 작동하는 중대한 정치적 이해관계로부터 주의를 분산시킨다. 과거의 중요한 순간에 해적의 형상은 폭력과 주권의 지리를 개조하는 데서 결정적인 역할을 한다(Benton 2010; Thomson 1994). 그리고 그 형상은 오늘날에도 다시 그런 역할을 한다. 대중적이며 명랑한 해적의 이미지들과 더불어, 우리는 이 형상의 아주 진지한 역할 또한 적어도 고대부터 추적할 수 있다. 해적 행위는 고대 세계에서 엄청난 문제였다. 키케로Cicero는 잘 알려진 것처럼 해적을 "hostis humani generis", 즉 인류의 적으로 묘사했다. 켐페(2010, 356)는 "해적은 인간성 외부에, 그게 아니라면 야생 동물을 위해 남겨진 영역에 놓았다"고 하면서 키케로의 글에서 나타나는 해적의 비非/하위 인간성을 강조한다. 따라서 해적 행위는 단순히 예외적인 법적 지위로 표현되지 않았다. 법 바깥에 위치한, 인간성까지 잃어버린 것으로 분류되었다. 키케로(〔44 BC〕 1887, 107)[4]에게 해적은 특별한 유형의 적이다. [해적은] "법률상의 적들 속에 포함되는 것이 아니라 모든 사람들의 공통의 적이다. 해적과 다른 사람들 사이에는 상호 구속적인 어떤 맹세의 말이나 어떤 서약도 있어서는 안 된다." 이천 년 전 키케로는 해적을 정상적인 법의 영역 외부에 ― 범죄성 너머에 있는 범죄자라는 복잡한 위치에 ― 두었다. 이러한 방식으로 어떤 유의미한 인권 개념보다도 훨씬 앞서서, 로마의 정치가들은 해적이 인간성을 위협하기 때문에 인간 외부에 있다고 여겼다(Heller-Roazen 2009, 9).

키케로의 말은 16세기 법률가 알베리코 젠틸리Alberico Gentili에 직접적인 영향을 끼쳤다. 그는 1589년에 해적을 "공통의 적"으로 묘사했다. [해적은] "법의 울타리 밖에 있기 때문에 누구든 처벌받지 않고 공격[할 수 있다. 그들은 국제법을 경멸하는 자들이다. 그러므로 그들은 그 법의 보호를 받지 못한다." 이처럼 해적이 법의 외부에 있다는 관념은 젠틸리를 통해 근대 초기 유럽인의 사고에 유입되었고, 이후 19세기 법규에 최종적으로 성문화되었다. 영국 법률가 윌리엄 블랙스톤William Blackstone 역시 1755년 저작 『영국법 해설』Commentaries on the Laws of England에서 해적을 제국적 "문명" 개념과 비교하여 야만인으로 제시하면서 국제법에 대한 해적의 이러한 예외적 지위를 반복한다. 그는 "국제법에 대한 범죄에 대하여"라는 제목의 장에서 "인류의 적"이라는 해적의 정의를 반복한다. 이러한 이유로 그는 "〔해적〕은 사회와 정부의 모든 혜택을 포기했고, 전 인류를 상대로 전쟁을 선포함으로써 자신을 또다시 자연의 야만적 상태로 몰아넣었다. 전 인류는 해적에

---

4. [한국어판] 마르쿠스 툴리우스 키케로, 『키케로의 의무론』, 허승일 옮김, 서광사, 2006, 제3권, 107(245쪽).

맞서 전쟁을 선포해야만 한다"고 주장한다(Blackstone〔1755〕1922, 51).

법의 범위 너머에 있는 "위치"에 의해 표기되는 해적의 예외적인 법적 지위는 단순히 메타포의 문제가 아니었다. 오히려 그것은 중심적으로 작동하는 **법제지리학**을 드러낸다. 공해公海는 오랫동안 해적의 자연적인 고향으로 여겨졌고, 대중문화는 여전히 대양大洋과 그 형상의 이 연관을 직접적으로 상기시킨다. 그보다 앞선 많은 작가들처럼 블랙스톤은 "해적 행위라는 범죄"를 그 행위가 벌어지는 해양 공간과의 확고한 관계 속에서 정의했다. 그가 상세하게 설명하길, 해적 행위는 "공해 상에서 벌어지는 그러한 강도와 약탈 행위로 이루어진다. 육지에서 벌어졌다면 중죄에 해당했을 것이다." 이처럼 그 범죄는 그것의 위치, 즉 그것의 지리 때문에 중대하게 된다.

수천 년 동안 작가들은 해적 행위를 논하면서 해상에서의 공격이 지닌 악랄한 본성을 상세히 서술했다. 그렇지만 해양이라는 상황이 해적 행위의 역사 지리학과 도상학에서 결정적으로 중요하게 작용했음에도, 결정적인 것은 해적을 구성하는 해양의 특질이 아니라 법과 정치의 영역에서 공해가 지닌 예외적인 지위다(Benton 2010; Kempe 2010; Perotin-Dumon 1991). 통치가 불가능한 것처럼 보이는 다른 공간들 ─ 20세기의 하늘과 보다 최근에는 인터넷 ─ 과 관련하여 밝혀진, 우리가 해적 행위의 형태에 대해 보다 최근에 알게 되었던 사실은, 대양을 해적 행위의 상징적iconic 공간으로 만들었던 것은 대양의 이러한 외견상의 통치불가능성이라는 점을 강조한다.

이처럼 해적 행위의 예외적 본성과 공간에 대한 이 역사적 강조는 근대적인 국민국가와 국제법의 시대 이전에 서구의 철학적·법적 저술에 완전히 확립되어 있었다. 이것들은 대니얼 헬러-로즌Daniel Heller-Roazen(2009, 10)이 "해적 패러다임"으로 정의하는 것이 지닌 두 가지 핵심 특징이다. 이 패러다임은 오늘날 해적 행위에 대한 통치에서 지속되는 그리고 해적을 그처럼 강력한 형상으로 만드는 어떤 변하기 쉬운 본질을 구성한다. 그가 말하는 첫 번째 특징은 이 패러다임이 "예외적인 법적 지배가 적용되는 지역을 필요로 한다"는 점이다. 다시 말해서 우리가 키케로와 젠틸리와 블랙스톤의 저작에서 보았듯이, 해적 행위는 주로 법의 지리적 권위 외부에 있는, 가장 흔하게는 공해 상에 있는 그 위치에 의해 정의된다. 둘째, 헬러-로즌은 이 해적 패러다임이, "그러한 이례적인 법적 공간에서 [범죄] 행동을 저지르면서, 다른 개인에 대해 한 개인이 가지는 적대나 다른 정치결사에 대해 한 정치결사가 가지는 적대로 정의될 수 없는 적대를 표출하는 행위자를 필요로 한다"고 설명한다. 이것은 고대부터 오늘날까지 해적의 지위를, 인류 전체에 대한 위협으로, 따라서 모두가 기소할 수 있는 위협으로 이해되는 "보편적인 범죄자"로 설명한다. 그러므로 어떤 의미에서 해적 패러다임에 대한 헬러-로즌의 처음 두 가지 특징은 서로를 함축하고 있다. 그 둘을 분리해서 사고하는 것이 필요한 이유는 부분적으로는 우리의 정치적 상상계에서 공간이 흔히 경시되기 때문이다. 그렇지만 우리가 (이미 첫 번째 쌍에 함축되어 있는) 그의 패러다임의 마지막 두 특징을 살펴보면 해적 행위에 대한 논쟁의 핵심이 드러난다. 이것은 무엇보다도 공간의 정치가 얼마나 그 문제에 있어 핵심적인가를 보여 준다.

헬러-로즌(같은 책)은 이 처음의 두 특징(해적 행위의 예외적 공간과 그에 따른 해적 행위의 예외적인 법적 지위)이 세 번째 특징을 수반한다고 주장한다. "범죄 및 정치적 범주의 혼동 또는 붕괴"가 그것이다. 해적 패러다임의 이 세 번째 특징은 또한 네 번째 특징을 함축한다. "해적 행위는 전쟁 개념의 전환을 수반한다." 다시 말해서 해적은 법의 권위 외부에 있는 범죄자로 구성되기 때문에 "해적을 상대로 수행되는 작전"은 "외적[대외] 관계와 내적[국내] 안보[보안]의 절차들 — 정치와 치안의 기술들"을 포함한다. 그러므로 어떤 의미에서 헬러-로즌의 패러다임 전체는 첫 번째 특징 — **법적**

공간의 문제 — 에 달려 있다. 전쟁과 범죄와 주권의 곤혹스러움은 모두 정부의 지리적 권위 너머로 통치하려는 시도에서 나온다.

안보[보안]의 이러한 내외 구별은 국민국가 시스템의 성장과 함께 전례 없이 중요하게 되었다. 따라서 해적은 국제법을 약화시키면서도 안정시키는 형상으로서 근대 시대에 한층 더 중추적인 형상이 된다. 켐페(2009)는 일련의 유사한 주장을 제기한다. 그는 해적이 대양에서 그리고 법적 논쟁에서 아주 오랜 역사를 가지고 있지만, "두드러진 관심사"가 된 것은 16세기와 19세기 사이라고 주장한다. 만일 우리가 해적 행위와 관국가적 관계들과 국제법 사이의 관계들에 대해 지구적인 관점을 취한다면 말이다. 이것은 유럽의 국민국가 시스템이 수립되고 해적 행위가 그 과정에서 — 자주 간과되지만 — 아주 중요한 역할을 했던 바로 그 시기다. 해적 행위의 통치와 크게 관련 있는 중대한 저작에서 제니스 톰슨 Janice Thomson(1994, xvii)은 현대 세계에서 폭력은 "국가적statist이자 영토적"이라고 쓴다. 정치지리학의 이 특징들은 흔히 자연화되지만, 그녀는 그 특징들이 사실 "놀랄 만큼 독특한" 방식으로 "20세기의 국가 시스템을 이전의 세계 정치 질서 및 그 협치 제도와 구별 짓는다"는 점을 우리에게 상기시킨다. 근대 국가를, "행정 직원이 질서의 집행에서 물리적 힘의 합법적 사용의 독점에 대한 주장을 성공적으로 유지하는", "연속적으로 운영되는 강제적인 정치 조직"으로 정의하는 막스 베버Max Weber(1978, 54)를 따라 톰슨은 그 조직이 어떻게 스스로를 수립했는지 추적한다. 그녀는 이 조치들의 로지스틱스와 관련하여 [이렇게] 묻는다. "국가는 어떻게 자신의 영토에서 생겨나는 경계를 넘어서 폭력에 대한 독점을 획득했는가?"(3) 이 낯선 시스템이 출현하기 위해서 합법적 폭력에 대한 국가의 독점이 이루어져야 했고 이것은 평화적 과정과는 거리가 멀었다. 국민국가 시스템의 성장은 자연적이거나 유기적인 사실이 아니었으며, 국가 행위자의 권위가 다른 구성물의 도전을 받지 않은 것도 아니었다.

톰슨은 "비국가적인 관국가적 활동들의 무장 해제가 타율에서 주권으로의 이행 그리고 국가들의 국민국가 시스템으로의 전환의 전조였다"(4)고 주장한다. 다시 말해서 국민국가가 정치적 권위에 대한 독점을 떠맡은 것처럼, 폭력 또한 "비국가적·경제적·국제적 권위 영역에서 국가적·정치적·국내적 권위 영역으로" 변했다. "그것은 탈민주화되었고 탈시장화되었으며 영토화되었다."

　　이것은 왜 해적 행위가 권력과 폭력의 이러한 재질서화에 매우 중대한 것으로 간주되는지를 질문하게 만든다. 공해에 대한 법의 문제가 육지에 대한 영토성에 뿌리내리고 있는 시스템에 아주 중요한 문제가 된다는 것은 납득하기가 어려울지도 모른다. 그러나 로렌 벤턴Lauren Benton(2005, 702)이 주장하듯이 국제 규범은 베스트팔렌이 아니라 인도양 가장자리에서 형성된다. 켐페(2009, 354)는 [다음과 같이] 주장하면서 이 주장을 되풀이한다. "'해적 행위'와의 국제적 대치에서 우리는 근대적인 국가 간 관계 및 국제법의 기본 구조와 주요 특징의 형성을 관찰할 수 있다." 주권의 범위 너머에 있는 형상이 아주 중추적으로 되었던 이유는 바로 국제적인 국가 시스템은 절대 공간이 상호 배타적인 주권의 "퍼즐 조각들"로 분할되는 것을 전제로 삼고 있기 때문이다. 물론 퍼즐 조각들이란 이미지는 불완전하다. 유럽 국가들은 세계의 지역 전체를 식민화하는 데 적극 가담했기 때문이다. 이처럼 국가 시스템의 권위는 제국적 지리에 크게 의존하고 있었다. 국가 시스템은 외부outside를 필요로 하지만 자신의 외부exterior에 대해 권위를 행사하기도 한다. (역설적으로 자신을 통치하는 시스템의 권위 외부에 있는 형상으로서) 해적은 근대 주권의 이러한 근본적인 긴장의 효과이다. 이 시기 동안 해적 행위의 문제화 그리고 해적 행위의 통치를 위한 초국적 패러다임의 출현은 상이한 유럽 제국들 간의 투쟁이 지닌 특징이다. 켐페(2009, 369)의 말처럼, "여기서 해양 치안 기능의 행사는 정치적 헤게모니를 얻기 위한 노력과 떼어놓을 수 없었다." 이 정치적 헤게모니란 제국적 헤게모니였다. 해적과의 전투를 통해 이러한 해양 치안을 행사함으로써, "국제 무역로 보호"라는 공식적인 기치 하에 "영국 해군은 페르시아 만에 자신의 깃발을 내걸 수 있었다."

국민국가 시스템의 배치에서 해적 행위의 역할을 질문하는 또 다른 방식은 해적 행위가 그 시스템의 결정화結晶化에 (왜가 아니라) **어떻게** 기여했는지 묻는 것이다. 국민국가 형성의 시기가, 해적 행위가 국제법에서 정의되는 시기이기도 한 것은 우연이 아니다. 후자는 전자에 부수적인 것이었다. 톰슨(1994, 101)은 [이렇게] 설명한다. "해적 행위가 초기의 유럽 국가 시스템에서 합법적인 관행이었다는 것은 전혀 의문의 여지가 없다.…… 그러나 18세기 초 무렵 해적은 일제히 교수형을 받고 공개 처형되고 있었다." 켐페(2009)는 한 걸음 더 나아가서 해적 행위라는 문제를 **생산하도록** 도왔던 것은 바로 나포 면허장의 발행이었다고 말한다. 해상 무역이 활발했던 국가들은 민간 선박에게 나포 면허장을 발행했다. 그것은 사나포선私拿捕船이, 면허장을 발행하는 국가를 대신해 행동할 수 있게 했고 흔히 약탈의 구실이 되었다. marque[나포]라는 단어는 고대 영어 mearc와 게르만어 mark 그리고 원시 인도유럽어 merg에서 나왔으며 이것은 모두 "경계"와 "국경"을 뜻한다. 실제로 나포 면허장은 법령에 따라 주권을 재양도하는 일종의 휴대용 국경의 역할을 했다. 선장은 나포 면허장 덕분에 켐페가 "해상 쇼핑"으로 칭하는 것을 정당화할 수 있었다. "주권국가의 대리인으로서 이 선장들은 산발적이지만 스펙터클한 해상 침입 지역에 해당하는 상상의 항로에서 바다를 가로지르며 법을 집행했다."(354~55). 그렇지만 이 시스템은 옹호될 수 없었다. 켐페(2009, 362)는 [이렇게] 쓴다. "엄밀한 의미에서의 해적 행위의 출현은 부분적으로는 정말로 폭발적으로 늘어난 나포 면허장이라는 법적 시스템 때문이었다…… 이러한 종류의 해상 강도들은 매우 위험했는데 그것은 바로 그들이 항상 어떤 국가의 지지를 얻었고 동시에 모든 국가들의 적은 결코 아니었기 때문이다." 켐페(2009), 톰슨(1994) 그리고 포이어(2009)는 국제법 하에서 해적 행위를 통치하려는 노력들은 이렇게 제국적 권력들의 경쟁이라는 맥락에서 직접 출현한다는 것에 동의한다. 톰슨(1994, 109)은 이 계기와 딜레마에 대해 가장 면밀하게 개입한다. 그녀는 신흥 국가들이 마주치는 문제를 이렇게 표현한다. "어떤 국가도 공해에 대한 주권이 없다면 — 즉 권한을 행사하지 않는다면 — 누가 바다에서 일어난 개별 폭력 행동들에 책임을 질 것인가?" 톰슨은 19세기 초 무렵 점점 제국적 상업을 위협하던 해적 행위 문제의 증가에 대항하여 세 가지 가능한 대응들이 출현했다고 주장한다. 첫 번째 대응은 넓은 개방 수역에 대해 단일 국가들이 주권을 주장하는 것이었다. 그녀는 스페인이 실제로 이것을 시도했지만 바다의 방대한 크기와 거주할 수 없는 특성 때문에 집행이 불가능했다고 설명한다(Thomson 1994, 111). 두 번째 전략은 국가들이 자신의 시민들이 저지른 해적 행위에 대해 국제적으로 책임을 지는 것 — 영국이 인도와의 식민지 무역에서 취한 접근 — 이었다. 하지만 이 접근도 법적 시스템을 위한 실행 가능한 기반을 제공하는 데 실패했다. 오늘날의 편의치적 시스템처럼, 선원의 국적이, 그 배에 권한을 주었던 나포 면허장의 국적과 다른 경우가 흔했기 때문이다. 따라서 제국적 국가들에게 해적 행위 문제의 "해결책"은 해적을 국제법상의 보편적 범죄자로 지정하는 것이었다 — [이것은] 어떤 국가라도 해적을 기소할 수 있지만, 어떤 국가도 그렇게 할 의무는 없었다는 것을 의미한다(Kontorovich 2009). 역설적으로 톰슨(1994, 111)은 [이렇게] 주장한다. "개발된 규범에 따르면, 해적은 국적 없는 개인들이며 그러므로 국제법적 의미에서 존재하지 않는다." 실제로 1856년 〈파리조약〉까지 신생 국제법 시스템은 오직 두 가지 법적 실체만 인정했다. 개인과 국가가 그것이다. 그 이전에는 해적 행위를 겨냥한 — 국내에서 집행되었던 — 국가법이 소수의 국가에 있었지만, 국제적인 혹은 보편적인 접근은 없었다. 톰슨 (1994, 111~12)은 이 지구적 규범은 "해적 행위를 구성하는 것에 대한 명확한 정의를 국가 시스템이 제시할 때까지 개발될 수 없었으며 보편화는 말할 것도 없었다"고 확신한다. "그리고 이것은 국가가 계속해서 개별 폭력을 착취할 수 있는 자원으로 여기는 한 불가능했다." 다시 말해서 "해적 행위는 정의될 때까지 말살될 수 없었고, 국가가 후원하는 혹은 승인한 개별 폭력과 구별될 때까지 정의될 수 없었다." 보편적 범죄자로서 해적의 발명은 완전히 새로운 제3의 실체를 국제법에 부과했다. 이것은 단순히 한 국가의 외부가 아니라 모든 국가들의 외부에 있는 범죄 행동으로 정의되고 모든 국가들의 박해를 받는다.

이처럼 해적 행위는 특정한 규칙에 대한 도전이 아니라 법 자체에 대한 도전이라는 점에서 법에게 문제가 되었다. 발터 벤야민(1978, 277)[5]이 주장하듯이, 폭력의 독점에 대한 법의 관심은 "법적 목적을 지키려는 의도가 아니라 오히려 법 자체를 지키려는 의도로 설명된다. 법의 수중에 있지 않은 그러한 폭력은 법을 위협하는데, 그 이유는 폭력이 추구하는 목적 때문이 아니라 그 폭력이 법의 외부에 존재한다는 사실 때문이다." 해적 행위를 독특하게 만드는 것은 그것이 주권의 주권성에 제기하는 도전에 있다. 많은 형태의 반란이 법규나 심지어는 법 시스템의 권위에 도전하지만 권위의 공간 외부에서 법의 권위에 도전하는 것은 해적 행위뿐이다. 이와 같이 해적 행위의 개념은 제국적 국가들의 "법적 전략으로서" 가장 잘 이해된다 (Kempe 2010, 354). 여기서 해적은 "단순히 배와 부유한 항구를 공격하고 약탈하는 범죄자가 아니라" "사람들, 거래, 통행 그리고 정치적 투쟁들의 네트워크에 몰두하는 선원이며 기업가"다(Poier 2009). 이것은 유럽 제국주의

---

5. [한국어판] 발터 벤야민, 「폭력비판을 위하여」, 『역사의 개념에 대하여 l 폭력비판을 위하여 l 초현실주의 외』, 최성만 옮김, 길, 2008, 86쪽.

라는 보다 넓은 맥락을 벗어나서는 이해될 수 없다.

공급 사슬과 소말리아 해적

　최근에 쏟아지는 관심과 개입에도 불구하고, 해적 행위 문제는 아덴 만에 새로운 일이 아니다. 활발한 해양사를 가진 지역 어디나 그렇듯이 해양 절도라는 에피소드는 소말리아 앞바다의 오랜 특징이었다. 아덴 만은, 중동과 동아프리카 그리고 남·동아시아를 유럽과 연결하는 수에즈 운하를 지나는 모든 운송에 필수적인 관문이다. 수에즈 운하는 파나마 운하와 함께 전지구적 무역 사슬의 핵심 고리다 ─ 그리고 사물의 순환의 길목이기도 하다. 바로 그 운하의 존재가 개별 해적 행위들이 이 지역에서 해양 폭력을 독점하고 있지 않음을 상기시킨다. 물적 인프라는 제국적 무역과 폭력의 깊이 뒤얽힌 역사의 물질적 표식이며 이 중대한 선박 항로의 통제를 위한 폭력적인 경쟁으로 가득 찬 과거에 대한 증거다(Harlow and Carter 2003; Wallach 2005). 이 구역의 첫 번째 운하는 기원전 2세기에 이집트 당국 하에서 건설되었고 현재의 건조물은 19세기 유럽 식민 권력의 시대로 거슬러 올라간다. 그 운하는 현재 매년 2만 척 이상의 배를 아덴 만으로 끌어들이면서 해양 상업의 지구적 흐름의 형태를 만든다(Chalk 2010, 94). 이것은 놀랍게도 매일 평균 58척의 배가 이 수역을 통과한다는 뜻이며 이는 〈유럽연합〉 회원국가 무역량의 95퍼센트를 이룬다(MSCHOA 발행 연도 불명). 찰스 범스테드Charles Bumstead(2010, 148)는 아덴 만이 "세계에서 이용자가 가장 많은 해로이거나 아니면 그중 하나"라고 주장한다. 단독으로 일어나는 해상 폭력뿐 아니라 국가 주도의 다양한 해상 폭력이 그 지역에서 낡은 이야기가 되었음에도 해적 행위와 해군의 개입은 모두 지난 10년 동안 크게 증가했다. 그 가운데에는 지구적 정치의 새로운 형상, 소말리아 해적이 있다.

해적 행위가 1980년대부터 전지구적으로 증가했다는 사실은 널리 알려져 있다. 범스테드(2010, 145)에 따르면 1990년대에 해적의 공격은 "3배 증가했고, 2000년대에 다시 3배 이상 증가했다." 그러나 전 세계에서 해적 행위가 이렇게 전반적으로 증가하는 가운데 아프리카의 뿔 주변에서는 두드러지게 증가했으며 특히 21세기 첫 10년에 그러했다. 2009년 〈국제해사국〉IMB은 해적 행위 또는 무장 강도 사건이 전년도에 전 세계적으로 무려 11퍼센트나 증가했으며 [그중] 3분의 1을 훨씬 웃도는 사건이 소말리아 앞바다에서 일어났다고 보고했다. 여기에는 수에즈 운하와 인도양을 연결하는 항로에서 일어난 사건의 200퍼센트 급등도 포함되는데 그 보고서는 이 사실에 주목한다(IMB 2009, 1~2). 최근 역사에서 가장 분주한 해였던 2008년과 2009년 사이 그 지역에서 보고된 해적 공격 사건은 실제 사건과 미수 사건을 포함하여 322건으로 이는 전 세계 사건의 거의 절반에 해당한다(Chalk 2010, 90). 〈유엔 안전보장이사회〉의 최근 의사록은 그 지역의 사건들이 3일에 2건의 비율로 보고된다는 것을 확인하고 있다(2012a).

아덴 만의 해적 행위는 그것이 재화와 자본의 순환을 교란한다는 점에서 중요한 관심사다. 그러나 그것은 전지구적 해운업에서 빠르게 증가하는 직접비direct cost이기도 하다. 이 모든 것은, 전지구적 무역을 지배하는 산업 로비 그룹과 국가들이 공급 사슬 보안에 갖는 관심이 늘어나는 이유를 설명해 준다. 만일 [해적이 요구하는] 평균 몸값을 측정하는 것이 가능하다면, 피터 초크Peter Chalk(2010, 93)는 2011년의 몸값을 2010년의 4백만 달러에서 오른 약 5백만 달러로 추정한다. 미국의 커크 보고서Kirk Report는 2008년과 2010년 사이 평균 몸값이 배 한 척 당 130만 달러에서 540만 달러로 증가했다고 추산한다(Kirk 2011). 정확한 수치에서는 다소 차이가 있지만 요구사항의 범위와 경로는 일치한다. 화주에게는 몸값의 비용 증가가 없더라도, 보험, 보호 조치 그리고 심지어는 그 지역에서 벗어나는 배의 항로 변경에 비용이 소요되며 이는 매년 보통 55억 달러로 추산된다(Gettlemen 2012). 이 비용 증가의 중심을 차지하는 것은 그 만을 통과하는 배에 드는 보험 비율의 증가다. 초크(2010, 93)는 아덴 만을 통과하는 선박의 가계약[6] 비용이 피해·책임·몸값 보장을 제외하고 항해 당 2만 달러에 이른다는 데 주목한다. 그는 나아가서 미국 교통부가 2007년과 2008년 초 동일한 여정의 보장에 5백 달러의 운임이 든다고 추산한 점을 강조한다. 따라서 비용은 40배가 증가한 것이다. 이 비용은 선박 회사로부터 그 회사와 계약하는 이들에게 건네지고 있으며, [또한] 그 만의 통행에는 두 배의 컨테이너 운임이 추가로 부과된다(Chalk 2010, 93). 러시아 연방은 〈유엔 안전보장이사회〉에서 발언하며 해적 행위로 인한 몸값 비용과 기타 손실액이 연간 120억 달러에 달한다고 추산했다(2012a).

최근에 일어난 이러한 해적 행위 증가는 그 원인에 대해 질문하게 만든다. [해적의] 공격 횟수는 왜 그렇게 걷잡을 수 없이 늘어났는가? 예상대로 이 질문에 응하는 다양한 답변들이 있다. 그 지역에서의 군사 작전에 가장 적극적인 국가와 기관 들이 가장 단순한 답변을 내놓는다는 것이 인상적이다. 〈유럽연합〉 외에도 활발하게 대해적 작전을 펼치는 관국가적 힘들이 많이 있다. 미국이 주도하는 제151연합임무군과 마찬가지로 〈북대서양조약기구〉도 그곳에서 활동 중이다. 이 기관들에 따르면 소말리아 해적은 실제로는 "실패한 국가들"의 지상의 문제다. 거듭해서 우리는 바다에서의 공격 증가를 비롯하여 무법 상태의 폭력을 낳은 이십 년간의 내전 이후 소말리아의 국가 권력 공백에 대한 홉스적 이야기를 듣는다. 아덴 만에서 대해적

---

6. "가계약"(binder)은 영구보험증권이 발급되기 전에 보험증을 제공하는 임시 계약이다.

작전을 수행하는 26개 국가들로 구성된 미국 주도의 다국적 해군, 제151연합임무군은 연합해군사 웹사이트에 그 문제를 이렇게 정의한다. "소말리아는 이 지역에서 현대판 해적 행위의 원천으로 간주되어 왔다. 이것은 1990년대 중반 이후 소말리아를 사로잡은 경제적·사회적·정치적 갈등에서 자라났다. 그 지역에서 해적 행위의 증대는 1991년 소말리아에서 안정된 정부의 몰락 그리고 법·질서의 붕괴와 직접 연관되어 있을 수 있다. 갱단은 지역 파벌의 충성심과 군사 지도자의 리더십 하에서 형성되어 오늘날의 해적 집단으로 발전했다." 내전을 배경으로 한 폭력의 증가는 부인하기 어렵지만 완벽한 설명과는 거리가 있다. 여기서 가장 눈에 띄는 점은 해상 공격 증가의 설명에서 외국의 개입이 완전히 빠져 있다는 것이다. 소말리아에서 일어나고 있는 일이 오로지 소말리아인들의 문제와 관련해서만 설명되고 있는 것이다. 이것은 해적 자신들로부터, (녹음 예술가 케이난K'naan 혹은 런던에 기반을 둔 〈소말리아에서 떠나라〉 같은) 소말리아 디아스포라 내의 활동가와 기관들로부터, 그리고 비판적인 학자들(Ali and Murad 2009; Poier 2009; Salopek 2008)로부터 점점 나오는 설명과는 아주 모순된다. 의심의 여지없이 소말리아는 1991년 이후 잔혹한 내전의 상태였고, 그 폭력은 거의 67만 8천 명의 소말리아인들을 〈유엔 난민기구〉의 손에 밀어 넣었다. 현재 소말리아인들은 공식적인 전쟁 지역인 이라크와 아프가니스탄 다음으로 세계에서 세 번째로 큰 난민 집단이다. 20년이 넘는 폭력은 물론 더 많은 폭력을 위한 조건을 만들었다. 하지만 소말리아와 소말리아인들의 문제에만 초점을 맞추는, 이 폭력에 대한 어떤 설명도 이 조건들을 빚어내는 제국적 폭력은 논외로 둔다. 한편으로 이 서사는 지상의 현재 상황을 생산했던, 끊임없이 지속되는 외국의 개입을 인정하지 않는다. 둘째 그리고 훨씬 더 직접적으로 이 설명은, 소말리아인들이 소위 빈발한 해적 행위를 설명할 때 중심을 차지하는 소말리아 해역에 대한 외국 개입의 주요 실태를 묵

살한다. 해적 행위의 원인에 대한 공식적인 설명은 현대의 제국적 폭력과 직접 관련되어 있을 뿐 아니라, 알리Ali와 무라드Murad(2009)에 따르면 국제통치기구의 설명이 해적 행위 증가의 배경을 부인하는 것은 "제국주의의 행위" 그 자체다.

아덴 만에서의 해적 행위 증가에 대한 대안적인 설명은 서구의 소말리아 개입의 오랜 역사와 최근 역사를 모두 강조한다. 소말리아에서 영국은 1960년에, 오늘날에도 여전히 분쟁 중인 "포스트식민적" 영토 분할을 시행했을 뿐 아니라 1990년대 초 미국 최초의 아프리카 지상전과 〈유엔〉 개입의 폭력이 소말리아에서 일어났다(예를 들어 그곳에서 캐나다의 살인적인 "평화 유지" 작전과 함께 일어났다.; Razack 2004). 이 개입이 취한 복잡한 형태는 보다 광범한 공개 조사에서 점점 드러난다. 학자들은 무장 반란 단체의 형성이라는 측면에서 1990년대에 "소말리아를 보호[보안]하기" 위해 서구 권력들이 민간 기업과 계약했을 때 그들이 끼쳤던 효과에 대해 묻고 있다. 가장 중요한 것은 소말리아인들에게서 출현한 소말리아 해적 행위의 증가에 대한 설명이 20세기 말과 21세기 초에 외국 권력의 해양 폭력을 거듭 강조하는 것이다. 해적 행위 증가의 주된 요인이 된 사건은 불법 남획과 유독성 폐기물의 불법 투기였다. 이 두 가지가 결합하여 소말리아 어업을 완전히 파괴해 버렸고 해안 공동체에서 살아가는 이들의 중요한 생계 원천을 제거해 버렸다. "해적"은 자원한 해안경비대로서 모였다. 국제적으로 유명한 소말리아 녹음 예술가 케이난(Smith 2009에서 재인용)이 보고하듯이, "해적이 그 해역에 있는 건 소말리아 해역에서 벌어지는 대규모 불법 어획에 대한 전국적인 불만이 존재하기 때문이다. 그리고 유독성 핵폐기물이 우리의 바다에 불법으로 투기되고 있다. 소말리아의 사람들은 이에 대해 알고 있다." 소말리아 해역에 불법으로 [폐기물을] 버리고 [어자원을] 빼가는 외국 선박의 역할에 대한 불만은 때때로 주류 언론에서 되풀이된다. 폴 살로펙

Paul Salopek(2008)은 『시카고트리뷴』에 쓴 기사에서 1990년대부터 일어난 산업 폐기물 투기를 보도한다. "순찰이 없는 소말리아 해역은 유럽에서 나온 산업 폐기물을 위한 무료 쓰레기 하치장이 되었다." 그는 특히 "이탈리아에서 온 배"가 했던 일을 언급했다. [그 배는] "소말리아 해안에 유독 물질을 가득 싣고 와서는 불법 어획으로 잡은 물고기를 가득 싣고 고향으로 돌아간 것으로 보고되었다." 좁은 대륙붕과 함께 3,330 킬로미터의 해안선이 있는 소말리아는 아프리카 대륙 전체에서 가장 긴 해안선을 가지고 있을 뿐 아니라 인도양에서 가장 중요한 해양 생물 서식지 중 하나이기도 하다(UN 2011). 살로펙(2008)은 이 불법 관행을 폭로하고 그 해안을 감시하는 소말리아인들의 숫자를 급격하게 늘렸던 중요한 사회자연적socionatural 사건을 보여 준다. 소말리아 해안가에 유해 폐기물을 실은 녹슨 컨테이너들을 남겨 놓은 2005년의 쓰나미[가 그것이다].7 그 논리는 금융이다. 살로펙은 〈유엔〉 보고서를 인용하여 유럽 기업이 아프리카의 뿔에 우라늄을 버리는 데 톤당 2.5달러가 든다고 약술한다. 이것은 유럽에서 그 물질을 깨끗하게 처리하는 데 드는 비용의 백분의 일에 해당한다. 그 해역 또는 어자원의 보호책을 집행할 정치 권력이 없는 소말리아 해안은, 현재 "대해적" 계획을 주도하는 바로 그 국가들을 위한 저렴한 쓰레기 하치장이 되었다. 실제로 이탈리아는 어자원에 피해를 입히고 해역을 오염시켰던 이 불법 활동들에서 수행한 중추적 역할로 비난받고 있다. 이탈리아는 또한 본래 북쪽의 영국 식민지와 더불어 소말리아 남부 지역의 또 다른 식민 권력이었다. 이탈리아와 영국은 현재 〈소말리아 해적퇴치 연락그룹〉8의 5개 작업그룹 중 2개 작업

---

7. [옮긴이] 2004년 12월 26일 인도네시아 수마트라 섬 인근 해안에서 진도 9.3의 강진이 발생했다. 소말리아도 이로 인해 일어난 쓰나미 피해 국가에 속한다. 쓰나미로 인해 소말리아 해안가는 각종 쓰레기로 뒤덮였는데 거기서 다양한 유독성 폐기물이 발견되었다.

8. [옮긴이] 〈소말리아 해적퇴치 연락그룹〉(the Contact Group on Piracy off the Coast of Somalia)은 해적퇴치를 위한 국제 공조 방안 마련을 위해 〈유엔 안보리〉 결의 제1851호에 의거

그룹의 의장을 맡고 있다.

　불법 투기와 불법 어획에 대한 이러한 언론 보도의 증가는 〈유엔〉이 소말리아 사람들의 오랜 불만을 다루게 만든 것처럼 보인다. 2010년 이전 〈유엔〉 문서들은 이 사건들에 대해 언급하지 않았다. 〈유엔〉 문서들은 〈유럽연합〉과 〈북대서양조약기구〉 그리고 제151연합임무군의 서사를 되풀이했고 소말리아의 통치불능 상태와 실패한 국가의 문제에 배타적으로 집중했다(UN Security Council 2008을 보라). 그렇지만 2010년부터 소말리아 해적 행위 상황에 대한 〈유엔〉 보고서는 외국의 개입에 대한 우려를 조용히 반영하기 시작했다. 2010년 11월에 통과된 [〈유엔〉] 결의안 1950호는 다음과 같은 진술을 포함하고 있다. 이 진술은 불법 활동의 문제를 인정하지만 의심의 눈초리로 그것을 표현한다. "국제법에 따라 유독성 물질을 포함한 불법 투기와 불법 어획 방지의 중요성을 상기하고, 그러한 불법 어획과 투기 혐의를 조사할 필요를 강조하며, 동시에 소말리아 해역에서의 불법 어획과 유독성 폐기물의 투기 혐의가 해적들에 의해 자신들의 범죄 행위를 정당화하기 위한 시도로 사용되어 온 것에 대해 우려를 표함." 2011년 10월 〈유엔〉은 그 주장된 활동의 조사에 착수했고 "소말리아 자연자원 및 해역의 보호에 대한 사무총장의 보고"를 제출했다. 그 보고서는 1991년 시아드 바레Siad Barre 정권의 몰락 이후 외국 국적의 산업 트롤선이 어떻게 소말리아 해역을 잠식했는지 개괄한다(UN Security Council 2011a, 10). 그 보고서는 불법으로 조업하는 이 트롤선들이 어떻게 그 지역 전체 어획량의 50퍼센트 이상을 포획했는지뿐 아니라 이 트롤선들이 어떻게 "어업 장비의 파

하여 2009년 1월에 창설된 국제 협의체다 매년 2~3회 개최되는 전체 회의와 산하 5개의 작업그룹 회의를 통해 운영된다. 영국이 의장을 맡은 제1작업그룹은 군사작전 조정 및 정보공유, 지역역량 강화를 목적으로 하며, 이탈리아가 의장을 맡은 제5작업그룹은 해적 자금 차단 및 배후조직 추적을 목적으로 한다. 2014년 이후 작업그룹은 3개로 조정되었다.

괴, 지역 자급 어부의 부상, 심지어는 죽음을 낳은, 소말리아 해역의 지역 어부들과의 의도적인 충돌에 빈번히 개입했다"고 보고되었는지 열거한다. 〈유엔 식량농업기구〉의 2005년 보고서에서 나온 증거를 인용하면서 그 보고서는 "대략 7백 척의 외국 트롤선이 소말리아 해역과 그 주변에서 불법·비보고·비규제 어업에 개입했다"고 추산한다. 그 보고서는 "지난 20년간 불법으로 추정되는 착취가 소말리아의 해양 자원에 야기한 사회경제적·생태적 피해는 상당할 수 있다"고 보수적으로 암시한다.

그 보고서는 또한 소말리아 연안 해역에서의 불법 유독물 투기에 대한 오랜 불만에 대해 몇 가지 놀라운 힘을 보탠다. 보고서는 이렇게 쓰고 있다. "지난 수십 년 동안" "다양한 불법 투기 사례들이 아프리카에서 기록되었다." 보고서는 두 가지 중요한 사건을 기술한다. 첫 번째는 1987년부터 1만 8천 배럴의 유해 폐기물을 이탈리아에서 나이지리아로 배로 실어 날랐던 사건이다. 나이지리아의 한 농부는 자신의 땅에 투기하는 대가로 매월 1백 달러를 지대로 받았다. 두 번째 세간의 이목을 끈 사건은 2006년 8월에 일어났다. 스위스 해운 회사 트라피휘라 베헤이르 BV[9]가 빌린 배가 유독성 폐기물을 싣고 와서 코트디부아르에 버렸다. 그 보고서는 "거의 20년 동안 제기된"(12) 불법 투기 혐의를 언급하면서 소말리아의 사례를 특별히 검토하는 것으로 나아간다. 그 보고서는 증거가 "정황적"이며, 무척 아이러니하게도 "소말리아의 보안 환경" 때문에 검증은 불가능했다고 이야기한다. 하지만 그 보고서는 지역민들의 설명을 명백하게 입증하는 많은 연구를 모아 정리한다. 보고서는 〈유엔환경계획〉UNEP/〈유엔인도주의업무조정국〉 환경 부서와 소말리아를 위한 〈유엔〉 합동 부서의 1997년 보고서를 비롯하여 〈유엔〉 기구의 자체 연구를 인용한다. 1997년의 보고서는 [이렇게] 언급했

---

9. [옮긴이] Trafigura Beheer BV. 네덜란드의 석유공급 회사다.

다. "해양 선박은 보통 항구에서 폐기물을 처리한다. 그러나 소말리아 항구에는 보안과 서비스가 없기 때문에 배는 바다에 있을 때 연안에서 폐기물을 처리한다. 연간 배출량은 3만 3천 톤으로 추산된다." 보고서는 〈유엔환경계획〉의 다른 연구도 인용한다. 이 연구는 전술한 언론 보도에서 언급된 쓰나미가 일어난 이후 2004년부터 진행되었다. 〈유엔환경계획〉의 팀은 ― 또다시 "보안 문제" 때문에 ― 엄밀한 조사의 완성에 필요한 대부분의 소말리아 해안선에 접근할 수 없었지만, 그들은 "소말리아의 육지뿐 아니라 바다에서 일어나는, 불법으로 추정되는 유독성 폐기물의 투기에 대한 포괄적인 평가가 긴급하게 필요하다고" 주장한다. 〈유엔〉은 인터폴INTERPOL이 소말리아 해안에서 벌어지는 불법 폐기물 처리뿐 아니라 불법 어획에 대한 거듭되는 항의를 접수했다고 보고한다. 마지막으로 보고서는 〈그린피스〉의 최근 보고서를 검토한다. 〈그린피스〉의 보고서는 소말리아 해역에 유독성 폐기물을 버리는 무역 네트워크에 대해 산더미 같은 증거를 제공한다. 이 무역 네트워크는 대부분 이탈리아를 본거지로 활동하지만 많은 국가와 기업을 포함한다. 〈유엔〉은 "이탈리아 의회 위원회에서 나온 증언, 폐기물 처리 시설을 허가하는 것으로 알려진 1996년의 문서, 피의자와의 대화 도청 자료를 비롯하여 이탈리아 검사가 폭로한 증거, 2008년 불법 가능성이 있는 소말리아에서의 어획과 투기에 대한 '소말리아를 위한 사무총장 특별 대표'의 경고"를 비롯하여 〈그린피스〉가 제공하는 광범위한 증거를 강조한다. 이외에도 〈그린피스〉 보고서는 "투기 장소로 추정되는 곳의 1997년자 사진들을 수록했고 수백만 톤에 달하는 수천 배럴의 유독성 폐기물이 1990년대에 소말리아로 옮겨졌을 것이라고 추정했다." 실제로 〈그린피스〉(2010, 22)는 〈유엔〉 대표부들이 투기에 대한 이러한 많은 설명들을 직접 입증했다고 주장한다. 그들은 닉 너털Nick Nuttal을 인용한다. 그는 〈유엔환경계획〉 대변인으로 2004년 쓰나미가 실제로 소말리아 해안가에 유독성 폐기물로 가득 찬 컨테이너를 밀어 보냈음을 확인해 준 인물이다. "우리는 의료 폐기물에서부터 화학 폐기물에 이르는 모든 것에 대해 이야기하고 있다"고 그는 설명했다. 그들은 〈유엔〉 소말리아 특사인 아메도우Ahmedou도 인용한다. 2008년에 그는 "유럽 기업들이 소말리아에서 벌이는 불법 어획과 유독물 투기에 대해 거듭해서 경고했다." 유럽과 미국 그리고 아시아의 기업들이 그 지역에 유독물을, 심지어는 핵폐기물을 버리고 있었다는 신뢰할 수 있는 증거에도 불구하고, "〈유럽연합〉은 이 혐의에 대해 침묵으로 대응했다."

〈유엔〉은 이 문제에 대해 자체 보고서를 무시하지는 않을 것이다. 실제로 자체 보고서의 공개는 〈유엔〉 결의안들이 그 이슈를 표현하는 방식을 변화시켰다. 처음에는 어획과 투기 문제를 완전히 무시했고 2010년에는 냉소적이고 지나가는 말로 언급하더니 2011년 말에는 논조의 변화가 분명했다. 그때부터 〈유엔 안전보장이사회〉(2012b)는 "그러한 불법 어획과 투기의 혐의를 조사할 필요를 강조하고, 이러한 점에서 소말리아 자연 자원 및 해역의 보호에 대한 사무총장의 보고서를 감사感謝와 더불어 유념한다"고 선언한다. 그렇지만 대해적 군사 작전에 대한 집중과 그에 대한 반복되는 지지는 그 관심이 수박 겉핥기로 진행됨을 시사한다. 군사 개입에서 〈유엔〉의 적극적인 역할과 해적 행위의 증대에서 불법 투기 및 어획의 역할에 대한 인정이 결합되어 나타나는 그 위선은 〈유엔〉 보고서의 핵심 구절을 감안해 볼 때 특히 두드러진다. 〈유엔〉 보고서(UN Security Council 2011a, 12)는 아마도 그 문서 전체에서 가장 의미심장한 일련의 논평에서 [이렇게] 주장한다. "2004년 이래 해적 행위의 급증은 소말리아 해안에서 벌어지는 불법 어획의 감소로 이어졌다고 널리 보고되었다. 오늘날 몇몇 관찰자들은 〈유엔 안전보장이사회〉의 승인을 받고 해적 행위를 진압하기 위해 주둔한 국제 해군이 실제로는 의도치 않게 소말리아 해역의 불법 어획 부활을 촉진했다고 주장한다." 소위 소말리아 해적, 즉 "일관되게 자신들을 소말리아 해안 경비대로 간주해 온 사람들"(Ali and Murad 2009, 91)의 주장에 대한 이보다 더 실질적인 지지를 찾기란 어렵다. 이것은 점점 많은 비판적인 학자들이 주장하고 있는 것이다. 영국의 해적 학자 피터 레[Peter Lehr]는 해적의 효과는 "거의 자원 스왑[10]과 같다"고 주장했다. 그는 어떻게 "소말리아인들이 자신들의 앞바다에서 해적질한 몸값으로 연 1백만 달러까지 모으는지" 보여 주지만 "소말리아 해역에서 연간 약 3억 달러 어치의 물고기를" 가로채 가는 유럽과 아시아의 불법 침입이 그 배경에 있음을 강조한다(Salopek 2009에서 재인용). 따라서 피상적인 인식에도 불구하고 "서구는 소말리아에서 해적 행위가 일어나는 이유를 완전히 무시하고 있다"는 케이난(Smith 2009에서 재인용)의 말은 옳다.

새로운 공간성 / 변화하는 합법성

해양 해적 행위를 통치하려는 현대의 노력들이 지닌 제국적 논리에서는 연속성과 변화가 모두 두드러지게 나타난다. 과거와 마찬가지로 현재도 해적 행위의 정치는 지구적 협치 시스템의 개조에 결정적이다. 해적이 여전히 중요한 까닭은 바로 지구적 법적 공간 내에서 시간을 가로지르는 예외적인 법적 지위 때문이다. 우리는 소말리아 해적을 통치하려는 현재의 노력들을 더 주의 깊게 살펴봄으로써 이 권위의 현대적 재구성이 지닌 논리와 로지스틱스를 추적할 수 있다.

소말리아는 전쟁 지역이다. 그곳에서 군사 작전을 수행하는 이들이 그

---

10. [옮긴이] 스왑(swap)은 금융기법으로서 두 당사자가 각기 지니고 있는 미래의 서로 다른 자금흐름을 일정기간 동안 서로 교환하기로 계약하는 거래를 말한다. 스왑은 교환한다는 뜻이다.

렇게 공식적으로 선언하지는 않지만 말이다. 다양한 다국적 동맹과 영역 간 교차 동맹으로 작동하는 해외 국가 및 기업 들이 해상·항공·지상 작전을 모두 수행 중이다. 그 지역에서 활동하는 상이한 힘들은 아주 다양한 법과 권위의 틀 하에서 작동하며, 국제 통치 기구의 연달은 결의안들과 다양한 국가 법규들 그리고 기업의 해적 퇴치 "모범 사례"의 지도를 받는다. 해적 행위에 대한 국제법의 유산의 일환으로 모든 국가가 해적을 기소할 수 있지만, 구금과 재판과 처벌을 둘러싼 특정한 합법성을 정하는 것은 [개별] 국가 법원의 몫이다. 이를 통해 해운업을 선도하는 이들이 아덴 만의 현재 상태를 묘사하기 위해 변경frontier의 메타포를 매우 반어적으로 사용하는 것을 설명할 수 있다. 〈국제해운회의소〉 사무총장 피터 힌치리프Peter Hinchliffe는 그 지역이 [미국 개척 시대의] "황량한 서부"와 유사하다고 표현한다(Odell 2011). 힌치리프의 지적은 그 지역에서 외견상 나타나는 명백한 무법상태를 묘사하려는 의도를 갖고 있지만, 그것은 또한 국가법의 권위 너머에 있는 공간에서 전개되는 식민적 폭력의 예외적 합법성을 무심코 드러낸다. 〈국제해사기구〉는 초기에도 해적 퇴치 이슈에 활발하게 관여했지만, 1998년부터는 해적 퇴치 작업에 전지구적으로 열렬히 관여해 왔다(Hesse and Charalambous 2004를 보라). 그리고 이후에는 아덴 만에 특히 집중하게 되었다. 아덴 만에서 근래의 첫 번째 다국적 해군 작전은 2002년부터 그 지역에 주둔한 제150연합임무군이다. 본래 미 중부해군사령부 소속의 미 해군 편대였던 제150연합임무군은 12개 이상의 참여 국가들이 교대로 통솔하는 다국적 해상보안군으로 전환되었다. 제150연합임무군은 해상 보안 작전의 임무를 맡았으며 지금도 여전히 그 지역에서 활동 중이다. 그러나 "보안" 작전과 "법 집행" 작전을 분리[11]하려는 욕구의 증대는

---

11. [옮긴이] 연합해상군(CMF) 웹사이트는 제151연합임무군의 창설과 관련하여 이렇게 설명한다. "그 지역[소말리아]에서 연합해상군의 기존 임무군인 제150연합임무군의 과업은 해

2009년에 특수한 대^對해적 임무를 띤 새로운 연합임무군 — 제151연합임무군 — 의 창설을 촉발했다. 2008년부터 〈유럽연합〉의 아탈란타 작전 — 사상 처음으로 〈유럽연합〉 안보방위정책의 틀 안에서 지휘된 해상 작전 — 이 그 지역에서 진행되었고 이미 논의한 것처럼 2012년 봄에는 매우 격렬했다. 2008년에도 〈북대서양조약기구〉는 〈세계식량프로그램〉을 호송하기 위해 동맹 제공자Allied Provider 작전에 착수했다. 이것은 상업 해상로의 보호라는 보다 광범위한 임무를 가진 동맹 보호자Allied Protector 작전으로 빠르게 계승되었고, 이것은 2009년에 [다시] 특수한 대해적 임무를 지닌 해양 방패Ocean Shield 작전으로 계승되었다.

이 작전들은 해적 행위에 대한 국제적인 법적 규제의 변화를 통해, 그리고 대해적 계획의 민간-, 지역-, 지구적-규모의 협치에 대한 강조가 커져감에 따라 시간이 흐르면서 점점 공조를 이룬다. 관국가적 보안 계획의 공조 증대는 2001년 이후 시대의 특징이며, 해상 보안도 예외가 아니다. (2장에서 살펴본 것처럼) 2001년 이후 국제적인 보안화는 완전히 새로운 해상 보안 시대를 열었다. 그러한 변화에서 특히 두드러지는 2004년 〈국제선박 및 항만시설보안 규칙〉은 항구와 선박 그리고 그 장소에서 노동하는 사람들에 대한 새로운 형태의 감시를 수반했다(Boske 2006). 〈국제선박 및 항만시설보안 규칙〉은 또한 〈세계관세기구〉와 〈국제해사기구〉 같은 기관들 사이에서 새로운 형태의 협력과 정보 공유를 촉발했다(Hesse and Chara-lambous 2004). 2001년 이후 해상 보안 규제의 변화는 바다에서의 권위의 범주와 규모에 근본적인 변화를 불러일으키고 있다. 〈유엔〉에게 2008년

상 보안 작전이었다. 여기에는 대테러리즘과 해상 보안이 포함된다. 그러나 해적 행위는 좀 더 법 집행 임무로 간주된다. 해적은 테러리즘과 연관이 없다, 자신의 해상 보안 임무가 있는 제150연합임무군은 그 지역에서 대해적 작전을 효과적으로 수행할 수 없다고 판단되었다." https://combinedmaritimeforces.com/ctf-151-counter-piracy.

은 특히 바쁜 한 해였다. 국제법과 정치에 커다란 의미가 있는 결의안들이 잇따라 통과되었다. 〈유엔 안전보장이사회〉 결의안 1816호와 1846호는 국가가 "소말리아에 근거지를 둔 해적 행위와 무장 강도를 바다에서 진압하기 위해 합당하다고 간주되는 모든 필요한 조치를 취하는 것"을 허가했다(Chalk 2010, 97). 이 결의안들은 함께 소말리아 연안 해역에서 미심쩍은 선박에 대한 수색과 차단을 허가한다. 이 변화의 중요성은 쉽게 알 수 있다. 만일 우리가 헬러-로즌의 "해적 패러다임"의 첫 번째 기본 교의를 상기한다면 혹은 〈제네바협정〉(UN 1958)과 〈유엔해양법협약〉(UN 1982)을 비롯한 해적 행위에 대한 셀 수 없이 많은 다른 대중적·철학적·법률적 정의들을 상기한다면 말이다. 해적 행위는 역사적으로 무엇보다 공해라는 예외적인 공간에 있는 그것의 위치로 정의되어 왔다. 해적 행위의 개념이 공중과 가상 공간으로 확장되었을 때에도, 모든 주권 국가 권위의 영토 너머에 있는 그 행동의 위치는 변하지 않았다. 그렇지만 〈유엔 안전보장이사회 결의안〉(UNSCR) 1816호 그리고 1846호와 함께 소말리아의 주권 해상 공간은 법령에 따라 사실상 예외적인 공간으로 전환된다.

〈유엔 안전보장이사회 결의안〉 1816호와 1846호가 심대한 방식들로 판도를 바꿔 버렸다면, 또 다른 결의안 − 〈유엔 안전보장이사회 결의안〉 1851호 − 은 이 지역에서 대해적 작전들의 빠르게 변하는 본성에 대한 완전히 새로운 규모의 우려를 불러일으켰다. 그 결의안은 회원국들이 "바다에서 해적 행위와 무장 강도를 진압할 목적으로 합당한 모든 필요한 조치들을 소말리아에서 수행할" 수 있도록 허가하지만 이것이 실제로 의미하는 바는, 그 결의안의 굵은 제목이 나타내듯이 〈유엔 안전보장이사회〉가 "소말리아에서의 지상 작전 권한을 국가들에게 부여한다"는 것이다(UN Security Council 2008). 이 결의안들은 "해상 영역의 위협에 대응하는 국제 커뮤니티에게 부여되는 그 권한의 수준에서 전례가 없는" 일이다. 초크(2010, 97)

는 그 결의안들이 "원리상 군대의 사용을 지상으로" 확장한다고 설명한다. 물론 우리는 이 잠재적 원리가 실제적인 실천이 되었다는 것을 안다. 실제로 4년이 더 지난 뒤 〈유럽연합〉은 "인도양을 순찰하는 군대가 소말리아 내륙의 기지를 공격할 수 있도록" 자신의 대해적 임무를 "강화했다." "이전에 그 군대는 바다에서만 해적을 추적할 수 있었다"(Gettlemen 2012). 〈유엔 안전보장이사회 결의안〉 1851호는 2009년 완전히 새로운 기구 – 〈소말리아 해적퇴치 연락그룹〉 – 의 형성을 촉발한 중대하고 충격적인 규제 상 변화였다. 이 기구는 60개가 넘는 국가와 기관 들 사이의 공조를 돕는다. 〈소말리아 해적퇴치 연락그룹〉은 군사 작전들을 조정[공조]하고 해운업을 위한 보안 "모범 사례들"을 발굴하며 또 다른 새로운 통치 기구에 참여하는 국가들 – "〈지부티 강령〉 국가들" – 을 위해 신탁 기금을 조성했다. 〈유엔 안전보장이사회 결의안〉 1851호에 대한 응답으로 2009년 1월 기안된 〈서인도양과 아덴 만의 선박에 대한 해적 행위와 무장 강도의 진압에 관한 지부티 행동 강령〉, 즉 줄여서 〈지부티 강령〉은 현재 그 지역의 20개 국가가 조인했다.[12] 〈지부티 회의〉는 〈국제해사기구〉가 소집했다 – [〈국제해사기구〉는] 소말리아와 아덴 만에 대한 새로운 규제를 위해 〈유엔 안전보장이사회〉에 로비하는 일에 중추적인 역할을 했던 기관이다. 〈국제해사기구〉는 2005년에 이 로비를 시작했고 결의안 1816호, 1846호, 1851호를 기초하는 데 큰 역할을 한다(IMO 2009b; PMAESA 2008a도 보라). 이와 같이 아덴 만의 해적 행위 문제는 통치의 주체와 장소와 방식에서 심대한 변화를 불러일으키고 있다. 아덴 만의 복잡한 쟁점들을 해적 행위의 문제로 명명함으로써 외국 및 다국적 권력들이 지닌 권위의 대규모 법적 변화를 통한 소말리아 주

---

12. 〈지부티 강령〉의 조인국에는 코모로, 지부티, 이집트, 에티오피아, 프랑스, 요르단, 케냐, 마다가스카르, 몰디브, 오만, 사우디아라비아, 세이셸, 소말리아, 남아프리카공화국, 수단, 탄자니아, 예멘이 있다.

권 해상 및 영토 공간 통치가 가능해진다. 이처럼 해적 행위에 대응하여 진행 중인 것은 중대하고 전례 없는 일이며 해적 행위의 영역을 훨씬 넘어서 전지구적 통치에 영향을 끼쳤다. 초크(2010, 99)가 쓰고 있듯이,

> 국제적 대응은 놀랄 만큼 단기간에 이루어진, 전례 없는 수준의 정부 간 협력을 보여 준다 ― 공통의 토대에서 운영된 적이 거의 없었던 주권 기관들 사이에서 빈번하게 [이루어진다]. 이 협력 행동은 바다의 유지와 규제는 궁극적으로 국가 간 공동의 동의와 집행에 의존한다는 사실을 구체적으로 표현할 뿐 아니라 미 해군과 파트너 국가들에게는 서로 관계를 맺고 상호운용과 공조의 문제를 해결할 수 있는 특별한 기회를 제공한다. 적절히 개발되면 이것은 해적 행위 그리고 불법 어획, 마약 밀매, 환경 악화 같은 다른 관국가적 위협들을 다룰 수 있는 효과적인 해상 질서 체제를 위한 기반을 다질 수 있다.

현대의 대해적 계획에서 진행 중인 법적 실험은 전례 없는 일일 뿐 아니라 완전히 공간을 실험하는 형태다. 상업 항로를 보호하기 위해 권위가 재구성되는 공급 사슬 보안의 시대에 해적 행위가 제기하는 특유의 위험들은 변했고 그 위험들을 관리하기 위한 전략과 공간도 변했다. 이 변화는 〈유엔안전보장이사회 결의안〉 1816호와 1838호 그리고 1851호가 일으키는 주권의 지리의 극적인 재구성에서뿐 아니라 해운 항로를 직접 보호하고 해적을 기소하려는 다국적·기업적 노력들에서도 두드러진다. 해적 행위가 언제나 공간과 법과 권력의 문제였다면, 그로써 해적이라는 범주가 제국적 권력의 형식적(영토적) 관할권을 넘어서 통치하는 수단을 제국적 권력에 제공한다면, 해적 행위 특유의 지리와 그것의 통치 또한 권력의 새로운 지도제작과 함께 변화한다.

소말리아 해적 행위의 문제를 통치하려는 노력에서 공간의 중심성을 검토하는 데 있어 이 장 처음에 등장했던 〈국제권고통항로〉를 살펴보는 것보다 더 좋은 방법은 없다. 이 항로의 창출은 문자 그대로 새로운 정치적 공간의 생산이다. 처음에는 〈해상보안순찰지역〉MSPA이라고 불린 그 항로는 중앙 미 해군이 2008년에 만들었고 캐나다 해군의 데이비슨Davidson 준장, 즉 당시의 제150연합임무군 사령관이 통솔하는 해군 군함과 항공 순찰대의 연합 부대가 순찰했다(CENTCOM 2008). 〈해상보안순찰지역〉의 창출과 함께 그 지역을 이미 순찰하고 있었던 해군 함정은 이 지정된 항로에 노력을 집중했다. 실제로 보안 항로는 국가와 선박 회사 그리고 〈국제해사기구〉 같은 관국가적 기관 들 사이의 정치적 합의로 구성된다. 이 공간은 개방 수역에서는 보이지 않는다. 노선을 표시하는 깃발도, 어떤 경계를 침범했는지 알려주는 다른 표식도 없다. 그러나 그 공간은 근대에 주권을 재현하게 된 국가 영토의 상징물로 표시되지는 않지만 집약적인 해군 치안 지역으로 존재한다. 그 지역은 〈유엔〉, 〈유럽연합〉, 〈국제해사기구〉에 의해 그리고 〈국제해사국〉 ─ 〈국제상업회의소〉의 산하 기관 ─ 이 대변하는 관국가적 해운업에 의해 공인된 그리고 실제로 표시된 분명한 경계를 가지고 있다. 2009년 2월 조정된 이후 그 항로의 동쪽 경계는 경도 45도 그리고 위도 11도 53분과 11도 48분 사이에서 시작해서 경도 53도 그리고 위도 14도 23분과 14도 18분 사이에서 끝난다. 항로의 서쪽 경계는 경도 53도 그리고 위도 14도 30분과 14도 25분 사이에서 시작해서 경도 45도 그리고 위도 12도 00분과 11도 55분 사이에서 끝난다. 〈해상보안순찰지역〉은 〈국제해사기구〉의 대해적 활동을 지지하며 설정되었고 이후 같은 해에 〈국제해사기구〉에 인계되었고 〈국제권고통항로〉로 명칭이 변경되었다. 〈국제권고통항로〉의 표준 지도를 발행하고 해상 커뮤니티가 온라인에서 무료로 이용할 수 있도록 그것을 항해도 Q6099로 만든 곳이 영국 수로국Hydrographic

Office이었다는 점은 국제 해운에서 영국의 오래된 그리고 여전히 강력한 이해관계를 고려해 볼 때 놀라운 일이 아닐지도 모른다(Intertanko 2009; MSCHOA 발행 연도 불명; Stockbruegger 2010).

〈국제권고통항로〉는 그 지역에서 지경학적인 제국적 권위를 주장하는 노력들의 총체의 일환이며 이것은 주권의 지리에 의문을 갖게 한다. 실제로 우리가 〈국제권고통항로〉를 보다 광범한 공급 사슬 보안의 전지구적 얼개 안에 놓으면, 우리는 그것이 "홈 없이" 아주 잘 어울린다는 것을 알게 된다. 2장에서 주장했듯이 공급 사슬 보안의 성장이 전지구적 무역의 관국가적인 물질적·정보적 네트워크를 보호하기 위해 영토적 보안 모델에서의 이탈을 수반한다면, 〈국제권고통항로〉는 극심한 교란의 난제를 제기하는 지역에 있는 그 시스템의 특정 조각으로 이해될 수 있다. 실제로 스티브 와델 Steve Waddell(2010) 사령관은 공급 사슬 보안을 정의하는 두 가지 특징을 강조하면서 캐나다 해군의 아덴 만 주둔을 설명한다. 첫째, 그는 장소들 간의 특정한 관계를 창출하는 공급 사슬의 전지구적 지리학을 기술한다. 둘째, 그는 국가 안보[보안]에서 무역이 지닌 중요성에 주목한다. "왜 우리가 그곳에 있을까? 상선은 북미와 유럽으로 수입되는 모든 종류의 상품을 실어 나른다. 당신은 이 모든 생산물을 당연하게 여긴다. 그 생산물은 캐나다나 미국에서는 거의 만들어지지 않기 때문에 어디에선가 가져와야 한다. 캐나다로 수입되는 물품의 90퍼센트가 바다를 거쳐 온다. 북미 앞바다에는 해적이 없지만 수많은 북미행 배들이 '해적의 계곡'으로 알려진 이 지역을 지나서 항해한다. 우리는 해적 행위를 그 원천에서 막으려고 노력 중이다. 지구화는 아프리카의 사건들을 중요한 것으로 만든다." 실제로 와델은 공급 사슬이 해양 선박 항로를 통해 장소들 사이에 특정한 관계들을 지속시키는 방식들을 암시한다. 아덴 만을 통한 화물 운반을 관리하기 위해 집중적으로 치안되는 해군 항로를 창출하는 이 전략은 최근의 일이지만, 특정 해상 통로를 보호하는 더 광범한 프로젝트는 오래 역사를 갖고 있다. 켐페(2010, 359)는 역사가 로렌 벤턴의 저작을 인용하여 해상 통로를 묘사한다. "'벡터' 처럼, 그것[해상 통로]은 해상 영역을 가로질렀고 그에 따라 대양은 그러한 복잡하게 얽힌 전략들을 특징으로 하는 '법적 공간'으로 전환되었다." 실제 로 벤턴(2005, 2)은 규제 받지 않는 공간이라는 공해의 이미지에 도전하면 서 [이렇게] 주장한다. 역사적으로 "제국은 광대한 영토에 대한 권리를 주장 했다.[그러나] 그러한 주장의 본성은 주로 좁은 띠 모양의 지역이나 항로에 대해 그리고 그것들 주변의 비지飛地, enclaves와 비정규 지대에 대해 행사되 는 통제로 억제되었다." 오늘날 우리가 목격하듯이 이 전략들은 다시 중앙 무대를 차지한다.

2장에서 살펴본 보호받는 무역 항로처럼 해상 보안 항로는 관국가적 공급 사슬 보안의 네트워크된 공간 구축을 돕는다. 또한 다른 공급 사슬 보안 프로젝트처럼, 〈국제권고통항로〉는 국가 군대와 관국가적 규제 그리 고 기업의 방안이라는 민관 보안 파트너십에 의지한다. 실제로 다른 공급 사슬 보안 계획들처럼, 아덴 만에서 국가는 무역 보안을 위한 법적·규제적 틀을 만들고 산업은 사적 수단을 통해 일상적 방안을 관리하며 기업의 모 범 방안 개발을 지원할 것이다. 〈유럽연합 해군 소말리아〉[아탈란타 작전]와 〈북대서양조약기구〉 그리고 많은 민간 선박 회사들은 함께 "소말리아 기 반 해적 행위로부터의 보호를 위한 최상의 관리 방안"이라는 문서를 연속 으로 발행했다. 가장 최근에 발행된 2011년 8월의 『최상의 관리 방안 4』는 "〈국제권고통항로〉에 집중하는 아덴 만의 육/해군 주둔"을 개괄한다. 육/ 해군 주둔은 "이 지역에서 해적 공격 사건을 크게 감소시켰고" 해적 행위를 "아라비아 해와 그 너머로" 몰아내는 효과를 거두었다(BMP4 2011, 3). 『최 상의 관리 방안 4』는 "여전히 아덴 만에는 심각하고 계속되는 해적 행위의 위협이 남아 있고" 이것은 여전히 선박 회사와 선장과 선원의 책임으로 남아 있다고 말하면서 해군 순찰대의 주둔이 보호를 보장하지 않는다고 서둘러 밝힌다. 그 보고서는 나아가서 배가 채택해야 하는 다양한 보호 조치를 추천하는데 이것은 주로 담장 설치, 방어벽 설치 그리고 감시를 통한 선박의 물리적 보안에 초점을 맞추고 있다. 그 보고서는 심지어 소말리아인들에 대한 경고로서 재생산하고 부착하는 배의 기호를 제공하기도 한다. 이 "모범 방안들"은 〈소말리아 해적퇴치 연락그룹〉 같은 관국가적 기구들의 지원을 받을 뿐 아니라 그들의 보다 광범한 대해적 작업의 일환으로서 개발된다. 초크(2010, 97)에 따르면 『최상의 관리 방안』 문서들은 "전면적인 산업 후원"을 받는다.

일부 국가들은 자국 선박을 보호하기 위해 아덴 만에서 전용 군사 호송을 하지만 대부분의 국가는 그렇지 않다. 공통의 대응은 앞서 논의했던 것과 같은 다국적 계획들을 통해 군사력을 모으는 것이었다. 그러나 이것은 점점 해적퇴치에서 민간 영역에 대한 새로운 강조와 병행된다(Isenberg 2012). 미국은 자국의 상선이 선상 무장 호송을 제공하는 민간 기업과 계약하도록 장려하는 데 앞장섰다. 2011년부터 영국, 독일, 몰타, 키프로스 그리고 인도를 비롯한 다른 많은 국가들이 국내 정책을 바꾸어서 무장 경비원의 승선을 허가했다. 윌리엄 마몬(2011)William Marmon은 그 정책 변화는 아덴 만의 공격 증가에 대한 대응이었을 뿐 아니라 보다 구체적으로는 "세계의 주요 무역 해운 기관인 〈국제해운회의소〉의 행동에 의해 올해 초 박차를 가하게 되었다"고 말한다. 〈국제해운회의소〉는 "무력이 소말리아 앞 [바다]에서 사용되었을 때 효과적이었다고 공식적으로 인정했다." 이탈리아는 (자국의 상선에 군대를 직접 배치하는) "공적" 보안을 제공하고 이후 화주에게서 비용을 회수하는 새로운 접근법을 취했다. 선상 무장 보호를 제공하는 민간 보안 업체와의 계약은 "산업 모범 방안"이 되었다. 미국 연안 경비대의 해양 및 국제법 실장 스티브 펄린 대령이 나에게 설명한 것처럼,[13]

"대부분의 미국 국적 선박은 위험 평가를 거친 이후 무장 보안이 적절하다고 결정했다." 실제로 위험 수역을 항해하는 미국 국적 선박들은 이제 무장 경비원을 갖추도록 요구받는다. 실제로 〈중국원양운수공사, 발레니우스Wallenius, 톰 A/STorm A/S 그리고 세계 최대 해운 업체인 머스크를 비롯한 많은 대형 선박 회사들이 배에 타는 무장 경비원들과 계약을 시작할 것이라고 최근 발표했다(Marmon 2011). 조나단 만토프Jonathan Manthorpe(2012)가 설명하듯이, 산업계의 경우 직접적인 경제적 동기가 있었다. "보험 회사들이 용병을 갖춘 배에 40퍼센트까지 보험료를 할인해 주기 시작하자 선주들은 전통적으로 꺼려 하던 자세를 버리고 이 조치를 취했다."

그렇지만 이 접근은 결코 간단하지 않으며 국제법과 정치에 대한 많은 질문을 불러일으킨다. 펄린이 말했듯이, 민간 보안 [업체]와 계약하면, "무기를 들고 어떻게 이집트를 통과할 것인가……수에즈 운하를 지날 때는? 어떻게 통과할 것인가?……그러므로 선상 무장 보안을 갖추었을 때 다음 질문은 이것이다. 무력을 사용하는 이 개인들의 법적 권위란 무엇인가? 그것은 흥미로운 법적 토론이다." 민간 보안을 갖춘 상선의 무장은 민간 보안과 공법의 사법권에 대한 심대한 질문을 무수히 제기한다. 운하와 개방 수역에서뿐 아니라 무장 상선이 외국 항에 기항할 때에도 그렇다. 2011년에 기안된 영국의 계획에 따라 내무장관은 배의 경비원을 허가할 수 있다. 그러나 이러한 움직임은 몇몇 유사한 반향을 촉발했다. 내무장관은 공해 상의 선박에 대한 국가 주권의 유효성을 두고 벌어진 오래된 논쟁을 상기시키면서, "영국의 화기火器 제정법을 영국 배에 적용하는 방법을, 그리고 바다에서 '금지된' 화기의 소지를 허가하고 감독하는 것이 가능한지를" 검토했다("Somali Piracy" 2011). 실제로 헬러-로즌(2009, 126~27)은 19세기와 20

---

13. 스티브 펄린(Steve Poulin) 대령, 미국 연안 경비대 해양 및 국제법 실장, 저자와의 인터뷰, 워싱턴, D.C., 2011년 5월 19일.

세기에 법학자들 사이에서 벌어진 논쟁을 불러낸다. 이들은 배를 "법률적으로 더욱 엄밀하게, '떠있는 영토' 또는 '떠다니는 땅'으로" 정의했다. 그는 나아가서 이 용어들이 "결정적이기는 하지만 묘한 사법적 작업을 수반하며…… 로마인들이 오래전에 '법의 허구'라고 불렀던 법적 절차를 함축한다"고 이야기한다. "이 '법의 허구'는 발두스Baldus가 설명하듯이 법원에서 판결을 내리기 위해 '거짓'이 '진실로 받아들여질 수 있는' 도구다." 헬러-로즌(2009, 127)은 이 법적 허구의 지리적 차원을 더욱 명백하게 강조하면서 [이렇게] 설명한다. "작화作話의 메커니즘은 노골적이다. 실제로는 움직일 수 있고 바다에 있는 것이, 법에 의해, 움직일 수 없고 땅에서 분리될 수 없는 것처럼 간주된다."

무장한 이탈리아 선박이 두 명의 인도 선원을 사살하여 두 명의 이탈리아 선원이 살인죄로 재판을 받고 인도와 이탈리아 사이에 날카로운 외교적 긴장이 조성된 2012년의 사건 이후 이 문제는 더욱 중요해졌다. 펄린에 따르면 미국은 자국 선박이 무력 사용을 비롯한 자기 방어를 위한 고유의 권리를 갖고 있다고 믿는다. "우리는 그것이 국제적으로 인정된 원칙이라고 믿는다"고 그는 썼다. 그렇지만 그는 이 믿음이 국제법의 맥락에서는 수용되지 않을 수도 있음을 시인하면서 말을 이어간다. "다른 국가들은 무력 사용을 동의하지 않을 수도 있고 그것에 대해 다른 관점을 가질 수도 있다. 그러나 미국 국적 선박에 탑승한 이들에게 해적의 공격을 격퇴할 권한을 주는 명확한 미국 법이 있다…… 그리고 우리는 단순히 자기 방어라는 고유의 권리를 넘어서는 법적 권한을 지지하고 있다…… 의회는 [2010년] 〈연안경비위임법〉을 통해 무력을 사용하는 선원들을 법적 책임으로부터 보호하는 법을 통과시켰다." 무수한 비평가들이 말했듯이, 해상 보안에서 민간 산업은 대해적 계획의 성장과 더불어 폭발적으로 성장했다. 그렇지만 2011년의 특정한 기념비적 사건은 민간 경비원 고용의 증대뿐만 아니라 전적으로 시장 논리에 따라 작동하는 완전히 발달한 민간 해군의 성장을 드러낸다. 마몬(2011)은 "아덴 만을 통과하는 배를 — 배 한 척당 3만 달러의 비용을 받고 — 호송하는, 키프로스 국기를 단 선단 호송 프로그램Convoy Escort Programme Ltd"의 설립을 보고한다. 〈디펜스웹〉DefenceWeb(2011)에 따르면 그 계획은 "영국의 보험 및 재보험 중개업체 자딘 로이드 톰슨 그룹Jardine Lloyd Thompson Group의 후원을 받으며" "미화 3천만 달러를 들여 각각 8명의 무장 경비원이 탑승한 7척의 전前 해군 초계정"을 사용한다. 그 기업은 초계정을 11대로 늘릴 계획을 갖고 있다. 선단 호송 프로그램 웹사이트는 그것이 "보험 업계의 계획이며 …… 이 핵심 무역로를 지나는 무고한 통항에 관련된 배들을 해적의 위협으로부터 그리고 무장 충돌의 위험으로부터 지켜냄으로써 선원의 생명, 배, 화물 그리고 환경을 보호하기 위해 고안되었다"고 설명한다.

아덴 만의 해적 행위를 치안하려는 현재의 노력들은 용병을 정치적 영역의 중심으로 데려감으로써 국가 주권과 공간 사이에 확립된 관계에 도전한다. 마찬가지로 재판과 구금의 현대 관행들도 중요한 실험의 영역이다. 해적이라는 예외적 형상의 기소에서 작동하는 국가 권위와 국제 권위의 불안정한 상호 작용 때문에 재판과 구금에 대한 접근들은 전적으로 기소 국가의 국내법에 따라 달라진다(Gavouneli 2007; Keyuan 2000, 2005 참조). 치버스C. J. Chivers(2012)는 이 때문에 "국제법 집행에서의 홈[균열]을 보라. 그리고 불확실한 법적 상태에 있는 공해의 사례를 보라 …… 외국 선박이 구금한 해적들을 어떻게 처리할 것인가? 해적 사건을 기소하기 위한 시스템은 개발되지 않았다"고 목소리를 높인다. 어떤 국가들은 미심쩍은 해적들을 잡아서 풀어주지만, 또 어떤 국가들은 그들을 구금하고 결국 국내 법정에 세운다. 또 다른 국가들은 어떤 책임도 지지 않고 마주친 장소에서 해적을 그냥 살해한다는 소문도 있다. 마찬가지로 투옥에 관해서도 상이한 관행들이 다양하게 존재한다(Kontorovich 2009). 아마도 가장 두드러지며 점점 흔해 지는 것은, 소말리아에 이웃한 가난한 **국가들**이 제국 권력을 위해 돈벌이를 목적으로 하는 법적인 감금 공간으로 전환되고 있다는 점이다. 실제로 점점 더 아덴 만의 해적 행위를 치안하기 위해 도급을 맡는 것은 무장 경비원들만이 아니다. 국가 법정과 감옥 시스템도 그 문제에 대한 "지역적 해결책"을 제공하기 위해 도급을 맡는다. 초크(2010, 54)는 "미국, 영국 그리고 〈유럽연합〉은 모두 케냐와 협정을 맺었다. 그에 따라 케냐는 무장 해상 범죄에 연루된 용의자들을 기소하는 제삼자로 행동할 것"이라고 보고한다. 그는 이러한 관계가 출현한 이유로 케냐와 소말리아의 인접성, 대테러 활동으로 이 국가들 사이에 이미 확립된 가까운 관계 그리고 해적의 기소를 위해 필요한 확립된 법적 인프라를 든다. 그러나 초크는 "서구의 개발 원조 자금을 대가로 용의자를 연행하려는" 케냐 정부의 "의지"도 핵심적이라는 것을 명백히 밝힌다. 2006년과 2011년 사이 20개의 국가가 1,063명의 소말리아 해적을 기소했다. 그 지역 내의 11개 국가에서 기소된 숫자가 가장 많고(용의자 숫자 9백 명 이상), 그중 다섯 개 국가는 〈유엔〉의 재정 지원을 받으며 해적을 기소하고 있었다(UN Security Council 2012a). 드와이어 아스Dwyer Arce(2010)는 세이셸[14]이 이 활동의 중심이 되었다고 보도한다. 세이셸에는 〈유엔 마약범죄사무소〉가 돈을 대서 건설한 완전히 최신식의 삼엄한 보안 시설을 갖춘 감방이 있다. 영국은 세이셸과의 관계를 아주 밀접하게 발전시켰고 〈지역 해적퇴치 기소정보 공조 센터〉Regional Anti-Piracy Prosecution and Intelligence Coordination Center 설립에 백만 파운드에 가까운 돈을 지출하고 있다(UN Security Council 2012a). 〈유엔 안전보장이사회〉에 파견된 남아프리카 공화국 대표의 언급은 이러한 접근

---

14. [옮긴이] 아프리카 인도양 서부 마다가스카르 북동쪽에 있는 섬나라.

이 지닌 몇 가지 문제를 지적한다. 그 대표는 "해적 행위에 배타적으로 국한된 사법권을 가진 새로운 해적퇴치 전문 법정의 설립에 대해 많은 국가 기관들이 표명한" 우려를 전달했다. 그는 "남아프리카 공화국은 그러한 움직임이 제한된 검찰관과 사법 자원을 그 국가들에게 동일하게 중요한 다른 범죄로부터 해적 문제 ─ 경우에 따라 이 문제는 그 국가들이 직면한 가장 심각한 문제는 아닐 수도 있다 ─ 로 전용하는 효과를 낳을 수 있다고 우려한다"고 설명했다(같은 책). 실제로 외국 권력을 대상으로 한 이웃 국가들의 법적 인프라 "임대"는 몇 가지 아주 곤혹스러운 궤적을 그리기 시작하며, 이 궤적은 지경학적 제국주의의 몇 가지 낯선 새 범주를 드러낸다.

군대인가 경찰인가? 공공인가 민간인가? 정치인가 경제인가?

민간 보안에 대한 의존의 증대는 공식적으로 폭력으로 간주되는 것은 무엇인가, 법적으로 살해할 수 있는 건 누구인가, 무장을 할 수 있는 건 누구인가에 관한 갈등을 불러일으키는 것만은 아니다. 그것은 또한 공간과 법과 국가 주권 사이 관계들의 보다 넓은 재구성에서 핵심적인 부분이다. 국가 법정과 기업의 모범 방안 그리고 지경학적 힘 사이에서, 법의 틀과 일군의 규범들이 민관 파트너십 전쟁의 미래를 좌우하는 이 "해적퇴치" 실험들로부터 출현하고 있다. 국민국가와 국민국가의 기관들은 전지구적 무역의 안보를 규제하는 것으로 두드러지게 진출했고, 이를 위해 소말리아 해적과 마주한 주권의 본성을 변화시킨다. 그럼에도 불구하고 해운업은 그것이 충분하지 않다는 이유로 정부와 통치 기구를 반복해서 그리고 강력하게 비판했다. "우리는 〔선상 민간 보안〕을 환영하지만, 그것은 단기 임시방편이다"라고 〈국제해운회의소〉 사무총장 피터 힌치리프는 설명했다. 〈국제해운회의소)는 "해적 용의자의 더 많은 체포, 해적의 소말리아 공급 기지에 대한 군사 공격 그리고 소말리아 앞바다 12마일 해상 봉쇄"를 보게 되길 원한다고 힌치리프는 지적했다(DefenceWeb 2011). 〈국제해사국〉도 "이러한 해군 주둔의 유지나 증강은 필수적이다"라고 공공연하게 주장했다(같은 책). [미국 연안 경비대의] 펄린은 [다음과 같이] 설명하면서 이러한 정서를 확인시켜 주었다. "산업계는 〔해군 경비병의 승선을〕 좋아할 것이다. 산업계는 해상 보안을 보장하는 것이 정부의 책임이라고……무력을 사용하는 것이 정부의 책임이라고……아……법을 집행하는 것이 정부의 책임이라고 이해한다. 그러므로 우리가 [승선하는] 군사팀을 갖추는 것을 산업계가 ─ 일반적으로 ─ 선호할 것이라고 말하는 것은 타당하다고 생각한다. 우리는 분명히 그것을 다르게 이해한다. 우리는 그들이 고유의 자기 방어 권리를 가지고 있다고 이해한다. 우리는 그 지역에 연안 경비정을 비롯하여 해군 전투원들을 투입하고 있다……우리는 적절한 수단을 가지고 행동을 취하고 있다. 우리는 그것이 무장한 군사팀의 승선을 요구한다고 생각하지 않는다." 이것은 부분적으로는 그러한 광대한 공간의 효과적인 치안이 지닌 불가능성 ─ 과거처럼 지금도 ─ 의 문제이다. 펄린이 시사하듯이, "능력 문제도 있다." 그렇지만 이러한 방식으로 "공적" 보안을 제공하는 것에 대한 저항은 단순히 비용이나 능력의 문제만은 아니다. 오히려 그것은 해적 행위와 국제법의 핵심 모순으로 곧장 이어진다.

　　해적이 법에서 예외적인 형상으로 남아 있다면 국가는 해적을 상대로 전쟁을 선포할 수 없다. 해적 행위가 단순한 국내 범죄나 단일 국가의 적이라는 범주로 미끄러져 들어가는 것을 막기 위해 해적의 범죄는 정치 범죄로 이해될 수 없다. 소말리아인의 공격을 해적 행위의 사례로 규정하는 전체 틀은 그들의 행동과 주장이 지닌 정치를 완전히 부정하는 것에 달려 있다. 사나포선과 해적 사이의 경계가 종이 한 장처럼 얇고 국가의 유동적이고 도구적인 이익처럼 자의적일 수 있다는 것을 우리가 거듭 보았음에도 이것은 사실이다. 아덴 만의 해적퇴치 활동의 제국적 논리가 경제적인 것과 정치적인 것 사이의 절대적이지만 근본적으로는 허약한 구별에 기대고 있다는 점은 적절할지도 모르지만 매우 아이러니하다.

해적의 경제적·비정치적 행동에 대한 배타적인 강조는 해적과 테러리스트의 구별에 대한 몇 가지 아주 흥미로운 성찰을 제시한다. 해적 행위는 매우 비법적으로 통치되므로 명백한 전쟁의 대상이 될 수 없다 — 해적은 테러리스트와 법적으로 구별된 상태로 남아야만 한다. 이러한 접근법을 취하는 2009년 〈랜드 [연구소]〉의 보고서는 "해적은 테러리스트인가?"라고 묻는다. 마치 그것이 현장 조사를 통해 답변되는 경험적 문제인 것처럼 말이다. 그 보고서는 독자들을 안심시킨다. "지금까지 〔테러리즘-해적 행위〕의 연계가 출현한다는 추측을 뒷받침할 수 있는 믿을 수 있는 증거는 없다. 또 두 행위자의 목적이 전혀 다르다는 점 또한 중요하다." 이러한 주장은 각 행위자를 정의하는 전략적인 그리고 변화하는 법적 경계를 추적하는 방대한 역사 연구 앞에서 부조리해 보인다. 소말리아인들의 정치적 주장을 거부하는 수단으로서 두 형상의 이 전략적인 법적 구별을 목격하는 일은 어쩌면 훨씬 더 곤혹스러울지도 모른다. 그렇지만 부조리에도 불구하고 그 구별은 법과 폭력이라는 무기 전체를 뒷받침한다.

역사적으로 해적 행위가 국가 주권 시스템을 정의하는 모순적인 지리를 관리하기 위한 결정적인 법적 기술이었다는 점은 분명하다. 영토적 주권의 절대적 지리를 통해 조직되는 국민국가 시스템의 부상은 곧바로 해양이라는 문제를 발생시켰다. 국가 영토 모델 내에서 해양 공간의 통치불가능성 때문에 해양은 그 시스템의 권한 너머에 있는 것으로 간주되었다 (Thomson 1994 참조). 그렇지만 국민국가 시스템의 제국적 기반은 또한 해양이 그 시스템에 통합된다는 것을 의미했다. 해상 공간은 통치될 수 없었지만 횡단해야만 하는 곳이었다. 그것은 영토적 권위 시스템의 외부에 있었지만 제국적 국민국가의 지리 내부에 있었다. 이것이 바로 해적이 그렇게 결정적이면서 예외적인 형상으로 출현했던 이유다. 해적은 문자 그대로 국가 주권 시스템의 공간 외부에 있는 범죄자였지만 법적으로 국제법의 권위 내부에 있었다. 해적은 관계와 순환의 세계에서 절대 공간의 근본적인 공간적 모순을 관리하는 수단이었다.

유사하지만 상이한 어떤 것이 오늘날 진행 중이다. 포이어(2009)는 "'해적 행위'라는 단어는 완전히 상이한 맥락에 있는 상이한 많은 활동에 적용되었지만, 그 의미의 사회적·정치적 핵심은 맨 처음부터 변하지 않았다"고 주장한다. 그러나 어떤 것은 변했다. 해적퇴치의 심대한 제국적 본성은 변하지 않았다고 할지라도 말이다. 이 장에서 주장했듯이, 상업 항로를 보호하기 위해 권위가 재구성되는 공급 사슬 보안의 시대에 해적 행위가 제기하는 특정한 위험들은 변했고, 그 위험들을 관리하기 위한 전략과 공간도 변했다. 켐페(2010, 355)가 주장하듯이 "근대적인 관국가적 질서"의 "기본 요소들"이 "공해 상에서 그리고 다양한 해안을 따라 사나포선과 해적 행위의 대치에서" 생겨났다면, 내가 여기서 주장하는 바는 해적 행위를 통치하려는 시도가 오늘날 탈근대적인 관국가적 질서를 조형하는 데 있어 유사한 역할을 수행하고 있다는 것이다. 이 질서는 국제법이 아니다. 그것은 로지스틱스 공간을 놓고 벌어지는 관국가적 전쟁이자 "P3"[15] 기업의 제국적 전쟁이다.

---

15. [옮긴이] P3는 글로벌 선사 1, 2, 3위, 즉 머스크, MSC, CMA-CGM이 2013년 결성한 세계 최대 규모의 해운동맹이다.

5장

로지스틱스 도시

제국의 "도시 심장"

세계-경제는 항상 도시 중심지를,
그 활동의 로지스틱스 심장으로서의 도시를 갖고 있다.
페르낭 브로델,『물질문명과 자본주의 III ― 세계의 시간』

그러한 도시는 전쟁을 위한 로지스틱스 준비에서 발명된다.
폴 비릴리오,『속도와 정치』

모든 도시와 그 자매 도시는 다음 로지스틱스 관문이
되길 원한다. 그러나 어떤 도시에는 다른 도시보다
더 멋진 출입문이 있다.
아담 브룬스,「부상하는 로지스틱스 허브」

〈그림 26〉의 삽화는 21세기 초 전지구적으로 악명을 얻은 한 장소의 극적인 전환을 위한 일련의 도안들 중 하나다. 〈바스라 로지스틱스 도시〉Basra Logistics City는 많은 이들에게 친숙하지는 않겠지만 그 장소가 지닌 과거의 정체성은 전쟁에 대한 현대의 지도제작에서 그곳을 세계에서 가장 폭력적이고 경합적인 장소들 중 하나로 기록한다. 〈바스라 로지스틱스 도시〉는 이라크 남부 움카스르 – 이라크의 유일한 심해항 – 근처에 있다. 페르시아 만과 이어지는 이라크의 유일한 해상 연결로이기 때문에 그 항구와 주변 지역은 수세기 동안 무역이 활발했고 해군 기지가 있었다. 그러나 이 지정학적 긴장을 내포한 지역에서 〈바스라 로지스틱스 도시〉는 특히나 불안한 공간을 점유하고 있다. 2011년 1월까지, 그 장소는 점령된 이라크에서 가장 큰 미국의 군사 구금 시설, 부카 캠프Camp Bucca로 알려졌다(Al Mashni 2011; "US Jail Guards" 2008; DeMello 2011).

이 장에서는 새로운 지구적 도시 형태 – 로지스틱스 도시 – 의 정치학을 탐구한다. 이 장은 한편으로 이 순환의 중심지에 침투하는 낡은 그리고 새로운 제국적 논리에 대해 질문하고, 다른 한편으로 로지스틱스 도시 공간의 생산에서 지도와 계획의 역할을 탐구한다. 이 장은 〈바스라 로지스틱스 도시〉와 앞서 나온 삽화를 탐구하면서 시작한다. 이 장은 2011년 1월 폭력으로 악명 높은 이라크의 구금 캠프가 초국적 기업들을 위한 재화와 석유 처리에 전념하는 로지스틱스 도시로 전환된 것을 탐구한다. 그곳은 (처음에는 영국의 캠프로 그다음에는 미국의 캠프로) 제국의 군사 시설로 오랫동안 유지되었음에도 불구하고, 로지스틱스 도시로의 용도 전환은 "매끄러웠다"seamless. 사실 그곳은 군사적 과거에도 **불구하고**가 아니라 그 과거 **때문에** 로지스틱스 도시가 되기에 아주 적합하다. 그곳에 투자된 인프라 외에도 부카는 대규모의 물리적 보안 시스템을 자랑한다. 한때는 이라크인들을 가두는 데 필수적이었던 특징들이 이제는 이라크인들의 출입을 막음으

〈그림 26〉〈바스라 로지스틱스 도시〉 기업 사무실, 2013. 출처 : Kufan Group.

〈그림 27〉〈바스라 로지스틱스 도시〉에서 이동 중인 컨테이너, 2013. 출처 : Kufan Group.

로써 보안 시설을 유지하려는 로지스틱스 도시의 노력에 봉사할 것이다.

〈바스라 로지스틱스 도시〉는 과거의 군사 시설이 로지스틱스 도시로 바뀐 두드러지는 한 사례로, 도시에서 그리고 도시를 통한 군대와 시장의 더 광범한 관계를 탐구하는 길을 열어 준다. 이 장은 이라크에서 필리핀에 이르는 민간 로지스틱스 기업들의 네트워크를 따라간다. 필리핀의 클라크 공군 기지 ─ 과거 미국 최대의 해외 군사 기지이며 베트남 전쟁 당시 로지스틱스 중심지 ─ 는 이라크에서 활동하는 그 기업들 중 일부에 의해 〈국제 관문 로지스틱스 도시〉Global Gateway Logistics City로 바뀌고 있다(Muñoz 2009). 그다음 이 장은 두바이와 "개척자" 로지스틱스 도시 그리고 클라크 기지 재개발의 재개발 금융가 또한 살펴본다. 국가 보안화와 전지구적 무역 심화로 동시에 정의되는 시기에, 〈두바이 로지스틱스 도시〉에서 흐름과 봉쇄라는 이 결정적인 딜레마를 관리하는 극단적인 수단들은 전 세계에서 복제되어 증가하는 모델이 되었다. 〈두바이 로지스틱스 도시〉는 특히 광적인 경제 활동과 빈약한 정치적 권리가 결합되어 있다는 점에서 예외적일지도 모르지만, 인프라 및 무역 흐름의 보호를 위한 모델로 그리고 지구적 북부를 가

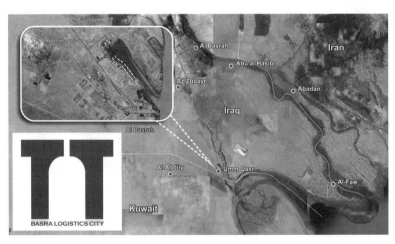

〈그림 28〉〈바스라 로지스틱스 도시〉 지도, 2013. 출처 : Kufan Group.

〈그림 29〉 현지의 보안 시설을 강조하는 〈바스라 로지스틱스 도시〉 광고, 2013. 출처 : Kufan Group.

로지르며 항구들의 개조를 위한 모델로 종사하고 있는 것은 바로 이 예외적인 형태다(Fattah and Lipton 2006; Flynn 2006; Jacobs and Hall 2007). 실제로 이 장은 북미로 회귀하는 이 관국가적 정책을 좇아서 [캐나다] 브리티시컬럼비아의 트왓슨Tsawwassen을 상세히 살핀다. 이곳에서는 낡은 그리고 새로운 식민 정치가 로지스틱스 도시 건설을 둘러싼 토지와 권리에 대한 투쟁에서 작동한다.

현재 나타나는 기업 로지스틱스와 군사 로지스틱스의 뒤얽힘에 대한 연구는 군사력이 민간 로지스틱스 기업을 위한 길을 닦고 있음을 드러낸다. 하지만 후자 역시 활발하게 전자를 지원하고 있다. 실제로 로지스틱스는 현대전에서 가장 크게 민영화된 영역이며, 로지스틱스 도시 건설에 참여하는 바로 그 기업들이 미군과 중요한 계약을 맺고 있다. 그에 따라 이 장은 군사 로지스틱스의 민영화, 군사적 실천과 민간의 실천을 가로지르는 복잡한 회로 그리고 군사 도시주의에 대한 논쟁들을 탐구하는 것으로 이동한다.

로지스틱스 도시의 제국적 정치 외에도 이 장은 지도와 계획에서 두드러지는 이 새로운 형태의 시각적 재현을 탐구한다. 이것은 컴퓨터 마더보드1와 매우 유사하다. 이 살균된, 조작된 환경에는 삶의 흔적은 고사하고 혼돈이나 무질서 혹은 폐기물도 없다. 공간의 생산에서 재현의 역할에 대한 르페브르(1991)의 저작, 순환과 도시에 대한 푸코([1997] 2003)의 저작, 그리고 낡고 새로운 식민적 형태에 대한 비판적인 법률적 저술에 의지하면서, 이 장은 봉쇄와 흐름의 역설을 탐구하고 도시적인 것the urban을 폭력적인 전지구적 사회적 공장의 중심에 위치시킨다. [그리고] 묻는다. 도시가 효율적인 화물 흐름의 이미지로 만들어진다는 것은 무엇을 의미하는가? 도

---

1. [옮긴이] motherboards. 컴퓨터의 기본적인 부품을 장착한 기판.

시적인 것이 효율적인 경제 교환을 위해 설계되고 통치된다는 것은 무엇을 의미하는가? 시민권과 도시의 문제에서 이것이 의미하는 바는 무엇인가?

군사 기지에서 로지스틱스 도시로

2010년 12월 31일, 미군은 740에이커의 부카 캠프를 "이라크 국민"에게 "반환하는" 행사를 열었다. 행사의 일환으로 기지의 미국기는 내려졌고 이라크 국기가 계양되었으며, 미군 제1보병사단 부사령관이 이라크 남자 아이들에게 케이크를 주었고, 정장과 군복을 입은 남자들은 모두 돌아가는 카메라 앞에서 활짝 웃었다.[2] 부사령관은 부카 캠프가 〈바스라 로지스틱스 도시〉가 될 것이라고 설명했다. 그리고 미국인들이 주는 "선물"은 (창고, 도로, 고도 정수 처리 및 하수 시스템, 전기, 위락 시설, 헬리콥터 착륙장 그리고 "현대적이고 잘 가꾸어진 주택" 1천 세대를 비롯하여) 그곳의 인프라에 대한 1억 달러를 포함할 것이었다. 이 인프라 외에도 부카 캠프는 15피트의 둔덕과 수많은 경비 타워를 자랑한다. 이라크인을 가두고 폭력적으로 학대했던 바로 그 경계는, CNN(2012)에 따르면 "뚫는 것은 거의 불가능하며 노동자들을 위해 비교적 안전한 지역을 만들고 있다." 난폭한 무역의 깊이 얽힌 지리를 보여 주면서, CNN은 어떻게 "기업가들이 이 과거의 군사 감옥을 이라크 남부가 추구하는 새로운 실크로드의 비즈니스 허브의 핵심 요소로 만들고자 하는지" 설명한다.

국가와 주권에 초점을 맞춘 그 부지 이양 행사의 매우 남성적이며 지정학적인 퍼포먼스에도 불구하고, 토지의 "반환"과 미국기의 하양은 전적으

---

2. 이 글을 쓰고 있을 당시에, [행사 관련] 장면은 유투브에서 볼 수 있었다. "Camp Bucca Transfer to Government of Iraq," https://www.youtube.com/watch?v=y4zNSpGYc-8.

로 진실된 것은 아니었다. 〈바스라 로지스틱스 도시〉는 뉴욕에 기반을 둔 기업 노던 걸프 파트너Northern Gulf Partners가 운영할 것이다. 이 기업은 그곳을 40년간 임차한다. 노던 걸프와 그 투자자들은 모든 법인세를 면제받을 것이고 지구상에서 가장 큰 기업 석유 로지스틱스 센터 중 하나를 설립함에 따라 10년에서 15년 동안 요금을 징수한다. 그들은 전부 외국인 노동력으로 고용할 수 있는 권리가 있고, 모든 투자와 이윤을 본국으로 보낼 수 있는 권리를 갖고 있다. 게다가 미국의 "선물"은 〈바스라 투자 위원회〉Basra Investment Commission의 투자에 비하면 무색하다. 이 위원회의 투자액은 26억 달러를 넘을 것으로 예상된다. 노던 걸프의 창립 멤버이며 최근 자신의 탁월한 "이라크 정치 분석"으로 미국의 페트라우스Petraeus 장군에게서 상을 받은 바틀 불Bartle Bull은 [이렇게] 설명했다. "이것은 이라크와 이곳에서 사업을 하려는 기업들에게 매우 중요한 프로젝트다. 〈바스라 로지스틱스 도시〉는 급성장하는 이라크 시장에서 사업을 꾸리고 일을 하려는 기업들에게 안전하고secure 편리하며 성가시지 않은 방법을 제공한다"(Jaffer 2013, xxix에서 재인용). CNN(2012)은 바스라가 "아시아와 유럽 간의 상업을 위한 고리"인 "새로운 실크로드의 중심이 곧 될 수 있을 것"이라고 전한다.

부카 캠프는 한때 이라크에서 가장 큰 미국 구금 시설이었고 공식 수용가능 인원은 1만 8천 명이었음에도 2만 2천 명이 구금되어 있었다. 부카 캠프는 [이라크] 점령 초기에 방송 전파를 가득 채웠던 미국의 구류자 학대 논란에 깊이 연루되어 있다. 부카는 구류자 학대에 대한 가장 심각한 그리고 초기의 기사 중 일부의 발원지였을 뿐 아니라 이후 아부그라이브에서의 충격적인 행동으로 널리 알려지게 되는 미국 군인들의 본거지이기도 했다. 실제로 캠프 사령관 — 제리 L. 필라바움Jerry L. Phillabaum 중령 — 이 승진하여 아부그라이브를 관리한 것은 2003년 부카의 구류자 학대에 대한 초기 보도 이후였다("US Jail Guards" 2008; Hirschfeld Davis and Sullivan 2004;

Pryer 2009; Tilghman 2008).

　필리핀의 클라크 공군 기지는 미군 기지가 기업의 로지스틱스 시설로 전환되는 또 다른 현대의 사례다. 클라크 공군 기지는 1903년부터 1991년까지 운영되었고 한때 세계 최대의 미국 해외 군사 시설이었다. 3만 명의 인원과 156,204에이커의 부지로 이루어진 그 기지는 2차 세계대전이 끝날 무렵 필리핀과 미국 연합군의 근거지였다. 1975년까지 클라크 기지는 베트남 전쟁 동안 미군에 로지스틱스 지원을 했다. 1991년 미군 철수 이후 그 기지는 디오스다도 마카파갈 국제공항과 클라크 자유 무역항 지대의 부지가 되었다. 그 후 그곳은 〈국제 관문 로지스틱스 도시〉로 바뀌었다. 그 사업은 2008년에 시작되었으나 "정식 공사는 공식적으로 2010년까지 착수하지 못했다. 버려진 구조물과 나무 그리고 **비공식 정착민**이 모두 그곳에서 제거되어야 했기 때문이다"(Valencia 2012; 강조는 인용자의 것). 사업 완료에는 10년이 더 걸릴 것으로 예상된다(Muñoz 2012; Valencia 2012).

　〈국제 관문 로지스틱스 도시〉 웹사이트는 부카 캠프처럼, 클라크가 "이전의 미공군 기지 인프라 덕분에 훌륭한 상하수 처리를 비롯하여 종합 시설 보안 시스템을 갖춘 접근 통제, 저렴하고 안정적인 전력으로 아주 복잡한 통신망을 지원할 수 있는 견고한 인프라를 포함한 많은 최첨단 편의시설을" 제공한다고 서술한다. 필리핀 정부는 〈국제 관문 로지스틱스 도시〉 건설 투자에 30억 달러 이상을 냈다. 이 사업은 악명 높은 민간 군사 업체 KBR ─ 핼리버튼[3]의 예전 자회사 ─ 의 자회사인 페레그린 개발 인터내셔널Peregrine Development International이 구상했고 이끌고 있다. 페레그린 회장이자 최고경영자인 데니스 라이트Dennis Wright는 KBR의 중역으로 일했고 미 해군에서 로지스틱스 전문가로 일한 이력도 있다. 공공 군사 근무와 민간 군

---

3. [옮긴이] Haliburton. 미국의 다국적 기업으로 세계에서 가장 큰 석유 채굴 기업 중 하나.

〈그림 30〉 부카 캠프, 2011. 출처 : Andrea Bruce/NOOR 촬영.

사 근무가 혼합된 유사 경력은 페레그린 임원진에서 공통적으로 발견된다. 이들 대부분이 미군 로지스틱스 전문가로 근무했고 이어서 KBR에서 일했다. 페레그린은 자신의 웹페이지에서 관타나모 만 같은 감옥 시설과 바그다드의 크로퍼 캠프Camp Cropper 구금 시설 같은 프로젝트를 수행한 것을 자랑스럽게 적고 있다. 이렇게 보다 전통적인 민간 군사 프로젝트 외에도 라이트의 약력에는 그가 "씨월드와 부치가든[4]을 두바이에 유치했다"는 점이 자랑스럽게 언급되어 있다. 이것은 기업 메가프로젝트와 군사 메가프로젝트의 이 이례적인 나열에서 작동하는 공통의 계획 및 개발 기법을 나타내는 것이며, 어쩌면 "조직화 공간"(Easterling 1999)[5]까지 시사하는지도 모른다.

---

4. [옮긴이] 씨월드(Seaworld)와 부치가든(Busch Gardens)은 미국의 씨월드 엔터테인먼트(Seaworld Entertainment)사가 운영하는 테마파크다.

5. [옮긴이] 이스털링에게 조직화(organization)란 "공간 생산을 위한 로지스틱스적 소프트웨어"이자 인프라 네트워크 같은 분산된 공간 시스템에 대한 포괄적 통제를 추구하는 지배적 규약(protocol) 등을 뜻한다(Easterling 1999, 3~4).

두바이와 로지스틱스 도시의 탄생

로지스틱스 도시가 전 세계로 확산되는 한 그 형태에 영감을 주는 원형을 고찰하는 것은 도움이 된다. 최초의 로지스틱스 도시는 두바이의 발명이었으며 그에 따라 로지스틱스 도시의 전개에서 작동하는 노동과 시민권과 보안의 도시적·지구적 정치에 대한 몇 가지 명확한 선례를 구축하였다. 그 자체도 아주 최근의 일인 〈두바이 로지스틱스 도시〉는 두바이 월드 센트럴Dubai World Central — 지구상에서 가장 큰 종합 계획 정착지이며 아랍에미리트에서 "전략적으로 가장 중요한 인프라 개발" — 의 일환으로 2007년에 문을 열었다. 두바이 월드 센트럴은 광범위한 특별 구역과 용도를 포괄하지만 로지스틱스 도시는 그 계획에서 아마도 가장 이례적이고 흥미로운 요소일 것이다. 아랍에미리트 당국은 두바이포트월드 웹사이트에서 〈두바이 로지스틱스 도시〉는 "단일 세관 및 자유무역지대 환경 내에 간단한 제조와 조립을 비롯하여 모든 운송 수단과 로지스틱스 그리고 부가가치 서비스를 갖춘 세계 최초의 진정한 통합 로지스틱스 플랫폼"이라고 주장한다. 그 계획은 세계 최대의 인공 항만이자 중동 최대의 항구인 제벨알리 항과 완공 시 세계 최대의 수용력을 갖도록 계획된 새로운 두바이 월드 센트럴 국제공항을 통합한다. [두바이] 로지스틱스 도시는 50년 면세 보장, 자본 유출입 상한선 폐지, 그리고 노동 규제 철폐를 제공하며 기업 입주를 유도한다. 그것은 아랍에미리트 경제를 석유를 넘어 대안적인 성장 산업들로 다각화하려는 공격적인 노력의 일환이다(Fernandes and Rodrigues 2009).[6] 공급사슬 전문가들은 현재 공항과 화물 처리 구역의 결합 확장과는 대조되는

---

6. 이미 아랍에미리트 비석유 수익의 10퍼센트 이상을 차지하고 있고 2006년 지구적 수익은 3조 4천억 달러를 기록했으며 향후 5년간 매년 4.5퍼센트의 성장이 예상되는 로지스틱스는 전도유망한 위험을 약속한다(UAE Interact 2007).

〈두바이 로지스틱스 도시〉 건설에서 "그러한 급진적 해법"을 향한 두바이의 움직임은 정치적 맥락이 지닌 특징이라고 주장한다. 공급 사슬 분석가들(Mangan, Lalwani, and Butcher 2008, 310)은 [이렇게] 설명한다. "유럽국가들과 비교해 볼 때 두바이 개발의 주된 이점은 왕자들이 장기적인 투자 기간에 초점을 맞추는 입장에 있다는 점이다. 이것은 그들의 의사 결정과정에 영향을 미쳤다. 그들은 단기적인 성공(예를 들어 재선의 보장)에 집중할 필요가 없기 때문이다. 그들은 대신 장기적인 성공에 집중할 수 있고장기적으로 두바이에 가장 이로운 해법을 결정할 수 있다."

로지스틱스 도시의 출현은 중요하다. 오늘날 그 명성에 기댄 이름을 가진 도시 형태가 존재한다는 것은 전지구적 공간 경제의 근본적인 이행을 나타낸다. 여기서 공급 사슬의 설계와 관리는 적시 생산 및 유통에 매우 결정적으로 되었다. 로지스틱스 도시에서 도시 공간은 지구적으로 결속된 사물의 관리와 운동을 보안한다는 단일한 목적을 위해 고안된다. 두바이 선전가들은 바로 이러한 측면에서 도시를 홍보하며, 이것은 변화하는 지구적인 지정학적 경제에서 도시의 중심성을 시사한다. 파라그 카나Parag Khanna(2011)는 세간의 이목을 끄는 두바이의 자기 홍보 잡지 『비전』Vision에 쓴 글에서, [이렇게] 외친다. "두바이는 21세기의 베니스다. 유럽과 아프리카와 아시아의 교차로에 자신만만하게 자리한, 세계의 재화를 효율적으로 재수출하는 '자유 무역 지대'다. 우리는 이제 페르시아 만과 극동 사이의 심화되는 무역로를 '새로운 해양 실크로드'라고 부른다." 수십 년간 도시학에서 유통되었던 생각들을 소박하고 찬양하는 형태로 재활용하면서(Beaverstock et al. 2000; Brenner and Keil 2005; Friedman 2000; Sassen 1991), 카나는 두바이의 성장이, 지구화가 도시의 성장하는 힘과 긴밀하게 결합되는 시대적 변화의 특징이라고 주장한다. 그는 "새롭게 생겨나는 지정학적·경제적 합의는 21세기가 더 이상 미국, 브라질 그리고 중국 같은 국가들이 아니라 두바이 같은 이른바 전지구적 도시에 의해 좌우될 것이라는 점이다"라고 쓴다. 카나는 홍보와 묘사가 잘 구별되지 않는 방식 — 도시 선전주의urban boosterism에서 오랜 내력을 가진 스타일(Logan and Molotch 1987)이며 "유통 도시"(Negrey, Osgood, and Goetzke 2011)에 대한 담론 생산에서 전개되는 특별한 유형의 선전주의에서 아주 익숙한 어조 — 으로 글을 쓴다. 그는 두바이의 힘이 지구적 불황의 도전을 심각할 정도로 받지 않는다고 주장한다. "누가 호황이나 불황을 겪든 두바이는 승리한다." 그는 무역국이 무역로를 "변경"할 수 있는 — 다시 말해서 위기에 직면하여 불균등한 지역 및 지방 경제를 전지구적으로 조종할 수 있는 — 능력을 하나의 사례로 제시한다. 그는 "뉴욕과 두바이 사이의 수송량이 2008년 금융 위기 때문에 줄어들었을 때", "에미레이트 항공은 자사의 에어버스 A380 여객기의 노선을 은행 시스템이 좀 더 나은 상태로 살아남았던 토론토로 변경했다"고 설명한다. 두바이가 자신이 순환시키는 전지구적 정치경제 외부에 있을 수는 없지만, 도시 번영의 특정한 운명과 도시의 명성을 규정하는 것은 현대의 중계항으로서 두바이의 역할이다.

〈두바이 로지스틱스 도시〉는 관국가적 공급 사슬을 따라 반향을 불러일으키고 있는 기준을 이미 설정하고 있다. 그것은 도시 공간의 생산에 대한 그리고 인프라 보호의 정치에 대한 중요한 선례를 만들며, 이것의 [영향력은] 두바이와 페르시아 만 지역에 국한되지 않는다. 〈두바이 로지스틱스 도시〉는 수송과 고객 서비스뿐만 아니라 "보안"에 대해서도 "최신 기술 해법"을 제공한다는 자부심을 갖고 있다(Steins 2006; Mangan, Lalwani, and Butcher 2008도 보라). 실제로 〈두바이 로지스틱스 도시〉의 보안에 대한 관심은 각별하다. 그 용어는 거의 정의되지는 않지만, 보안은 전 세계적으로 도시 개발 및 인프라 사업에서 자명한 우선 사항으로 언급된다. 그러나 로지스틱스 렌즈의 초점에 있는 것은 그 도시에 거주하고 일하는 사람들이라기보다는 **공급 사슬의 보안**이다. 〈그림 31〉이 보여 주듯이, 질서와 효율성이 건조물의 형태 디자인을 좌우하고 공간에서 사용과 사용자의 분포를 지배한다.

로지스틱스는 표면적으로는 효율적인 운동과 교란되지 않는 흐름에 대한 것이지만, 〈두바이 로지스틱스 도시〉의 계획은 그러한 흐름이 공간적 질서화 및 통제 그리고 새로운 경계의 확산을 통해서 성취된다는 것을 드러낸다. 어떤 형태들은 풍경에서 분명하게 드러나는 반면 다른 형태들은 직접적인 시야에서는 숨겨져 있다. 한편으로 그 도시의 전체 광경은 컴퓨터 마더보드와 유사하다. 〈두바이 로지스틱스 도시〉는 생체인식 출입 카드, 보안문, 감시 카메라, 그리고 다른 기술을 통해 전자적으로 관리된다. 공간적 봉쇄의 가장 중요한 형태는 "노동 마을"Labour Village일 것이다. 당국은 그 "마을"을 "모든 시설을 갖춘 통합형 블루칼라 주택 공급"으로 홍보한다. 그러나 깨끗한 디자인과 호화로운 풍경에도 불구하고, 예술가의 연출은 여전히 감옥 시설의 느낌을 풍긴다. "고급스러운 노동 수용소"로 지역 언론이 묘사한(ArabianBusiness.com 2007), 노동 마을은 최종적으로 1천4백만 평방피트의 토지를 점유하고 8만 7천5백 개의 침대를 보유할 것이다.[7] 해외 노동자들을 위한 이 "고급스러운" 공급은 보다 광범한 노동 체제의 일환이다. 아랍에미리트에서 파업과 노동조합은 여전히 불법이며, 이 중 하나에 참여하면 아랍에미리트에서 영원히 추방될 수 있다. 이것은 두바이에서 작동하는 극단적인 조건들에 대한 하나의 적나라한 지표다. 노동자들의 압도적 다수가 어떤 공식적인 시민권도 없는 임시 취업 허가 상태에 있다. 유럽

---

7. "침대"는 그 시설의 상태를 가장 잘 묘사한다. 침대가 최소 공간 제공 기준에 따라 설계되었기 때문이다. 비인간적인 생활 조건(DeParle 2007)에 대한 노동자들의 저항에 대응하여 개발된 새로운 규제는 방 하나와 화장실 하나에 8명 미만이 거주해야 하며, 각 개인은 최소 3제곱미터의 바닥 면적을 보유해야 한다고 규정하고 있다.

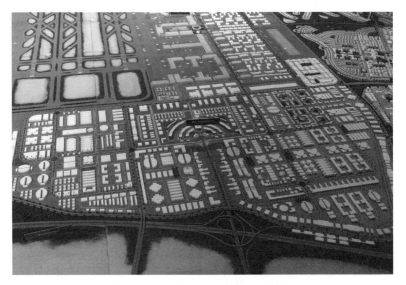

〈그림 31〉〈두바이 로지스틱스 도시〉, 2007. 출처 : Brian McMorrow 촬영.

과 미국이 비시민 노동에 크게 의존하고 있지만, 지구상 어디에도 이와 관련하여 아랍에미리트에 필적하는 곳은 없다. 비시민은 개인 노동력의 99퍼센트를 차지하며(이 중 3분의 2는 남아시아인이다), 450만 명이 넘는 거주자가 있지만 아랍에미리트 시민은 80만 명에 불과하다(Al Tamimi 발행 연도 불명; Kapiszewski 2006; UAE Ministry of Labour 2001).

〈두바이 로지스틱스 도시〉의 핵심에는 관국가적 현저성을 가진 역설이 있다. 흐름의 보장과 상품 순환의 교란 방지가 봉쇄를 요구하는 것처럼 보이는 것이다. 한편으로 로지스틱스 도시의 건설은 전지구적 공급 사슬을 가로지르는 네트워크 흐름의 지원에만 전적으로 전념하는 도시 공간 및 인프라의 생산에서 중요한 사건이다. 그러나 다른 한편으로 이 흐름들을 교란으로부터 보호한다는 바로 그 전제가 새로운 형태의 정치지리적 인클로저를 수반한다. 로지스틱스에 전념하는 도시에서 흐름의 중단은 시스템 취약성이 되며, 흐름을 방해하는 힘은 보안 위협으로 관리된다. 공급 사슬 보안의 논리에 따르면, 위협은 자연 재해나 테러 활동처럼 노동 행동에서 쉽게 생겨날 수 있다(2장을 보라).

〈두바이 로지스틱스 도시〉는 무역 자유화와 권위주의 정치를 결합한다는 점에서 예외적일 수 있지만, 세계에서 가장 강력하고 활동적인, 전지구적 공급 사슬 보안의 옹호자인 미국에서 〈두바이 로지스틱스 도시〉를 특히나 영향력 있게 만들었던 것은 바로 이 예외적 형태다. 보안된 로지스틱스 공간의 생산을 통해 관리되는, 공식적인 그리고 실질적인 시민권의 강탈을 통한 축적은 미국의 항구 도시들이 두바이에서 차용하고 있는 불길한 모델이다. 아랍에미리트는 미국과는 먼 세계처럼 보일지도 모르고 〈두바이 로지스틱스 도시〉를 위한 계획들은 항구를 포함한 미국 어느 곳의 공간 조직화와도 크게 다른 것처럼 보일 수도 있다. 그러나 교란 방지와 흐름 촉진의 문제에 대한 두바이의 지리적 해법은 이제 미국 도시에서 항구와 인프라 보안을 위한 하나의 모델이다(Fattah and Lipton 2006; Flynn 2006; Jacobs and Hall 2007). 3장은 두바이포트월드가 미국의 여러 항구의 운영을 맡으려고 했을 때 분출했던 몇 가지 논란을 상세히 적고 있다. 그 논란은 미국 선박 터미널의 "아랍 운영" 계획에 대한 공중公衆과 의원들의 거센 저항을 수반했다. 그 저항에는 노골적인 반反아랍 인종주의와 두바이의 노동, 환경, 인권 관행에 대한 ─ 여전히 국가주의에 경도된 ─ 보다 진보적인 비판이 강하게 뒤섞여 있었다. 행정부가 의회의 초당적 저항을 무릅쓰고 [운영권] 판매를 승인했지만, 그럼에도 그 논란은 두바이포트월드가 자신의 지분을 팔도록 만들었다(Friedman 2006; Gibson 2006; Kirchgaessner 2006; "Peter King" 2006; Overby 2006; "Dubai Company" 2009). 미국 항구 주변을 몰래 돌아다니는 수상한 아랍인이라는 오리엔탈리즘적 묘사가 담긴, 부시 행정부에 매우 비판적인 한 만화 작가가 그린 2006년 2월의 『뉴욕타임즈』 만평(〈그림 32〉)은 대중적 논쟁이 지닌 인종주의적 분위기를 잘 담고 있다.

이 거래 실패는 관계의 끝이 아니었다. 직접 소유안은 폐기되었지만, 정치적 형태는 여전히 이주한다. 두바이는 오랫동안 미국과 나머지 세계가 따라야 하는 성공 모델로 홍보되었다. 2005년 빌 클린턴 전前 대통령은 [이렇게] 말했다. "두바이는 그 지역의 다른 부정적인 발전에도 불구하고 무엇이 성취될 수 있는지 보여 주는 역할 모델이다. 두바이를 보라. 두바이는 아주 짧은 기간에 엄청난 경제 성장을 이룩했다"(Bhoyrul 2005에서 재인용). 조지 W. 부시는 아랍에미리트 국빈 방문에서 이러한 감상을 되풀이했다. 그는 [이렇게] 외쳤다. "나는 여기서 본 것에 깊은 인상을 받았다. 기업가적 영혼은 강력하며 그만큼 중요한 욕망이다. 그 욕망은 사회의 모든 측면들에 희망을 불어넣고 자극을 준다"("Bush Regaled" 2008). 오바마 대통령은 2009년 연설에서 두바이의 "놀라운 진보"를 찬양했다(Alrawi 2009). 두바이는 특히 미국 항구 보안의 모델로 홍보된다. "미국 당국자들"에게, "강제鋼製 수송 컨테이너가 끝없이 줄지어 쌓여 있는, 여기 페르시아 만을 따라 우후죽순 뻗어 가는 항구는 포스트 9·11 세계를 위한 모델이다"라고 하싼 파타Hassan Fattah와 에릭 립튼Eric Lipton(2006)은 주장한다. "담장이 항구 외곽을 둘러싸고 경비원이 순찰한다. 컨테이너가 선적 기록에 있는 옷, 알루미늄, 목재 그리고 기타 물품들을 싣고 있는지 확인하기 위해 감마선 스캐너가 컨테이너 내부를 들여다본다. 방사선 검출기는 숨겨진 어떤 핵 물질도 수색한다." 주요한 해상 보안 전문가들과 로지스틱스 무역 간행물들은 미국에서 실패한 두바이포트월드 거래의 아이러니를 반복한다. 대중의 우려에도 불구하고 두바이는 항구 안보에서 세계적인 선도자다(Flynn 2006; Jacobs and Hall 2007).

그렇다면 〈두바이 로지스틱스 도시〉 계획을 페르시아 만의 이 특정 장소를 넘어서 존재하는 일시적인 중요성 이상의 것으로 만드는 그 계획의 특유한 점은 무엇인가? 교란 방지와 흐름 촉진의 결합 프로젝트에 새로운 것은 없다. 크리스틴 보이어Christine Boyer(1986, 9)가 주장했듯이, 포스트 남북 전쟁 시대에 미국의 메트로폴리스가 출현한 이후 두 가지 문제가 그것의 통치를 규정했다. "모든 도시들이 야기하는 것처럼 보이는 사회 불안·물리적 쇠퇴·과도한 전염의 위험을 뿌리 뽑기 위해 도시 대중을 어떻게 훈육하고 규제할 것인가, 그리고 이 거대한 장소들이 산업 생산과 도시 문명의 발달을 지원하도록 이 거대한 장소들의 공간적 성장을 어떻게 통제하고 배열할 것인가." 실제로 보이어는 이러한 도시 공간의 문제화와 "훈육적 통제의 추구"가 "도시 공간의 건축적 장식 그리고 공간적 개발의 합리적 처리

〈그림 32〉 두바이 항구 안보. 출처 : Jeff Danziger의 만평, 2006.

만평 제목 : 부시 행정부는 미국의 항구 관리를 두바이 정부와 거래한다.
PORT OF NEW YORK AND NEW JERSEY : 뉴욕 항과 뉴저지 항 / MR. CHERTOFF SAID HE'D BE HERE TO WELCOME US, BUT HE'S PROBABLY BUSY... : 처토프 씨가 마중 나오기로 했는데, 아마도 바쁜 모양이야 …… / EXACTLY! WORKING HARD TO KEEP THE HOMELAND SAFE FROM TERRORISTS... ho-ho! / 맞아! 테러리스트로부터 국토를 안전하게 지키기 위해 열심히 일하고 있겠지…… 허허! / DUBAI "We do buy!" : 두바이 "우리는 산다!" [처토프(Michael Chertoff)는 당시 미국 국토안보부 장관이다 — 옮긴이]

간의 새로운 관계뿐 아니라 도시 공중과 사회과학 지식 간의 새로운 관계"를 구축했다고 말한다. 도시에 대한 이러한 분투는 그 과정에서 도시 계획이라는 분야를 낳았다. 보이어는 훈육적 질서가 "도시의 어두운 장소들에 대한 두려움과 함께 시작한다"고 주장한다. 이 장소들은 "빛에 열려 있어야 하고 신선한 공기가 통해야" 하는 공간들이다. 훈육은 "개인들을 공간에 분배하는 것에서 생겨난다"(같은 책).

도시 공간을 통해 효율성과 생산성을 사회공간적 질서와 조화시키는 일반적 문제가 오랜 역사를 지니고 있다면, 그것은 로지스틱스의 지리와 보안의 정치를 통해 제기될 때 더 구체적인 형태를 띤다. 2장에서 어느 정도 상세히 살펴본 것처럼, 포스트 9·11 보안화 노력들은 운동과 경계[국경] 모두의 보안이라는 구체적인 도전에 대응하여 보안의 의미와 실천의 극적인 재고를 수반했고, 두바이는 이 지구화하는 형태들의 미국식 설계와 깊이 연관되어 있다. 이것의 좋은 예가 미국의 〈컨테이너보안협정〉이다. 이 협정은 미국 세관원을 해외 항구에 파견하여 미국행 화물을 조사하게 하고 "미국 국경이 처음이 아니라 마지막 방어선이 되도록 〔미국의〕 보안 구역을 확장하는" 것을 목표로 삼는다(DHS 2009). 두바이는 2005년 〈컨테이너보안협정〉에 가입한 첫 번째 "중동의 개체"였고, 그 결과 미국 국경 수비대는 두바이 세관과 매우 긴밀하게 협력하여 미국행 컨테이너들을 검사한다. 마찬가지로 운수노동자인증증명서[이하 인증증명서] — 미국 공급 사슬 보안의 중심 기둥 — 는 두바이 같은 곳의 억압적인 노동 조건을 전지구적 북구의 선진 자유 해상 공간이라는 전혀 다른 맥락으로 끌어오려는 노력의 일환으로 이해할 수 있다(Boske 2006). 두바이 모델의 핵심은 무역 흐름을 위해 노동자의 권리를 부정하는 것이며, 인증증명서 프로그램은 [이와] 유사한 논리를 제도화하기 위한 시도로 볼 수 있다. 3장에서 설명하듯이, 미국 항구에서의 노동 행동은 최근 보안 위협으로 주조되었다. 가장 극적인 사례는 조지 W. 부시 [대통령]이 미국 최대 항구 로스앤젤레스/롱비치 항에 〈태프트-하틀리 법〉을 발동했던 2002년에 있었다. 늘어 가는 작업장 재해에 대한 〈국제항운노조〉의 저항과 뒤이은 고용주들의 직장 폐쇄는 미국 부통령이 〈국제항운노조〉의 행동을 국가 안보[보안]에 대한 위협으로 선언하고 벌금 겁박과 형사 고발 심지어는 군대 배치를 선언하는 것으로 이어졌다(OWCW 2002). 인증증명서는 그런 교란의 방지를 목적으로 한다. 인증증명서는 정상적인 민법과 노동법이 유예되는 특별 "보안 구역"을 항구 주변에 만든다. "보안 지역"에 대한 접근은 생체 인식과 보안 인가로 통제되며 이 지역은 대규모 새 담장과 보안문, 카메라, 기타 감시 기술들로 조직되어 있다(Emsellem et al. 2009; McEllrath 2011). 보안 지역은 상이하게 통치된다. 국가 전역에서 시행되는 정치적·사회적·경제적 권리들이 국가 안보[보안]라는 미명 하에 이 예외 구역들 내에서는 유예되는 것이다.

두바이에서 미국으로 이주하는 것은 [두바이] 로지스틱스 도시 내의 관계들을 복제하여 작동하는 특정한 정책과 기술들만이 아니다. 도시 형태도 전해진다. 그 현상은 미국의 해외 군사 기지뿐만 아니라 국내 기지도 덮치고 있다. 전지구적 북구의 핵심 국가들에서, 이 예외적 공간은 때때로 로지스틱스 단지나 로지스틱스 구역처럼 좀 더 국한된 형태로 출현한다. 캘리포니아 오클랜드에서는 군사 기지를 로지스틱스 센터로 전환하는 일을 놓고 극심한 논란이 일었다. 1941년에서 1999년까지, 도시 항구에 바로 인접한 오클랜드 군사 기지는 미국의 군사 전개를 위한 재화와 장비의 중요한 중계 지점으로 기능했다(Cockrell 2010). 2012년, 한때 세계 최대 군사 항구 단지였던 곳이 "미국 서부 해안의 선도적인 수출 관문으로서 그 항구의 지위를 강화시켜" 줄 "세계적인 무역 및 로지스틱스 센터"로 계획되었다(Port of Oakland 2012). 그 프로젝트는 프로로지스ProLogis — 세계 최대의 유통 시설 소유·관리·개발 업체 — 가 주도한다. 프로로지스는 북미와 아시아 그리고 유럽에 걸쳐 6억 평방피트의 유통 공간을 보유한 기업으로(Port of Oakland 2011), 〈두바이 로지스틱스 도시〉에 처음으로 시설을 건설한 기업들 중 하나였다. 〈두바이 로지스틱스 도시〉의 부지는 그 기업의 첫 번째 중동 유통 센터[가 들어선 곳]이기도 했다. 2012년 여름, "오클랜드 글로벌" — 군사 기지 겸 로지스틱스 시설의 새로운 정체성 — 계획이 확정되었고, 프로로지스와 [그] 파트너인 캘리포니아 캐피탈&투자 그룹California Capital & Investment Group은 주 정부에서 2억 4천2백만 달러를, 시 정부에서 5천4백만 달러를, 그리고 연방 보조금에서 거의 3억 달러를 약속받았다(Artz 2012; Burnson 2012).

오클랜드 글로벌은 아마도 북미에서 진행 중인 가장 큰 로지스틱스 시설들 중 하나일 것이다. 그것은 이 공간들을 건설하는 민관 파트너십의 복잡한 형태들을 예증한다. 그렇지만 북으로 9백 마일 떨어진 또 다른 로지스틱스 메가프로젝트는 다른 유형의 국가-기업 파트너십을 어렴풋이 보여 준다. 이것은 로지스틱스 도시의 정착형 식민 정치를 전면에 내세우는 파트너십이다. 이라크 부카 캠프/〈바스라 로지스틱스 도시〉 행사보다 3년 앞서 서쪽으로 1만 1천 킬로미터 넘게 떨어진 곳에서, 비슷하게 차려입은 사람들이 캐나다 국가에서 트왓슨 퍼스트 네이션[8]으로 토지와 주권의 이전과 〈트왓슨협정〉의 조인을 기념하기 위해 마련된 또 다른 토지 이전 행사를 치렀다. 그 행사를 열었으며 인디언 문제에 보수적인 척 스트랄Chuck Strahl 장관은 그 협정을 "역사적인 이정표 …… 엄청난 성취 …… 진정 역사적인 사건"으로 불렀다(AADNC 2007). 이 기념행사가 열리고 몇 달 뒤, 또 다른 행사가 개최되었다. 이번에는 트왓슨 관문 로지스틱스 단지 기공식[이었다].

---

8. [옮긴이] Tsawwaseen First Nation, TFN. 트왓슨 퍼스트 네이션은 캐나다 브리티시컬럼비아주 로어메인랜드의 그레이터밴쿠버에 위치한 퍼스트 네이션 정부다. 퍼스트 네이션은 캐나다에서 원주민을 가리키는 말이다.

캐나다 최초의 성공적인 "현대적 도시 토지 조약"으로 홍보되고, 포스트식민 국가의 역사에서 획기적인 지위를 차지한다고 정부가 선전하는 〈트왓슨협정〉은 또한 그 협정을 현대적인 식민지 토지 강탈에 불과한 것으로 바라보는 트왓슨 밴드[9] 구성원들의 강력한 비판을 받았다. 〈트왓슨협정〉은 2009년 발효되었지만, 퍼스트 네이션은 수십 년간 자신의 전통 토지에 대한 주권을 위해 싸웠다. 문제의 그 토지는 델타 항 – 밴쿠버 항만청의 포트폴리오에서 가장 중요한 시설 – 에 바로 인접한, 급격하게 도시화되고 있는 밴쿠버의 로어메인랜드에 있다. 그 협정은 상대적으로 적은 토지를 주 정부와 연방 정부로부터 트왓슨 퍼스트 네이션으로 이전한다. 전체가 약 7백 에이커지만 여기에는 기존 보호구역 토지 4백 에이커가 포함되어 있다. 따라서 문제가 되는 실질적인 신규 토지는 334에이커에 불과하며(Gordon 2010), 이전 비용은 3천3백6십만 달러에 지나지 않는다. 그 협정의 핵심 사항이 명기하는 바는 그 토지를 "정상화"한다는 것이다. 그 토지는 캐나다 법률 시스템에서 보호구역이 보유한 특별한 지위를 잃어버리게 될 것이다. 트왓슨 퍼스트 네이션은 8년 뒤 그 토지에 대한 세금을 지불하기 시작할 것이고, 이는 시장 메커니즘과 젠트리피케이션을 통한 트왓슨 밴드 구성원들의 영구적인 개별화된 퇴거에 대해 심각한 우려를 불러일으킨다.

그 프로젝트와 그 과정에 맞서 싸우고 있는 집단, 〈항구확장반대〉 Against Port Expansion, APE는 [다음의] 사실을 강조한다. "추밀원령Order-In-Council 908호와 〈브리티시컬럼비아환경평가법〉 그리고 〈캐나다환경평가법〉이 요구하는 환경 평가는 이루어지지 않았다. 이 영토에 권리를 갖고 있는 다른 퍼스트 네이션들을 위해 행사된 수탁자 책무는 없었다." 실제로

---

9. [옮긴이] band. 캐나다에서 밴드, 때로는 퍼스트 네이션 밴드나 간단히 퍼스트 네이션으로도 불리는 인디언 밴드는 인디언법의 적용을 받는 사람들을 위한 정부의 기본 단위다. 대체로 1백 명 이하의 원주민들로 이루어진 소그룹 형태다.

그 협정은 로버트 뱅크 야생보호 지정 지역의 일부인 거의 3천 에이커의 환경 보호 구역 토지를 밴쿠버 항만청이 관리하는 연방 정부로 이전한다. 트왓슨 밴드 구성원이며 그 협정을 거침없이 비판하는 버사 윌리엄스Bertha Williams(2007)는 정부의 호도 아래에서 작동하는 폭력을 폭로하기 위해 〈유엔〉 특별 보고관에게 그 문제를 이야기했다. 그 조약은 "우리가 우리 고유의 권리를 잃고 주류 법 시스템에 동화될 것이며 우리의 땅은 주 및 연방 정부의 사법권과 관리 아래로 들어갈 것이라는 점을 의미한다"고 윌리엄스는 썼다. "인디언법 시스템은 우리 [인디언]들의 격리와 경제적 주변화를 위한 도구였지만 인디언 보호구역 토지는 적어도 양도할 수 없었고 비원주민이 전용할 수 없었다." 실제로 그 협정의 불충분한 조건들이 그 자체만으로는 걱정스럽지 않을지라도, 그 협정의 핵심 조항은 분명하게 [과거 권리의] 중단을 선언한다. "과거 청구권의 해제"(Province of British Columbia 2013)라는 제목을 단 협정의 16조는 다음과 같이 주장한다. "트왓슨 퍼스트 네이션은 캐나다와 브리티시컬럼비아 그리고 다른 모든 개인들을, 트왓슨 퍼스트 네이션이 캐나다에서 보유한 원주민의 토지 소유권을 비롯한 모든 원주민의 권리에 영향을 미쳤거나 그 권리와 충돌하거나 그 권리를 침해하였을 수도 있는, 발효일에 앞선 모든 작위나 부작위와 관련이 있는 혹은 그로부터 발생하는, 트왓슨 퍼스트 네이션이 과거에 보유했거나 현재 보유하고 있거나 미래에 보유할 수 있는, 알려져 있거나 알려져 있지 않은 모든 종류의 모든 청구, 요구, 소송 또는 법적 절차로부터 해제한다."

윌리엄스는 또한 그 조약에 대한 실제 주민 투표 이면의 과정이 조작되었다고 기술했다. 그 과정에서 정부는 매우 미심쩍은 그 계획의 조항들을 지지하는 대가로 공동체 내에서 권력을 추구하는 당파에 대한 지원을 확대했다. 트왓슨 퍼스트 네이션의 공식 지도부와 정부는 그 협정에 대한 항의를 막았지만 그것은 결코 완전히 억제되지 않는다. 그것은 예기치 못한 장소에서 퍼져 나온다. 그 협정을 다룬 『캐내디언 지오그래픽』*Canadian Geo-graphic*의 특집 기사에 대해 비판적인 독자 반응들이 쏟아졌다. 한 지역 독자는 그 협정이 원주민의 주권과는 거의 관련이 없으며 전적으로 로지스틱스 공간과 관련이 있다고 말한다.

> 〈트왓슨퍼스트네이션조약〉은 〈세미아무Semiahmoo퍼스트네이션조약〉에 대한 적절한 고려 없이, 우리의 농지 보호구역 또는 환경 보호구역의 보호에 대한 고려 없이 체결되었다. 이 조약은 트왓슨 퍼스트 네이션을 정당하게 대우하는 문제에 관한 것이 아니다⋯⋯ 그것은 우선 항구로 고려되어서는 안 되는 우리의 농지, 프레이저 강 어귀 그리고 지역의 대기질을 희생하여 델타 항을 확장하는 문제에 관한 것이다. 트왓슨 퍼스트 네이션은 정부가 주는 개별적인 현금 배당을 수락했고 그 조약에 서명했다. 이제 우리는 모두 세계에서 가장 중요한 야생동물 서식지와 최상의 농지 일부에 무분별하게 확산되는 컨테이너의 어두운 그림자와 함께 살아가야 할 것이다(MacNeil 2008).

그 협정의 과정과 조항이 지닌 식민적 본성에 대한 이 주장들은 트왓슨 [퍼스트 네이션] 의장의 공식적인 방침과 강한 대조를 이룬다. "우리는 [트왓슨 관문] 로지스틱스 센터가 운송과 공급 사슬에서 중요한 역할을 하기를 고대하고 있다"(Infrastructure Canada 2010). 로어메인랜드 토지에 대한 투쟁 그리고 그 토지를 서술하는 이야기에 대한 투쟁은 계속된다.

로지스틱스 도시와 도시 로지스틱스

로지스틱스 도시라 불리는 이것은 무엇인가? 그리고 도시 전문가들은 그것의 부상을 어떻게 설명하는가? 이 문제를 탐구하는 비판적 학문은 없다. 그 주제를 다루는 학문적 담론에 가장 가까운 것은 "도시 로지스틱스"City Logistics로 알려진 별개의 프로젝트를 만드는 데 활발하게 참여한 경영 분야의 응용 논의다. 전체 응용 연구 분야는 1990년대 말부터 출현했다. 이것은 이제 정기적인 학회, 교과서 그리고 도시 로지스틱스 또는 "도시 로지스틱스 개념"에 전념하는 연구소를 포함한다. 1999년 일본의 학자이자 컨설턴트인 에이이치 다니구치Eiichi Taniguchi는 교토에서 〈도시로지스틱스연구소〉Institute for City Logistics를 설립했다. 다니구치는 도시 로지스틱스 학회 ― 이제는 매년 열리는 행사 ― 도 개최했고 그 주제에 대한 첫 교과서뿐 아니라 연속 간행되는 학회 회보를 편집한다. 〈도시로지스틱스연구소〉에 따르면 "도시 로지스틱스란 교통 환경과 교통 혼잡 그리고 에너지 소비를 고려하여 도시 지역의 민간 기업들이 로지스틱스와 운송 활동을 완전히 최적화하는 과정이다"(Tanaguchi et al. 1999, Ehmke 2012에서 재인용). 도시 로지스틱스는 급속한 지구적 도시화를 비롯한 일련의 주요한 지리적 변화에 대한 대응이다. [세계적인 종합로지스틱스 기업]DHL은 특히 2050년에는 지구 인구의 70퍼센트가 도시에 살게 될 것이라고 인용하면서 도시 로지스틱스가 번창하는 도시 미래를 보장할 것이라고 말한다(DHL 발행 연도 불명; Taniguchi 2012). 도시 로지스틱스 전문가들은 또한 젠트리피케이션이 유통과 배달의 특별한 과제를 낳았다고 표시한다. 전 세계의 많은 도시에서 이것은 전후 교외화에 뒤이어 대형 소매업체의 도심으로의 회귀를 수반했다. 비록 대개는 새로운 대형 할인점 형태였지만 말이다(Parlette and Cowen 2011; Wrigley and Lowe 2002). 이것은 [도시] 중심지를 자동차 위주의 인프라와 공간으로 개조하도록 만든다. 게다가 인터넷 쇼핑의 성장은 소매업자와 로지스틱스 기업에게 배달의 양과 유통의 복잡성 측면에서 새롭게 발견된 유통의 과제를 부여한다. 이것들이 도시 로지스틱스 프로젝트를 위한 상황을 조성하는 힘들이라면, 그 프로젝트의 성장을 부채질하는 심각한 문제는 명확하다. 효율적인 흐름을 교란하는 힘들이 도시에 득실거린다는 것이다. 도시는 즉각적인 교란의 문제를 안고 있다. 도시는 혼잡하고 이것은 이동과 정지를 모두 어렵게 만든다. 도시 로지스틱스 전문가들에게 있어 도시의 정치적 본성은 도시를 관리하기 어려운 것으로 만든다. 실제로 테오도르 크라이닉Teodor Gabriel Crainic(2006)은 도시에는 "노동 문제"와 "공동체 문제"가 만연해 있다고 강조한다. 결국 고전적으로 도시 공간과 결부된 위험 때문에 도시는 로지스틱스에 주어진 난제다. 크라이닉은 "도시는 오염되어 있다. 도시는 안전하지safe 않다"고 쓴다. 크라이닉과 브누아 몽트뢰유Benoît Montreuil(2012)는 장 폴 로드리그와 래티시아 다블랑 Laetitia Dablanc(2013)에 기대서, 도시 사상의 오랜 전통에서 가장 영감을 적게 주는 것 중 하나처럼 보이지만 그 분야의 관리상의 반反정치를 훌륭하게 포착하는 도시에 대한 정의를 제공한다. 이 선도적인 도시 로지스틱스 연구자들은 "도시는 운송 자원이 잠재적인 수요에 비해 상대적으로 희소하여 아주 값비싼 병목으로 간주될 수 있다"고 주장한다. 그들은 로지스틱스 혁명의 기본 관점을 되풀이하면서 도시 로지스틱스의 근본적인 아이디어는 로지스틱스 전문가들이 "각각의 수송/기업/탈 것을 개별적으로 고려하는 것을 그만두고" "통합된 로지스틱스 시스템의 구성요소로" 간주하는 것이라고 설명한다. 도시 로지스틱스는 근본적으로 화주와 운송업자와 배달의 조정과 통합에 관한 것으로 로지스틱스 시스템의 최적화에 초점을 맞춘다.

주로 [로지스틱스] 시스템의 컴퓨터 모델링에 전념하는 분야인 "도시 로지스틱스 개념"은 탄력을 받고 있다. 공간과 순환이 결합되는 방식의 전환을 추구하는 대규모 민관 파트너십 계획이 진행 중이다. 2012년 독일에 기반을 둔 로지스틱스 기업 DHL은 중국 청두시와 제휴하여 주요 연구 프로젝트를 시작했다. DHL의 "도시 로지스틱스 개념 접근"은 "화물 운송량을 크게 줄이고, 대기 질을 개선하며, 효율성·신뢰도·서비스 질을 향상시키고, 보다 높은 공급 사슬 가시성으로 로지스틱스 과정에 대한 더 나은 통제를 제공하는 도시 화물 센터의 시행"에 기반을 둔다(Hartman 2012). DHL과 청두시의 파트너십은 "중국의 다른 메가시티megacities를 위한 모델"을 추구하지만 DHL과 두바이의 파트너십에 뒤따라 진행된다. 2010년 DHL과 두바이는 주요 도시 로지스틱스 시범 프로젝트를 ― 독일 바깥에서는 처음으로 ― 시작했다("Dubai FDI, DHL" 2011).

로지스틱스 도시는 여러 면에서 도시 로지스틱스와 구별될 수 있다. 후자는 이미 구성된 도시 공간에서 작동하며, 조밀하고 혼잡한 도시를 보다 통제된 그리고 효율적인 순환의 공간으로 전환하려고 한다. 반면 전자는 동일한 목적으로 완전히 새로운 도시 형상물의 대규모 생산을 수반한다. 도시 로지스틱스는 이미 구축된 도시 구조 위에서 작동하는 단편적인 실천이며, 그 도시 구조를 재구성하고 로지스틱스 형태를 영토화한다. 다른 한편 로지스틱스 도시는 표준화되고 특정 목적을 위해 건설된, 종합 계획 공간이다. 이처럼 이 두 형태는 도시 공간의 기능 측면에서 유사한 목적을 갖지만, 개입과 도시 형태 측면에서 완전히 구별된다. 그렇지만 이 프로젝트에서 진정으로 눈에 띄는 차이는 로지스틱스 도시의 예외적이며 거의 노골적인 군사적·식민적 맥락과 대조되는 도시 로지스틱스의 외견상의 민간적 본성이다. 로지스틱스 도시는 자유 무역 지구를 넘어서 군사 기지의 훈육과 캠프의 예외성을 결합한다. 수출 가공 지구가 생산에 초점을 맞춘 공간적 훈육과 초착취의 예외적 지구라면, 이 모든 것이자 그 이상인 로지스틱스 도시는 사물의 운동 시스템을 돕는 데 전념한다. 도시 로지스틱스와 로지스틱스 도시는 전장battle space과 전지구적 무역의 도시화가 지닌 두 얼굴이며, 도시 로지스틱스 혁명이 지닌 두 가지 주요 형태들이다.

학술적 토론이 아직 도시 로지스틱스나 로지스틱스 도시를 다룬 적은 없지만, 경제 지리학과 운송 지리학에서 출현하는 연구가 있다. 이 연구는 전지구적 네트워크 내의 전문화된 도시 형태들, 특히 유통에 전념하는 도시 형태들의 부상을 강조한다. 로드리그와 콩투아 그리고 슬랙(2009)은 이런 방식으로 로지스틱스 연구에 접근했고 관국가적 시스템 내에서 도시의 "물질적 기능"을 설명하는 〈그림 33〉을 제시한다. 그들은 어떻게 몇몇 도시들이 "보다 부차적인 역할로 상정되는 (지역의 필요를 공급하는) 유통과 생산의 기능과 더불어, 취급되는 총재화의 지배적인 몫을 소비가 차지함을 뜻하는 두드러진 제3의 기능을" 발전시켰는지 설명한다. 이 "소비 도시들"은 그들이 "유통" 도시와 "생산" 도시로 명명하는 것에 의해 지탱된다. 이것은 아이러니하게도 로지스틱스 혁명이 도전하는 생산과 유통 간의 구별을 재기입하는 것이다(3장을 보라). 그럼에도 (하나의 생산 형태로서) 제조업으로 표현되는 생산 형태들과 (또 다른 생산 형태로서) 유통 형태들 간의 구

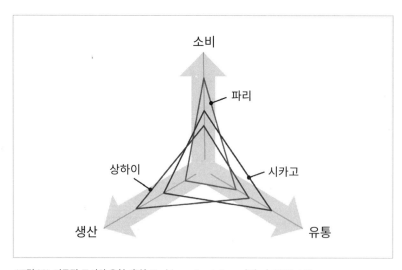

〈그림 33〉 지구적 도시의 유형. 출처 : Rodrigue, Comtois, and Slack 2009, 181.

별은 중요하다. 1980년대에 처음 출현한 "지구" 또는 "세계" 도시에 대한 학문은 오랫동안 이런 주장을 제기했다(Beaverstock et al. 2000; Brenner and Keil 2005; Friedman 2000; Sassen 1991). 역사적으로 도시 내 구역들에 훨씬 더 지역적인 규모로 분포했던 특별한 활동들은 관국가적 도시 시스템을 제공하게 된 특정한 지구적 허브들에 점점 집중되고 있다. 다른 많은 학자들 중에서 닐 브레너Neil Brenner와 로저 케일Roger Keil(2005) 그리고 R. G. 스미스R. G. Smith(2005) 같은 학자들은 지구적 도시에는 한 가지 유형이 있는 것이 아니라 여러 유형들이 있다고 주장했다. 그렇지만 이 광범위한 지구적 도시 [관련] 문헌들은 "유통 도시"의 특별함이나 로지스틱스의 성장과 결부된 더 광범위한 전환에는 별다른 주의를 기울이지 않았다(Negrey, Osgood, and Goetzke 2011). 니그레이와 오스굿 그리고 괴츠케(2011, 812)가 설명하듯이, 유통 도시에 대한 관심은 "금융과 생산자 서비스에 대한 아주 흔한 강조에서 벗어나 다른 산업과 지구적인 기능, 즉 유통을 분석하는 것으로 변하고 있다 …… 세계 도시 위계와 네트워크에 대한 상이한 표현이 출현한다." 유통 도시에 대한 설명이 중요한 이유는 이 장소들이 전 지구적 공급 사슬에서 보유한 특정 기능들뿐만 아니라 이 도시들을 구성하는 특정한 계급 구조, 사회적 질서화 그리고 정치적 투쟁들 때문이다. 니그레이와 오스굿 그리고 괴츠케(2011, 828)는 유통 도시의 직업 구조가 "주요 세계 도시들과는 달리" "이중 도시"[10](Mollenkopf and Castells 1991) 형태를 연상시키지 않는다고 설명한다. 오히려 그들은 "전문직과 관리직과 기술직의 비율은 낮고 노동계급 직업의 비율은 높다"는 점에서 "유통 세계

---

10. [옮긴이] 이중 도시(dual city)는 1980년대 이후 뉴욕, 런던 같은 선진 자본주의 주요 도시에서 새롭게 나타난 불평등과 양극화 현상을 포착하고, 이 원인과 과정, 결과를 설명하는 개념이다. 다음의 링크를 참고할 것. http://iuh.uos.ac.kr/bbs/board.php?bo_table=dic&wr_id=94.

도시의 사회 구조는 약 50년 전과 유사하게 유지되고 있다"고 말한다. 사회적 질서화와 계급의 특정한 윤곽들은 극심한 불균등 발전의 맥락에서 전지구적 공급 사슬의 표준화를 특징짓는 투쟁의 다양성을 이해하는 데 있어 매우 중요하다(Parlette and Cowen 2011; Smith 1984; Tsing 2009).

그러나 로지스틱스는 사물의 순환을 전문으로 하도록 도시를 개조한 것만은 아니었다. 로지스틱스 혁명은, 생산과 유통과 소비가 상이한 장소에 자리 잡을 뿐 아니라 이른바 지구적 도시들의 네트워크를 통해 심대하게 변화된 방식들로 조직되는 방식으로 1960년대 이래 진 지구적 공간 경제의 극적인 전환을 뒷받침한다. 이 영역들이 취하는 형태는 때때로 흐릿하고 다른 곳에 분해되어 있다. 초기의 분석가나 노동자, 소비자 또는 관리자에게 그 영역들은 알아보기 힘든 것이었다. "대형 할인점" ─ 성장 측면에서 해당 분야를 지배하는 소매 형태 ─ 의 성장과 더불어 경쟁우위는 바로 유통과 소비의 [구별을] 흐릿하게 하는 것에서 생겨난다. 대형 할인점의 새로움은 창고를 진열실로 전환한 것에 있다. 다른 한편 생산 그 자체는 시스템화되었고 구성 요소들로 분해되었으며 복잡한 지리적 배열로 분산되었다. 공장은 공급 사슬로 대체된다. 공장은 전 세계의 차이를 착취하고 생산하면서(Tsing 2009) 이제 매우 불균등한 경제적·정치적 지리를 가로질러 "펼쳐진다"(3장에서 분석한 것처럼; Bonacich 2005; Fishman 2006; Hernandez 2003; Spector 2005).

순환과 도시

순환이 도시화되는 방식에 대한, 즉 단순히 운송이 도시에서 일어나는 모습에 대한 것이 아니라 이동성이 도시 공간과 도시적 삶의 특정 형태들을 구성하는 방식에 대한 관심이 새롭게 발견된다(Hall 2007; Hesse 2008; Hesse and Rodrigue 2006; Negrey, Osgood, and Goetzke 2011). 이 질문들에 대한 응용 접근법은 1990년대 말부터 운송 및 경제지리 분야에서 출현했다. 이 작업은 명확하게 로지스틱스를 도시에 심대한 과제를 창출하는 힘으로 바라보며 현대 도시를 로지스틱스에 심대한 과제를 창출하는 실재로 바라본다. 마르쿠스 헤세Markus Hesse(2008)는 로지스틱스 혁명을 전환점으로 기록하지는 않지만 로지스틱스의 성장이 도시에 남긴 강력한 전환을 암시한다. 이처럼 이 역사적 사건을 명명하지는 않지만, 그는 로지스틱스의 힘이 공간 조직화에 대한 잔여적 기능에서 그것을 규정하는 기능으로 변화하는 측면에서 그 혁명의 효과를 강조한다. 그는 로지스틱스가 "생산이나 유통의 장소와 시간에 의해 결정되기보다 제조업이나 소매의 관련 부문에 영향을 미칠 가능성이 높은 차별적인 논리를 점점 따르는"(2) 방식들을 강조한다. 헤세와 로드리그(2004, 171)는 [다음과 같이] 서술하면서 로지스틱스에 대한 강조에 함축된 변화의 규모를 시사한다. "새로운 생산양식들은 새로운 유통 양식들에 수반된다. 이에 따라 로지스틱스라는 분야 – 물적 유통과학 – 가 제시된다." 그들에게 이것은 단순히 이 활동들의 위치 변화가 아니라 이 활동들이 어떻게 일어나는가라는 더 심대한 문제의 변화다(그럼에도 이것은 전자를 함축한다). 로지스틱스 도시의 부상에서 가장 중요한 것은 도시 공간 형태의 개조다. 실제로 도시는 시스템화되었고 네트워크화되었으며 "일상생활 조직화의 공간적 고정점은 더 이상 도심이 아니라 개별적으로 형성된 활동들의 네트워크다. 이것은 전체 도시 지역에 그리고 그 너머로 펼쳐질 수도 있다"(Hesse 2008, 18). 로지스틱스의 현대 지리를 연구하는 학자들은 도시의 지위와 형태는 관국가적 로지스틱스 네트워크에서 한 도시가 차지하는 위치와 역할이라는 측면에서 이해되어야 한다고 강조하면서, 현대 도시를 정의하는 점점 지구화되는 네트워크와 지표를 추적했다(Sheppard 2002, 324; Hesse 2010, 88).

그렇지만 최근 로지스틱스를 주목하는 학문적 그리고 응용 도시 연구의 대다수는 민간에만 배타적으로 초점을 맞추는 특징이 있다. 저자들은 군사술로서의 로지스틱스의 역사적 역할을 언급할 수도 있지만 대개는 그것을 뛰어넘고 전적으로 민간의 맥락과 실천을 상정한다. 로지스틱스의 군사 역사는 지난 세기에 종결되었다기보다는 변형되었음에도 불구하고(1장을 보라) 이 민간의 이야기가 유포된다. 비즈니스 로지스틱스의 탄생은 결코 순수한 민간의 일이 아니었으며, 그렇게 해석하는 것은 그 탄생의 의미를 놓치는 것이다. 로지스틱스 혁명은 그 분야의 "민간화"로 해석되어서는 안 된다. 로지스틱스술術이 20세기 초에 지정학적 군사 전략과 전술을 추동하게 되었다면, 오늘날은 경제 공간의 시장 모델이 군사 영역과 민간 영역의 흐릿해진 경계를 가로지르며 점점 로지스틱스 과학을 추동하게 되었다(Allen 1997; Levinson 2006; Miller Davis 1974; Reifer 2004; Spencer 1967).

지난 30년의 전쟁의 민영화와 함께, 더욱이 기업 로지스틱스 전문가들과 기업들이 빠르게 전장에 뛰어들었다. 그들 대부분은 우리가 페레그린과 〈국제 관문 로지스틱스 도시〉에서 본 것처럼 "공적인" 군사 로지스틱스의 훈련과 제도 네트워크에서 태어났다. 실제로 오늘날 기업 로지스틱스와 군사 로지스틱스가 뒤얽힌 목록에는 로지스틱스 도시의 민간 로지스틱스 기업을 위한 길을 닦는 군대뿐 아니라 후자를 활발하게 지원하는 전자도 있다. 로지스틱스는 현대전에서 가장 크게 민영화된 부문 중 하나다. 이라크와 아프가니스탄의 미군 기지보다 더 좋은 사례는 없다. 여기서는 민영 기업들이 계약을 맺고 부대에 대한 급식과 숙소 공급의 대부분을 맡고 있다. 악명 높은 KBR은 미국의 전쟁 민영화를 열었던 〈민간로지스틱스지원프로그램〉Logistics Civil Augmentation Program 하에서 군인들의 급식과 주거 공급에 대해 이라크의 미군과 가장 큰 계약을 맺었다(Holan 2010; SIGIR 2010; U.S. Department of the Army 2012). 브라운 루트 서비스Brown Root Services(현 KBR)는 1985년에 시작된 그 프로그램 하에서 계약을 체결한 첫 번째 기업이었다. 더욱이 이 부문의 공공 조직과 민영 조직 간에는 빠른 인력 순환이 존재한다. 군대의 로지스틱스 전문가들은 보통 결국에는 민간 영역으로 간다. 그러나 몇몇 군사 로지스틱스 전문가들은 정확히 말하면 계약 변경을 돕기 위해 간다. 예를 들어 아프가니스탄의 미군과 식량 공급 계약을 맺은 로지스틱스 기업인 수프림 푸드서비스Supreme Foodservice는 경쟁 입찰 없이 갱신되는 대규모 계약을 체결하기 바로 직전에 국방부 로지스틱스국(모든 군무軍務를 위한 로지스틱스를 취급하는 부서)의 전前 국장을 고용했다(Hegseth 2013; Wouters 2008).

이러한 기업-군사 협력은 경영 관리의 기법적·반정치적 담론에서 감춰진다기보다 이야기되지 않고 분명히 문제화되지 않는다(Cahlink 2003; Carrico 2006; Georgi, Darkow, and Kotzab 2010; Maccagnan 2004; Skipper et al. 2008). 전쟁에서 자신이 맡은 업무를 DHL이 표현하는 방식보다 이 논리에 대한 더 좋은 예는 없다. DHL의 "군인 지원" 웹페이지[11]는 [이렇게] 설명한다. "시장 선도 기업이 된다는 것은 우리의 고객들에게 완벽한 서비스를 제공하기 위해 민첩성과 힘을 겸비하는 것입니다. 당신이 어디서 운송을 해야 하든 우리는 그것을 그곳에 배송할 수 있는 능력이 있습니다." 도시 로지스틱스 이동의 선도 기업이기도 한 DHL은 이처럼 전쟁 업무를 좋은 고객 서비스 제공의 문제로 표현하면서 자신은 정치와 폭력의 혼란스러움과는 무관하다고 선언한다. 이 서비스를 홍보하는 그 웹페이지에 있는 이미지와 표어motto는 [DHL이] 정치의 외부에 있지만 방어 업무에 필

---

11. [옮긴이] http://www.dhl-usa.com/en/express/resource_center/government_and_defense. html#warfighter_support.

수적이라는 이러한 자세를 연기한다. "우리의 임무는 그들을 지원하는 것입니다"라고 DHL의 금색 바탕 위에 있는 빨간 굵은 활자가 주장한다. "지원"이라는 단어는 강조되어 있다. 그 문구는 위에 있는 군인의 이미지와 뚜렷하게 분리되어, 문자 그대로 군인을 뒷받침하는 것이 DHL의 업무라는 공간적 메타포를 제공한다. 실제로 DHL이 주장하는 것처럼 그 기업은 "국제 운송의 선구자였던 것만이 아니라, DHL 익스프레스는 전 세계에 있는 미국 국방부의 모든 활동 구역에 서비스를 제공하는 첫 번째 속달 운송 기업이었다." DHL은 더 나아가서 [이렇게] 설명한다. 우리는 "당신의 운송에 영향을 끼칠 수도 있는 위기 상황들을 발견하기 위해 세계에서 일어나는 사건들을 끊임없이 감시한다. DHL은 사건 발생을 관리하는 직원과 장비를 갖추고 있기 때문이다. 세계 어느 곳으로 보내든 걱정할 필요가 없는 운송. 그것이 우리의 해외 정책이다." 이러한 "해외 정책"의 명랑한 전개는 다시 한 번 DHL이 자신의 전쟁 업무와 관련하여 맡고 있는 역할이 무개입적·기법적·반정치적 역할임을 강조한다. 그들이 현대의 국가운영statecraft이라는 성역을 환기시킬 때조차도 말이다.

의심의 여지없이, "새로운 군사 도시주의"의 성장(Graham 2010), 강력한 시가전 건축(Weizman 2006), "도시파괴"urbicide의 폭력적인 외형(Coward 2008; Graham 2003; Gregory and Pred 2007; Kipfer and Goonewardena 2007; Ramadan 2009; Shaw 2004) 그리고 광범위하게 도시 지정학의 일상(Graham 2004; Graham and Shaw 2008)을 연구하는 작업들이 늘어나고 있다. 이러한 작업의 백미는 지구적 무역의 정치·지리와 이 군사 도시주의의 뒤얽힘을 다룬다. 예를 들어 스티븐 그레이엄Stephen Graham(2010, 77)은 "전지구적으로 새로운 군사 도시주의가, 우리 지구의 신자유주의적인 지경학적 얼개를 구성하는 쇠약해진 상품 사슬과 로지스틱스 네트워크 그리고 기업 비지飛地의 보안을 위해 동원되고 있다"고 주장한다.

시장과 군대의 광범위한 뒤얽힘에 대한 인식은 널리 퍼져 있지만, 로지스틱스라는 특정 영역은 일반적으로 이 변화하는 경계선의 핵심 벡터로 취급되기보다는 지나가는 말로 언급될 뿐이다. 로지스틱스는 이 논쟁의 핵심 저서 어디에서도 색인에도 이름을 올리지 못한다. 이것은 부분적으로는 현대 학문에 크게 영향을 미치는 끈질긴 가정이 지닌 특징이다. 이 [시장과 군대의] 뒤얽힘을 정의하는 것은 군사적 도시 운영과 민간의 도시 운영을 뒷받침하는 공유된 계산 형태와 공통의 논리에 대한 질문이라기보다는 무역의 보호에서 전쟁과 군대가 맡은 업무라는 것이다. 군사/민간 그리고 공적/사적 폭력의 근대적 이분법을 재생산하는 경향이 존재한다. 그것에 대한 질문이나 이의가 제기될 때도 말이다.

그러나 몇몇 예외도 있다. 이들은 군사화 되는 민간 상업 공간이라는 관점보다는 매우 경합적인 공간이라는 관점으로 도시에 접근한다. 이 경합적인 공간은 순환의 정치와 특별한 관련이 있는 역사적으로 특정한 (군사적일 뿐 아니라 민간의) 강압 관계에 의해 구현된다. 이것은 학자들이 이 문제에 대해 보다 긴 안목을 가지고 도시 정치경제학과 도시 지정학의 구별을 상정하지 않고 이동성과 흐름의 문제와 관련하여 도시를 검토했던 역사 연구에서 분명하게 나타난다. 도시는 다양한 방식으로 순환의 주요 장애물이기도 했지만 오랫동안 순환의 핵심적인 얼개였다. 이것은 단순히 다양한 교통수단이 특정한 도시 형태 ― 운하든 철도든 항구든 아니면 더 최근에는 공항이든 ― 의 성장에 결정적이었다고 주장하는 것이 아니다. 도시의 초기 발전뿐만 아니라 도시의 미래 성장이나 쇠퇴가 지속적인 효과를 갖는 특정한 연결성의 형태에 흔히 달려 있다는 것은 잘 알려져 있다. 대규모 철도 네트워크의 핵심 허브로서 시카고의 성장은 시카고의 역사적 발달에 결정적이었고 시카고는 오늘날 국가, 대륙, 지구적 흐름에 필수적인 곳으로 남아 있다(Hesse 2008, 15; Hesse and Rodrigue 2004, 173을 보라). 경제지리학자들은 철도 네트워크의 확장을 통한 시카고의 이러한 성장이 서부로 향했던 북미 유럽 정착민들의 대량 학살 이동에서 핵심적이었음을 아마도 강조하지 않을 것이다. 그렇지만 더 활기차게 늘어나는 식민지 도시에 대한 학문들은 필연적으로 이 점을 강조한다. 도시는 오랫동안 경제 교류와 사회 질서의 기계였다(Isin 2002, 2004). 순환의 공간은 이 두 가지를 모두 떠맡는다.

순환의 도시 지정학적 경제에 관한 가장 뛰어난 통찰 중 일부가 뚜렷하게 나타나는 것은 19세기 파리를 다룬 학술 연구에서다. 도시의 물리적 형태에 대한 오스망Haussmann 남작의 극적인 개입은 프랑스 제국에, 그리고 보다 넓게는 근대성의 탄생에 필수적이었다. 실제로 데이비드 하비(2003, 102)[12]는 파리의 "내부" 공간의 개조가 프랑스 국가 공간의 통합과 결부되어 있었다고 강조한다. 그는 자신이 "외부 공간 관계"라고 부르는 것의 전환이 "파리 자체의 내부 공간을 합리화하려는 공세에 강한 압력을" 가했다고 하면서 이것이 바로 오스망의 업적을 "근대적 도시 계획의 위대한 전설"로 만들었다고 주장한다. 매튜 간디Matthew Gandy(1999, 27)도 1850년대 파리의 물리적 구조의 급격한 전환을, 새로운 통합 국가 경제 내에서 도시의 역할 변화의 핵심으로 강조한다. 가장 두드러지는 것은 1850년대와 1890년대 사이 프랑스에서 나타났던 철도 인프라의 대규모 국가적 확장이다. 이 시기 동안 [철도] 네트워크는 하비(2003, 105)[13]가 설명하듯이, "1850년에는 여기저기에 몇 가닥뿐이던 철로가" "1870년에는 약 1만 7천4백 킬로미터의 복잡한 망"으로 확장되었다(하비의 글에서 가져온 〈그림 34〉를 보라). 하비는 무역이 "지역 간 그리고 국가 간 경쟁에 파리의 산업과 상업을"[14] 개방하는

---

12. [한국어판] 데이비드 하비, 『모더니티의 수도, 파리』, 김병화 옮김, 생각의 나무, 2005, 164쪽.
13. [한국어판] 같은 책, 161쪽.
14. [한국어판] 같은 책, 164쪽.

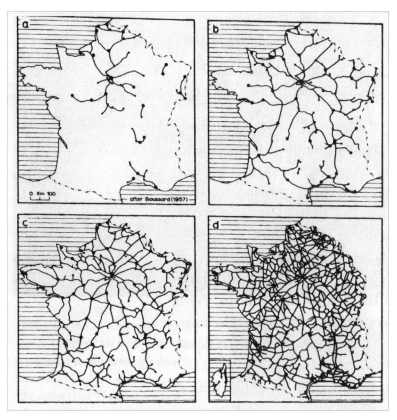

〈그림 34〉 프랑스 철도 네트워크의 확장, 1850~90. (a) 1850, (b) 1860, (c) 1870, (d) 1890. 출처 : Harvey 2003, Taylor and Francis Group LLC의 허가 하에 재게재; 미국저작권사용허가센터를 통해 받은 허가임.

효과를 가진 철도로 옮겨 간 이후 무역량이 산업 생산량의 두 배로 팽창한 것에 주목한다. 이 인프라 통합은 국가 영토와 정체성과 경제의 수립에 결정적이었다. 그렇지만 강력하고 야심찬 제국으로서 프랑스는 국가 경제뿐 아니라 19세기 지구적 경제의 건설에서도 중심에 있었다. 프랑스는 수에즈 운하 같은 거대 사업에 자금을 댔다. 이것은 오늘날 전지구적인 기업 및 군사 로지스틱스의 핵심으로 남아 있으며 "새로운 세계 시장과 신국제노동분업의 기반이 되는"(Harvey 2003, 104), 1850년과 1870년 사이에 계획된 대규모 교통 및 통신 시스템을 특징짓는다. 오스망은 1853년 나폴레옹 [3세]에게서 직접 막대한 권력을 부여 받았고 대대적인 창조적 파괴 캠페인으로 그 권위를 대담하게 행사했다. 그는 도시 전체에 대한 계획을 합리화하고 재규모화하려는 노력으로 단편적인 계획을 대체하는 기본 계획general plan의 개념을 도입했다. 그는 새로운 제도 형태 ─ 도시를 전체로서 통치한다는 목적을 가진 위계적인 영토적 관리 ─ 를 창안했다. 하비는 어떻게 "도시 공간이, 그 안에서 도시의 상이한 구역들과 상이한 기능들이 상호 관계를 맺고 하나의 작동하는 전체를 형성하는 하나의 총체성으로 파악되고 취급되었는지"[15] 설명한다. 다른 이들은 오스망이 도입했던 근대적인 계획을 정의하는 특징이 종합적이고 "총체적인" 접근이었다는 것에 동의한다(Papayanis 2004, 247). 도시를 바라보고 통치하는 이 새로운 방식에 결정적이었던 것은 지도였다. 실제로 오스망은 임명되자마자 도시에 대한 상세한 조사와 삼각 측량을 실시했고 최초의 정밀한 파리 지적도와 지형도를 발간했다(Gandy 1999; Harvey 2003, 107). 그는 "파리 지도"Plan de Paris 부서를 신설해서 그 일을 했는데, 이 부서는 도시 전역에 주변 건물보다 높은 목탑을 설치했고 이를 통해 조사관들은 그 지점들을 삼각 측량할 수 있었다. 이러한 과정으로 발간된 지도는 크고 상세했다. 오스망은 폭이 9피트 길이가 15피트인 축적 1:5,000의 지도 사본을 자신의 사무실의 이동식 스탠드에 두고 좀 더 작은 지도는 시청 부서와 공중에 배포했다(British Library Map Exhibition 발행 연도 불명을 보라). 파리에 대한 오스망의 구체적인 개입은 잘 알려져 있다. 그는 사회 통제와 인프라 근대화라는 목적을 가지고 도시 조직의 모든 구역을 파괴하고 수천 명을 내쫓으면서 도시의 빽빽하고 혼잡한 거리를 관통하는 광대한 대로를 놓았다. 그의 대로는 의도적으로

---

15. [한국어판] 같은 책, 165쪽.

노동계급 조직화의 네트워크와 공간을 파괴했으며 미래의 봉기를 미연에 방지할 목적을 갖고 있었다.

이얄 바이츠만Eyal Weizman(2006)에게 오스망은 결정적인 인물로 남아 있지만, 식민지 폭력의 "부메랑" 효과(Cesaire 〔1950〕 1972; Foucault 〔1997〕 2003)와 관련해서, 그리고 폭력적인 지배 전략이 식민지에서 식민지 본국metropole으로 순환하는 것과 관련해서 좀 더 구체적으로 이해될 필요가 있는 인물이다. 바이츠만은 오스망이 다른 곳에서 개발되었던 계획을 파리에 시행했다는 사실에 우리가 주목하게 만든다. 파리의 폭력적인 개조를 위한 견본을 제공했던 것은 알제리의 식민지 전장이었다. 1840년 알제리의 프랑스군 지휘관 토마 뷔고Thomas Bugeaud 원수元帥는 알제리의 1만에 비해 10만이라는 대규모 병력을 보유했음에도 자신이 승산 없는 전투를 하고 있다는 것을 깨달았다. 바이츠만은 [이렇게] 설명한다. 그는 "게릴라 공격에 대한 보복으로 마을 전체를 파괴하고 반란군들이 숨어 있던 마을을 지나는 길을 차단함으로써 저항을 분쇄한 뒤에야 가까스로 알제[16]에 밀집한 카스바[17]에 대한 통제를 회복했다. 그 과정에서 뷔고는 도시를 개조하여 군대가 보다 작전을 펼치기 쉬운 곳으로 만들었다. 이것은 파괴가 군사적 도시 계획의 수단으로 사용되었던 첫 번째 사례들 중 하나였다." 알제에서의 폭력적인 작전에서 돌아온 뷔고는 [군사] 교범 『거리와 가옥에서의 전쟁』La Guerre des Rues et des Maison을 썼다. 바이츠만은 이것을 "시가전의 대비와 지휘를 위한 첫 번째 교범"이라 부른다. 뷔고의 열렬한 독자였던 오스망의 [파리] 개조는 뷔고의 가르침을 대거 적용하여 국가 보안 부대의 전개를 위

---

16. [옮긴이] 알제리의 수도.

17. [옮긴이] 카스바(Kasbahs)는 북아프리카 지역에서 볼 수 있는 방어 목적의 요새나 이슬람 도시의 오래된 구역을 가리키는 말이다. 일반적으로 벽으로 둘러싸인 좁고 미로 같은 길로 이루어져 있다.

해 도시의 좁고 혼잡한 거리를 넓히는 것을 목적으로 삼았다. 이렇게 로지스틱스 공간으로 파리에 개입하는 것은 국가 영토성을 자연화하는 지정학적 비전에 도전하며 대신 제국적 지도제작을 주장한다. 여기서 권력은 방대한 거리를 이동하지만 그 이동은 지배의 특별한 지리의 일부다. 단순한 공간적 가정들을 산산조각 내는 것은 또한 시장과 군대 사이에 전제된 구별을 교란한다.

로지스틱스 도시와 로지스틱스적 도시

로지스틱스 도시의 뚜렷한 성장은 최근의 일이지만 제국적 무역의 폭력이 도시에 새로운 것인지는 분명하지 않으며 그 역도 그러하다. 19세기 오스망의 파리와 21세기 두바이의 로지스틱스 도시가 보여 주듯이 도시 공간은 제국적 순환 정치에 오랫동안 깊이 얽혀 있었고 오늘날에도 그러하다. 각각의 장소와 시간에서 도시 공간의 질서화와 스펙터클한 거대 프로젝트를 통한 도시의 개조는 사람과 사물을 움직이는 초국적인 지정학적 경제의 필수적인 부분이다. 두 곳[파리와 두바이]은 모두 권위주의적 권력에 기대 도시를 비밀리에 개조했고, 두 곳의 개입은 모두 다른 곳에서 공간의 생산의 중요한 선례를 만든 도시 공간 비전을 도입했다. 우리가 보았듯이 지도와 계획 또한 각 개입에 중요했다. 오스망에 의한 파리 도시 형태의 폭력적인 개조는 상세한 도시 지도가 구축되고 나서야 진행될 수 있었다. 그 지도는 도시를 구상하고 도시의 변형을 계획하는 데 필수적으로 되었지만 또한 사람과 장소를 통제하는 데에도 필수적으로 되었다. 오스망의 지도는 이처럼 단순히 도시를 재현하는 방법이 아니라 도시의 관리와 재구축을 위한 기술이었다. 마찬가지로 — 두바이나 바스라의 — 현대 로지스틱스 도시의 지도화와 계획은 공간 제작에서 이러한 적극적인 역할을 한다.

계획은 도시 공간 제작에서 강력한 역할을 한다. 계획은 가상의 것을 구체화하고 그것의 실제 구성을 돕는 새로운 정치 형태를 제공한다. 이 공간적 재현의 형태는 결코 자신이 열망하는 질서와 확실성을 생산할 수 없지만 그럼에도 삶에 작용하고 삶을 질서화하는 강력한 도구다. 르페브르(1991)에게 공간 재현 — "고안된 공간" — 과 모델을 제작하는 엘리트 행위자의 작업은 체험된 공간[18]의 생산에 필수적이다. 그는 자주 언급되는 구절에서 "공간 재현은 분명 추상적"이지만 그것은 또한 "사회적·정치적 실천에 관여한다"고 주장한다(41). 아마도 르페브르에게 가장 중요한 "공간 재현은 지식savoir — 즉 인식과 이데올로기의 혼합물 — 으로 가득하다."[19] 마르고 헉슬리Margo Huxley(2006)도 계획의 중요성을 강조한다. 그녀는, 계획은 "도시적인 것의 관리와 규제의 실천을 형성하는 데 있어 중요한 역할을" 수행하므로 우리가 그것을 "소박한 또는 잘못된 공간 또는 환경 결정주의의 표현"으로 묵살해서는 안 된다고 주장한다. 스튜어트 엘든Stuart Elden(2001, 145~50; Huxley 2007, 194도 보라)은 더 나아가서 계획과 다이어그램이, "통치 프로그램들이 평가되고 조정되는 모델과 시험 그리고 진행 중인 목표로 기능하며, 실재reality가 이 계획안들의 진리에 부합해서 만들어질 수 있다는 끊임없는 (그러나 거의 달성되지 않는) 열망을 가지고 있다"고 주장한다.

이처럼 도시 공간의 계획은 3장에서 논의한 노동 과정 지도화(프로세스 매핑)와 유사한 점이 있다. 각각의 사례에서 이동성의 지도화는, 그것이 도시 형태를 통한 이동이든, 상품과 노동자 신체의 운동이든 순환의 관리에 근본적이다. 관리, 특히 공급 사슬 관리는 지도를 요구한다. 그러나 지

---

18. [옮긴이] 체험된 공간은 르페브르의 삼항 공간 개념 중 하나인 재현 공간에서 공간이 다루어지는 방식이다. 이 책 1장 각주 19번을 참고할 것.

19. [한국어판] 앙리 르페브르, 『공간의 생산』, 양영란 옮김, 에코리브르, 2011, 91쪽.

도화의 기술이 〈두바이 로지스틱스 도시〉에 중요한 만큼 오스망에게도 중요했다면, 로지스틱스 도시 계획에서 발견되는 특별한 것이 있는가? 도시 공간 계획은 통치 비전과 실천의 조합에 결정적이며, 변화하는 정치적 합리성을 특별히 드러내는 것을 담은 계획이 때때로 출현한다. 푸코(2007, 61)[20]는 변화하는 정치적 형태의 구성에 필수적인 "보안 공간"을 검토하길 원한다고 선언한다. 그리고 그는 즉각 주장한다. "당연히 저는 도시의 예를 들 것입니다." 푸코에게 도시 공간을 위한 기본 계획master plans은 주권에서 훈육으로 [다시] 보안으로 변화하는 정치적 지배 형태들을 검토할 수 있게 해 주는 조각들이다. 푸코는 도시 공간을 위한 일련의 역사적 계획들을 살피면서 [이렇게] 주장한다. 주권이 문자 그대로 "통치의 거처를 주요 문제로 제기하며 영토를 수도화한다면, 훈육은 [여러] 요소들의 위계적·기능적 분배를 핵심 문제로 제기하며 공간을 건축화합니다. 그리고 보안은 다가치적이고 가변적인 틀 내에서 규제되어야 할 사건, 혹은 사건들이나 일어날 법한 여러 요소의 계열에 대응해 환경milieu을 계획하려고 합니다."[21] 엘든(2007, 564)이 주장하듯이, "주권과 훈육과 보안에서 공간적 분배는 똑같이 중요하지만 다르게 조직된다." 멜린다 쿠퍼Melinda Cooper(2008)는 도시주의의 성장에 대한 푸코의 설명이 주목받는 것은 "권력의 국지화보다는 순환에" 초점을 맞추기 때문이며, "그러나 또한 사건의 계보학과 그것의 인프라와의 관계를 보여 주기 때문"이라고 말한다. 실제로 이 상이한 통치의 시공간 전체에 걸쳐 "도시의 문제는 본질적으로 순환의 문제였다." 이 순환의 문제는 로지스틱스 사업 전체의 중심에 있다. 로지스틱스가 도시 형태의 한 요소가 아니라 독자적인 하나의 도시 형태로 개념화된다는 사실은 〈두바이 로

---

20. [한국어판] 미셸 푸코, 『안전, 영토, 인구』, 오트르망 옮김, 난장, 2011, 31쪽. 한국어판에는 "안전 공간"으로 되어 있다.
21. [한국어판] 같은 책, 48쪽.

지스틱스 도시〉의 건설이 중요한 사건이라는 것을 시사한다. 〈두바이 로지스틱스 도시〉는 과거 수십 년간 비즈니스 전략의 잔여적 일에서 주요한 일이 된 로지스틱스의 부상의 반영이며 지구화된 생산과 무역과 보안의 핵심에서 제도화하는 로지스틱스의 일환이다.

도시 공간 제작에서 순환의 힘이 그렇게 오랜 역사를 갖고 있다면, 로지스틱스 도시의 부상은 또한 결정적인 이행을 나타낸다. 다시 말해서 **로지스틱스 도시**는 **로지스틱스적 도시**의 극적인 변화를 드러낸다. 마틴 코워드(2009)는 현대전이 도시를 표적으로 삼는 특정한 방식들에 대해 아주 깊은 성찰을 제공했다. 이러한 방식은 인프라 – 때때로 이것 또한 도시적이었다 – 가 군사 표적이었던 오랜 역사와는 대조되는 것이다. 그의 통찰은 지구적 폭력에 대한 현대 도시주의의 특수성을 앞서 이해한다. 그에 따르면 "역사적으로 도시 인프라는 그 인프라와 도시성urbanity 자체의 관계와는 무관하게 표적이 되었다고 볼 수도 있다"(409). 그렇지만 현대의 도시전은 "현대 도시의 중심을 차지하는 그 기층 – 중대한 인프라 – 의 파괴를 통해 도시성의 교란이라는 차별적인 시도를 표현한다"고 그는 주장한다. 코워드는 중대한 인프라는 단순히 현대 도시에 자리하고 있는 것이 아니라 현대 도시성의 **구성 요소**라고 주장한다. "현대적 도시화를 (관계성과 연결성으로 정의되는) 하나의 네트워크로" 개념화하는 것은 "중대한 인프라의 기술 체계를 현대적 존재의 차별적인 특징으로 재현하는 것을 중심으로 이루어진다"(409)고 그는 쓴다. 그는 오늘날의 도시주의는 "상호 연결되는 기술 체계들에 입각한 다중심적 배치들의 출현으로 이루어져 있는" "거대도시화"metropolitanization로 이해되어야 한다고 주장한다. 인프라 공격과 도시와의 관계는 과거에 그랬듯이 단순히 우발적이라기보다는 현대적 폭력을 정의하는 특징이다.

"점거된" 도시

상류 기업과 국가의 특정 프로젝트로서의 **로지스틱스 도시**와 "공급 사슬 자본주의"(Tsing 2009 참조)의 더 넓은 도시적 계기로서의 **로지스틱스적 도시**는 모두 무역뿐 아니라 전쟁을 뒷받침하는 재화 순환의 관리된 네트워크 속으로 도시 공간의 전지구적 통합 증대를 강조한다. 세계 컨테이너 수송의 서비스 중심지들로서 그 도시들은 또한 그 이미지로 건설된다. 공간과 운동과 인프라의 표준화는 지도적인 설계 논리다. 그러나 이 도시 형태는 단순히 물질적인 것만은 아니다. 그것의 중심은 또한 ─ 이 물질성을 통해 ─ 정치적이다. 효율적인 운동, 즉 공간과 시간의 경제는 반정치가 된다. 효율성이 목적을 대체하는 것은 테크네techne의 폭압이다.

관리의 권위주의적 형태들과 표준화는 이 도시들의 특징이다. 하지만 다양한 형태의 저항과 거부 또한 그 형태를 규정한다. 로지스틱스 도시와 로지스틱스적 도시는 흐름을 관리하지만 또한 교란을 야기한다. 두바이 ─ 최초의 로지스틱스 도시 ─ 의 건조 형태는 정치적 이야기를 들려준다. 이 이야기들 중 하나는 "노동 마을"의 설계로 알려져 있다. 이 형태는 생산 관계들의 재생산이 불안정하며 잠재적으로 파열될 수 있음을 말해 준다. 노동 마을은 거세지는 노동자 조직화의 물결을 막기 위해 더 좋은 생활 시설을 노동자들에게 제공하지만 또한 명백한 지배 전략으로서 감시와 고립을 구축한다. 〈두바이 로지스틱스 도시〉의 최고경영자 마이클 프로핏 Michael Proffitt은 노동 마을의 이 관리상 취지를 고상하게 강조하면서 [이렇게] 설명한다. "〈두바이 로지스틱스 도시〉가 직접 공동체를 관리하고 유지하므로, 우리는 규범이 모든 곳에서 준수될 수 있다고 장담할 수 있다"("DLC to Build New Labor Village" 2006). 〈두바이 로지스틱스 도시〉 노동 마을의 물리적 얼개는 투쟁에 직면한 통제의 사회적 얼개를 드러낸다.

트왓슨의 "형세" 또한 로지스틱스 센터의 설립을 둘러싼 복잡한 정치와 논쟁들의 실마리를 제공한다. 로지스틱스 센터의 근거가 되는 〈트왓슨 협정〉을 비판하는 사람들이 말하듯이, 트왓슨 로지스틱스 센터는 터틀 아일랜드[22] 일대기의 평화로운 포스트 식민주의 장章과는 거리가 멀다. 대신 오랜 강탈의 일대기의 중대한 새로운 장이다. 트왓슨 밴드 구성원들의 한 소그룹은 토지 절도와 계속 싸우면서, 자신들의 주장을 알리기 위해 이 작은 주변부 공동체에서 밴쿠버 남부로, 〈유엔〉으로, [공간의] 규모를 뛰어넘는다(Smith 1984)[23]. 밴드 구성원 버사 윌리엄스와 다른 사람들은 편지를 쓰고, 언론에 출현했으며, 공개 모임에서 널리 이야기했고, 원주민 주권을 위해 일하는 조직과 ─ 〈토지수호자들〉[24]이 조직하는 연례 원주민 주권 주간 같은 ─ 중요한 이벤트에 참석했다. 그녀의 민중들의 토지에 대한 공식적인 이야기에 강력하게 도전하는 윌리엄스(2007)는 그 조약 절차가 어떻게 "우리의 원주민 토지 소유권Aboriginal Title과 원주민 권리Aboriginal Rights를 소멸하고 그 권리들을 매우 제한된 조약상의 권리로 수정하는 것"을 겨냥하는지 개괄한다. "조약[이 발효된] 처음 수년 이내에 많은 토지가 비원주민에게 팔릴 것이다. 왜냐하면 토지는 이제 공개 시장에 나올 것이기 때문이다."

---

22. [옮긴이] 터틀 아일랜드(Turtle Island, 거북섬)는 일부 원주민 그룹의 구전 역사에서 전해져 내려오는 북아메리카 대륙의 이름이다. 오늘날 다수의 원주민 부족, 원주민 권리 활동가, 환경 활동가들이 이 용어를 사용한다.

23. [옮긴이] [공간의] 규모를 뛰어넘는다"는 표현은 닐 스미스의 개념 "scale jumping"을 옮긴 것이다. 스미스는 자신의 저서 『불균등 발전 : 자연, 자본, 공간의 생산』에서 "처음에는 규모(scale)의 개념을 기본적으로 자본축적을 위한 공간 생산에 한정된 것으로 이해했지만, 이러한 자본 중심적 이해는 규모의 대립적 정치를 제대로 이해하지 못한다는 비판에 직면했다." 이에 스미스는 "규모의 생산에 대한 정치를 통해 어떻게 규모가 생산되는가를 이해하는 것이 중요하다고 인정하면서" 저항의 정치 전략으로서 "규모 뛰어넘기"(jumping scale)를 제시한다(최병두, 「닐 스미스의 불균등발전론과 자본주의의 지리학」, 『공간과 사회』, 제25권 4호(통권 54호), 2015, 50쪽).

24. [옮긴이] Defenders of the Land. 캐나다 전역의 토지 투쟁에 함께하는 원주민 공동체와 활동가들의 네트워크.

윌리엄스는 이 특정한 형태의 강탈로 인해 국가는 시장 메커니즘이 퇴거의 힘이 되도록 보장하는 방식으로 밴드에게 토지를 "선물할" 것이라고 말한다. 따라서 예상되는 토지의 상실은 국가가 협정을 통해 강탈을 위한 조건을 꾸며냈음에도 불구하고, [강탈이 아니라] 밴드 구성원들의 소유권 유지 실패로 나타날 것이다.

최근에 출현한 가장 강력하고 지구적인 사회적 저항의 형태들 중 하나가 "점거하라"Occupy 운동이라면, 그 운동이 자신의 분석과 행동 능력을 가장 잘 입증했던 곳은 뉴욕보다는 오클랜드였다고 말할 수도 있을 것이다. 여기서는 항구와 전지구적인 로지스틱스의 문제가 중심이었다. 오클랜드의 점거하라 운동은 다양한 이슈들, 가장 뚜렷하게는 반인종주의자와 노동 조직을 중심으로 한 급진적 조직의 오랜 전통 위에 있다. 조직가들은 오클랜드 항을 2011년의 "바다의 월스트리트"로 칭하면서, 도시의 급격한 쇠퇴와 항구의 호황 사이에 연결선을 그렸다. 도시가 경제 위기에 직면했음에도, 항구는 공공 토지를 무상으로 사용하면서 연간 270억 달러의 수익을 [항구 현대화를 위한 채권 상환 또는 항구 재투자에만] 사용하고 있었다 (Bady 2011).[25] (공립학교의 폐쇄를 불러올 만큼 극심했던) 도시의 금융 위기는 부분적으로는 오클랜드에 부채를 조달해 준 골드만삭스의 약탈적 대출의 결과였다(McBride 2012). 점거자들은 금융 자본과 상품 순환 사이에 많은 연결선을 그렸다. 가장 직접적인 연결 중 하나는 지구적 선박 회사 SSA 마린SSA Marine에 대한 골드만삭스의 과반 소유다. 2011년 11월 2일, 전 세계 언론의 주목을 끌었던 수천 명의 항의자들의 놀라운 움직임은 북

---

25. [옮긴이] "[오클랜드] 항구는 미국에서 다섯 번째로 큰 항구이며, 연간 운영 수익은 270억 달러를 상회한다. ⋯⋯ 항구 운영 수익에 대한 1퍼센트의 세금만으로도 [오클랜드] 시의 교육 예산이 직면한 거의 모든 부족분을 메꾸기에 충분할 것이다. 그러나 항구는 공공 토지를 (무상으로) 사용하면서 모든 운영 수익을 항구 근대화를 위한 채권 상환이나 항구 자신의 재투자에 사용한다"(Bady 2011).

미의 가장 큰 항구들 중 하나를 결국 완전히 멈춰 세웠다. 2011년 12월에 다시 한 번, 그러나 이번에는 이구동성으로 뒤따르는 다른 서부 해안 항구 도시들과 함께 〈오클랜드를 점거하라〉Occupy Oakland는 항구를 점거했다.

이 각각의 사건들에서 항의자들은 전혀 다른 수단들을 통해 특정 형태의 로지스틱스 도시나 로지스틱스적 도시와 싸운다. 이러저러한 저항과 거부의 사례들은 더 광범한 공중에게는 대개 보이지 않는다. 그 사례들은 대개 기업 언론에 의해 비가시적으로 된다. 그뿐만 아니라 풍경은 드러내는 만큼이나 감출 수도 있다. 돈 미첼Don Mitchell(1996)이 알려주듯이, 땅의 형세는 대개 땅의 거짓말이 된다. 그러나 전지구적 로지스틱스 도시에 대한 많은 대항 행동들이 여전히 국지화된 채로, 서로 연결되어 있지 않은 채로, 자신의 이미지로 도시를 개조할 능력이 부재한 채로 있다는 사실은 하나의 조건이 아니라 한 시기에 대한 진단일 뿐이다. 연합의 장애물은 거대하다. 거리, 언어, 능력의 실천적 측면뿐만 아니라 인종, 계급, 지위, 성, 젠더, 지역을 가로지르는 힘겹고 취약한 연대의 정치라는 측면에서는 훨씬 더 그러하다. 그렇지만 이 새로운 로지스틱스적 제국주의에서 도시의 점거는 어떤 "시민들"(인간, 상품, 또는 기업)이 점거하는가뿐만 아니라 실제로 도시 시민권 행동들이 **점거 이후**의 도시를 생산할 수 있는가에 대한 문제를 남긴다.

난폭한 무역?
섹스, 죽음, 그리고 순환의 퀴어 본성

〈그림 35〉는 가지뿔영양의 놀라운 이주의 한 순간을 보여 준다. 북미의 모든 육지 포유동물 중에서 가장 긴 거리를 이동하는 가지뿔영양은 서부 산맥을 따라 이주한다. 인간의 개발과 인클로저로 인해 점점 위험해진 그들의 힘겨운 이주는 영양의 개체수가 겨우 158마리로 급감하는 결과를 낳았다. 이 계절 순환 장면은 〈대이주〉Great Migrations라는 제목을 단 최근의 주요 내셔널 지오그래픽 제작물에 포착되었다. 그 시리즈는 가지뿔영양의 불안정한 삶이 그들의 이동성의 보호에 달려 있다고 설명한다. 사실 이것은 그 프로그램이 조사하는 수백 개의 종과 7개 대륙을 가로지르는 그 프로그램의 되풀이되는 주제다 ─ 삶 자체가 순환에 의존하고 있다는 것, 이것은 그 프로그램의 표어에서 뚜렷하게 표현되어 있다. "이동이냐 죽음이냐." 내셔널 지오그래픽은 〈대이주〉를 "지금까지 [나온 자신의 프로그램들 중] 가장 야심 찬 방송 프로그램 편성 계획"이라고 부르며, [그 프로그램의] 장면을 담기 위해 기울인 노력은 "〈내셔널지오그래픽협회〉의 122년 역사에서 가장 고된 일"이었다고 말한다(National Geographic 2010). 그 프로그램은 2010년에 34개 언어로 116개 국가의 3억 3천만 가구에게 처음 방영되었다. 컬러 사진과 부연 설명을 담은 3백 쪽의 두꺼운 탁자용 책은 지구적인 텔레비전 이벤트의 공식 지침서 역할을 한다. 그 글[탁자용 책의 부연 설명]은 완전히 문자 그대로 과학과 허구의 감각적인 혼합이다. 짝짓기와 이주에 대한 묘사는 유럽 제국주의 절정기의 탐험가와 시인의 말로 뒤섞여 있다. 그 시리즈는 시신정치와 생식 이성애규범성reproductive heteronormativity으로 정의되는 무자비하고 대개 폭력적이며 매우 인종적이고 사회다원주의적인 세계를 통해 네 편의 오싹한 오락물을 제공한다. 책의 장처럼 개별 에피소드는 "본능의 이동", "번식의 필요", "생존을 위한 질주", "풍요 혹은 빈곤"이란 제목을 달고 있다. 이 장르의 대부분의 자연 프로그램들처럼, 〈대이주〉는 자주 섬뜩함의 가장자리를 맴돈다. 쭉 뻗친 이나 발톱을 가지고 다른 종種을

〈그림 35〉 가지뿔영양의 이주, 2009. 출처 : Drew Rush 촬영 / National Geographic Creative.

낚아채 벌어진 살을 잡아 찢는 종이나 다른 종의 새끼를 사냥해서 먹어 치우는 종. 그렇지만 기존 자연 프로그램 아카이브의 유사한 장면들과 구별되는 점은 이러한 폭력을 교란의 문제로 표현한다는 것이다. 내셔널 지오그래픽 시리즈(이동하라!)의 온라인 소셜 게임 지침서가 이야기하는 것처럼, "험난한 영역에서부터 흉포한 포식자까지 — 잠재적 위험들은 어디서나 닥치기 때문에 이동할 것이냐 아니면 풀을 뜯어먹기 위해 머무를 것이냐의 결정이 생사를 가를 수 있다."

순환을 생존주의적 명령으로 삼는 〈대이주〉의 서사는 동물의 이주뿐 아니라 무역 흐름에 대한 이야기이기도 하다. 계속해서 순환해야만 하는 것은 자연계의 종들만이 아니다. 자본 역시 이동하지 않으면 죽음을 맞이하며 따라서 상품은 계속 이동 중이어야만 한다. 동물의 이주와 무역 흐름 사이에 그려지는 연관성은 직접적이다. 실제로 유나이티드파슬서비스[이하 UPS]는 최근 시행한 극적인 브랜드 쇄신 계획의 일환으로 그 시리즈에 주요한 기업 협찬을 제공했다(Miller 2012). 내셔널 지오그래픽 미디어 판매 부사장 리치 골드팝Rich Goldfarb은 UPS와의 제휴가 특히 "전 세계에서 수백만 개의 소포를 UPS가 변함없이 배송할 수 있도록 해 주는 로지스틱스와 동물의 이주 습성 간의 연관을 만드는 데" 얼마나 효과가 있는지 설명한다(Crupi 2010b). 그는 계속해서 정말로 UPS의 "로지스틱스에 대한 강조는 〈대이주〉가 말하는 모든 것과 맥락상으로 아주 잘 어울리는 것이 증명되었다고" 강조한다. "그것은 마치 하늘이 짝지어 준 것 같은 결합이었다." 내셔널 지오그래픽과 UPS의 제휴에서 로지스틱스는 이동하고 살아남기 위해 다른 종을 먹는 한 종의 피투성이 살 찢기에 어울린다. 이러한 "비인간적인" 로지스틱스 이야기는 생식을 위한 짝짓기와 섬뜩한 죽음으로 고무된다. "이동이냐 죽음이냐"는 전쟁 중인 로지스틱스의 이야기다.

그러나 〈대이주〉의 후원은 UPS의 대규모 캠페인의 일면에 불과하다. 두 번째 줄기는 아주 다른 이야기를 한다. 이것은 효율적인 재화 이동을 위해 사랑으로 뭉친, 행복하게 노래하는 노동자와 소비자의 이미지에 기반을 두고 있다. 로지스틱스의 민간 이야기에서, UPS는 깊은 소비자 욕망의 충족과 혼돈의 질서화를 청중에게 약속한다. UPS 마케팅 캠페인은 로지스틱스를 배경에서 끌어내 무대 중앙으로 데려간다. 그 캠페인은 기업 판매의 확대와 지구적 조달과 공급의 정상화가 주된 목적이지만 로지스틱스의 논리를 위한 정동을 양성하려는 목적도 있다. 로지스틱스술과 로지스틱스 과학은 효율적인 것으로 제시될 뿐 아니라 사랑스러운 것으로 제시된다.

좀 더 광범위하게 보면 로지스틱스 분야처럼, UPS의 "우리 ♥ 로지스틱스"We ♥ Logistics 캠페인은 그 거대한 규모 때문에 무시하기 어렵다. 로지스틱스는 크다. 산업 추정치에 따르면 로지스틱스는 지구 경제 활동에서 8조 달러를 차지하며 미국 내에서만 무역의 약 1조 3천억 달러를 차지한다(Miller 2012). 그 규모는 광고 캠페인의 특징이기도 하다. 그 광고는 UPS

가 뉴욕에 기반을 둔 기업 오길비앤매더[1]와 2009년에 체결한 2억 달러 계약으로 만들어졌다. 이 계약은 "모든 미디어 즉, 텔레비전, 인쇄물, 온라인, 옥외, 라디오, 특별 이벤트, 타깃targeted 후원, 그리고 소셜 미디어[SNS]가 강하게 통합된 미디어"[광고]를 포함하고 있다(Ogilvy 2012). 다양한 플랫폼과 미디어를 가로지르는 이 흐름의 공조는 현대 지구적 공급 사슬 관리의 실제 운송수단 연계 배치를 반영한다. 광고 책임자 벳시 윌슨Betsy Wilson은 "우리 ♥ 로지스틱스"를 "광고 캠페인 그 이상, 진정으로 지구적인 커뮤니케이션 플랫폼"으로 묘사한다(Dickens 2010에서 재인용).

그 캠페인에서 표현된 이 기술과학적 배치의 특정 이미지와 로지스틱스라는 기업 정체성은 모두 면밀하게 검토할 가치가 있다. 지구적 로지스틱스의 규모와 복합성을 넘어서 그 캠페인은 로지스틱스를 정의하는 정치적 논리 또한 표현한다. 공간의 합리화 ― 단일한 명령 시스템으로 복잡성의 환원 그리고 물질의 동시적인 사유화, 표준화, 상품화 ― [가 그것이다]. 그렇지만 상품 흐름의 기업 세계와 동물 이주의 자연 영토 간 순환의 "화면 분할"에서, UPS 캠페인은 종 생존주의라는 심대한 사회다원주의적 정치를 인간 로지스틱스 생활의 "♥"에 깊숙이 끼워 넣는다. UPS의 이중 캠페인은 분리된 이 장면들과 장면들 각각의 정동적 논리보다는 장면들의 심대한 뒤얽힘을 강조한다. 이것은 단순히 민간화된/민간 로지스틱스를 압도하는 홉스적 전쟁 본성에 대한 이야기가 아니다. 내가 이 책 곳곳에서 주장했듯이, 로지스틱스 혁명은 무역의 군사화가 아니라 훨씬 더 복잡하게 얽힌 기업적·군사적 계산과 공간의 공동 생산에 대한 이야기다. 사실 "이동이냐 죽음이냐"는 논리는 이미 종간적interspecies이다. 그것은 군사 로지스틱스와 민간 로지스틱스의 커져 가는 뒤얽힘과 무역 순환을 보안하려는 최근의 (명백하게

---

1. [옮긴이] Ogilvy & Mather. 뉴욕에 기반을 둔 광고, 마케팅, PR 에이전시.

인간의) 노력들을 고무한다.

　이 결론 장은 인간 세계 이상의 것에 대한 논의를 하면서 이 캠페인들 ― 그것의 정치적 논리와 정치적 지리 ― 을 고찰하고 그 캠페인들이 바로 인간의 미래를 생산하는 데서 담당하는 복합적인 역할을 따져 본다. 함께 다루는, 그 캠페의 "우리 ♥ 로지스틱스"와 "이동이냐 죽음이냐" 줄기는 로지스틱스 공간의 생명정치적, 시신정치적, 그리고 반정치적 연출에 중요한 통찰을 제공한다. 나는 인간 세계와 비인간 세계의 이 교차가 지닌 중요성이 심대하다고 주장한다. 그것은 전쟁과 평화의 사회적·공간적 질서화에서 예외적인 것과 일상적인 것의 재조직화를 보여 준다. "이동이냐 죽음이냐"의 정치는 로지스틱스 공간이 생산하는 미래 형태에 깃들어 있다. "이동이냐 죽음이냐"의 생존주의적 정치에 또한 뿌리내리고 있는 로지스틱스 사랑은 최근 떠오르는 새로운 섹스 규범과 죽음 그리고 제국을, 그리고 정치적인 것의 새로운 지도제작을 고무한다. 이 결론 장은 서론에서 제기했고 책 전체에서 마주치는 주제로 되돌아가면서, 로지스틱스 공간의 사회적·공간적 조립에서 나타나는 폭력과 욕망을 탐구하는 한편 난폭한 무역의 대안적 미래 ― 심지어 대안적 경제 ― 를 향하는 퀴어 경로를 강조한다.

우리 ♥ 로지스틱스

　"우리 ♥ 로지스틱스"는 무수히 많은 국가와 수십 개의 언어로 방송된 텔레비전 광고로 2010년 처음 시작했다. 2011년 하루에 1천 8백만 개 이상의 화물을 처리한 3백억 달러 가치의 기업, 유나이트파슬서비스[이하 UPS]는 이 대규모 캠페인을 지구적으로 특히 DHL 및 페덱스FedEx와 경쟁하는 노력의 일환으로 시작했다. UPS의 상업 광고는 양식과 이미지 면에서 보다 광범한 그 캠페인을 규정한다. 행복한 노동자와 소비자 그리고 고도의 기술이 복합적인 관국가적 로지스틱스 네트워크를 중심으로 흠 없이[매끄럽게] 통합된다. 순조로운 화물 흐름을 이끄는, UPS 로고 글자에서 시작해서 세계를 여행하는 두꺼운 금빛 화살표의 안내를 따라 화면은 계속해서 움직인다. [그것은] 구별되는 장소들을 가로지른다. 몇몇 일반적인 로지스틱스 풍경들 — 주소 불명의 유통 센터, 고속도로, 그리고 항구 — 뿐만 아니라 뉴욕, 베니스, 파리를 가로지른다. 불특정 중국 도시 공간들의 이미지가 화면을 스쳐 지나간다. UPS 노동자들은 노래를 부르고 UPS 고객들은 웃고 있다. 소포가 이동하고 바코드가 스캔되며 — 비행기, 기차, 자동차 외에도 자전거, 화물선, 심지어는 베트남 곤돌라까지 — 모든 종류의 탈것이 연결된다. 공장 생산 라인 장면 사이사이에 공급 라인 장면이 흠 없이[매끄럽게] 배치되어 로지스틱스 혁명의 주요한 가르침 — 생산은 보다 넓은 순환 시스템의 한 요소일 뿐이라는 것 — 을 보여 준다.

그 광고에서 가장 인상적인 점은 의심할 여지없이 사운드트랙이다. 신호용 복장을 걸친 건장한 백인 청년이 계류장에서 "로지스틱스는 세상을 더 좋게 만든다"고 자랑스럽게 말하는 오프닝 숏에 이어서 바로 딘 마틴 Dean Martin의 〈그것은 사랑〉That's Amore의 선율이 시작된다. [딘 마틴의] 1940년대 고전의 UPS 판본은 상이한 노랫말을 제공한다. 딘 마틴을 대신하는 것은 가수 나디아 애커맨Nadia Ackerman 특유의 젊고 여성스러운 목소리다. 그 노랫소리는 세계 곳곳을 누비는 30초짜리 광고를 해설한다. 광고는 UPS 남성 배달기사가 소포를 건네자 소녀 같은 젊은 백인 여성이 들떠서 그를 껴안는 장면으로 끝난다. 그것은 노랫소리를 소비자 정동의 사건에 따른 것으로, 또 여성 소비의 영역에 따른 것으로 만든다.

UPS가 전지구적 로지스틱스에 대해 얼핏 표현하는 모든 새로움에도 불구하고, 여성의 소비에 대한 낡은 젠더화된 수사는 계속된다. 반면 로지스틱스 공간을 순환시키는 노동은 주로 남성적이며, 고도로 분절되어 있고, 깊게 인종화되어 있다. 그렇지만 산업의 시점에서 보면 생산자들조차, 아웃소싱된 제3의 로지스틱스 공급자의 소비자가 되었다. 따라서 그 광고에서 나타나는 로지스틱스의 복합적인 여성화는 어떤 단순한 의미에서도 소비에 국한되지 않는다. 1장에서 다소 상세히 살펴본 것처럼 로지스틱스 혁명은 제조업체 위로 부상하는 유통업체를 경험했으며(Aoyama and Ratick 2007; Bonacich 2005) 생산과 순환 사이의 경계를 흐리게 만든다.

그 광고의 노랫말은 이러저러한 경향을 강조하므로 전체를 인용할 가치가 있다.

하늘에 뜬 비행기가 공급 사슬을 날아가면
그것은 로지스틱스
작업 라인의 파이프가 제시간에 오면
그것은 로지스틱스

〈그림 36〉 유나이티드파슬서비스의 광고 : "우리 ♥ 로지스틱스." 출처 : Copyright 2013 United Parcel Service of America Inc. All rights reserved.

언제나 동기화된 연속적인 연결

그것은 로지스틱스

탄소 발자국이 줄고, 순익이 늘어나

그것은 로지스틱스

〈그림 37A-B〉 유나이티드파슬서비스 텔레비전 광고를 갈무리한 장면. 출처 : Copyright 2013 United Parcel Service of America Inc. All rights reserved.

새로운 경쟁 방안으로 월스트리트에서는 환호성을 지를 거야

그것은 로지스틱스

모든 것이 어디로 가는지 기술이 정확히 알 때

그것은 로지스틱스

종이 울릴 거야, 딩딩딩

딩딩딩, 딩딩딩

그것은 로지스틱스

UPS를 불렀으니 스트레스는 이제 없을 거야

그것은 로지스틱스

교통 인프라, 적시 생산 기법, 체계적인 동기성synchronicity과 효율성, 그리고 "녹색" 비용 절감을 언급하는 구절은 로지스틱스에 대한 기업의 환상을 그려 보인다. 캠페인은 두 개의 주된 교훈을 강조한다. 첫째, 그것의 목적은 광범위한 일반 시청자를 위해 로지스틱스를 정의하는 것이다. UPS가 에피 광고 어워드[2] 수상 소감에서 설명하듯이, "소비자 조사는 로지스틱스에 종사하는 사람들조차 모두 로지스틱스를 서로 다르게 정의내리고 있다는 것을 보여 주었습니다. 그래서 우리는 그들을 위해 로지스틱스를 정의했습니다." 그 기업은 적당히 넘어가지 않는다. 그들의 포괄적인 정의는 로지스틱스의 활력을 강조한다. "로지스틱스는 현대 경제를 가능하게 하는 힘이다"(Ogilvy & Mather 2012). 로지스틱스는 시장을 살아 있게 만들고 UPS는 그러한 생명정치적 힘을 ♥하는 기업이다.

기업의 로지스틱스 브랜드화 — UPS에 대한 재정의이자 동시에 UPS가 사랑하는 로지스틱스에 대한 재정의 — 는 그 광고의 두 번째 교훈이다. 그 브

---

2. [옮긴이] Effie advertising awards. 1968년 미국에서 시작된, 가장 효과적인 광고에 상을 주는 마케팅 커뮤니케이션 어워드.

랜드화는 전술한 인쇄물 광고에서 분명하게 나타난다. [광고판 상단의 혼돈의 질서화가 프레임 하단에서 부상하는 UPS 브랜드와 나란히 일어난다. 이 두 행동 ─ 그 기업과 로지스틱스를 개략 정의하는 일 ─ 은 하나로 표현되며, 이것은 캠페인 디자인의 의도적인 효과다. 에피 어워드에 제출한 영상에서 UPS는 그 캠페인이 로지스틱스와 자신의 기업 이미지를 동시에 재정의하면서 성공할 수 있었던 방법을 설명한다. "이를테면 [사람들은] 당신을 존중하고, 동경하고 좋아한다. 그러나 당신은 대부분의 사람들이 지루하다고 생각하는 것을 옹호한다. 낡은 것. 그것은 운송이다." UPS의 설립자 짐 케이시Jim Casey가 주장한 "누구든 소포를 배달할 수 있다"를 인용한 뒤 그 영상은 담론적 과제를 규정한다. "당신은 UPS다. 그리고 당신이 하는 일은 실제로 매우 복잡하다. 그 일은 수십 억 달러의 기술 투자를 요구한다. 엄청난 혁신과 창조성[을 요구한다]. 그 일은 믿을 수 없을 만큼 너무나 복잡해서 당신을 골치 아프게 만든다. 당신은 그 일을 어떻게 단순하게 만드는가? 사람들이 이해할 만큼 단순하게 말이다. 하지만 사람들이 당신에 대해 생각하는 방식을 바꾸어 버릴 만큼 강력하게. 정답은 뭘까? 그것은 운송이 아니다. 로지스틱스다." 더 나아가 이 애정의 윤곽을 특징짓는 로지스틱스는 단순히 필수적인 경영과학이 아니라 하나의 선譱으로 표현된다. 그 영상은 로지스틱스의 지구성globality을 거듭 강조하면서 로지스틱스의 예술적·과학적 차원을 주장한다. "모든 사람은 무언가를 사랑한다. 우리는 로지스틱스를 사랑한다. 우리는 그것의 정확함, 방대한 규모, 수십 억 명의 사람들에게 더 좋은 삶을 선사할 수 있는 능력을 사랑한다. 날마다 우리의 고객들은 우리가 하늘과 바다와 국경을 가로지르며 공연되는 무한한 복잡성의 발레를 연출할 것이라고 믿는다. 그리고 우리는 해낸다. 사랑하지 않을 수 있을까?" 경영과학[관리과학]으로서 그리고 물리적·정보적 인프라의 복잡한 묶음으로서 로지스틱스의 실제 배치와 유사하게, 그 광고는 그 산업에서 진행 중인 동시적인 탈집중화와 집중화를 표현한다. "산업적 훈육"이나 과학적인 생산 관리가 "일정한 공장의 업무를 미세한 움직임들로 와해시키고, 더 큰 효율성과 집중된 관리 통제를 위해 이 움직임들을 간소하게" 만들었다면(De Landa 2005, 120), 그것은 또한 개별 노동자들의 행동과 동작의 복잡성을 감소시키는 과정이었던 반면 생산 라인에 대한 조정과 통제를 재규모화함으로써 총 생산 시스템의 복잡성을 증대시키는 과정이기도 했다. 따라서 [앞서] 언급된 연출이라는 환상과 발레라는 창조적 작품은 그 산업을 정의하는 감시와 통제의 광대한 네트워크를 잘 묘사하지 못한다. 로지스틱스는 예술로서의 역사를 벗어던지고 전자·디지털 감시와 엄중한 보안화로 조직되는, 고도로 표준화되고 기계화된 경영과학[관리과학]이 되었다. 그리고 안야 칸지저Anja Kanngieser(2013, 598)가 쓴 것처럼, 그 분야의 "기술의 교정"은 공급사슬에 있는 재화의 흐름뿐 아니라 "그 재화를 움직이는 노동자와 기계"까지 감시한다. 칸지저는 전파식별RFID, GPS 텔레매틱스의 확장된 감시 네트워크 그리고 창고에서의 음성 인출 시행을 통한 로지스틱스 산업의 노동하는 신체들에 대한 추적과 수색은 "신체 운동과 표현의 기록으로 통치의 기술적 확장"을 포함한다고 주장한다. 노동하는 신체의 움직임 추적을 새로운 발달이라고 하기는 어렵다. 3장에서 보여준 것처럼, 노동하는 신체의 관리 ─ 그리고 관리를 위해 노동하는 신체를 가시적으로 만들기 ─ 는 적어도 과학적 관리의 탄생 이후 산업적 훈육의 핵심이었다. 그럼에도 불구하고 노동하는 신체를 추적하기 위한 노력은 크게 확대되었고 추적 기술의 본성에서 심대한 진전이 있었다. 이 추적 기술은 감시의 친밀성뿐만 아니라 그 기술을 포함하는 권력 메커니즘까지 함축한다(Foucault 1977 참조). 칸지저(2013, 596)는 특히 구글의 "맵스 코디네이트"3 같은 도구의 출현에 관심을 두고 있다. 이것은 고용주가 이동 중인 직원들을 실시간으로 추적할 수 있게 해 준다. 이러저러한 "전자 통치" 기술들은 "전통적인 훈육적 통제를 대체하면서 행동을 재정의하고 정상화하기 위해" 작동한다고 그녀는 말한다(Catá Backer 2008도 보라). 칸지저는 이러한 "생명-기술-훈육 기법들"의 효과를 상세하게 설명하면서 그것들이 어떻게 "효율성의 강화와 극대화"를 추구하는 시간의 "실증 경제"를 통해 신체의 공간적·시간적 실존을 정제하고 있는지를 ― 푸코가 "행동의 시간적 가공"[4]이라고 언급한 것 ― 특히 강조한다.

아마도 가장 흥미로운 지점은 그 광고가 로지스틱스 혁명의 공간적 계산과 경제 지리의 극적인 재구성의 핵심 요소들을 표현하는 방식일 것이다. "비즈니스의 가장 중요한 법칙이 '위치가 전부다'였던 건 오래전이 아니었다. 만일 당신이 당신에게 유리한 위치를 차지하고 있다면 당신은 모든 형태와 크기의 경쟁자들로부터 거의 보호받았다. 이제는 상황이 다르다. 비즈니스는 [이제] 전지구적이다. 10년 전에는 상상 속에서나 가능하던 방식으로 말이다. 시장은 모든 곳에 있고 새로운 시장들이 끊임없이 열린다. 공급자는 바뀌고, 공급 사슬은 조정된다. 그리고 위치는 비즈니스의 새로운 힘, 로지스틱스로 대체되었다." 위치가 로지스틱스로 대체되었다고 말하는 것은 지나치게 단순하다(그리고 완전히 일관적이지도 않다). 그렇지만 지리는 전지구적 로지스틱스의 시대에 자신의 중요성을 거의 잃지는 않았지만 실제로 바뀌었다. 로지스틱스는 다양한 위치들의 복합적 교정에 크게 의지한다. 그러나 무역이, 생산 시설이라는 단순한 또는 단일한 의미의 위치에 의해서는 덜 정의되고 네트워크와 시스템을 가로지르는 조정에 의해 더욱 정의되는

---

3. [옮긴이] Maps Coordinate. 구글이 자사 지도 서비스인 구글 맵을 기반으로 외근 근로자들의 근무 위치를 확인함과 동시에 업무상 획득한 정보도 관리할 수 있도록 지원하는 기업용 서비스. 직원의 스마트폰에 이 앱을 설치하면 앱은 5초마다 해당 직원의 위치를 회사로 전송한다. 현재는 서비스되지 않는다.

4. [옮긴이] 한국어판에는 "행동에 대한 시간의 작성"으로 되어 있다(미셸 푸코, 『감시와 처벌』, 오생근 옮김, 나남, 2008, 238쪽).

한 그 광고는 정확하다(1장을 보라). UPS 캠페인이 그저 판매 광고 이상의 것을 제공한다는 것은 이런 의미에서다 ─ 공급 사슬 자본주의의 등장이라는 그 캠페인의 담대한 선언에서(Tsing 2009) 그리고 그 캠페인의 차별적인 공간성에서다. 그 캠페인은 민간 로지스틱스 과학의 부상과 함께 일어났던 극적인 변화들을 포착하고 그 변화들에 정동적 강렬함을 부여한다. 그러나 UPS는 로지스틱스 사랑이라는 "평화로운" 정치에만 관심이 있는 것이 아니다. 고도로 코드화된 용어로 그 기업은 또한 전쟁의 로지스틱스에 깊이 동조되어 있다.

이동이냐 죽음이냐

UPS 광고 캠페인의 〈대이주〉 줄기는 그 캠페인의 음악적 광고[우리 ♥ 로지스틱스]와는 아주 달라 보인다. 이 캠페인에서는 효율적인 화물 순환의 인간적 기쁨이 이주를 통한 종 생존을 위해 싸우는 생사가 걸린 비인간적 투쟁으로 대체된다. 폭력은 그 자체로 문제로 나타나는 것이 아니라 그것이 한 종의 당면한 물리적 순환circulation이나 그 종의 세대 순환cycling을, 그러므로 그 종의 미래 이동성을 교란하는 한에서만 문제로 나타난다. 그 프로그램은 어떻게 종 간 폭력이 그 자체로 자연적이긴 하지만 그럼에도 불구하고 이동하는 삶의 유지라는 근본적인 명령을 교란하는지, 따라서 더 먼 이주를 반복해서 부추기는지 해설한다. 교란의 폭력은 순환에 대한 위협이자 순환을 촉발하는 힘이다. 이처럼 폭력을 피할 수는 없다. 교란은 틀림없이 일어날 것이기 때문에 생존은 회복력의 문제로 나타난다.

의도적이든 아니든, 그 제목은 다른 "대이주" ─ 20세기 중반 초기에 남부 시골에서 북동부 산업 도시로 향한 아프리카계 미국인들의 이동 ─ 를, 그래서 내부 식민주의의 역사를 가리킨다. 그리고 〈대이주〉는 직접적으로 인간사를 예시하지는 않지만, 우리가 보게 될 것처럼 그것은 그럼에도 인종과 재생산과 제국의 정치를 말한다.

〈대이주〉는 비인간 삶의 자연계를 많은 인간 시청자에게만 데려간 것은 아니다. 트랜스미디어transmedia 이벤트는 실제로 미국 제국의 도심에서 개시했다. 뉴욕 시는 일시적으로 전혀 다른 순환의 공간으로 전환되었다. 그것의 목적은 비인간 이동성과 자본 이동성을 병치해서 대조하는 것이었고 어쩌면 그 두 가지를 자연화하려는 것이기도 했다. 내셔널 지오그래픽 임원은 〈대이주〉 개시 [이벤트]의 어마어마한 규모뿐 아니라 뉴욕 시 일상 순환의 의도적인 교란 ― 그리고 뒤얽힘 ― 에 대해서도 언급한다(Mustain 2010). "맨해튼의 10월, 때아닌 따뜻한 저녁에 수천 명의 사람이 이동하고 있었다. 서쪽으로 행진하는 그들은 41번가를 따라 목적을 가지고 이동했다. 지는 해의 로즈골드 빛에 이끌려 ― 아니 어쩌면 그냥 몇 블록 떨어진 항만관리청으로, 집에서의 약속 때문에. 날마다 인간의 이주[이동]는 타임 센터Times Center 외부에서 진행되었기 때문에, 그 건물 내부에 실물 크기로 확대된 얼룩말을 조심스럽게 배치하고, 유리 제품을 꺼내 놓았다. 내셔널 지오그래픽 채널 직원은 대부분의 뉴요커들이 일반적으로 경험하는 것보다 좀 더 극적인 이주[이동]를 부각하는 이벤트를 준비했다." 이 이벤트는 브롱크스 동물원에서 남서쪽으로 약 12마일에 걸쳐 진행되었다 ― [그 동물원의] 영향력 있는 사회다윈주의자 매디슨 그랜트Madison Grant가 설립한 뉴욕 시 내 비인간 동물 모험의 일상 공간이다. 그는 "자연법은 부적합한 것의 소멸을 요구한다"는 유명한 주장을 했고, "범죄자, 병든 자, 정신 이상자……그리고 그가 '가치 없는 인종 유형'이라 칭했던 유대인, 흑인, 원주민들의 불임 처리"를 지지했다(McWhorter 2010, 83). 그 임원의 말처럼, 더 광범한 〈대이주〉 이벤트의 일환으로서 그 개시 [이벤트]는 인간과 비인간의 이주를 대조하려는 목적을 일부 갖고 있었고 그래서 그들의 차이를 부각한다. 〈대이주〉는 교육학적 의도를 갖고 있었다. 그 시리즈의 수석 프로듀서 데이비드 햄린David Hamlin의 말처럼, "이 프로젝트의 중요한 메시지 중 하나는 이주가 그저 이렇게 웅장한 지구적 이동인 것만은 아니라는 점이다. 이주는 동물들이 매년 행하는, 믿을 수 없을 만큼 힘들고, 고통스러운 여정이다"(Mustain 2010). 그는 계속해서 그 프로그램의 줄거리를 설명한다. "그것은 먹이의 필요와 번식의 필요에 대한 것"이며 "자연의 힘과 냉혹한 생명의 동력에 대한 것이다." 그 프로젝트의 수석 과학 고문인 생물학자 로리 P. 윌슨Rory P. Wilson은 더 나아가 그 프로그램의 핵심 슬로건 중 하나인 "뭉쳐서 움직이면 함께 살아남는다"를 언급하면서 이 생물학 교훈을 강조한다.

이러한 언급들은 그 시리즈의 목적 또는 효과가 인간의 순환계와 비인간의 순환계를 확고하게 구별하는 것을 함의하지만, UPS의 후원은 이 환영을 산산조각 낸다. "결합"에 열광했고 내셔널 지오그래픽 임원이 앞서 인용한 그 글에 등장하는 UPS 임원은 [이렇게] 언급했다. "내셔널 지오그래픽 채널이 대이주 시리즈에서 말하고 있는 이야기들과 매일 전 세계에서 이동하는 재화 이면의 사항들은 훌륭하게 어울린다······ 우리는 우리의 브랜드를 연관 짓는 법을 진지하게 선택한다. 이것은 탁월한 시도다." 여기서 중요한 것은 단순히 로지스틱스 브랜드의 연관이 아니라 그 분야를 정의한다는 바로 그 비전이다. UPS는 "우리 ♥ 로지스틱스" 캠페인에서 로지스틱스의 의미를 "현대 경제를 가능하게 하는 힘"으로 정의했지만, 〈대이주〉 후원의 일환으로서 로지스틱스에 대한 다른 정의를 제공한다. 여기서 UPS는 "로지스틱스는 자연의 생존 방식이다"라고 상술한다. 자연 선택은 로지스틱스 문제처럼 보인다. 이 교훈은 〈대이주〉 프로그램 편성에서 거듭 반복된다. 비인간 동물은 계속해서 이동하며 생존한다. 종은 동물 집단이 계속 이동할 때 그리고 미래의 이주를 위해 집단을 재생산할 때 생존한다 — 포유류, 파충류, 조류 그리고 심지어는 단세포 생물까지도. 생명 그 자체는 이동하지 않으면 죽는다.

새와 벌

UPS 캠페인을 좀 더 자세히 들여다보면 로지스틱스를 통한 자연의 생존이 생식 이성애의 자연화와 종 생존을 위한 폭력적인 경쟁에 얼마나 기대고 있는지 드러난다 — 모든 것이 "이동이냐 죽음이냐"라는 로지스틱스 논리로 조직되는 시신정치적인 인종적 프로젝트. 내셔널 지오그래픽 시리즈와 함께 방영되는 UPS의 여러 텔레비전 광고들은 메인 프로그램에서 화려한 장면을 직접 빌려온다. 중간 광고 직전의 한 [메인 프로그램] 장면에서 진홍색 꽃게 무리는 필사적으로 위험한 장애물을 넘어 해양 번식지로 나아가지만 그들이 다시 나타나는 곳은 UPS의 광고 첫 장면이다. UPS는 의도적으로 광고와 프로그램을 뒤섞는다. 그 움직임은 홈이 없어서[매끄러워서] 시청자는 꽃게 무리가 진입한 곳이 중간 광고라는 것을 즉각 알아차리지 못한다. 프로그램이 중단되었고 광고가 시작되었음을 알리는 알아보기 힘든 아주 작은 시각 표식들만 있을 뿐이다. 동물이 움직이면서 디지털 사운드에 맞춰 반투명 벡터가 동물의 신체와 운동에서 생겨난다. 이주하는 종은 하이테크 비인간 사이보그로 바뀐다. 내셔널 지오그래픽이 그 [반투명] 벡터가 (이주하는 신체에서 솟구치며 따라서 그 신체에서 선천적으로) 드러난 것으로 의도한 것인지 아니면 (로지스틱스 렌즈가 덧붙여) 조작된 것으로 의도한 것인지는 불분명하다⟨그림 39⟩ 참조. 그러나 이 모호함은 생산적이다. 해설 목소리도 인간 이주와 비인간 이주의 뚜렷한 유사점을 제

〈그림 38A〉 "대이주 : 뭉쳐서 움직이면 함께 살아남는다." 출처 : National Geographic/Anup Shah.

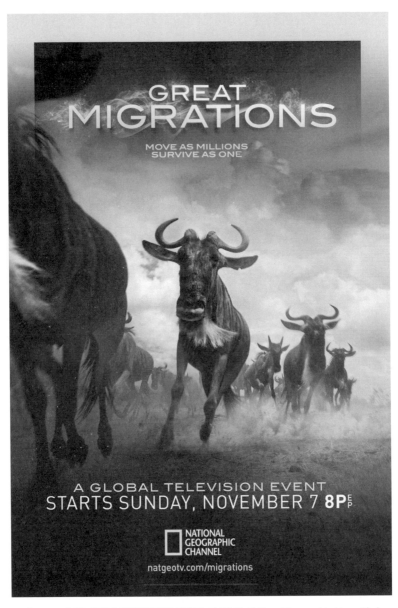

〈그림 38B〉 "대이주 : 뭉쳐서 움직이면 함께 살아남는다." 출처 : National Geographic / Anup Shah.

〈그림 39〉 유나이티드파슬서비스 / 내셔널 지오그래픽 텔레비전 광고의 갈무리 화면.

시하지만 그 관계의 본성은 모호하게 남아 있다.

가을마다 크리스마스 섬의 꽃게들은 대이주를 합니다. 이것은 대☆로지스
틱스로 가능합니다. 꽃게들은 종의 생존을 담보할 수 있는 시간이 제한적
입니다. 동시에 출발해서 우발적인 계획으로 장애물을 극복하여 적시에
알을 옮깁니다. 우리와 마찬가지로 그들의 세계에서 정시 도착은 로지스틱
스에 달려 있습니다.
UPS는 내셔널 지오그래픽 채널에서 방영하는 〈대이주〉의 자랑스러운 스폰서
입니다.

시리즈의 다른 광고에는 다른 종(알바트로스, 개미, 해파리)과 다른 교훈이
등장하지만 동일한 메시지를 반복한다.

검은눈썹 알바트로스는 지구를 140번 넘게 돌 수 있는 거리를 비행합니

다. 그들의 대이주는 대로지스틱스에 달려 있습니다. 바다에서 수개월을 보내지만 그들은 수천 마리 중에서 자신의 짝을 찾을 수 있고, 새로운 세대는 지구를 도는 비행을 합니다. 우리와 마찬가지로 그들의 세계에서 지구적인 활동은 로지스틱스에 달려 있습니다.

UPS는 내셔널 지오그래픽 채널에서 방영하는 〈대이주〉의 자랑스러운 스폰서입니다.

매일 밤, 코스타리카 열대우림의 군대개미들은 대이주에 집결합니다. 대이주는 대로지스틱스로 가능합니다. 무리는 귀중한 화물을 싣고 출발합니다. 화학적인 신호와 접촉으로 소통하는 그들의 협력은 그들을 여행 목적지까지 밀고 가며 새로운 세대 전체를 지탱합니다. 우리와 마찬가지로 그들의 세계에서 성공적인 공급 사슬은 로지스틱스에 달려 있습니다.

UPS는 내셔널 지오그래픽 채널에서 방영하는 〈대이주〉의 자랑스러운 스폰서입니다.

자신감 넘치는 남성적 목소리가 해설하는 그 광고들은 각 장면의 끝에서 동일한 후렴을 반복한다. "우리와 마찬가지로 그들의 세계에서……"[가 그 것이다.] 비인간 이주는 인간의 로지스틱스 세계와 유사하며 이 유사점은 특정한 윤곽을 갖고 있다고 우리는 거듭 듣는다. 시간의 관리(정시 도착), 공간(전지구적 활동), 물질적 순환을 통한 그것들의 교정(공급 사슬)은 동물과 로지스틱스 세계에 공통적이다. 훨씬 더 엄밀히 말하면 우리는 유기체와 물건의 이동이 생존에 필수적이라고 배운다. 그러나 물리적 이동이 생존을 위해 요구된다면 세대 이동도 마찬가지다. 생식 섹스는 미래 순환을 보안한다. 그 프로그램은 "번식의 필요는 바로 존재의 중추"라고 주장한다 (Kostyal 2010, 78). [그것은] 평생 동안 짝을 바꾸지 않는 것으로 찬양받는

종, 그레이트 화이트 알바트로스가 나오는 장면에서 가장 적절하게 [표현된
다. 출산을 위한 섹스와 개별화된 육아에 전념하는 일부일처 부부 생활이,
종이 "뭉쳐서 움직이고" "함께 살아남기" 위해 근본적인 것으로 표현되는 것
이다. 비인간 신체의 순환 ─ 그리고 지구적으로 세대적으로 시공간을 가로지
르는 이 이주의 지구력 ─ 은 사물의 순환을 자연화한다.

국경을 가로지르기

우리가 겪었던 자연 프로그램에 한해서, 그 장르는 생식 이성애규범성
과 종 생존주의의 제국적 교육학에 의해 고무되었다. 하지만 〈대이주〉는
이 오랜 기존 교훈들을 단순히 재유통하는 것은 아니다. 여기서 그것의 확
장된 출현을 설명할 만큼 훨씬 더 엄밀하고 긴박하게 몇 가지가 전개된다.
〈대이주〉를 이 특별한 검토를 할 만한 가치가 있는 것으로 만드는 것은 공
급 사슬 자본주의와 로지스틱스 공간의 이동 본성에 대한 특정한 연출이
다. 〈대이주〉 이야기는 단순히 이동하는 종들 간의 회복력 관계에 대한 이
야기가 아니라 그들의 여정의 지리에 대한 이야기이며, 이는 경계 가로지르
기에 대한 강조를 통해 가장 강력하게 입증된다. 종과 로지스틱스 시스템
은 단순히 이동이냐 죽음이냐에 놓인 것만은 아니다. UPS에 따르면 그들
의 이주는 인간이 만든 울타리enclosure를 넘어야만 한다. 공급 사슬 보안은
명백하게, 국경이 흐름을 지연시키는 능력이 있다는 이유로 그것을 로지스
틱스 시스템 보안에 대한 위협으로 받아들인다(2장을 보라). 〈대이주〉 역
시 경계를 종 이주 보전에 대한 위협으로 표현한다. 시청자는 이 장 첫머리
에 있었던 결정적 장면 ─ 인간 생활에 대한 어떤 징후를 포함하는 몇 안 되는
장면 중 하나 ─ 에서 이 교훈을 학습한다. 여기서 가지뿔영양 떼는 연례 이

주에 나서면서 농부의 담장과 마주친다. 그 프로그램은, 농부의 담장이 농부가 가축을 키울 수 있게 해 주고 따라서 중요한 경제적 기능을 한다고 설명한다. 그렇지만 〈대이주〉는 그 담장의 폭력도 드러낸다. 카메라는 담장을 뛰어넘는 [영양] 떼를 따라가고 철조망에 걸린 영양을 한참 주시한다. 영양이 자신의 경로에 있는 위험한 장애물을 통과하려고 필사적으로 애를 쓸수록, 살은 찢어지고, 털은 벗겨지며, 다리는 덫에 걸린다. 〈그림 40〉에서처럼 정렬한 영양은 [담장을] 넘을 차례를 기다린다. 국경 보안화의 결과로 국경을 넘는 트럭이 내륙에 줄지어 서 있는 것처럼 말이다. 〈대이주〉 [탁상용] 책도 명백하게 이 문제를 성찰하면서 어떻게 "장거리 이주 동물들 ─ 백상어와 바다거북, 북극제비갈매기와 영양 ─ 에게 보호구역과 국가의 경계가 아무런 의미가 없는지" 개괄한다(Kostyal 2010, 290). 로지스틱스의 세계에서처럼 그 시리즈에서 이러한 설명은 완전히 옳은 것은 아니다. 경계는 "아무런 의미가 없을"지도 모른다. 종과 사물이 각각 순환하는 경로를 그것이 규정하지 않는 한 말이다. 그렇지만 〈대이주〉에서 담장을 따라 일어나는 비인간 살의 찢겨짐과 화물 흐름에서 국경 지연에 따라 소요되는 수백만 달러의 비용은 분명 인식된다. 내셔널 지오그래픽 시리즈와 공급 사슬 보안 프로젝트는 모두 실제로 각각의 순환 시스템을 위해 경계의 문제를 중재하려고 한다. 이것이 그 시리즈의 효과다. 그것은 국경이 바람직한 흐름을 지연시키지 않도록 전환되어야만 한다고 시청자를 설득하는 목적을 갖고 있다. 이러한 의미에서 〈대이주〉는 그것이 이미 의도적으로 재현하는 조건들을 제도화할 목적을 갖고 있다.

〈대이주〉는 실제로 국경을 정당화함과(농부의 자연적 필요) 동시에 그것의 위반을 합리화(영양의 자연적 필요)하면서, 전지구적 공급 사슬 보안이라는 신흥 패러다임의 중심 과제를 직접 겨냥한다. 〈대이주〉도, 공급 사슬 보안도 국경을 폐기할 의도를 갖고 있거나 국경의 해체를 옹호하는 주

〈그림 40〉 가지뿔영양, 2009. 출처 : Joe Riis 촬영.

장을 하지는 않는다. 그렇지만 둘 다 다른 국경의 필요에 대해서는 아주 명백한 입장을 갖고 있다. 3장에서는 10년의 실험이 새로운 봉쇄 형태를 통해 흐름을 우선시하면서, 국경을 재구성하고 그것을 다르게 통치하는 보안의 네트워크 또는 시스템 모델을 어떻게 낳았는지 탐구했다. 〈대이주〉에서 표현된 비인간 이주의 서사에서처럼, 공급 사슬 보안이라는 신흥 패러다임에서 국경은 정당화될 뿐만 아니라 위반된다. 게다가 제국의 낡은 변경(미국 서부)에서 벌어진 그 시리즈의 이 결정적 장면의 연출은 제국의 도심(뉴욕 시)에서 벌어진 그 시리즈의 개시 [이벤트]와 더불어 인간 이주의 현대적 실재들을 코드화하고 그리하여 전지구적 북부에 있는 전지구적 남부를 코드화한다. 검은 아프리카의 백인 과학자라는 고전적인 서사와는 반대로, 여기서는 국경 가로지르기와 **함께 살기**라는 이야기 ─ 또한 창고 노동과 항구 트럭 운송 같은 현대 로지스틱스 경제의 핵심 영역을 구성하는 깊게 인종화된 노동 이주와 불안정 이주 노동의 정치경제를 코드화할 수 있는 이야기 ─ 가 우리에게 주어진다.

좀 더 광범위하게 보면 서로의 영토를 가로지르는 종에 대한 그 시리즈의 강조는 낭만을 배제한 관계적 공간relational space의 개념을 제시한다. 이주 경로의 겹침은 – "이주가 절대로 끝나지 않는 이주 동물"에게(Kostyal 2010, 25) – 영속적인 위험과 영속적인 대비 태세의 필요를 의미한다. 근대 국가의 지정학적 상상계와는 달리, 종 전쟁은 국가 영토의 블록에서 일어나는 것이 아니라 네트워크 공간을 가로지르는 소규모 전쟁들을 통해 영구적으로 일어난다(Graham and Shaw 2008; Gregory and Pred 2007). 이것은 "밤에 폭발하여 가장 취약한 표적을 향해 질주하는" 사자의 공격을 받는 영양에게는 영구적인 위험이다(Kostyal 2010, 34). 〈대이주〉의 되풀이되는 주장에 따르면(Kostyal 2010, 38), 이 종과 알려진 다른 무수한 종들에게 "위험은 도사리고 있다." "그러나 영양은 한 가지 전략적 이점을 갖고 있다. 그들은 – 새끼를 비롯하여 – 늘 이동하도록 창조되었다." 그런 비정규전과 대항반란은 현대전과 공급 사슬 보안의 세계에서처럼 비인간 세계에서 종 회복성의 정치학이 고취하는 전형적인 전투 형태가 된다(Anderson 2011; Cassidy 2008; Duffield 2008; Kilcullen 2010, 2012; Petraeus 2006). 한때 아나키anarchy와 질서 간의 홉스적 구별을 고착시키는 것으로 여겨졌던 국경(예외 정치의 용인될 수 있는 윤곽)은 더 이상 국가적 측면에서 틀 지워지지 않고 종에 의해 규정된다. 국가전이 회복력 순환을 통해 살아남으려는 관국가적 경주가 되는 것이다.

조직화된 폭력은 분명히 자신의 지리를 잃어버린 것은 아니지만 그 지리는 다른 공간적·존재론적 형태를 취한다. 전쟁과 공급 사슬은 모두, 국가 영토성의 근대전에 후행하고 선행하는 네트워크 또는 공급선 지도제작을 받아들였다. UPS 캠페인의 두 줄기 – "우리 ♥ 로지스틱스" 그리고 "이동이냐 죽음이냐" – 는 로지스틱스의 현대적 논리와 실천에 대한 지킬과 하이드의 렌즈를 제공한다. 두 관점 모두 결정적이지만, 두 관점 사이에서 상상되는 구별도 결정적이다. 그 기업 중역이 지적하듯이, "이동이냐 죽음이냐"는 비인간 동물 이주에 관한 이야기인 만큼이나 로지스틱스에 관한 이야기다. 그러나 전자에 대해 이야기하는 것은 후자에 대한 특정한 유형의 학습을 가능하게 한다. 생존을 위한 폭력적인 경주에 대한 이야기는 "자연"이라는 비인간 세계에서 보다 쉽게 설정된다. 그 이야기는 자연에서 전개되지만 그 것이 직접 유포되기는 어려운 인간 세계를 위한 지표가 된다. "이동이냐 죽음이냐"는 로지스틱스에 대한 사랑을 위한 동거자 역할을 함에도 불구하고, 그것은 UPS가 기업 세계에서 자신의 비즈니스 실천을 묘사하는 추악한 방법이 될 것이다. 이 책이 보여 주듯이, 계엄령과 군대는 사물의 순조로운 순환을 위협하는 해적과 원주민 조직가 그리고 노동자에 맞서 육지와 바다에서 호출된다.

전쟁과 회복력 있는 유기체

〈대이주〉는 동물계의 생존 및 생식 이성애에 대한 교육학뿐 아니라 무역의 폭력적 본성에 대한 교훈도 제공한다. 난폭한 무역은 생물학적 명령을 떠맡고, 생물학에는 로지스틱스를 구성하는 동시에 로지스틱스에 의해 구성되는 자연의 법칙이, 경제 논리가 스며 있다. 인과관계는 한 영역이나 다른 영역에서 기인하지 않는다. "우리와 마찬가지로 그들의 세계에서"라는 [UPS 광고의] 마지막 구절이 보여 주듯이 로지스틱스와 종 생존은 오히려 공통의 논리에 의해 고무된다. 오늘날 무역과 자연과 전쟁의 정치는 회복력의 문제를 통해 깊이 얽혀 있다. 기업 및 정부의 실천에서, 무역은 삶의 핵심 영역으로 이해된다. 여기서 회복력은 그 시스템의 건강함을 나타낸다. 이 책의 앞 장들에서 탐구했듯이, 전지구적 로지스틱스 네트워크를 통한 사물의 순환은 이제 국가 안보[보안]의 문제로 그리고 필수적인 핵심 시스템으로 통한다(2장을 보라). 예측 불가능성은 위협으로 이어지기 때문에, 공급 사슬 보안은 취약성을 누그러뜨리기 위해 선제 기법을 동원하고(Cooper 2006; Amoore and De Goede 2008을 보라) 회복력의 구축과 교란 이후의 순환 회복을 위해 대비 조치를 동원한다(Collier and Lakoff 2007; Pettit, Fiskel, and Croxton 2010). 자연과학에서 출현한 "회복력"은 로지스틱스 시스템 보안의 개념화를 위한 지배적인 패러다임이 되었다(Christopher and Peck 2004; Gerven 2012; Sheffi 2006, 2007; Waters 2007). 무엇보다 특히 이스라엘계 미국인 학자 요시 쉐피Yossi Sheffi의 책 『회복력 있는 기업 : 경쟁우위를 위한 취약성 극복』The Resilient Enterprise : Overcoming Vulnerability for Competitive Advantage은 경영대학원과 기업계를 단번에 사로잡았다. 그 책은 몬산토Monsanto, 루슨트Lucent, 인텔Intel, 텍사스 인스트루먼츠Texas Instruments를 비롯한 많은 초국적 기업들과 영국 정부의 후원을 받아 MIT에서 진행된 3년간의 연구 성과물이다. 그 책(그리고 그 책의 동기가 된 프로젝트)은 "강한 충격을 주는 교란"으로부터 기업이 회복할 수 있도록 돕는 것을 목적으로 삼고 있으며 2001년 세계 무역 센터와 펜타곤에 대한 공격으로 촉발되었다. 쉐피(2007, ix)는 서문에서 [이렇게] 언급한다. 그 "개념은 재료 과학에서 빌려온 것이다." 여기서 "회복력은 변형이 일어난 후 본래의 형체를 회복할 수 있는 물질의 능력을 뜻한다." 제레미 워커Jeremy Walker와 멜린다 쿠퍼(2011, 144)가 개괄했듯이, (그 자체로는 생태학적 개념인) 회복력이라는 용어는 "복잡 적응계complex adaptive systems라는 신자유주의 철학과 직관적인 이데올로기적 조화를 보이기 때문에 다양한 협치 무대를 식민화하는 데" 크게 성공했다(Davoudi and Porter 2012도 보라).

마크 더필드(2011, 761)는 회복력 담론이 전쟁과 자연과 경제를 모호하게 만드는 것은 바로 그것이 사회 세계와 자연 세계 모두를 위협받는 필수 시스템으로 제시하기 때문이라고 주장한다. 생태와 경제는 인간(과 지구의) 삶에 본질적이며 따라서 보안되어야 하는, 역동적이지만 취약한 유기적 시스템으로 나타난다. 그는 생태학자 홀링C. S. Holling의 1960년대 및 70년대 저작이 어떻게 "현대 사회가 전쟁을 위해 동원하는 방식을 자연에 반영했는지" 탐구하면서 "생태학이 전쟁을 자연화했"고 주장한다. 더필드는 "통계적으로 파생된 보험 형태를 통해 미래에 대비하는 지식과 보호를 기반으로 하는 사회적 보호라는 근대주의적 개념과의" 단절을 그린다. "…… 회복력은 미래에 대한 극단적인 불가지성과 불확실성을 긍정적으로 받아들인다." 그는 그 개념의 제국적 순환을 강조하면서 계속해서 이어간다. "유기체, 개인, 생태계, 사회 제도, 건설된 인프라, 심지어 도시 — 사실상 네트워크된 것, 진화하는 것, 즉 어떤 면에서 '살아 있는 것 같은' 모든 것 — 도 그것이 충격과 불확실성을 흡수할 수 있거나 자신의 본질적인 기능을 계속 유지하면서도 그런 충격과 관련하여 자신을 재직조할 수 있는 한 이제 회복력이 있다고 이야기된다." 회복력이 경제와 생태와 전쟁을 모호하게 하는 유동적인 형이상학이 되었지만, 이것이, 자연계의 이론이 이러한 다른 영역들을 오갔던 최초의 [개념은] 아니다. 자본은 축적을 위해 순환[유통]해야만 한다는 개념 — 자본의 바로 그 생존이 순환[유통]에 달려있다는 [개념] — 은 3장에서 보다 자세하게 검토된, 맑스의 정치경제학 비판의 기본 전제다. 맑스는 엥겔스와의 대화에서 종 경쟁에 대한 다윈의 시각은 초기 산업 자본주의를 구성했던 사회적 생산관계로부터 빌려온 것이라고 말한다(Ball 1979, 473). 또 다르게 흥미롭게 얽혀 있는 근대 지정학, 무엇보다도 특히 경쟁하는 "유기체"로서의 지정학적 국가에 대한 프리드리히 라첼의 19세기 이론은 종 경쟁에 대한 다윈의 이론에서 직접 빌려왔다(Cowen and Smith 2009). 이와 같이 서로 싸우는 국민국가들에 대한 근대 이론들은 종 경쟁에 대한 진화

이론들을 본떠 만들어졌고, 이 진화 이론들은 역사적으로 그리고 지리적으로 우발적인 자본주의적 사회관계들을 본떠 만들어졌다.

그렇지만 여기서 가장 직접적으로 중요한 것은 2차 세계대전 이후의 로지스틱스 혁명과 공급 사슬 자본주의의 부상을 가능하게 만들었던 자연과 전쟁과 무역의 뒤얽힘일 것이다. 역사적으로, 대체로 생물학에서 출현한 시스템 이론과 자연과학은 광범위한 담론적 변화에 중요한 방식으로 기여했다. 이 변화에서 1960년대 로지스틱스 혁명은 중요한 효과이자 행위자였다(1장을 보라). 20세기 중반의 로지스틱스 혁명 이후, 시스템 사고는 가장 중요하게는 환경 운동에 힘입은 생태계 개념의 부상을 통해 편재하게 되었다(Duffield 2011; Dyckhoff, Lackes, and Reese 2004). 오늘날 로지스틱스 및 공급 사슬 관리의 시스템 접근이 문제시되지 않고 자연스럽게 보일 정도로 말이다. 유기적 시스템 이론이 로지스틱스 혁명에 결정적으로 중요했지만, 2차 세계대전 동안 실행된 물적 순환의 군사적 모델과 ─ 초기의 시스템 분석을 제공했던 ─ 〈랜드 연구소〉 같은 기관의 작업에서 나타나는, 국방 조달의 폐쇄 경제에서 파생된 시스템의 군사적 개념도 결정적으로 중요했다. 이처럼 전지구적 로지스틱스 시스템의 회복력에 대한 관심은 전쟁과 무역과 비오스bios가 뒤얽힌 오랜 존재정치ontopolitics 역사의 강력한 현대편篇이다.

전쟁과 무역 속의 자연/문화에 대한 이 개입에서, 『성의 역사』 1권에 있는 생명정치에 대한 푸코의 초기 저술이 보여 주는 성[5]과 전쟁의 심대한 연관에 대한 그의 통찰은 반복할 가치가 있다. 푸코(1978, 137)[6]는 잘 알려진 것처럼 [이렇게] 쓴다. "그토록 많은 체제가 그토록 많은 사람을 죽음으로 내몰면서 그토록 많은 전쟁을 수행할 수 있었던 것은 삶과 생존의, 신체

---

5. [옮긴이] 본문의 '성'은 모두 sexuality를 옮긴 말이다.
6. [한국어판] 미셸 푸코, 『성의 역사 1』, 이규현 옮김, 나남, 2016, 156쪽.

와 인종의 관리자로서의 역할 때문이다." 전쟁의 수행과 성의 규제에서 "중요한 것은 인구라는 생물학적 실존이다." 이것들은 그가 근대 서구의 성이 인구의 생물학과 섹스의 의술의 틈새에서 형성되었다고(Sandilands and Erickson 2010, 7), 그리고 고전 시대에 출현했던 생명정치는 "신체의 경영과 삶의 계산적 관리"[7]에 의해 정의되었다고 말할 때 관심사 중 일부이다. 실제로 〈대이주〉는 전쟁의 비옥함에 대한 낙관주의를 통해 삶과 죽음의 정치에 직접 연결된다. 전쟁 – 여기서는 남부 수단의 – 의 여파에서 "당신이 발견하리라고 예상하는" 황폐함과는 반대로, 내셔널 지오그래픽은 전쟁의 창조성을 그린다. "당신은 지구상에서 가장 거대한 이주 스펙터클 중 하나를 재발견하리라고 예상하지 않을 것이다. 그러나 그것은 사실이다. 약 130만 마리의 흰귀 코브와 토피 영양 그리고 몬갈라가젤이 불과 몇 년 전에 전쟁이 파괴했던 풍경을 가로질러 열을 지어 간다. 전쟁은 끝없는 사바나에서 삶을 고갈시키는 것처럼 보였다. 그렇지만 삶을 창조하려는 욕구는 강했고 더 끈질겼으며, 전쟁과 파괴에 맞서 결국 승리했다"(Kostyal 2010, 12). 로지스틱스계뿐 아니라 동물계에서 진행 중인 것은 로지스틱스적 전쟁일 뿐 아니라 좀 더 넓게는 이동성의 보안화다. 인간 상품 순환과 비인간 동물 이주의 정치의 융합은 우리가 트랜스미디어 캠페인에서 작동하는 **서사**를 넘어, 대신 각각의 이주를 "포획"하기 위해 사용되는 **실천**과 **기술**을 고찰하면 보다 명백하게 드러난다. 여기서 우리는 인간 세계와 비인간 세계가 마케터의 암시와 각각의 상상계를 안내하는 서사의 측면에서 유사한 것만은 아니라는 것을 알게 된다 – 실제로 동일한 감시 기술이 인간/비인간 구분을 가로지르며 전개된다. 우리는 이것을 앞서 로지스틱스 노동 관리의 세계에서 논의된 신체 움직임의 추적과 관련하여 특히 적나라한 방식으로 확인한

---

7. [한국어판] 같은 책, 159쪽.

다. 로지스틱스 관리에서의 감시 기술 사용을 직접적으로 반영하는 〈대이주〉 또한 동물의 이동을 원격으로 추적하는 새로운 기술에 의지한다. 그것은 "일일 일기"라는 별명을 가진, "동물의 이동과 환경에 대해 놀라운 자료를 제공하는"(Mustain 2010) 장비를 사용한다. 본래 남아프리카의 펭귄을 추적하기 위해 개발된 그 기술은 내셔널 지오그래픽 프로그램에 의해 다른 종으로 그 사용이 확장되었다. 그 기술을 개발한 연구자는 "그것은 자족적이며 광적인 서기"라고 설명했다. "일단 동물에 부착되면 물고기든 야수든 새든 그 장비는 대량의 자료 — 시공간을 통한 동물의 미세한 움직임에서부터 그 환경의 기온과 조도에 이르는 모든 것 — 를 기록한다." 자연과학과 경영과학[관리과학]을 비슷하게 특징짓는 것처럼 보이는 감시의 황홀경을 약술하면서, 〈대이주〉의 수석 과학 고문 윌슨은 외친다. "다시 말해서 달리 방법이 없을 때 당신은 거기에 동물과 함께 — 실제로 거기에 — 있을 수 있다." 로지스틱스 노동과 비인간 동물 이주에서의 추적 기술 사용이 인간에게 영향을 끼칠 것이라는 점은 주목할 만하다. 촬영 기사 밥 풀^{Bob Poole}은 그 시리즈를 본 이후 그 시리즈가 추적 기술의 사용을 정교하게 만든다고 말한다. "당신이 밤에 자려고 누우면, 당신은 전 세계가 움직이고 있음을 알게 될 것이다. 그리고 일어나서 스치듯 날아가는 새 떼나 물고기 떼를 보면, 당신은 그저 '와 멋지다!'라고 생각하지만은 않을 것이다. 당신은 궁금하게 여길 것이다. '저 새와 물고기는 어디서 왔지? 어디로 가고 있지?'"(Mustain 2010). 윌슨은 이 언급들로 다시 돌아가서 [이렇게] 말한다. "그것은 정말로 중요하다……그 새와 물고기가 모두 함께 그렇게 하고 있다는 사실은 그 종을 살아 있게 하는 것 중 하나다." 다시 말해서 추적 기술은, 그 프로그램이 경제 순환과 직접 연관시키는 생존 문제로서 이동의 필연성이라는 특정한 상^像과 이해를 가능하게 만든다(Mustain 2010).

우리는 결코 인간이었던 적이 없다

　"이동이냐 죽음이냐"의 정치 지리와 정동 경제는 어떻게 "적시"just-in-time의 그것들과 함께 작동하는가? UPS 캠페인은 질서와 효율성에 대한 사랑이 인간 세계의 로지스틱스를 정의한다고 말한다. 이것은 경제를 가능하게 하는, 그래서 번영과 활력 그리고 삶 그 자체를 가능하게 하는 생명정치적 로지스틱스다. 그렇지만 비인간 세계를 통해 그려지는 로지스틱스는 시신정치적 생존 게임으로 나타난다. 그 에토스ethos는 **이동이냐 살해되느냐**로 전환된다. 한편에서 국경은 명백하게 그리고 의도적으로 동물뿐 아니라 화물 순환에 의해 문제화되고 횡단된다. 다른 한편에서는 새로운 종류의 경계화가 진행 중이다. 그러나 이것은 직접적인 영토적 경계라기보다는 종 경계다.

　자연의 이주에 대한 시선은 로지스틱스적 미래와 공간의 건설에 깊이 얽혀 있다. "인간 캠페인"은 중요한 로지스틱스 교훈을 제시하지만, 그것은 또한 비인간 보충물을 필요로 한다. 사라 프랭클린Sarah Franklin 외(2000, 9)가 말하듯이, 전지구적 자연과 문화 사이의 많은 접촉 또는 "차용"은 그것들의 점증하는 동형화isomorphism를 낳고 있다. 비록 그것들 [각각의] 특색이 여전히 중대하더라도 말이다. 실제로 다나 해러웨이Donna Haraway(1989, 139)가 비인간 신체의 재현을 냉전의 맥락에서 매우 설득력 있게 표현했듯이, "핵 문화에 대한 미디어와 광고 산업은 동물의 신체 ─ 전형적인 현지인과 이방인 ─ 에서 이 순수 전쟁 상태에 적합한, [그 상태를] 재확인하는 이미지들을 생산한다." 자연에 대한 시선은 사회적인 것을 직접 논의하는 것은 피하면서도 그것에 대해 적나라한 주장을 할 수 있다. 그리고 "이동이냐 죽음이냐"는 말할 수 없을 만큼 중요한 로지스틱스 공간의 에토스다. 문화를 노래하는 것에 더해 자연을 이야기함으로써 내셔널 지오그래픽과 UPS는 로지스틱스에 생물학적 명령을 부여함과 동시에 비인간 세계에 시장 논리를 주입한다. 그들은 "이동이냐 죽음이냐"의 미래를 예고한다. 여기서 순환은 사회적 선善일 뿐 아니라 삶에 필연적인 것이고, 교란은 [발생] 여부의 문제가 아니라 시기의 문제이며, 권력가는 힘에 대한 그들의 자연적인 능력 덕분에 지배하고, 경계는 정당화될 뿐 아니라 위반될 수 있으며, 군사 기구와 민간 기구 간의 구별은 두드러지지 않아서 회피될 수 있다.

〈대이주〉는 더 넓은 자연 이야기 장르에서 근래 나온 하나의 연작물이다. 그것은 비인간 수단으로 인간의 사회적인 삶과 내밀한[친밀한] 삶을 이야기한다. 이십 년도 더 전에 다나 해러웨이(1992)는 가족, 신뢰, 그리고 사랑이라는 내밀한[친밀한] 수사구를 통해 인간의 인종적·제국적 정치를 이야기하는 데 있어 내셔널 지오그래픽의 중요한 기여를 기술했다. (〈대이주〉이전에) 내셔널 지오그래픽에서 가장 인기 있었던 제작물 ― 탄자니아의 침팬지와 함께하는 제인 구달Jane Goodall의 모험 ― 에 대한 그녀의 분석은 이 백인 여성과 영장류와의 "교감"이 지닌 전지구적인 정치적 맥락을 강조한다. 가장 중요한 것은 해러웨이가 전후 아프리카 포스트 식민화 시대를 공격적인 식민적 용어로 표현하면서 이 종 간 친밀성[내밀성] 작업을 강조했다는 점이다. 핵심적인 한 장면에서 백인 여성의 손과 비인간 동물의 손의 만남은 아프리카 주체의 존재를 연출할 뿐 아니라 제거하며, (의도적으로 여성) 백인 과학자를 "자연을 대변하는" 권위자로 자리매김시킨다. 같은 글에서 해러웨이(1992, 296)는 설득력 있게 주장했다. "'자연' 속으로 여행하려는 시도는 여행자에게 그런 전치displacements의 가격을 알려주는 단체 관광이 된다 ― 사람들은 돈을 내고 자기 자신을 비추는 유령의 집을 본다." 내셔널 지오그래픽 최고 시청률 프로그램의 왕좌를 계승하는 〈대이주〉는 책의 첫 페이지에서 "미스 구달과 야생 침팬지"의 유산을 노골적으로 요구한다. 〈대이주〉는 이 1965년 프로그램과의 직접적인 관련 ― "[내셔널] 지오그래픽의 첫 번째 텔레비전 프로그램 중 하나"(Kostyal 2010) ─ 속에서 자신을 지리 지식의 진보 행진 속에서 발전된 기술 연작물로 위치시킨다. 내셔널 지오그래픽은 [내셔널 지오그래픽] 협회의 창립 멤버들은 "추측할 수만" 있었던 방식으로, 어떻게 "……이주가 지구에서의 삶이 지닌 복잡성의 핵심"인지를 개괄한다(Kostyal 2010, 19).

페미니스트 학자들은 특히 비인간에 대한 서사가 인간 사회성을 조형하는 방식들을 검토하면서 "자연" 속의 "문화"에 대한 이 결정적인 개입을 더욱 발전시켰는데(Lancaster et al. 2000; Mitman 1999 참조), 특히 〈내셔널지오그래픽협회〉에 대한 연구를 시작하면서 몇 가지 중요한 기여를 했다(Haraway 1997; Lutz and Collins 1993; Rothenberg 2007). 이 연구의 대부분은 자연적인 것과 자연에 대한 담론들이 작동하는, 깊이 인종화·젠더화·계급화되어 있고 이성애 규범적인 방식들을 강조한다. 이 연구들은 별개의 영역이나 논리 대신 강력한 효과를 가진 "변화하는 분류 과정"(Franklin et al. 2000, 1)으로 자연에 접근한다. 보다 최근의 한 문헌은 명확하게 자연의 성 정치sexual politics of nature 그리고 성의 자연 정치natural politics of sexuality와 관련하여 출현했다. "퀴어 생태학" 분야는 해러웨이 같은 학자들의 통찰에 기반을 두지만 성 규범성sexual normativity에 특별한 관심을 가지고, "자연"에 대한 관념과 공간과 실천이 어떤 행동과 정체성은 가치화하고 다른 행동과 정체성은 징벌하면서 어떻게 특정한 성적·사회적 형성물을 강요하는지 검토한다. 이 연구는 성 규범성들이 ─ 환경이든 비인간 동물이든 ─ 자연의 암시에 의해 구성되는 방식들과 주로 관련이 있다. 이 연구는 또한 특정한 성적·환경적 형성물의 "자연성"이 질문 되는 방식과 대안이 도입되는 방식에 관심이 있다. 카트리오나 샌딜랜즈(Sandilands and Erickson 2010, 4)는 "신체와 풍경을 모두 포함하는 자연에 대한 관념과 실천은 특정한 성의 생산에 위치한다. 그리고 섹스는 역사적으로 그리고 오늘날에도 특정한 자연 형성물에 위치한다"고 주장한다. 자연은 특정 형태를 초과하는 방식들로 강력하게, 담론적으로 성에 매여 있지만, 이 친밀성[내밀성]은 그 자체가 "자연적인" 것은 아니다. 자연과 성의 결합은 역사적으로 그리고 지리적으로 특유한 것이며, 또한 매우 염려스러운 것이다.

이 이야기의 대부분은 다윈의 진화론과 그 유산에 초점을 맞춘다. 샌딜랜즈는 [이렇게] 주장한다. "다윈은 진화론적 사고가 투입된 몇 가지 용도들에 당혹스러워할 것 같지만, 그의 연구의 대중화와 함께 성 정치는 점점 자연화되었다." 규범적[정상적] 섹스와 성은 기능적인 생식 능력에 의해 담보되는 이성애의 자연성과 함께 생물학적 생식으로 해석된다. 다윈의 연구와 진화론적 사고의 수용은 생식 이성애규범성뿐 아니라 과학적 인종주의까지 보다 광범위하게 제도화했다. 스펜서Herbert Spencer류의 사회 다윈주의는 인종과 사회 진화에 대한 19세기 말의 사고에 직접 영향을 끼친 "적자생존"이라는 금언을 우리에게 선사했고, 세기의 전환기에 우생학과 "인종 개량"의 정치를 예고하는 데 기여했다(Moore, Pandian, and Kosek 2003, 21). 아마도 이 정치적 논리의 생물학적 기반은 생식적 대응 ― 무엇보다 특히 인류를 "오염시키는" 신체의 불임화 ― 으로 직접 이어졌을 것이다. 미국에서 다윈의 사고의 수용은 성 질서 프로젝트임과 동시에 사회 질서 프로젝트였다. 여기서 "사회 다윈주의에 대한 논쟁은 대체로 사물의 자연 질서에 그리고 보편적 설계를 반영하는 것으로 보이는 인종과 계급과 섹스의 사회적 위계에 달려 있었다"(22). 라델 맥호터Ladelle McWhorter(2010, 75)가 상기시키듯이, "종"의 개념은 18세기 말 처음으로 과학적 의미를 획득했지만 "찰스 다윈의 연구 이후 다시 [그 의미가] 불안정해졌고" "대체로 지난 이백 년 동안 인종·성 소수자 모두에게 엄청난 해악을 끼쳤다." 동성애자와 트랜스젠더는 보통 "위험한 성도착자"로 관리되었다. 그리고 "인종 위생"과 "인종 개량" 운동의 맥락에서 그들은 사회적·의학적 폭력에 끊임없이 시달렸다

(76). "퀴어 - 피부가 검은(미개한) 사람들, 장애를 가진(결함이 있는) 사람들, 만성 질환을 가진(나약한, 저능한) 사람들 등과 같은 - 는 진화적 전위의 신체와 혈통을 더럽힐 수 있는, 그래서 호모 사피엔스의 생물학적 진보를 좌절시킬 수 있는 성도착자였다." 맥호터는 이 사람들이 "그 존재만으로도 개인뿐 아니라 종 전체에 물리적인 그리고 어쩌면 도덕적인 위협을 가하는, 문자 그대로 인간 **종의 생물학적인 적, 오염원** 그리고 **병원균**으로 간주되었다"고 주장한다(강조는 인용자의 것). 사회 다윈주의 전통과 사회 생물학이라는 특정 분야는 〈대이주〉에서 두드러지게 그리고 어쩌면 예측 가능한 방식으로 나타난다. 종의 성적 행위에 대한 생물학자 E. O. 윌슨E.O.Wilson의 묘사는 내셔널 지오그래픽 책에서 "번식의 필요"라는 제목을 단 장章을 장식한다 - 예를 들어, 생활형[8]을 단순히 생물학적 생식을 위한 도구로 바꾸어 버리는, 극단적으로 기능적인 용어들로 수컷 군대개미를 묘사한다. "날아다니는 정자 분무기"(Kostyal 2010, 114).

생식 이성애 혹은 종 전쟁의 이른바 자연성이 지닌 특징과 같은 공급 사슬 자본주의의 자연성이, 그것이 매일 대안적 신체와 방식과 형태에 가하는 폭력으로 인해 의문시될 뿐 아니라 폭로될 수 있을까? 만일 섹스와 죽음에 대한 이 "자연적" 시선이 공급 사슬 자본주의의 폭력을 **자연화하기** 위해 전개된다면, 자연의 생식에 대한 다른 개입은 어떻게 대안적인 경제 조직 형태를 비롯한 대안적인 미래상을 배양하는 데 기여할 수 있을까? 우리가 다른 용어로, 다른 **난폭한 무역**에 대한 욕망을 통해 로지스틱스에 개입할 수 있을까? "퀴어 자본주의"를 향한 노력으로 로지스틱스 공간을 교란할 수 있을까?

---

8. [옮긴이] 생물이 환경이 지닌 여러 조건의 장기적인 영향을 받아 만들어 낸 생활양식.

로지스틱스를 퀴어하기queering?

로지스틱스 공간에 대한 퀴어 개입은 어떻게 보일까? 활발한 학제 간 논쟁들은 섹스와 성의 명백한 부상을 넘어서 퀴어 이론의 사용에 최근 초점을 맞추어 왔다. "섹스 이후?: 퀴어 이론 이후의 글쓰기"에서 재닛 핼리Janet Halley와 앤드류 파커Andrew Parker(2007)는 버틀러Butler, 워너Warner, 클라인Klein, 그리고 세즈윅Sedgwick을 비롯한 퀴어 이론의 주요 인물들이 어떻게 믿음, 지정학, 그리고 정착형 식민주의의 문제를 비롯하여 겉으로 보기에는 성의 범위를 넘어서는 다양한 문제들을 다루기 시작했는지 개괄한다. 이로 인해 그들은 [이렇게] 묻는다. "성적인 것과 비성적인 것 사이의 구별이 퀴어 사고에 중요한가? 만일 그렇다면 언제, 어디서, 어떻게? 명백하게 성'에 관한' 것이 아닌 작업을 퀴어로 간주할 수 있을까?" 엘리자베스 포비넬리Elizabeth Povinelli(2007, 576)는 [이렇게] 주장한다. 성, 퀴어, 젠더 연구의 전망은 "분야명과의 근접성에 기반을 두는 사회적 관계와 동일시와 동일성의 적합성"에 있다기보다, "동일성과 동일시를 깨뜨리면서, 가독성을 공격하면서, 어떻게 이 관계와 동일성이, 사람들을 분리시켜 삶과 죽음이라는 다른 궤도에 올려놓는 더 큰 사회적 매트릭스 자체에서 유지되는지를 해명하는 정도"에 있다. 마찬가지로 피터 림브릭Peter Limbrick(2012, 104)도 퀴어성queerness에 대한 학술적 독해가 일반적으로 "텍스트에서 젠더 또는 성 또는 섹스의 비규범적 형상화의 문자적 현존에, 특히 자기동일화하는 퀴어 주체가 체화한 것들에 몰두한다"고 이야기한다. 림브릭은 아미 비야레호Amy Villarejo(2005)의 작업에 기대서, 그러한 독해는 "퀴어 이론이 규범적 국가주의와 인종화와 시간성에 대한 그리고 그것들의 성화되고 젠더화된 논리에 대한 우리의 이해를 뒤흔들 수 있는 잠재력을 갖는 방식들을 좁게 한정하거나 간과할" 수 있다고 말한다. 림브릭은 직접적인 성 영역을 훨씬 넘어서

"퀴어 행위자의 잠재력에서 증상의 병리학을 떼어 놓는" 퀴어 이론의 잠재력에 몰두한다. 이와 같이 퀴어 개입의 전망은 지배 관계들을 다르게 욕망하고 점유하여 그 관계들을 변환할 수 있는 그것의 잠재력에 있다.

이것은 성에서 벗어나는 것이 아니라 성적 욕망과 그것의 통치가 현대의 생명정치, 시신정치, 지리정치[지정학]와 깊이 뒤얽히는 방식들에 대한 심화된 개입이다. 생명정치의 언어는 흔히 우생학, 인종, 인구, 죽음, 삶, 건강, 위험, 그리고 오늘날에는 "회복력"의 언어다. 그렇지만 푸코가 상술하듯이, 생명정치는 완전히 성의 역사에 관한 것이다. 그것이 결코 이 말[성에 대한 말]을 하지 않을 지라도 말이다. 최근 눈에 띄게 퀴어 연구 대상이 확장되었을지 몰라도 – 예를 들어, 테러리스트(Puar 2005), 동물(Chen 2012), 그리고 생태(Sandilands and Erickson 2010) – 낯선 지점에서 섹스라는 이슈는 전혀 새로운 퀴어 문제가 아니다. 엘리자베스 프리먼Elizabeth Freeman(2007)은 쾌활하게 묻는다. "나의 퀴어 되기being queer란 무엇보다 예상치 못한 곳에서 섹스를 발견하고, 섹스가 있던 곳에서는 발견하지 못하고, 결국 섹스는 내가 생각했던 것이 아니었다는 것을 발견하는 일이 아니었을까?" 실제로 내밀한 동시에 하부 구조[인프라]로서의 욕망 개념은 퀴어 이론의 특징이다. 안트케 엥겔Antke Engel(2010)의 주장처럼, 퀴어 이론은 "욕망을 주체성이나 성적 실천 또는 내밀한 관계의 범주뿐 아니라, 사회적인 것 – 이것은 거시정치적인 과정과 제도를 포함한다 – 안에서 생산적인 것으로 그리고 사회적인 것을 생산하는 것으로 이해하려고 한다." 퀴어 이론은 다양하게 되풀이하면서 욕망을, 공/사 분리를 횡단하고 공간적 규모를 무너뜨리는 내밀한 것인 동시에 하부 구조[인프라]로 여긴다.

로지스틱스에 대한 퀴어 개입에 가장 직접적인 관련이 있는 것처럼 보일 수 있는 글은 깁슨-그레엄이 쓴 초기의 혁신적인 저작이다. 깁슨-그레엄은 잘 알려진 것처럼 퀴어 이론을 동원하여 자본주의를 전체화하고 보편화하는 담론들, 심지어는 급진적인 정치경제학 내의 담론들에 도전한다. 깁슨-그레엄(1996, 139)은 "경제 발전을 자본주의적 동일성의 헤게모니 장악에서 해방시키기" 위해 "자본주의적 형태학을 재고하는" 프로젝트를 주장하고 퀴어 이론을 핵심 원천으로 지목한다. 그녀는 젠더화된 그리고 성적인 메타포가 자본주의적 관계들을 기입하는 방식들에 그리고 경제를 다르게 상상하는 것의 잠재력에 관심이 있다. 이 독해에서 "퀴어 관점"은 "전지구적 상품화의 서사가 지닌 조화와 통일을 뒤흔드는 데 기여할 수 있다"(144). 이 작업은 새로운 논쟁과 프로젝트를 불러일으키는 데 있어 아주 생산적이었지만, 그러한 접근의 한계 또한 존재한다. 이 작업을 높이 사면서도 비판하는 개입에서 엥겔(2010)이 주장하듯이, "퀴어 이론이 '재주체화'의 과정, 즉 욕망의 동원과 전환, 능력의 배양, 그리고 새로운 동일시의 제작에 참여하는 정치보다는 언어의 정치와 재독해 기법으로 제시된다." 실제로 깁슨-그레엄이 제안하는 이 "새로운 경제 언어"(Engel 2010)는 주로 "퀴어"를 물질성과 정동의 문제보다는 다르게 사고하는 프로젝트로 끌어들인다. 성은 메타포 이상의 것이다. 이 퀴어 이론가들의 프로젝트가 시사하듯이, 성은 정치적·경제적 삶에 맞춰 교정되고 그 내부에 자리 잡으며, 그 하부 구조[인프라]를 생산한다. 그것은 깁슨-그레엄이 시사하는 것처럼 권력 외부로 나가는 것도 성을 해방적인 것으로 형상화하는 것도 아니다. 두건 Duggan(2003), 푸아Puar(2007), 오스윈Oswin(2008), 람블Lamble(2013), 그리고 다른 이들이 분명히 말하는 것처럼, 동성애규범성homonormativity, 동성애국가주의homonationalism, 그리고 "퀴어 시신정치"는 지구화와 감옥 국가와 제국의 생산에 주요하게 연루되어 있다. 지배 관계에 엮여 있는 것은 규범적 성뿐 아니라 많은 대안들이다. 이것은 회복력 있는 시스템의 군사적인 동시에 유기적인 담론에 대한 도전에 적합한 퀴어 개입은 퀴어하기라는 낭만을 거부하고 제국에 내재적인 것으로서 성에 접근해야만 한다는 것을 뜻한다. 자본주의와 전쟁과 규범적 성이 점점 종, 시스템, 순환, 그리고 섹스의 생명/시신정치에 의해 통치된다면, 로지스틱스 공간의 대안을 배양하는 일은 경제를 다르게 상상하는 것뿐만 아니라 (인간) 본성에 대한 다른 경제를 건설하는 것 또한 요구한다.

"새로운 물질성"에서의 최근 페미니스트 작업은 퀴어적인 것과 인간 이상의 것에 대한 개입에 의해 고무되며, 이것은 구성주의에 얽매여 있지 않다. 자연선택 및 성선택에 대한 엘리자베스 그로스(2011)의 작업은 특히 회복력에 저항하고 대안적인 페미니스트 미래상을 배양하는 데 도움이 된다. 그녀는 다윈의 작업에 대해 사물의 되기와 전환을 다르게 생각할 것을 요청했다. 이것은 많은 점에서 놀라운 움직임이다. 그것이 놀라운 이유는 적어도 다윈의 진화론적 사고의 매우 염려스러운 유산들 때문이며, 특히 그 유산들이 앞서 논의한 사회 다윈주의를 구체화했다는 점에서 그렇다. 그러나 그로스는 생존주의, 인종주의적 종 경쟁, 그리고 포괄적인 진화론적 기능주의의 정치는 다윈의 사고 그 자체의 탓이 아니라 그의 작업에 대한 제한된 – 그럼에도 불구하고 확립된 해석이 되었던 – 독해 때문이라고 말한다. 그녀는 특히 다윈의 작업에서 성선택 및 자연선택의 붕괴는 엄청난 정치적 피해를 입혔으며 그것들을 분해하는 것은 필수적이고 생산적인 정치 행동이라고 주장한다. 이렇게 하여 그녀는, 과학과 물질성에 다르게 개입하고 "이동이냐 죽음이냐" 너머로 움직이는 프로젝트의 미래를 예견하는 퀴어 이론의 통찰과 진화론적 사고의 재구성 사이에서 놀라운 공명을 발견한다.

그로스(2011, 118)는 "다윈이 성선택을 생존 전략으로 환원할 수 없다는 것을 동시대 사람들보다 그리고 그의 계승자들보다 훨씬 더 잘 이해했다"고 쓴다. 그로스에게 자연선택은 모방 – 명백하게 기능주의적이 열망을 가진 생물학적 생식[재생산] – 이다. 그러나 성선택은 다르다. 그것은 명백하거나 즉각적이거나 혹은 실천적인 기능을 갖고 있지 않다. 성선택은 초과한다. 이것이 바로 성선택에 가치를 부여하고 성선택을 **창조적 실천**으로 만드는 것이다. 그녀는 계속해서 "다윈의 성선택 개념은 자연선택으로 환원할 수 없으며 따라서 자연선택을 규제하는 적합성 혹은 생존의 원리와 비교적 무관하다"라고 말한다. 그로스(119)에 따르면 성선택에 대한 다윈의 설명은 "자연선택과는 다르며 때로는 대조적인 원리로, 성선택과 자연선택을 궁극적으로 동일한 원리의 두 가지 판본으로 이해하는 사회 다윈주의의 전통과는 완전히 대립하는 시각으로" 이해해야만 한다. 이것은 결국 "사회생물학을 지배하는 것과는 전혀 다르고 새로운 성선택에 대한 이해"를 가능하게 한다. 그로스는 "이것이 성적 차이에 대한 페미니즘, 동일성의 구속을 넘어서는 페미니즘과 좀 더 공명한다고" 주장한다. 자연선택과 성선택의 결합은 창조적 전환의 가능성을 차단하며, 새로운 것을 도입하는 차이의 잠재력을 받아들이기보다 차이를 일탈로 다룬다. 성선택은 "자연선택의 잔혹한 작동을 복잡하게 만드는 매력의 지각에 기반을 두는 취향의 차원을, 아름다움의 인식을, 그리고 선호選好의 행사를 역설한다." 성선택의 **전망**은 단순히 그것이 생식[재생산]으로부터 성의 자율성을 역설하는 방식에 있는 것이 아니다. 이것이 결정적이긴 하지만 말이다. 그로스(2011, 141)에게 성은 "일상을 스펙터클하게, 흥미롭게, 열정적으로, 활기차게 만듦으로써, 즉 다른 어떤 것을 위한 준비가 아니라 일상 그 자체를 위한, 일상이 주체의 신체에게 행하는 것을 위한 경험으로 만듦으로써 일상을 강화한다." 가장 심대한 것은, 성선택은 시스템 자신의 – 생태적, 경제적 그리고 그 이상의 – 재생산을 위해 정치적 전환을 가로막으려고 하는 시스템으로부터 창조성과 욕망의 자율성을 역설한다는 점이다. 지배 관계들에 개입하며 그 관계들을 전환하는 성적 욕망의 능력이 그러한 전망을 보유하는 것은 바로 성적 욕망이 생존주의의 정치에 매우 강력하게 포획되었기 때문이다. 성선택

(Grosz 2011, 118), 그것의 "활동적 초과"는 "생물학적·문화적 낭비의 생산, 억누를 수 없는 강화의 생산을 위한 조건이다. 이는 생존 기술 때문이 아니라 순전히 그것의 신체적 강화의 힘, 쾌락 또는 '욕망'을 자극하는 능력, 감각을 발생시키는 능력 때문이다." 전쟁을 다른 수단에 의한 정치의 연속으로 간주하는 클라우제비츠Clausewitz의 명제 ─ 근대적인 국가전과 영토전의 형성에 있어 그리고 전쟁을 언제나 소위 평화로운 국경 바깥에서 일어나는 예외적인 사건으로 개념화하는 데 있어 결정적인 역할을 한 것으로 해석되어 온 주장(Arendt 1970; Foucault 1977, 1997; Hardt and Negri 2000, 2004) ─ 를 직접 다루면서 그로스(2011, 76)는 명랑하게 주장한다. "예술은 정치의 반테제가 아니라, 다른 수단으로 계속되는 정치다." 클라우제비츠의 명제를 뒤집어 정치를 다른 수단에 의한 전쟁의 연속으로 상정하는 푸코(〔1997〕 2003, 16)[9]는 국가 공간 내에서의 사회적 전쟁의 일소에 그리고 국민국가의 소위 평화로운 정치의 폭력에 저항한다. 대신 그는, 권력은 "주어진 역사적 시기에 전쟁 속에서 그리고 전쟁을 통해서 확립된 힘 관계"에 의해 조직되며 근대 정치는 전쟁에서 작동하는 폭력을 "승인하고 재생산한다"고 주장한다. 푸코가 우리의 현재의 역사적 폭력을 되찾아내는 것을 목표로 삼는다면, 그로스는 성선택을 되찾는 것이 미래 정치를 조직하는 예술적 실천의 장소에 대한 요구라고 주장한다.

다른 "난폭한 무역"을 욕망하기

페미니스트 학자 앤 맥클린톡Anne McClintock(1993)은 이십년 전에 쓴

---

9. 〔한국어판〕 미셸 푸코, 『"사회를 보호해야 한다"』, 김상운 옮김, 난장, 2015, 34~35쪽.

대담하고 통찰력 있는 논문에서 BDSM[10] 놀이(결박, 훈육, 지배, 굴복, 가학증, 피학증)의 퀴어적 힘에 개입한다. BDSM의 수행과 역할과 의상을 실제적인 폭력 및 불평등을 향한 욕망과 확고한 불평등의 축자역逐字譯으로 해석하는 BDSM 해석과는 반대로, 맥클린톡은 그것의 초월적transgressive 잠재력을 부각한다. 그녀는 [이렇게] 쓴다. "S/M[가학증/피학증]은 권력의 기호들이 지닌 자연적인 합법성을 거부하기 위해 그 기호들을 조작한다." 난폭한 무역이라는 용어가 대중문화와 성적 은어에서 이미 무수히 많은 방식으로 작동한다는 것 자체가[11] 권력과 그 기호의 조직화에 대한 일종의 퀴어 개입을 암시한다. 사물을 다르게 그리고 욕망을 가지고 받아들임으로써 사물의 본성을 거부하는 것이 바로 BDSM 놀이와 문화의 힘이다. 맥클린톡(1993, 91)에 따르면, BDSM은 "운명도 신도 아닌 사회적 관습과 발명에 의해 승인되며, 따라서 역사적 변화에 열려 있는, 우발적이며 또한 구성적인 사회적 힘을 수행한다." BDSM은 "권력의 관습에 대한 노예적 복종을 과시하는 것처럼 보이지"만, 맥클린톡은 "반대로" 그것은 "의상과 장면을 과장하여 강조하면서" "대본대로 따라서 영구적인 변화를 겪으며 사회적 힘을 수행한다"고 주장한다(89; 강조는 원문의 것). 따라서 BDSM은 "전환의 극장"으로서 "…… 그것이 빌려오는 사회적 의미를 뒤집고 변형한다." 영구 축적에 입각한 효율적인 전쟁의 명령으로부터 자신을 떼어 놓는 성선택의 재형상화의 전망, 따라서 욕망의 재형상화의 전망 또한 로지스틱스 공간의 시대에 의미심장하다. 이와 같이 BDSM은 로지스틱스 공간의 대항 지도제작을 구축하기 위한 일종의 퀴어적 방법을 제공할 수도 있다. 지정학적 경제 권력을 대본화하는 로지스틱스 지도와 계획 들에 개입하면

---

10. [옮긴이] BDSM은 결박(bondage), 훈육(discipline), 지배(dominance), 굴복(submission), 가학증(sadism), 피학증(masochism)을 포함하는 역할극이나 성적 행위를 말한다.
11. [옮긴이] 서문 각주 4번을 참조하라.

서 나는 그것들의 구성적 투쟁과 폭력을 부각하고 이것 역시 변화를 겪는 다고 주장한다.

아주 다른 시간에 대해 글을 쓰고 다른 이론적 얼개를 동원하는 피터 라인보우Peter Linebaugh와 마커스 레디커Marcus Rediker(2001, 6)[12]는 초기 대 서양 제국주의의 지리 역시, 광대한 공간적 네트워크를 가로지르는 놀라운 연결의 살의 출현에 뼈대를 제공했던 믿기 힘든 방식들을 기술한다. 바로 조직화된 제국의 폭력이 공간적으로 분산된 사회적 질서들을 잡다한 지배 관계들 ― 착취, 노예 제도, 감금, 혼란, 디아스포라 ― 속으로 던져 넣었기 때문 에 그것은 또한 사람들을 다른 관계로 데려갔다. 이 관계들은 보장 없이 심 지어는 의도 없이 이따금씩 창조적 연대를 생산한다. "선원, 수로 안내원, 중 범죄자, 연인, 번역가, 음악가, 모든 종류의 이동 노동자 들은 새롭고 예기치 못한 연결을 만들었다." 그들은 [이렇게] 쓴다. "이것은 다양하게 즉, 우연한 것으로, 우발적인 것으로, 일시적인 것으로, 심지어는 기적적인 것으로 보였 다." 지배 관계들의 폭력적인 하부 구조[인프라]를 통해 구축된 연결들은 대 안적 미래상들의 결합 조직connective tissues이 될지도 모른다. 그 연결들을 다르게 점유한다면 말이다.

2013년에 낭만을 배제한 글을 쓰면서, 로지스틱스 공간에 대응하거나 그것을 겨냥하는 일이 최근 몇 년 사이 전 세계에서 출현했던 운동과 행동 을 회피하기란 불가능하다. 이것들 중의 일부 ― 아랍의 봄, 점거 운동, 소위 소말리아 해적, 로지스틱스 노동 행동의 전지구적 물결, 새로운 강탈에 대한 원 주민의 저항 ― 는 3장과 4장 그리고 5장에서 다루었다. 그 운동과 행동들은 단순히 공급 사슬에 관한 문제들로 환원될 수 없는 매우 다양한 요구들을 하지만, 이 책은 로지스틱스 공간의 배치가 어떻게 정치경제뿐만 아니라 국

---

12. [한국어판] 피터 라인보우·마커스 레디커, 『히드라』, 정남영·손지태 옮김, 갈무리, 2008, 17쪽.

제법과 도시 공간의 그리고 이 모든 것들과 전쟁과의 관계의 정교한 재구성을 수반하는지 탐구했다. 마치 머리가 여러 개 달린 히드라처럼, 겉으로 보기에는 이질적인 이 운동들의 삶들은 로지스틱스 공간 인프라를 통해 연결된다. 투쟁의 전략과 전술과 로지스틱스에서의 심대한 차이들 그리고 이 집단들 사이에 정말로 실재하는 (사회적·공간적) 거리와 함께, 구성원들 간의 교환도, 조직가와 이벤트와 아이디어 들의 겹침도 때때로 존재했다. 이것은 로지스틱스 공간의 다른 점유[점거와 조직화의 잠재력을 가리킨다.

이런 의미에서 우리는 자스비르 푸아(2005, 126)를 따라 "주로 연구의 주제들을 퀴어하기보다는 연구의 주제들이 자신의 모든 퀴어성 속에서 나타나도록 고무"할 수도 있을 것이다. 북미의 〈방관은 이제 그만〉[13] 운동 네트워크를 통해 소셜 미디어에서 유통된 〈그림 41〉의 이미지는 그러한 잠재력의 완곡한 상징일지도 모른다. 가이 포크스Guy Fawkes 가면을 쓴 북미의 원주민 전사는 "로지스틱스"라고 소리치지는 않는다. 그러나 이것은 난폭한 무역의 완벽한 퀴어적 형상일지도 모른다. 미국 서부 변경의 서사에 늘 따라다니는 것은 (가면보다는) 이러한 "인디언" 이미지다. 유럽 제국주의의 절정기에 해양 상업을 괴롭혔던 해적들처럼, 서쪽으로 식민지 여정을 떠난 역마차를 공격했던 인디언들은 그 시대를 규정하게 되었다. 이와 같이 전투 복장을 완전히 갖춘 인디언은, 명백히 군사적일 뿐 아니라 일상적으로 식민적 외관을 띠는 식민지 공급선의 역사에 대한 강한 상징이다. 그러나 가이 포크스 가면이라는 부가 요소는 이 이미지를 완전히 새로운 방식으로 중대하게 만든다. 그 가면 ─ 점거 운동과 관련을 갖게 된 하나의 상징 ─ 은 강한 아이러니를 암시한다. 원주민 전사는 실제로 다시 "점거하는" 것으로 이해

---

13. [옮긴이] Idle No More. 원주민을 중심으로 2012년 말 캐나다에서 시작된 운동. 캐나다 정부가 대형 광산들의 추가 인허가, 송유관 사업 등을 위해 환경 규제 완화를 대대적으로 시행함에 따라 이에 대항하기 위해 시작되었다.

〈그림 41〉 〈방관은 이제 그만〉 봉기 동안 소셜 미디어에서 유통된, 가이 포크스 가면을 쓴 원주민 전사의 이미지

될 수밖에 없기 때문이다. 스튜어트 엘든(2013)이 주장하듯이, 그 가면은 상표 등록이 된 할리우드 상징으로 출현했기 때문에 그 가면은 또한 "자본주의에 대항하는 자본주의의 도구의 사용"을 부각한다. "이것은 그 저항

에서 가장 두드러지는 요소 중 하나다." 이 이미지와 그것이 출현했던 운동
은 대략 살펴 알 수 있는 것보다 좀 더 단단히 로지스틱스 공간에 매여 있
다 ─ 특히 그들의 행동 목표물(철도 선로, 항구, 로지스틱스 도시 같은 순
환 시스템)에서 그리고 "권력의 관습"을 재활용하는 "퀴어" 놀이를 통해서
[말이다](McClintock 1993). 바로 이 이미지의 가능성이 반대와 대안의 이
심대한 순환에 대해 이야기한다. 아마도 가장 주목할 만한 것은, 그 이미지
가 난폭한 무역의 로지스틱스 공간을 특징짓는 다양한 네트워크를 가로지
르는 역설적인 동맹의 심대한 잠재력을 포착한다는 점이다.

동일한 억압의 인프라들이 그것들의 전환을 위해 창조적으로 재사용
될 수도 있다는 점은 전지구적 순환의 시대에 행동주의가 지닌 특징이다.
주인의 집을 잠재적으로 재구성할 수 있는 억압의 도구들의 능력은 인터넷
이라는 복합적인 삶에서 가장 쉽게 나타나는지도 모른다. 인터넷은 통제뿐
아니라 저항의 네트워크로 널리 알려져 있다. 인터넷은 단지 로지스틱스 공
간과 그것의 대규모 정보 흐름, 실시간 재고, GPS 감시 도구의 결정적 기술
인 것만은 아니다. 인터넷은 로지스틱스 시스템의 "물리적 인터넷"에 대한
매력적인 메타포를 제공한다. 실제로 〈세계은행〉(Arvis et al. 2007, 3)은 "물
리적 인터넷"에 대한 국가의 연결성의 정도가 "빠르게 국가 경쟁력의 핵심
결정 요인이 되고 있다"고 주장한다. 『이코노미스트』(2006)도 이 용어를 동
원하면서, 전지구적 로지스틱스 시스템의 "물리적 인터넷"은 "광대한 새 시
장에 대한 접근"을 가져다주며 이것은 약한 연결만을 가진 이들의 배제 증
대와는 대비된다고 주장한다. 공급 사슬의 실제 물질 공간에 대한 메타포
로서 인터넷이라는 가상공간의 사용은 매력적이고 아이러니하다. 그것은
한편으로는 로지스틱스 흐름과 물리적·정보적 인프라 사이에 그리고 다른
한편으로는 인터넷과 물리적·정보적 인프라 사이에 식별 가능한 구별을
상정하며 따라서 "물리적 인터넷"의 공간성으로부터 자율적인, 인터넷에 우

선하며 고정된 어떤 공간성이 존재할 수 있다고 상정한다. 그러나 인터넷이 사람들과 운동들을 예속시키면서도 연결한다면 "물리적 인터넷" 역시 그렇다. 역설적으로 대개는 좀 더 물질적이고 덜 가시적인 방식들로 말이다. 로지스틱스의 순환 네트워크는 소비자와 생산자를 연결한다. 또한 그 구별에 도전하면서 말이다. 공급 사슬은 광대한 거리를 가로지르며 사람들을 연결하고 공통재commons를 위한 네트워크된 "지반"을 제공한다. 이것이 다르게 행해지는 로지스틱스 공간의 잠재력이다.

오늘날 많은 국가들에서 하듯이 전지구적 무역의 보호를 국가 안보[보안]의 기둥으로 포함하는 움직임은, 기업이 관리하고 관국가적으로 네트워크된 삶의 방식을 재생산하는 데 있어 무역이 행하는 중심적 역할에서 기인한다. 그렇지만 삶의 보호에 이르는 길로서 경제의 보호가 삶의 보호로서 경제의 보호 자체로 대체되는 곳에서 어긋남이 발생한다. 아론 윌더브스키Aaron Wildavsky는 1966년에 쓴 글에서 비용-편익 분석과 시스템 분석 그리고 프로젝트 예산 편성에서 그가 발견한 "정치에 대한 경제의 침해"를 설득력 있게 비판한다. 그는 경제가經濟家가 "시장 외부에 있는 결정 기구에 대해 아무런 전문 지식이나 특별한 관심이 없"지만 "정치 시스템의 핵심부에 대해 효율성을 추구한다"고 말한다. 윌더브스키는 목표가 효율성으로 대체되는 것에서 그리고 수단과 목적의 상대화에서 위험을 발견한다. 그러나 "테크네"techné의 성장, 수단과 목적의 결합, 로지스틱스와 전략의 결합은 바로 비즈니스 로지스틱스의 성취다. 정확히 40년 후, 웬디 브라운Wendy Brown(2006, 693)은 "신자유주의 합리성은 단순히 경제적인 것이 다른 영역으로 누출된 결과가 아니라 시장 합리성의 특정 형태가 이들 영역에 노골적으로 부과된 결과다"라고 말한다. 보안의 문제로 공급을 통치하는 움직임은 그것을 정치적 논쟁의 영역에서 제거하기 위해 — 경제를 정책으로 만들기 위해 — 더 나아간 시도이다.

따라서 교란은 아주 정치적인 전술이다 ─ 예를 들어, 캘리포니아의 항구에서 더 높은 생산성의 요구와 관련된 부두에서의 생생한 죽음에 저항하는 노동자들의 [전술] 또는 아덴 만에 유독성 폐기물을 버리는 유럽인과 싸우는 소말리아 해적들의 [전술이다]. 이 이질적인 집단들과 다른 많은 집단들은, 효율적인 전지구적 무역의 폭력에 의해 고무되는 복잡한 사회 세계를 감추는 공급 보안에 대한 위협으로 통치된다. 이처럼 시스템의 실패로부터 로지스틱스를 보호하는 것을 둘러싼 기술적인, 심지어는 기술관료적인 논쟁에는 엄청난 이해관계가 존재한다.

로지스틱스는 분명 군사술과 경영학으로서의 오랜 역사를 갖고 있으며 시장력과 군사력 모두 그 분야를 전환하는 데 있어 결정적이었다. 그렇지만 이 행위자들[만]이 그 영역을 망라하는 것은 아니다. 최근 로지스틱스는 더 넓은 범위의 행위자들 ─ 가장 두드러지는 것으로는 비상 대응, 인도주

〈그림 42〉 "로지스틱스를 점거하라", 토론토, 캐나다, 2011. 출처 : 저자 촬영.

의적 지원, 조직된 노동, 그리고 심지어는 저항 운동 ― 에게 많은 형태의 복잡한 시스템과 운영의 관리에 있어 중요한 것이 되었다. 로지스틱스 관리는 매우 빈번하게 인도주의적 지원을 위해 동원되며, 이제는 많은 기관과 교과서 그리고 2011년 이후부터는 심지어 전적으로 그 주제를 다루는 전문 저널까지 있을 정도다. 노동 운동은 **사회적으로 정의로운 공급 사슬**을 다시 생각하기 위해 학자들과 협력하여 캘리포니아에 로지스틱스 싱크탱크를 만들었다. 보다 최근의 점거 운동뿐 아니라 G8과 G20 회의에 항의하는 이들과 같은 활동가 세계에서 로지스틱스는 결정적인 자원이 되었다.

로지스틱스는 그것의 군사적이고 제국적이며 보다 최근에는 기업적인 과거에 사로잡혀 있는 것 이상이다. 교육 프로그램, 전문 협회, 제도적인 전문 지식, 그리고 그것의 주된 전개 장소에서, 기업적·군사적 인력과 방법은 지배적이다. 로지스틱스는 또한 생명정치적, 시신정치적, 그리고 반정치적 순환의 신자유주의적 형태들을 추동하며 여기에는 비용-편익 분석과 시장 효율성의 상정이 그 기본 기법에 새겨져 있다. 그럼에도 불구하고 목적과 수단이 모두 중요한 물질생활의 문제를 조직하는 "방법"을 위한 기법으로서의 로지스틱스에 대한 요구가 다른 장소에서 출현하고 있다.

:: 감사의 글

이 책은 오랜 시간의 배움과 많은 사람들의 가르침의 조각이다. 여느 조각처럼, 이 책은 거친 구석과 허술한 점, 미숙한 결핍으로 이루어져 있다. 영감을 주는 많은 이들의 너그러운 관여는 내가 여기서 제시하는 것을 넘어서는 복잡성을 나타내며 글을 접고 출간을 거부하고 싶은 생각이 들게 한다. 내가 나의 첫 번째 책의 교정쇄를 걱정스럽게 검토하는 박사후연구원이었을 때 나와 나누었던 팀 미첼의 말은 언제나 도움이 되었다. 그는 그 책을 단순하게 (그리고 공간적으로) 자취를 남기는 빵가루 더미로 여기라고 나를 격려했다. 그래서 나는 이 책이 동료와 친구들에게 유용한 경로를 그려 주기를 기대하면서 이 책을 내놓는다.

그러나 나는 아주 많은 도움을 받았다! 믿을 수 없을 만큼 폭력적인 세계에서, 나는 운 좋게도 아름답게 양육하는 환경에 있었다. 무엇보다 나는 오랫동안 〈국제항운노조〉 캐나다 지부장으로 있는 톰 뒤프렌에게 감사해야 한다. 그는 나에게 현대 자본주의의 물질성과 초이동성hypermobility에 대한 귀중한 가르침을 주었을 뿐 아니라 나를 신뢰하였고 동지라고 불렀다. 톰과 〈국제항운노조〉는 나를 전 세계 항구의 용기 있는 사람들에게 소개해 주었고 그들은 나와 아주 많은 것을 공유했다. 특히 로브 애시턴, 맨디 찬, 린다 맥스웰, 글렌 애드워즈, 자일멘 시드호, 스티브 나즈비, 크리스 베어벡, 팀 파렐, 팀 풋맨, 피터 라헤이, 리노 보치, 루이사 그라츠, 피터 페이턴, 피터 올니, 테리 엥글러, 신시아 브룩, 폴 우팔, 그리고 딘 서머스 동지에게 감사드린다.

항만 노동자들이 나에게 그들의 세계에 대해 그리고 그 세계가 어떻게 전지구적 풍경과 생활을 바꾸고 있는지 알려 주었다면, 비타협적인 학자들은 내가 이 전환들의 함의와 효과에 대해 주의 깊게 그리고 광범위하게 사고하도록 독려했다. 이 영역 — 운수 노동과 보안 — 에 대한 나의 초기 연구는 내가 레아 보스코와 함께 요크 대학교에서 박사후연구원으로 일하던 중에 시작되었다. 나는 그녀와 그녀의 팀이 보여 준 멈추지 않는 도전과 지지와 관심에 감사드린다. 나는 팀 미첼과 뉴욕대학교의 국제 고등연구센터에서 열린 멋진 세미나 "사회적인 것을 다시 생각하기"에 대해서도 깊이 감사드린다. 이 책의 아이디어는 거기에서 생겨났다. 이 그룹 — 특히 미리암 틱틴, 제인 앤더슨, 줄리아 엘리야차, 알론드라 넬슨, 페기 소머즈, 엘라 쇼핫, 매이머나 허크, 톰 벤더, 앤디 레이코프, 셔린 세이컬리, 크리스 오터, 다이애나 윤과 다른 이들 — 과의 1년간의 대화는 정말 즐거웠고 내가 어디를 가든 일구고 싶은 관대하고 도전적인 집합성의 경험을 제공했다.

아주 많은 이들이 내가 아는 것과 내가 아는 방식을 바꾸어 놓았다. 그러나 이 프로젝트에서 가장 중요한 미미 셀러에게 감사드린다. 연구와 그 이상의 것에 영감을 주는 미미는 상이한 단계에 있는 원고를 참을성 있게 읽어 주었고 그녀의 통찰력 있고 자극을 주는 논평들에 응답하려는 나의 시도들에 대해 한층 더 인내심을 발휘해 주었다. 나는 해적 행위와 난폭한 무역의 문제를 다루는 동안 바비 노블과 유익한 대화를 나누었다. 자신의 탁월함을 공유해 준 그에게 감사드린다. 버클리에서 열린 문화 및 군사주의 학부 세미나에 초대해 준 놀라운 카렌 카플란과 인더팔 그리월 그리고 미누 모알렘에게 너무나 감사드린다. 그리고 이후에도 대화를 이어갔던 UC 학자들의 경이적인 그룹에도, 특히 제니퍼 테리, 피터 림브릭, 토비 보샹에게 감사드린다. 2년 동안 진행한 이 작업의 일부를 발표했던 아일랜드 국립 대학교의 존 모리세이, 안나 스탠리, 울프 스트로메이어에게 감사드린다. 아일랜드 국립 대학교에서 나는 믹 딜런과 그다음에는 마크 더필드와 만나고 그들에게서 배울 수 있어 기뻤다. 이들은 놀라운 배려와 관대함으로 나의 작업에 관여했다. 나는 스티브 그레이엄, 마크 솔터, 브론 웨어, 재닌 브로디, 프랑수아 데브릭스, 데렉 그레고리, 게빈 스미스, 스티븐 콜리어, 마리아나 발베르데, 스튜어트 엘든, 나탈리 오스윈, 메리 토마스, 닉 하이넨, 멜리사 라이트, 루이즈 아무르, 제니퍼 리질리, 마이클 버클리, 피터 그래턴, 타일러 월, 맷 콜만, 요엘 웨인라이트, 스콧 프루드함, 애너 잘리크, 진 해리타원, 데이빗 맥낼리, 레오 패니취, 쉬라즈 모자브, 로렌 벌랜트, 리타 무라드, 데이빗 그롱당, 사라 쿠프만, 크레이그 길모어, 래리 코왈축, 데이비드 밀러, 하이디 네스트, 막스 라모, 엘리자베스 크나포, 졸탄 글뤽, 조프만, 데바뉴 다스굽타, 로렐 메이, 엘리자베스 시빌리아, 로렌 피어슨, 엘리자 달링, 줄리안 브래쉬, 헥터 아그레다 리베라, 마장 라번, 제시카 밀러, 말라브 카누가, 스티브 터프츠, 메리-조 네이도, 신시아 라이트, 존 에일즈, 리처드 해리스, 수잔 밀즈, 주아니타 선드버그, 에이미 캐플란, 엠마 소머즈, 론 스투버, 로스 존스톤, 에이미 시칠리아노, 타니아 리, 제네비브 르바론, 나타샤 마이어스, 그리고 언제나 엔긴 아씬에게 빚을 지고 있다.

나는 토론토와 그 주변의 많은 주민들에게 감사드린다. 바네사 팔레트는 [출판] 과정의 막바지에 서지 정리와 편집에서 많은 도움을 주었다. 데이비드 자이츠, 데이비드 로버츠, 조단 헤일은 귀중한 연구 보조를 해 주었다. 나는 토론토 대학교에 너무나 놀라운 커뮤니티가 있어 행복하다. 에밀리 길버트, 주디 한, 브렛 스토리, 케이티 메이저, 알렉시스 미첼, 마틴 대너럭, 데브라 포고렐스키, 니모이 루이스, 리아 프레드릭센, 카니슈카 구니와디나, 태미 조지, 샤이스타 파텔, 맷 패리쉬, 라지야슈리 레디, 실라 투, 칼라 클라센, 수 루드릭, J.P. 카툰갈, 제프 다나카, 로렌 애쉬, 제시카 빌착, 마야 아이흘러, 코너 파이온, 쉬리 파스테르나크, 소니아 그랜트, 나디아 헤더, 스콧 프루드함, 레이첼 실베이, 리사 프리만, 디나 조지스, 제니퍼 전, 아메드 알

라왈라, 마틴 오거스트, 찰스 레브코, 로렌 애쉬, 캐서린 라킨, 미쉘 머피, 리스 막홀드, 수 번스, 알리사 트로츠, 그리고 셔린 래재크에게 감사드린다. 캐나다 국립 영화위원회의 협력자들 ― 캣 치젝, 파라미타 나스, 마리아-사로자 푸남보람, 헤더 프라이즈, 카스 가디너, 게리 플래히브, 그리고 토론토 대학교의 에밀리 파라디 ― 에게 감사드린다. 이들은 말로 다 할 수 없는 영감을 주었고 나의 혼란스러운 초점에 인내심을 발휘해 주었다.

캐나다 사회과학 및 인문학 연구위원회는 두 가지 중요한 방식으로 이 작업을 지원했다. 첫째는 박사후과정 연구 장학금이고 다음은 표준 연구 보조금이다.

이 작업에서 닐 스미스의 존재를 또는 나의 삶에서 그의 부재를 어떻게 인정할지 알기란 불가능한 일이다. 사실 난 이 책을 엄청난 상실의 시기에 완성했다. 그렇지만 놀라운 지원이 나를 에워쌌다. 난 데이비드 하비에게 가장 깊은 감사의 뜻을 전한다. 내가 깊은 슬픔에 빠져 있었을 때, 그는 마음을 터놓고 내가 나 자신을 용서할 수 있도록 도움을 주었고 그 후 이 책을 완성하라고 말해 주었다. 루디 길모어는 언제나 정치적으로 그리고 지적으로 영감을 주지만 지난 16개월 동안 그녀의 연대는 친밀했고 예술적이었다. 나는 그녀에 대한 감사의 마음을 영원히 간직하고 있다. 난 랜디 카파셰짓이 그립다. 그는 영감을 주는 교사였고, 변화하는 형태에도 불구하고 계속되는 제국주의의 존속을 내가 이해하는 데 도움을 주었다. 난 그의 반려자 도나 아샤목을 알게 되어 행복하다. 그리고 우리 각자가 새로운 세계를 항해할 때 그녀의 강인함에서 배울 수 있어 행복하다. 돈 미첼은 내가 깊이 존경하는 사람에서 웃음을 만드는 사람으로 바뀌었다. 신디 캐츠는 정말 놀랍다. 레아, 레슬리, 노아, 마일즈, 로버트, 오드리 코웬, 주디 로우, 트로이 케텔라, 로빈 맥킨리, 그리고 자크 파리에게 늘 감사하다. 우즈마 샤키르와 제인 패로우는 내가 위선에 무자비하도록, 정치적으로 용기 있도록, 그리고 열심히 사랑하도록 자극을 주었다. 캐리 그레이에게 갖는 감사의 마음은 광대하다.

로지스틱스라는 용어는 익숙하지는 않지만 우리 주변에서 쉽게 발견할 수 있다. 아마도 오늘날에는 매일 도로를 오가는 트럭에서 가장 흔하게 찾을 수 있을지도 모른다. 우리가 스마트폰으로 주문한 상품들은 로지스틱스라는 단어가 차량 어딘가에 쓰인 택배 트럭에 실려 현관 앞에 놓인다. 우리의 삶의 재생산이 상품의 소비를 빼놓고서는 유지될 수 없고, 그 소비가 전적으로 그러한 트럭의 운송에 기대고 있다면, 우리의 삶은 로지스틱스에 매우 의존하고 있다고 말할 수 있을 것이다. 그러나 그 순간에도 로지스틱스는 아주 순수하게 기술적인 문제로만 인식된다. 물건을 실어서 옮기는 것에 관한 기술적 문제. 사실 이러한 인식은 로지스틱스에 대한 지배적인 담론을 관통한다. 그러나 저자가 말하듯이 로지스틱스는 단순히 유통에 대한 이야기가 아니며, 그것을 제목으로 삼은 이 책 역시 그렇다.

저자는 "사물의 순환을 가능하게 만드는 인프라와 기술, 공간, 노동자 그리고 폭력의 전체 네트워크는 소비자로서만 로지스틱스에 관여하는 사람들의 시야 밖에 숨겨진 채로 있다"고 말하면서 이 책을 통해 우리를 비가시성의 영역으로 데려간다. 그곳은 (사람이 아니라) 사물과 그것의 순환을 가능하게 하는 핵심 시스템이 시민권을 획득하는 전지구적인 사회적 공장이다. 이 공장의 핵심 과제는 사물을 안전하게 그리고 빠르게 이동시키기 위해 공급 사슬이라 불리는 로지스틱스 공간을 보안하는 것이다. 여기서 보호의 대상은 어떤 경우에라도 "인간의 삶이 아니라 순환 시스템 자체"다. 이 순환 시스템의 무역 흐름은―내셔널 지오그래픽의 〈대이주〉가 부각하는―자연 법칙과도 같은 것으로 격상되어 사물의 순환에 장애가 될 수 있는 어떤 것도 삶 자체에 대한 위협으로 간주된다. 그에 따라 그러한 교란, 즉 위협은 관리되고 통제되고 심지어는 제거될 수 있다(본문에서 언급되는 소말리아 폭격은 대표적인 사례다). 이 과정에서 로지스틱스는 ― 우리에게 익숙한 ― 민간화된 물류가 아니라 병참술이라는 자신의 역사성, 즉 군사적 형태를 노골적으로 드러낸다. 그렇기 때문에 저자는 경제의 군사화 혹은 전쟁의 민영화를 넘어서 민간과 군사의 개념적 분리 자체를 문제 삼는다. 이를 통해 저자는 온라인으로 물건을 주문하고 소비하는 평화로운 우리의 민간적 일상이 전쟁이 사라진 곳에서 이루어지는 것이 아니라 로지스틱스라는 비즈니스-군사술에 기대고 있음을, 그리고 그에 따라 전장이 된 삶 자체를 보여 준다. 그러나 저자가 보여 주는 것은 로지스틱스의 폭력에 그치지 않는다. 저자는 "동일한 억압의 인프라들이 그것들의 전환을 위해 창조적으로 재사용될 수도 있"음을 강조하면서 공급 사슬이 "광대한 거리를 가로지르며 사람들을 연결하고 공통재commons를 위한 네트워크된 "지반"을 제공"한다고 주장한다. 로지스틱스가 무엇보다 '연결'에 대한 것이라면 분명 그것은 사람들이 서로를 다르게 연결하기 위해 재전유될 수 있을지도 모른다. 이것은 단지 논리적인 사고가 아니라 로지스틱스와 무역의 폭력에 개입하고 저항하는 수많은 이들의 행동으로 조금씩 실체화될 것이다. 저자는 그러한 행동들에 기반하여 다른 로지스틱스를 전망하는 것으로 긴 논의를 마무리한다.

사실 저자의 주장을 너무나도 간략하게 소개한 이런 이야기는 불필요할지도 모른다. 저자가 이미 서문에 많은 분량을 할애하여 책 전체에서 다루는 주제들을 상세하게 해설하고 있기 때문이다. 다만 여기서는 로지스틱스를 떠올릴 때면 일반적으로 나타나는 사고 ― 유통의 기술적 문제라는 인식 ― 의 자동화를 교란하고자 했을 뿐이다.

본문에서 수없이 등장하는 배와 항로라는 단어를 볼 때마다 세월호라는 배와 그 배가 지금까지 그려온 궤적을 떠올리지 않을 수 없었다. 공급사슬 보안에서 무엇보다 중요한 보호의 대상이 인간의 삶이 아니라 순환 시스템이라면, 세월호라는 사건에서는 어떠했을까? 사건 초기에 국가의 모든 역량은 생명의 구조가 아니라 사고에 대처하는 자신의 모습을 부풀리는 데 집중되어 있었다. 마치 엄청난 구조 작전이 벌어지는 것처럼 보도되었던 초기의 정황들은 국가가 가장 시급하게 구원하고자 했던 대상이 수면 아래에 있는 생명이 아니라 자기 자신이었음을 보여 주었다. 이것은 저자가 주장하는 통치상의 변화, 즉 국가 영토와 인구의 안전[보안]에서 사물의 순환의 보안으로 옮겨 가는 변화의 일면을 드러낸다. 세월호는 국가의 관심이 인구의 안전에 있지 않다는 것을 참혹하게 보여 주었다. 그 관심은 어디로 향해 있는가? 최근 몇 달 사이 불거진 사태를 통해 이 국가 시스템이 그리고 그것이 대변한다고 여겨지는 공적인 것이, 몇몇 기업으로 대표되는 사적인 것을 보완하는 역할에 불과하다는 것이 적나라하게 드러나고 있다. 국가의 관심은 사물의 순환, 다시 말해 자본의 순환에 있다. 그러므로 저자가 민간과 군사의 개념적 분리를 문제 삼은 것처럼 우리는 사적인 것과 공적인 것의 개념적 분리 역시 의문에 부쳐야 할 것이다. 공적인 것이 오로지 자본의 순환을 위해 복무하는 동안 그 순환에 대한 우리의 모든 개입은 악마화되었고, 우리의 삶은 지옥(헬) 같은 전장이 되었다. 공적인 것은 더 이상 우리가 의지할 수 있는 지반이 아니다. 우리는 무엇에 기대서 다른 삶을 전망할 수 있을까? 여기서 저자의 다른 무역에 대한 전망이 하나의 참고점이 될 수 있기를 기대한다.

본래 약속했던 마감 기한을 훌쩍 넘겨 버렸다. 기다려 주신, 그리고 흥미로운 책을 옮길 기회를 주신 갈무리 식구들에게, 원고를 함께 검토해 주신 프리뷰어분들에게 감사드린다. 육아를 하면 시간에 쫓기는 삶을 살게된다. 쉽지 않을 어린이집 생활에 적응하며 시간을 선물해 준 딸에게, 바쁜 와중에도 시간이 날 때면 육아를 맡아 – 지금 이 시간에도 – 나에게 그 시간을 내어 준 썬에게 감사의 마음을 전한다.

2017년 1월
권범철

:: 참고 문헌

AADNC (Aboriginal Affairs and Northern Development Canada). 2007. "Welcoming Ceremony at the Royal BC Museum — Tsawwassen Treaty." http://www.aadnc-aandc.gc.ca/aiarch/mr/spch/2007/bcm-eng.asp.

Abeyratne, Ruwantissa. 2010. "Managing the Twenty-First Century Piracy Threat : The Somali Example." In *Supply Chain Security : International Practices and Innovations in Moving Goods Safely and Efficiently*, edited by Andrew R. Thomas, 121-34. Santa Barbara, Calif. : Praeger.

ADB (Asian Development Bank). 2008. "Lao People's Democratic Republic and Socialist Republic of Viet Nam : Greater Mekong Subregion : East-West Corridor Project : Evaluation Report." Operations Evaluation Department. http://www.adb.org/sites/default/files/29271-LAO-PPE.pdf.

―――. 2009. *Infrastructure for a Seamless Asia*. Tokyo : Asian Development Bank Institute.

―――. 2010. *Institutions for Asian Connectivity*. Working paper #220. http://www.adbi.org/files/2010.06.25.wp220.institutions.asian.connectivity.pdf.

―――. 2012. "Assessment of Public-Private Partnerships in Viet Nam : Constraints and Opportunities." http://www.adb.org/publications/assessment-public-private-partnerships-viet-nam-constraints-and-opportunities.

Against Port Expansion (APE). n.d. "The Issues." http://www.againstportexpansion.org/issues.html.

Agnew, John. 1999. "Mapping Political Power beyond State Boundaries : Territory, Identity, and Movement in World Politics." *Millennium* 28, no. 3 : 499-521.

―――. 2005. *Hegemony : The New Shape of Global Power*. Philadelphia : Temple University Press.

―――. 2010. "Making the Strange Familiar : Geographical Analogy in Global Geopolitics." *Geographical Review* 99, no. 3 : 426-43.

Agnew, John, and M. Coleman. 2007. "The Problem with Empire." In *Space, Knowledge, and Power : Foucault and Geography*, edited by Jeremy W. Crampton and Stuart Elden, 317-40. Hampshire, UK : Aldershot.

"Agreement between the United States of America and the Socialist Republic of Vietnam on Trade Relations." 2000. http://www.bilaterals.org/IMG/pdf/US-VN_FTA.pdf.

Ali, Muna, and Zahra Murad. 2009. "Unravelling Narratives of Piracy : Discourses of Somali Pirates." *Darkmatter : In the Ruins of Imperial Culture*. December 20. http://www.darkmatter101.org/site/2009/12/20/unravelling-narratives-of-piracy discourses of somali pirates.

Allen, W. Bruce. 1997. "The Logistics Revolution and Transportation." *Annals of the American Academy of Political and Social Science* 553 : 106-16.

Al Mashni, R. 2011. "Kufan Group and Northern Gulf Partners Launch Transformative Logistics and Business Investment in Iraq." *AMEinfo : The Ultimate Middle East Business Resource*. January 4. http://www.ameinfo.com/252895.html.

Alrawi, Mustafa. 2009. "Education Key to Progress." *Emirates 24/7*. June 5. http://www.emirates247.com/eb247/economy/uae-economy/education-key-to-progress-2009-06-05-1.33379.

Al Tamimi. n.d. "Labour Law in the UAE." http://www.aluminium.gl/sites/default/files/12_PDF/arbejdskraft/UAE%20-%20Appendix%201%20Labour%20Law%20in%20the%20UAE.pdf.

Amin, Ash. 1994. "Post-Fordism : Models, Fantasies, and Phantoms of Transition." In *Post-Fordism : A Reader*, edited by Ash Amin, 1-40. Oxford, UK : Blackwell.

Amin, Ash, and Nigel Thrift, eds. 2004. *The Blackwell Cultural Economy Reader*. Oxford, UK : Blackwell.

Amoore, Louise, and Marieke De Goede. 2008. *Risk and the War on Terror*. New York : Routledge.

Amsterdam, Robert. 2009. "Fret over Freight — Why Piracy Happens." *Corporate Foreign Policy*. April 20. http://corporateforeignpolicy.com/africa/fret-over-freight-why-piracy-happens.

Anderson, Ben. 2011. "Population and Affective Perception : Biopolitics and Anticipatory Action in UU Counterinsurgency Doctrine." *Antipode* 43, no. 2 : 205-36.

Antràs, Pol, Luis Garicano, and Esteban Rossi-Hansberg. 2005. *Offshoring in a Knowledge Economy*. No. w11094. Cambridge, Mass. : National Bureau of Economic Research.

Aoyama, Yuko, and Samuel J. Ratick. 2007. "Trust, Transactions, and Information Technologies in the US Logistics Industry." *Economic Geography* 83, no.2 : 159-80.

APF (Asia Pacific Foundation of Canada). 2008. "The Asia-Pacific Gateway and Corridor : Gaining a Competitive Edge by Doing Security Differently." *Canada-Asia Commentary* 51. http://www.asiapacific.ca/sites/default/files/archived_pdf/commentary/cac51.pdf.

APGST (Asia Pacific Gateway Skills Table). 2009. *Security in the Asia Pacific Gateway : Human Resources Issues and Strategies*. Vancouver : Context Research Limited and Izen Consulting.

ArabianBusiness.com. 2007. "Dubai Opens First 'Luxury' Labour Camp." http://www.arabianbusiness.com/index.php?option=com_content&view=article&id=8473.

Arce, Dwyer. 2010. "Seychelles Court Convicts Somali Pirates." *Jurist*. July 26. http://jurist.org/paperchase/2010/07/seychelles-court-convicts-somali-pirates.php.

Arendt, Hannah. 1970. *On Violence*. New York : Harcourt. [한나 아렌트, 『폭력의 세기』, 김정한 옮김, 이후, 1999.]

Arthur, Maurice P. 1962. "Federal Transport Regulatory Policy." *American Economic Review* 52, no. 2 : 416-25.

Artz, Matthew. 2012. "Council Approves $1 Billion Oakland Army Base Deal." *Mercury News*. June 20. http://www.mercurynews.com/breaking-news/ci_20892750/oakland-army-base-vote-scheduled-tuesday-night.

Arvis, Jean-François, Monica Alina Mustra, John Panzer, Lauri Ojala, and Tapio Naula. 2007. *Connecting to Compete : Trade Logistics in the Global Economy; The Logistics Performance Index and Its Indicators*. Washington, D.C. : World Bank.

Arvis, Jean-François, Monica Alina Mustra, Lauri Ojala, Ben Shepherd, and Daniel Saslavsky. 2010. *Connecting to Compete : Trade Logistics in the Global Economy; The Logistics Performance Index and Its Indicators.* Washington, D.C. : World Bank.

_____. 2012. *Connecting to Compete : Trade Logistics in the Global Economy; The Logistics Performance Index and Its Indicators.* Washington, D.C. : World Bank.

Asad, Talal. 2007. *On Suicide Bombing.* New York : Columbia University Press. [탈랄 아사드, 『자살폭탄테러』, 김정아 옮김, 창비, 2016.]

Asia Pacific Gateway and Corridor Initiative. 2009. *National Policy Framework for Strategic Gateways and Trade Corridors.* Government of Canada. http://www.canadasgateways.gc.ca/nationalpolicy.html.

Associated Press. 2012. "Seychelles to Transfer Pirates to Somalia." *FOX News.* March 5. http://www.foxnews.com/world/2012/03/05/seychelles-to-transfer-pirates-to-somalia.

Badiou, Alain. 2002. "Philosophical Considerations of Some Recent Facts." *Theory and Event* 6, no. 2. https://muse.jhu.edu/login?auth=0&type=summary&url=/journals/theory_and_event/v006/6.2badiou.html.

Bady, Aaron. 2011. "Occupy Oakland's Port Shutdown Has Re-energised the Movement." *The Guardian.* December 13. http://www.guardian.co.uk/commentisfree/2011/dec/13/port-blockade-occupy-oakland.

Bahnisch, Mark. 2000. "Embodied Work, Divided Labour : Subjectivity and the Scientific Management of the Body in Frederick W. Taylor's 1907 'Lecture on Management.'" *Body and Society* 6, no. 51 : 51-68.

Balibar, Étienne. 2002. *Politics and the Other Scene.* London : Verso. [에티엔 발리바르, 『대중들의 공포』, 서관모·최원 옮김, 도서출판b, 2007.]

Ball, Terence. 1979. "Marx and Darwin : A Reconsideration." *Political Theory* 7, no. 4 : 469-83.

Ballantine, Duncan S. 1947. *US Naval Logistics in the Second World War.* Princeton, N.J. : Princeton University Press.

Ballou, Ronald H. 2006. "The Evolution and Future of Logistics and Supply Chain Management." *Produção* 16, no. 3 : 375-86.

"Bangladesh Port Back to Work after Army Ends Strike." 2010. *Himalayan Times.* October 20. http://www.shippingreporter.com/shipping-news/bangladesh-port-back-to-work-after-army-ends-strike.

Barkawi, Tarak. 2011. "From War to Security : Security Studies, the Wider Agenda, and the Fate of the Study of War." *Millennium : Journal of International Studies* : 1-16.

Barker, Kezia. 2010. "Biosecure Citizenship : Politicising Symbiotic Associations and the Construction of Biological Threat." *Transactions of the Institute of British Geographers* 35 : 350-63.

Barnard, Bruce. 2011. "Global Container Traffic Hits All Time High." *Journal of Commerce Online.* April 5. http://www.joc.com/maritime/global-container-traffic-hits-all-time-high.

Barnes, Trevor J. 2002. "Performing Economic Geography : Two Men, Two Books, and a Cast of Thousands." *Environment and Planning A* 34 : 487-512.

_____. 2004. "The Rise (and Decline) of American Regional Science : Lessons for the New Economic Geography?" *Journal of Economic Geography* 4 : 107-29.

Barton, Jonathan. 1999. "Flags of Convenience : Geoeconomics and Regulatory Minimization." *Royal Dutch Geographical Society* 90, no. 2 : 142-55.

Beaverstock, Jonathan V., Richard G. Smith, and Peter J. Taylor. 2000. "World City Network : A New Metageography?" *Annals of the Association of American Geographers* 90, no. 1 : 123-34.

Bell, Daniel. 1974. *The Coming of Post-Industrial Society : A Venture in Social Forecasting.* London : Heinemann. [다니엘 벨, 『탈산업사회의 도래』, 박형신·김원동, 아카넷, 2006.]

Belzer, Michael H. 2000. *Sweatshops on Wheels : Winners and Losers in Trucking Deregulation.* Oxford, UK : Oxford University Press.

Benjamin, Walter. 1978. "Critique of Violence." In *Reflections : Essays, Aphorisms, Autobiographical Writing,* edited by Peter Demetz, 277-300. New York : Schocken. [발터 벤야민, 「폭력비판을 위하여」, 『역사의 개념에 대하여 I 폭력비판을 위하여 I 초현실주의 외』, 최성만 옮김, 길, 2008.]

Bennett, Jane. 2010. *Vibrant Matter : A Political Ecology of Things.* Durham, N.C. : Duke University Press.

Benton, Lauren. 2005. "Legal Spaces of Empire : Piracy and the Origins of Ocean Regionalism." *Comparative Studies in Society and History* 47 : 700.

_____. 2010. *A Search for Sovereignty : Law and Geography in European Empires , 1400-1900.* Cambridge, UK : Cambridge University Press.

Bertalanffy, Ludwig von. 1951. "General System Theory : A New Approach to Unity of Science." *Human Biology* (December) : 303-81.

_____. 1973. *General System Theory : Foundations, Development, Applications.* Harmondsworth : Penguin.

Bigo, Didier. 2001. "To Reassure, and Protect, after September 11." Brooklyn, N.Y. : Social Science Research Council. http://www.ssrc.org/sept11/essays/bigo.htm.

Blackstone, William. (1755) 1922. *Commentaries on the Laws of England : In Four Books.* Philadelphia : Geo Bisel.

Blank, Stephen. 2006. "North American Trade Corridors : An Initial Exploration." Faculty Working Papers, Paper 50. http://digitalcommons.pace.edu/lubinfaculty_workingpapers/50.

Blank, Stephen, Stephanie R. Golob, and Guy Stanley. 2006. "Staying Alive : North American Competitiveness and the Challenge of Asia." Faculty Working Papers, Paper 55. http://digitalcommons.pace.edu/lubinafaculty_workingpapers/55.

BMP4. 2011. *Best Management Practices for Protection against Somalia Based Piracy.* Edinburgh : Witherby. https://homeport.uscg.mil/cgi-bin/st/portal/uscg_docs/MyCG/Editorial/20110817/BMP4%20August%202011.pdf?id=dfdc601ceae6cc261dbebddc96f86222561859 88&user_id=0b2f018ca622dba1b57bc578e969e0ec.

Bonacich, Edna. 2003. "Pulling the Plug : Labor and the Global Supply." *New Labor Forum* 12, no. 2 : 41-48.

_____. 2005. "Labor and the Global Logistics Revolution." In *Critical Globalization Studies,* edited by Richard P. Appelbaum and William I. Robinson, 359-68. New York : Routledge.

Bonacich, Edna, and Khaleelah Hardie. 2006. "Wal-Mart and the Logistics Revolution." In *Wal-Mart : The Face of Twenty-First-Century Capitalism*, edited by Nelson Lichtenstein, 163-87. New York : New Press.

Bonacich, Edna, and Jake B. Wilson. 2008. *Getting the Goods : Ports, Labour, and the Logistics Revolution*. New York : Cornell.

Bonner, Robert C. 2002. "Statement by U.S. Customs Commissioner Robert C. Bonner : Hearing on Security at U.S. Seaports." U.S. Senate Committee on Commerce, Science, and Transportation, Charleston, South Carolina, February 19. http://www.cbp.gov/xp/cgov/newsroom/speeches_statements/archives/2002/feb192002.xml.

Boske, Leigh B. 2006. "Port and Supply-Chain Security Initiatives in the United States and Abroad." Prepared for the Congressional Research Service, Lyndon B. Johnson School of Public Affairs, University of Texas at Austin.

Bowersox, Donald J. 1968. "Emerging Patterns of Physical Distribution Organization." *Transportation and Distribution Management* (May) : 55-56.

Boyer, M. Christine. 1986. *Dreaming the Rational City : The Myth of American City Planning*. Cambridge, Mass. : MIT Press.

Bhoyrul, Anil. 2005. "Clinton Leads Dubai Praise." *Arabian Business* (Dubai). December 4. http://www.itp.net/business/news/details.php?id=18919&category=arabianbusiness.

Bradford, Marianne, and Juan Florin. 2003. "Examining the Role of Innovation Diffusion Factors on the Implementation Success of Enterprise Resource Planning Systems." *International Journal of Accounting Information Systems* 4, no. 3 : 205-25.

Branch, Alan E. 2008. *Global Supply Chain Management and International Logistics*. New York : Routledge.

Brand, Colin George. 2011. "A Model for the Formulation of Strategic Intent Based on a Comparison of Business and the Military." Research report presented to the Unisa School of Business Leadership, Pretoria, October 10.

Braudel, Fernand. (1979) 1998. *Civilization and Capitalism : 15th-18th Century, vol. 3*. Berkeley : University of California Press. [페르낭 브로델, 『물질문명과 자본주의』 3-1/3-2, 주경철 옮김, 까치, 1997.]

Braun, Bruce, and Sarah J. Whatmore, eds. 2010. *Political Matter : Technoscience, Democracy, and Public Life*. Minneapolis : University of Minnesota Press.

Braverman, Harry. 1974. *Labor and Monopoly Capital : The Degradation of Work in the Twentieth Century*. New York : Monthly Review Press.

Brenner, Neil, and Roger Keil. 2005. *The Global Cities Reader*. Oxford, UK : Routledge.

Brenner, Neil, and Nick Theodore. 2002. *Spaces of Neoliberalism : Urban Restructuring in North America and Western Europe*. London : Wiley-Blackwell.

Brewer, Stanley H., and James Rosenzweig. 1961. "Rhochrematics and Organizational Adjustments." *California Management Review* 3 (Spring) : 52-71.

British Library Map Exhibition. n.d. "An Imperial Capital : Baron Haussmann's Transformation of Paris." MapForum.com. http://www.mapforum.com/15/blmap.htm.

Brooks, Mary R. 2001. "NAFTA and Transportation : A Canadian Scorecard." *Transportation Research Record* 1763 : 35-41.

Brown, Carol V., and Iris Vessey. 2003. "Managing the Next Wave of Enterprise Systems : Leveraging Lessons from ERP." *MIS Quarterly Executive* 2, no. 1 : 45-57.

Brown, Wendy. 2006. "American Nightmare : Neoliberalism, Neoconservatism, and De-democratization." *Political Theory* 34 : 690-714.

Browning, Douglas. 2003. "Trade Facilitation Policy and New Security Initiatives." In *Sharing the Gains of Globalization in the New Security Environment : The Challenges to Trade Facilitation*, edited by the Economic Commission for Europe, 169-78. New York : United Nations.

Buck-Morss, Susan. 1995. "Envisioning Capital : Political Economy on Display." *Critical Inquiry* 21 : 434-67.

Bugeaud, Thomas. 2006. "The War of Streets and Houses." *Insecurity* 22. http://cabinetmagazine. org/issues/22/bugeaud.php.

Bumstead, Charles. 2010. "Barbary Coast Revisited : International Maritime Law and Modern Piracy." In *Supply Chain Security : International Practices and Innovations in Moving Goods Safely and Efficiently*, edited by Andrew R. Thomas, 144-58. Santa Barbara, Calif. : Praeger.

Burchell, Graham. 1996. "Liberal Government and Techniques of the Self." In *Foucault and Political Reason : Liberalism, Neoliberalism, and Rationalities of Government*, edited by Andrew Barry, Thomas Osborne, and Nikolas Rose, 19-36. London : University College London Press.

Burghardt, Andrew F. 1971. "A Hypothesis about Gateway Cities." *Annals of the Association of American Geographers* 61, no. 2 : 269-85.

Burnson, Patrick. 2012. "Port of Oakland and ProLogis Move Forward on Oakland Army Base Development." Logistics Management. August 28. http://www.logisticsmgmt.com/article/ port_of_oakland_an_prologiis_move_forward_on_oakland_army_base_development.

Busch, Lawrence. 2007. "Performing the Economy, Performing Science : From Neoclassical to Supply Chain Models in the Agrifood Sector." *Economy and Society* 3 : 437-66.

"Bush Regaled in United Arab Emirates." 2008. *CBS News*. January 14. http://www.cbsnews. com/news/bush-regaled-in-united-arab-emirates.

Buxton, Graham, and Let Lee. 1974. "A Profile of the UK Distribution Executive and His Organizational Responsibilities." *International Journal of Physical Distribution* 5, no. 5 : 280-93.

Cafruny, Alan. 1987. *Ruling the Waves : The Political Economy of International Shipping*. Berkeley : University of California Press.

Cahlink, George. 2003. "Logistics Lessons." *Government Executive* 35, no. 13 : 61-65.

Callon, Michael. 1998. *The Laws of the Markets*. Oxford, UK : Blackwell.

Canada Border Services Agency. n.d. "Partners in Protection." http://www.cbsa-asfc.gc.ca/security-securite/pip-pep/menu-eng.html.

Carmody, Pádraig. 2012. *The New Scramble for Africa*. Cambridge, UK : Polity.

Carrico, Jason A. 2006. "Mitigating the Need for a Logistic Pause." Army Command and General Staff Coll. Fort Leavenworth School of Advanced Military Studies. Accession Number : ADA450161.

Carter, Donald Martin. 2010. *Navigating the African Diaspora : The Anthropology of Invisibility.* Minneapolis : University of Minnesota Press.

Cassidy, Robert M. 2008. *Counterinsurgency and the Global War on Terror : Military Culture and Irregular War.* Westport, Conn. : Praeger.

Castells, Manuel, and Peter Hall. 1994. *Technopoles of the World : The Making of Twenty-First-Century Industrial Complexes.* London : Routledge. [피터 홀·마누엘 카스텔, 『세계의 테크노폴 — 21세기 산업단지 만들기』, 강현수·김륜희 옮김, 한울, 2006.]

Catá Backer, Larry. 2008. "Global Panopticism : States, Corporations, and the Governance Effects of Monitoring Regimes." *Indiana Journal of Global Legal Studies* 15, no. 1 : 101-48.

CENTCOM (Central Command). 2008. "Maritime Security Patrol Area to be Established." http://www.cusnc.navy.mil/articles/2008/105.html.

Cesaire, Aimé. (1950) 1972. *Discourse on Colonialism.* Translated by Joan Pinkham. New York : Monthly Review.

Chalk, Peter. 2010. "Piracy off the Horn of Africa : Scope, Dimensions, Causes and Responses." *Brown Journal of World Affairs* 16, no. 11 : 89-108.

Chan, Felix T. S. 2003. "Performance Measurement in a Supply Chain." *International Journal of Advanced Manufacturing Technology* 21 : 534-48.

Chen, Mel. 2012. *Animacies : Biopolitics, Racial Mattering, and Queer Affect.* Durham, N.C. : Duke University Press.

Chestermann, Simon, and Chia Lehnardt. 2007. *From Mercenaries to Market : The Rise of Private Military Companies.* Oxford, UK : Oxford University Press.

Chivers, C. J. 2012. "Seized Pirates in High-Seas Legal Limbo, with No Formula for Trials." *New York Times.* January 27. http://www.nytimes.com/2012/01/28/world/africa/seized-pirates-in-legal-limbo-with-no-formula-for-trials.html?ref=piracyatsea.

Christopher, Martin, and Helen Peck. 2004. "Building the Resilient Supply Chain." *International Journal of Logistics Management* 15, no. 2 : 1-14.

Cicero, Marcus Tullius. (44 BC) 1887. *Cicero De Officis : Book III.* Boston : Little, Brown. [마르쿠스 툴리우스 키케로, 『키케로의 의무론』, 허승일 옮김, 서광사, 2006.]

Clausewitz, Carl von. (1873) 2007. *On War.* Oxford, UK : Oxford University Press. [카알 폰 클라우제비츠, 『전쟁론』 전면개정판, 김만수 옮김, 갈무리, 2016.]

Clayton, Anthony. 1986. *The British Empire as a Superpower, 1919-1939.* Athens : University of Georgia Press.

CNN. 2012. "Basra Logistics City." March 1. Television Broadcast.

Cockrell, Cathy. 2010. "Oral History Weaves Story of the Oakland Army Base and Its Profound Region-Wide Impact." *UC Berkeley News Center.* October 4. http://newscenter.berkeley.edu/2010/10/04/oaklandarmybase.

Cole, Teju. 2012. "The White Savior Industrial Complex." *Atlantic.* March 12 http://www.theatlantic.com/international/archive/2012/03/the-white-savior-industrial-complex/254843.

Collier, Stephen J., and Andrew Lakoff. 2007. "On Vital Systems Security." *Anthropology of the Contemporary Research Collaboratory*. http://anthropos-lab.net/collaborations/vital-systems-security/vss-documents.

Combined Maritime Forces. n.d. "CTF-151 : Counter-Piracy." http://combinedmaritimeforces. com/ctf-151-counter-piracy.

Converse, Paul. 1954. "The Other Half of Marketing." Presentation at the Twenty-Sixth Boston Conference on Distribution.

Coole, Diana, and Samantha Frost, eds. 2010. *New Materialisms : Ontology, Agency, and Politics*. Durham, N.C. : Duke University Press.

Cooper, Martha C., Douglas M. Lambert, and Janus D. Pagh. 1997. "Supply Chain Management : More than a New Name for Logistics." *International Journal of Logistics Management* 8, no. 1 : 1-14.

Cooper, Melinda. 2006. "Preempting Emergence : The Biological Turn in the War on Terror." *Theory, Culture, and Society* 23, no. 4 : 113-35. [멜린다 쿠퍼, 「3장 선제적인 출현 : 테러와의 전쟁, 그 생물학적 전환」, 『잉여로서의 생명』, 갈무리, 2016.]

_____. 2008. "Infrastructure and Event — Urbanism and the Accidents of Finance." Presentation at the Center for Place, Culture, and Politics, City University of New York.

Cordingly, David. 1996. *Under the Black Flag : The Romance and the Reality of Life among the Pirates*. New York : Random House. [데이비드 코딩리, 『낭만적인 무법자 해적』, 김혜영 옮김, 루비박스, 2007.]

Cordon, Hector. 2012. "US Coast Guard to Escort Grain Ship against Dockworkers' Protest." World Socialist Website, International Committee of the Fourth International. January 12. http://www.wsws.org/articles/2012/jan2012/dock-j12.shtml.

Corvin, Aaron, and Marissa Harshman. 2011. "Longshore Workers Rally at Downtown Railroad Tracks." *Columbian*. September 7. http://www.longshoreshippingnews.com/2011/09/longshore-workers-rally-at-downtown-vancouver-railroad-tracks.

Coward, Martin. 2008. *Urbicide : The Politics of Urban Destruction*. Oxon, UK : Routledge.

_____. 2009. "Network-Centric Violence Critical Infrastructure and the Urbanisation of Security." *Security Dialogue* 40, no. 4/5 : 399-418.

Cowen, Deborah. 2005. "Welfare Warriors : Towards a Genealogy of the Soldier Citizen in Canada." *Antipode* 37, no. 4 : 654-78.

_____. 2007. "Struggling with 'Security' : National Security and Labour in the Ports." *Just Labour : A Canadian Journal of Work and Society* 10 : 30-44.

_____. 2008. *Military Workfare : The Soldier and Social Citizenship in Canada*. Toronto : University of Toronto Press.

_____. 2009. "Containing Insecurity : US Port Cities and the 'War on Terror.'" In *Disrupted Cities : When Infrastructure Fails*, edited by S. Graham, 69-84. New York : Routledge.

_____. 2010. "A Geography of Logistics : Market Authority and the Security of Supply Chains." *Annals of the Association of American Geographers* 100, no. 3 : 1-21.

Cowen, Deborah, and Emily Gilbert, eds. 2008. *War, Citizenship, Territory*. New York : Routledge.

Cowen, Deborah, and Neil Smith. 2009. "After Geopolitics? From the Geopolitical Social to Geo-economics." *Antipode* 41 : 22-48.

Cox, Robert W. 1993. "Production and Security." In *Building a New Global Order : Emerging Trends in International Security*, edited by David Dewitt, David Haglund, and John Kirton, 141-58. Toronto : Oxford University Press.

Coyle, John J., and Edward J. Bardi. 1976. *The Management of Business Logistics*. Boston : West.

Crainic, Teodor Gabriel. 2006. "City Logistics." NSERC Industrial Research Chair in Logistics Management. http://www.chairecrsnglogistique.uqam.ca/pdf/citylogistics06.pdf.

Crainic, Teodor Gabriel, and Benoît Montreuil. 2012. "ITS for City Logistics and the Physical Internet." ITS Society of Canada, ACGM Quebec, June 10-13. http://www.itscanada.ca/files/Reports/4%20MPF%20CVO%20CityLogistics-PhInternet-ITS_Canada2012.pdf.

CRS (Congressional Research Service). 2002. "Homeland Security Office : Issues and Options." Foreign Affairs, Defense and Trade Division. http://www.fas.org/irp/crs/RL31421.pdf.

_____. 2005. "Border and Transportation Security : The Complexity of the Challenge." Domestic Social Policy Division. http://www.fas.org/sgp/crs/homesec/RL32839.pdf.

_____. 2009. "Security and Prosperity Partnership of North America : An Overview and Selected Issues." http://www.fas.org/sgp/crs/row/RS22701.pdf.

Crumlin, Paddy. n.d. "Health and Safety." International Transport Federation. http://www.itf-global.org/dockers/health.cfm.

Crupi, Anthony. 2010a. "Honda Tries 'Geo' Targeting." *AdWeek*. June 2. http://www.adweek.com/news/advertising-branding/honda-tries-geo-targeting-102490.

_____. 2010b. "Exclusive : Nat Geo Wraps Mega-Deal with UPS." *AdWeek*. October 18. http://www.adweek.com/news/television/exclusive-nat-geo-wraps-mega-deal-ups-116346.

Cutshell, Richard B. 1985. "Our Changing Times." *Handling and Shipping Management* (May) : 7.

Dalby, Simon. 1999. "Against Globalization from Above : Critical Geopolitics and the World Order Models Project." *Environment and Planning D : Society and Space* 17, no. 2 : 181-200.

Darwin, Charles. (1859) 1996. *The Origin of the Species*. Oxford, UK : Oxford University Press. [찰스 다윈, 『종의 기원』, 김관선 옮김, 한길사, 2014.]

Davidson, Sharon M., and Amy B. Rummel. 2000. "Retail Changes and Walmart's Entry into Maine." *International Journal of Retail and Distribution Management* 28, no. 4/5 : 162-69.

Davis, Grant M., and Stephen W. Brown. 1974. *Logistics Management*. Lexington, Mass. : D. C. Heath.

Davis, Grant M., and Joseph Rosenberg. 1974. "Physical Distribution Management : A Collage of 1973 Observations." *Transportation Journal* 13, no. 4 : 50-56.

Davoudi, Simon, and Libby Porter. 2012. "Resilience : A Bridging Concept or a Dead End?" *Planning Theory & Practice* 13, no. 2 : 299-307.

Dawson, John. 2000. "Retailing at Century End : Some Challenges for Management and Research." *International Review of Retail, Distribution, and Consumer Research* 10, no. 2 : 119-48.

Dawson, John, Roy Larke, and Masao Mukoyama. 2006. *Strategic Issues in International Retail-*

ing. New York : Routledge.

DefenceWeb. 2011. "Private Navy to Protect Convoys." November 10. http://www.defenceweb. co.za/index.php?option=com_content&view=article&id=20969:private-navy-to-protect-convoys&catid=51:Sea&Itemid=106.

DeHayes, Daniel W., Jr., and Robert L. Taylor. 1974. "Moving Beyond the Physical Distribution Organization." *Transportation Journal* 13, no. 3 (Spring) : 30.

De Landa, Manuel. 1991. *War in the Age of Intelligent Machines.* New York : Zone.

_____. 2005. "Beyond the Problematic of Legitimacy : Military Influences on Civilian Society." *Boundary* 2 32, no. 1 : 117-28.

Deleuze, Gilles. 1980. "Lecture on Spinoza." December 12. *Cours de Vincennes 1980-1981.* http:// www.gold.ac.uk/media/deleuze_spinoza_affect.pdf.

Deleuze, Gilles, and Félix Guattari. 2009. "Capitalism : A Very Special Delerium." In *Felix Guattari, Chaosophy : Texts and Interviews,* edited by Sylvè Lotringer, 35-52. Los Angeles : Semiotext(e).

Deloitte. 2011. *Logistics and Infrastructure : Exploring Opportunities.* http://www.deloitte.com/ assets/Dcom-India/Local%20Assets/Documents/aLogistics%20and%20infrastructure%20 6%20Aug.pdf.

DeMello, Chanelcherie. 2011. "A New Dawn for Basra Logistics City." *Blackanthem Military News.* January 10. http://www.blackanthem.com/News/newdawn/A-new-dawn-for-Basra-Logistics-City23168.shtml.

Dempsey, Judy. 2012. "Taking on Somalia's Pirates on Land." *Strategic Europe.* April 12. http:// carnegieeurope.eu/strategiceurope/?fa=show&id=47821.

DeParle, Jason. 2007. "Fearful of Restive Foreign Labor, Dubai Eyes Reforms." *New York Times.* August 6. http://www.nytimes.com/2007/08/06/world/middleeast/06dubai.html?_r=0.

DHL. n.d. "Solutions for Tomorrow's Megacities." http://dsi.dhl-innovation.com/en/aboutus/ projects/focusprojects/city.

DHS (Department of Homeland Security). 2007. "Strategy to Enhance International Supply Chain Security." http://www.dhs.gov/xprevprot/publications/gc1184857664313.shtm.

_____. 2009. "Secure Borders, Safe Travel, Legal Trade : U.S. Customs and Border Protection Fiscal Year 2009-2014 Strategic Plan." http://www.cbp.gov/linkhandler/cgov/about/mission/ strategic_plan_09_14.ctt/strategic_plan_09_14.pdf.

_____. 2012. "National Strategy for Global Supply Chain Security." https://www.hsdl.org /?view&did=698202.

Dicken, Peter. 2003. *Global Shift : Reshaping the Global Economic Map in the 21st Century.* New York : Guilford.

Dickens, Mark. 2010. "UPS's New Ad Campaign Explains Why Everyone Should Love Logistics." *Upside : The UPS Blog.* September 13. http://blog.ups.com/2010/09/13/upss-new-ad-campaign-explains-why-everyone-should-love-logistics.

"DLC to Build New Labor Village." 2006. *Gulfnews.* April 2. http://m.gulfnews.com/dlc-to-build-new-labour-village-1.231300.

Downey, Gregory J. 2002. *Telegraph Messenger Boys: Labor, Technology, and Geography, 1850-1950*. New York: Routledge.

DP World. n.d. "Hinterland." http://www.dpworld.ae/en/content.aspx?P=PB2ke%2fQITcirK8M ovga67Q%3d%3d&mid=mLF114FrgMKSas7eQ7kGLw%3d%3d.

Drucker, Peter F. 1962. "Big Business and the National Purpose." *Harvard Business Review*. March-April, 49-59.

_____. 1969. "Physical Distribution: The Frontier of Modern Management." In *Readings in Physical Distribution Management*, edited by Donald J. Bowersox, Bernard J. LaLonde, and Edward W. Smykay, 3-8. New York: Collier MacMillan.

_____. 1973. *Management: Tasks, Responsibilities, Practices*. New York: Harper and Row. [피터 드러커, 『피터 드러커의 매니지먼트』(상/하), 조성숙·이건·박선영 옮김, 21세기북스, 2009.]

"Dubai Company Gives Up on Ports Deal." 2009. CBS News/Associated Press. February 11. http://www.cbsnews.com/stories/2006/03/09/politics/main1385030.shtml.

"Dubai FDI, DHL Launch Fully Automated DHL Service Point 24/7 in Dubai as Part of City Logistics Partnership." 2011. *PR Newswire*. http://www.prnewswire.co.uk/news-releases/dubai-fdi-dhl-launch-fully-automated-dhl-service-point-247-in-dubai-as-part-of-city-logistics-partnership-145328425.html.

Duclos, Leslie K., Robert J. Vokurka, and Rhonda R. Lummus. 2003. "A Conceptual Model of Supply Chain Flexibility." *Industrial Management and Data Systems* 103, no. 6: 446-56.

Duffield, Mark. 2007. *Development, Security, and Unending Warfare*. Cambridge, UK: Polity.

_____. 2008. "Global Civil War: The Non-Insured, International Containment, and Post-Interventionary Society." *Journal of Refugee Studies* 21, no. 2: 145-65.

_____. 2011. "Total War as Environmental Terror: Linking Liberalism, Resilience and the Bunker." *South Atlantic Quarterly* 110:770-79.

Duggan, Lisa. 2003. "The New Politics of Homonormativity: The Sexual Politics of Neoliberalism." In *Materializing Democracy: Toward a Revitalized Cultural Politics*, edited by Russ Castronovo and Dana D. Nelson, 175-93. Durham, N.C.: Duke University Press.

Dwyer, John B. 2006. "Facts after the Fact on the Dubai Ports Deal." *American Thinker*. March 10. http://www.americanthinker.com/blog/2006/03/facts_after_the_fact_on_the_du.html.

Dyckhoff, Harald, Richard Lackes, and Joachim Reese. 2004. *Supply Chain Management and Reverse Logistics*. Berlin: Springer.

Easterling, Keller. 1999. *Organization Space*. Cambridge, Mass.: MIT Press.

Economist. 2006. "The Physical Internet." June 15. http://www.economist.com/node/7032165.

Edelstein, Dan. 2009. *The Terror of Natural Right: Republicanism, the Cult of Nature, and the French Revolution*. Chicago: University of Chicago Press.

Elden, Stuart. 2001. *Mapping the Present: Heidegger, Foucault, and the Project of a Spatial History*. London: Continuum.

_____. 2007. "Governmentality, Calculation, Territory." *Environment and Planning D: Society and Space* 25:562 80.

_____. 2009. *Terror and Territory. The Spatial Extent of Sovereignty*. Minneapolis: University of

Minnesota Press.

_____. 2013. "V Is for Visibility." *Interstitial Journal* (March) : 1-4.

Ehmke, J. F. 2012. *Integration of Information and Optimization Models for Routing in City Logistics*. International Series in Operations Research & Management Science 177. New York : Springer.

Emsellem, Maurice, Laura Moskowitz, Madeline Neighly, and Jessie Warner. 2009. "A Scorecard on the Post-9/11 Port Worker Background Checks : Model Worker Protections Provide a Lifeline for People of Color, While Major TSA Delays Leave Thousands Jobless during the Recession." National Employment Law Project, New York. http://nelp.3cdn.net/0714d0826f3e cf7a15_70m6i6fwb.pdf.

Engel, Antke. 2010. "Desire for/within Economic Transformation." *E-flux* #17. http://www.e-flux. com/journal/desire-forwithin-economic-transformation.

Engels, Donald W. 1980. *Alexander the Great and the Logistics of the Macedonian Army*. Berkeley : University of California Press.

Enke, Stephen. 1958. "An Economist Looks at Air Force Logistics." *Review of Economics and Statistics* 40, no. 3 : 230-39.

Ethington, Philip J. 2007. "Placing the Past : 'Groundwork' for a Spatial Theory of History." *Rethinking History* 11, no. 4 : 465-94.

"EU Forces in Anti-Piracy Raid on Somali Mainland." 2012. *Guardian*. May 12. http://www. guardian.co.uk/world/2012/may/15/eu-anti-piracy-raid-somalia.

Evans, Brad, and Michael Hardt. 2010. "Barbarians to Savages : Liberal War Inside and Out." *Theory and Event* 13, no. 3, http://dx.doi.org/10.1353/tae.2010.0013.

Everett, H. R., and Douglas W. Gage. 1999. "From Laboratory to Warehouse : Security Robots Meet the Real World." *International Journal of Robotics Research, Special Issue on Field and Service Robotics 18*, no. 7 : 760-68.

Faiola, Anthony. 2010. "China Buys up 'Bargain-Basement' Greece and Extends Its Global Reach." *Guardian Weekly*. June 18, 9.

Fattah, Hassan M., and Eric Lipton. 2006. "Gaps in Security Stretch from Model Port in Dubai to U.S." *New York Times*. February 26. http://www.nytimes.com/2006/02/26/national/26port. html?_r=0.

Fernandes, Cedwyn, and Gwendolyn Rodrigues. 2009. "Dubai's Potential as an Integrated Logistics Hub." *Journal of Applied Business Research* 25, no. 3 : 77-92.

Festa, Lynn. 2006. *Sentimental Figures of Empire in Eighteenth-Century Britain and France*. Baltimore : Johns Hopkins University Press.

Fisher, G. H. 1956. "Weapon System Cost Analysis." *Operations Research* 56, no. 4 : 558-71.

Fishman, Charles. 2006. *The Walmart Effect*. New York : Penguin.

Flynn, Stephen E. 2002. "Constructing a Secure Trade Corridor." Paper presented at the Council on Foreign Relations, New York, March 11. http://www.cfr.org/defensehomeland-security/ constructing-secure-trade-corridor/p5442.

_____. 2003. "The False Conundrum : Continental Integration versus Homeland Security." In

Rebordering North America, edited by Peter Andreas and Thomas J. Biersteker, 110-27. London : Routledge.

_____. 2006. *The Edge of Disaster : Catastrophic Storms, Terror, and American Recklessness*. New York : Random House.

Foucault, Michel. 1977. *Discipline and Punish : The Birth of the Prison*. Translated by A. Sheridan. New York : Vintage. [미셸 푸코, 『감시와 처벌』, 오생근 옮김, 나남, 2008.]

_____. 1978. *The History of Sexuality*. New York : Pantheon. [미셸 푸코, 『성의 역사 1』, 이규현 옮김, 나남, 2016; 미셸 푸코, 『성의 역사 2』, 신은영 · 문경자 옮김, 나남, 2004; 미셸 푸코, 『성의 역사 3』, 이영목 옮김, 나남, 2004.]

_____. 1980. *Power/Knowledge : Selected Interviews and Other Writings*, 1972-1977. New York : Knopf.

_____. (1997) 2003. *Society Must Be Defended : Lectures at the College de France*. New York : Picador. [미셸 푸코, 『"사회를 보호해야 한다"』, 김상운 옮김, 난장, 2015.]

_____. 2007. *Security, Territory, Population : Lectures at the College de France*. New York : Palgrave Macmillan [미셸 푸코, 『안전, 영토, 인구』, 오트르망 옮김, 난장, 2011.]

Franklin, Sarah, Celia Lury, and Jackie Stacey. 2000. *Global Nature, Global Culture*. London : Sage.

Freeman, Elizabeth. 2007. "Still After." *South Atlantic Quarterly* 106, no. 3 (Summer) : 27-33.

Friedman, Milton. 2002. *Capitalism and Freedom*. Chicago : University of Chicago Press. [밀턴 프리드먼, 『자본주의와 자유』, 심준보 · 변동열 옮김, 청어람미디어, 2007.]

Friedman, Thomas L. 2000. *The Lexus and the Olive Tree : Understanding Globalization*. New York : Farrar, Straus, and Giroux. [토머스 L. 프리드먼, 『렉서스와 올리브나무』, 장경덕 옮김, 21세기북스, 2009.]

_____. 2006. "Port Controversy Could Widen Racial Chasm." *Deseret News*. February 25. http://www.deseretnews.com/article/635187293/Port-controversy-could-widen-racial-chasm.html.

Gandy, Matthew. 1999. "The Paris Sewers and the Rationalization of Urban Space." *Transactions of the Institute of British Geographers, New Series* 24, no. 1 : 23-44.

Gavouneli, Maria. 2007. *Functional Jurisdiction in the Law of the Sea*. Leiden : Martinoff Nijhoff.

Geisler, Murray A. 1960. "Logistics Research and Management Science." *Management Science* 6, no. 4 : 444-54.

Gentili, Alberico. 1589. *De Jure Belli Commentationes Tres*. London : Apud Iohannem Wolfium.

Georgi, Christoph, Inga-Lena Darkow, and Herbert Kotzab. 2010. "The Intellectual Foundation of the Journal of Business Logistics and Its Evolution between 1978 and 2007." *Journal of Business Logistics* 31, no. 2 : 63-109.

Gerven, Arthur van. 2012. "Guest Commentary : Beyond Sustainability to Supply Chain Resilience." *Logistics Viewpoints*. October 9. http://logisticsviewpoints.com/2012/10/09/guest-commentary-beyond-sustainability-to-supply-chain-resilience.

Gettlemen, Jeffrey. 2012. "Toughening Its Stand, European Union Sends Forces to Strike Somali Pirate Base." *New York Times*. May 15. http://www.nytimes.com/2012/05/16/world/africa/

european-forces-strike-pirate-base-in-somalia.html?_r=1&ref=piracyatsea.

GGLC (Global Gateway Logistics City). n.d. "Frequently Asked Questions." http://ggdc.ph/faq.
html.

Gibbs, Jack P., and Harley L. Browning. 1966. "The Division of Labor, Technology, and the Orga-
nization of Production in Twelve Countries." *American Sociological Review* 31:81-92.

Gibson, John. 2006. "U.S. Ports Should Be Off Limits to Foreign Companies." *Fox News*. Febru-
ary 24. http://www.foxnews.com/story/0,2933,186029,00.html.

Gibson-Graham, J. K. 1996. *The End of Capitalism (as We Knew It) : A Feminist Critique of Po-
litical Economy*. Oxford, UK : Blackwell. [J K 깁슨-그레엄, 『그따위 자본주의는 벌써 끝났다』,
이현재·엄은희 옮김, 알트, 2013.]

Giddens, Anthony. 1985. *The Nation-State and Violence*. Berkeley : University of California
Press. [앤서니 기든스, 『민족국가와 폭력』, 삼지원, 1993.]

Gillen, David, Graham Parsons, Barry Prentice, and Peter Wallis. 2007. "Pacific Crossroads : Can-
ada's Gateways and Corridors." Paper prepared for Canada's Asia-Pacific Gateway and Cor-
ridor Initiative, Regina, Winnipeg, and Calgary, May 2007. Transport Canada.

Gindin, Sam, and Leo Panitch. 2012. *The Making of Global Capitalism*. New York : Verso.

Glassman, Jim. 2011. "The Geo-Political Economy of Global Production Networks." *Geography
Compass* 5, no. 4 : 154-64.

Globerman, Steven, and Paul Storer. 2009. "The Effects of 9/11 on Canadian-U.S. Trade : An
Update through 2008." Brookings Institute. http://www.brookings.edu/papers/2009/0713_
canada_globerman.aspx.

Goralski, Robert, and Russell W. Freeburg. 1987. *Oil and War*. New York : William Morrow.

Gordon, Avery F. 2008. *Ghostly Matters : Haunting and the Sociological Imagination*. Minne-
apolis : University of Minnesota Press.

Gordon, Katherine. 2010. "Landmark Land Settlement : No Reservations." *Canadian Geographic*.
April. http://www.canadiangeographic.ca/magazine/apr08/indepth.

Goss, Thomas. 2006. "Who's in Charge? New Challenges in Homeland Defense and Homeland
Security." *Homeland Security Affairs* 2 : 1-12. http://www.hsaj.org/pages/volume2/issue1/
pdfs/2.1.2.pdf.

Grabski, Severin V., and Stewart A. Leech. 2007. "Complementary Controls and ERP Implemen-
tation Success." *International Journal of Accounting Information Systems* 8, no. 1 : 17-39.

Graham, Ben. 2008. "The Roots of Business Process Mapping." *BPT Trends*. June. http://www.
nqi.ca/en/knowledge-centre/articles/process-mapping-the-roots-and-weeds-of.

Graham, Stephen. 2003. "Lessons in Urbicide." *New Left Review* 19:63-77.

———. 2004. *Cities, War, and Terrorism : Towards an Urban Geopolitics*. Oxford, UK : Black-
well.

———. 2006. "Cities and the 'War on Terror.' " *International Journal of Urban and Regional Re-
search* 30, no. 2 : 255-76.

———. 2010. *Cities under Siege : The New Military Urbanism*. New York : Verso.

Graham, Stephen, and Martin Shaw, eds. 2008. *Cities, War, and Terrorism : Towards an Urban*

Geopolitics. Malden, Mass. : Blackwell.

Gramsci, Antonio. 1985. *Selections from the Prison Notebooks*. New York : International. [안토니오 그람시, 『그람시의 옥중수고』 1/2, 이상훈 옮김, 거름, 1999.]

Greenpeace. 2010. "The Toxic Ships : The Italian Hub, the Mediterranean Area, and Africa." http://www.greenpeace.org/italy/Global/italy/report/2010/inquinamento/Report-The-toxic-ship.pdf.

Gregory, Derek. 1994. *Geographical Imaginations*. London : John Wiley and Sons.

Gregory, Derek, and Allan Pred. 2007. *Violent Geographies : Fear, Terror, and Political Violence*. New York : Routledge.

Gregory, Todd. 2009. *Rough Trade*. Johnsonville, N.Y. : Bold Strokes.

Griggers, Camilla. 1997. *Becoming Woman*. Minneapolis : University of Minnesota Press.

Grosz, Elizabeth. 2005. *Time Travels : Feminism, Nature, Power*. Durham, N.C. : Duke University Press.

_____. 2011. *Becoming Undone : Darwinian Reflections on Life, Politics, and Art*. Durham, N.C. : Duke University Press.

Guled, Abdi. 2012. "EU Navy, Helicopters Strike Pirate Supply Center." *Jakarta Post*. May 16. http://www.thejakartapost.com/news/2012/05/16/eu-navy-helicopters-strike-pirate-supply-center.html.

Gupta, Akhil, and James Ferguson. 1992. "Beyond Culture : Space, Identity, and the Politics of Difference." *Cultural Anthropology* 7, no. 1 : 6-23.

Haghighian, Natascha Sadr, and Ashley Hunt. 2007. "Representations of the Erased." *16 Beaver Group*. http://www.16beavergroup.org/ashley/ahunt_3.pdf.

Hall, Peter V. 2007. "Seaports, Urban Sustainability, and Paradigm Shift." *Journal of Urban Technology* 14, no. 2 : 87-101.

Halley, Janet, and Andrew Parker, eds. 2011. *After Sex? Writing Since Queer Theory*. Durham, N.C. : Duke University Press.

Hallinan, Conn. 2011. "The New Scramble for Africa." *Foreign Policy in Focus*. September 14. http://www.fpif.org/articles/the_new_scramble_for_africa.

Hamel, Gary, and Liisa Välikangas. 2003. "The Quest for Resilience." *Harvard Business Review*. September, 1-15.

Hammond, Debora. 2002. "Exploring the Genealogy of Systems Thinking." *Systems Research and Behavioural Science* 19, no. 5 : 429-39.

Hands off Somalia. 2012. "EU Bombs Somalia — First Reports." May 15. http://handsoffsomalia.co.uk/2012/05/15/eu-bombs-somalia-first-reports.

Haraway, Donna. 1989. *Primate Visions : Gender, and Nature in the World of Modern Science*. New York : Routledge.

_____. 1992. "The Promises of Monsters : A Regenerative Politics for Inappropriate/d Others." In *Cultural Studies*, edited by Lawrence Grossberg, Cary Nelson, and Paula A. Treichler, 295-337. New York : Routledge.

_____. 1997. *Modest_Witness@Second_Millenium : Femaleman_Meets_Oncomouse*. New

York : Routledge. [다나 J. 해러웨이, 『겸손한_목격자@제2의_천년.여성인간ⓒ_앙코마우스TM를_만나다』, 민경숙 옮김, 갈무리, 2007.]

Hardt, Michael, and Antonio Negri. 2000. *Empire*. Cambridge, Mass. : Harvard University Press. [안토니오 네그리·마이클 하트, 『제국』, 윤수종 옮김, 이학사, 2001.]

_____. 2004. *Multitude : War and Democracy in the Age of Empire*. New York : Penguin. [안토니오 네그리·마이클 하트, 『다중』, 조정환 외 옮김, 세종서적, 2008.]

Harland, C. M. 2005. "Supply Chain Management : Relationships, Chains, and Networks." *British Journal of Management* 7, no. 1 : S63-S80.

Harley, J. Brian. 1988. "Maps, Knowledge, and Power." In *The Iconography of Landscape : Essays on the Symbolic Representation, Design, and Use of Past Environments*, edited by D. Cosgrove and S. Daniels, 277-312. Cambridge, UK : Cambridge University Press.

_____. 1989. "Deconstructing the Map." *Cartographica* 26:1-20.

Harlow, Barbara, and Mia Carter. 2003. *Archives of Empire : Volume 1; From the East India Company to the Suez Canal*. Durham, N.C. : Duke University Press.

Harrod, Jeffrey, and Robert O'Brien, eds. 2002. *Global Unions? Theory and Strategies of Organized Labour in the Global Political Economy*. London : Routledge.

Hartman, Sabine. 2012. "DHL Marks the Start of a Unique Logistics Project in China." *Deutsche Post DHL*. July 24. http://www.dp-dhl.com/en/media_relations/press_releases/2012/dhl_marks_start_unique_city_logistics_project_china.html.

Harvey, David. 1973. *Social Justice and the City*. London : Edward Arnold. [데이비드 하비, 『사회정의와 도시』, 최병두 옮김, 한울, 1983.]

_____. 1989. *The Condition of Postmodernity : An Enquiry into the Origins of Cultural Change*. Cambridge, Mass. : Blackwell. [데이비드 하비, 『포스트 모더니티의 조건』, 구동회·박영민 옮김, 한울, 2013.]

_____. 2003. *Paris, Capital of Modernity*. New York : Routledge. [데이비드 하비, 『모더니티의 수도, 파리』, 김병화 옮김, 생각의 나무, 2005.]

_____. 2010. *A Companion to Marx's Capital*. London : Verso. [데이비드 하비, 『데이비드 하비의 맑스 『자본』 강의』, 강신준 옮김, 창비, 2011.]

Haskett, J. L., R. Ivie, and N. Glaskowsky. 1964. *Business Logistics*. New York : Ronald.

Hassan, Mohamed. 2010. "Somalia : How Colonial Powers Drove a Country into Chaos (Interview)." Investig'Action. http://www.michelcollon.info/Somalia-How-Colonial-Powers-drove.html?lang=fr.

Haveman, Jon D., Ethan M. Jennings, Howard J. Shatz, and Greg C. Wright. 2007. "The Container Security Initiative and Ocean Container Threats." *Journal of Homeland Security and Emergency Management* 4, no. 1.

Haveman, Jon D., and Howard J. Shatz, eds. 2006. *Protecting the Nation's Seaports : Balancing Security and Cost*. San Francisco : Public Policy Institute of California.

Hawthorne, Daniel. 1948. *For Want of a Nail : The Influence of Logistics on War*. New York : Whittlesey House, McGraw-Hill.

Heaver, Trevor. 2007. "Tying It All Together : The Challenges of Integration in and through Gateways." Paper prepared for Canada's Asia-Pacific Gateway and Corridor Initiative, Vancouver, May 2-4. Transport Canada.

Hegseth, Pete. 2013. "GAO Report : Government Spending Is 'Unsustainable.'" Concerned Veterans for America. January 23. http://concernedveteransforamerica.org/2013/01/23/gao-report-government-spending-is-unsustainable.

Heinemann, Guy, and Donald Moss. 1969-70. "Federal Labor Law and the Foreign Flagged Vessel — An Inversion of the Doctrine of Preemptive Jurisdiction." *Journal of Maritime Law and Commerce* 1, no. 3 : 415-42.

Heller-Roazen, Daniel. 2009. *The Enemy of All : Piracy and the Law of Nations.* New York : Zone.

Hernandez, Tony. 2003. "The Impact of Big Box Internationalization on a National Market : A Case Study of Home Depot Inc. in Canada." *International Review of Retail and Consumer Research* 13, no. 1 : 77-98.

Heskett, James L. 1977. "Logistics — Essential to Strategy." *Harvard Business Review.* November-December, 85-96.

Hesse, Harmut, and Nicolaos L. Charalambous. 2004. "New Security Measures for the International Shipping Community." *WMU Journal of Maritime Affairs* 3, no. 2 : 123-38.

Hesse, Markus. 2008. *The City as a Terminal : The Urban Context of Logistics and Freight Transport.* Hampshire, UK : Ashgate.

_____. 2010. "Cities, Material Flows, and the Geography of Spatial Interaction : Urban Places in the System of Chains." *Global Networks* 10, no. 1 : 75-91.

Hesse, Markus, and Jean-Paul Rodrigue. 2004. "The Transport Geography of Logistics and Freight Distribution." *Journal of Transport Geography* 12:171-84.

_____. 2006. "Global Production Networks and the Role of Logistics and Transportation." *Growth and Change : A Journal of Urban and Regional Policy* 37, no. 4 : 499-509.

Heyman, Jack. 2012. "A Class Struggle Critique : The ILWU Longshore Struggle in Longview and Beyond." *Counter Punch.* August 10-12 weekend edition. http://www.counterpunch.org/2012/08/10/the-ilwu-longshore-struggle-in-longview-and-beyond.

Higgins, Vaughan, and Wendy Larner, eds. 2010. *Calculating the Social : Standards and the Reconfiguration of Governing.* Basingstoke, UK : Palgrave Macmillan.

Hino, Hisato, Satoshi Hoshino, Tomoharu Fujisawa, Shigehisa Maruyama, and Jun Ota. 2009. "Improvement of Efficiency of Transportation in Harbor Physical Distribution Considering Inland Carriage." *Journal of Mechanical Systems for Transportation and Logistics* 2, no. 2 : 145-56.

Hirschfeld Davis, Julie, and Laura Sullivan. 2004. "Abuse Incident Foreshadowed Abu Ghraib." *Baltimore Sun.* May 14. http://www.baltimoresun.com/news/bal-te.prisoner-14may14,0,7589545.story.

Holan, Angie Drobnic. 2010. "Halliburton, KBR, and Iraq War Contracting : A History So Far." *Tampa Bay Times Polifact.* http://www.politifact.com/truth-o-meter/statements/2010/jun/09/arianna-huffington/halliburton-kbr-and-iraq-war-contracting-history-s.

Holzgrefe, J. L., and Robert Keohane. 2003. *Humanitarian Intervention : Ethical, Legal, and*

Political Dilemmas. Cambridge, UK : Cambridge University Press.

Houlihan, John B. 1987. "International Supply Chain Management." *International Journal of Physical Distribution and Logistics Management* 17, no. 2 : 51-66.

HSE (Health and Safety Executive). 2012. "Annual Statistics Report 2011/12." http://www.hse.gov.uk.

Huxley, Margo. 2006. "Spatial Rationalities : Order, Environment, Evolution, and Government." *Social and Cultural Geography* 7, no. 5 : 771-87.

_____. 2007. "Geographies of Governmentality." In *Space, Knowledge, and Power : Foucault and Geography*, edited by Jeremy W. Crampton and Stuart Elden, 185-204. Hampshire, UK : Ashgate.

IBRD (International Bank for Reconstruction and Development/World Bank). 2009. *Supply Chain Security Guide*. http://siteresources.worldbank.org/INTPRAL/Resources/SCS_Guide_Final.pdf.

ICS (International Chamber of Shipping). 2008. "Joint Statement : Response to Somali Pirates Inadequate Says International Shipping Industry." International Transport Federation. September 29. http://www.itfglobal.org/press-area/index.cfm/pressdetail/2624.

IGI (Idea Group Inc.). 2010. *Enterprise Information Systems : Concepts, Methodologies, Tools, and Applications*. 3 volumes. Google E-book.

IMB (International Maritime Bureau). 2009. "Report of the Secretary-General Pursuant to Security Council Resolution 1846." United Nations Security Council, March 16 (S/2009/146).

IMO (International Marine Organization). 2004. "ISPS Code and Maritime Security." http://www.imo.org/dynamic/mainframe.asp?topic_id=897.

_____. 2009a. "Piracy and Armed Robbery against Ships in Waters off the Coast of Somalia." http://www.imo.org/OurWork/Security/SecDocs/Documents/Piracy/SN.1-Circ.281.pdf.

_____. 2009b. "Protection of Vital Shipping Lanes : Sub-Regional Meeting to Conclude Agreements on Maritime Security, Piracy, and Armed Robbery against Ships for States from the Western Indian Ocean, Gulf of Aden, and Red Seas Areas." Note by the Secretary-General. http://www.imo.org/OurWork/Security/PIU/Documents/DCoC%20English.pdf.

_____. 2012. "International Shipping Facts and Figures — Information Resources on Trade, Safety, Security Environment." Maritime Knowledge Centre. http://www.imo.org/KnowledgeCentre/ShipsAndShippingFactsAndFigures/TheRoleandImportanceofInternationalShipping/Documents/International%20Shipping%20-%20Facts%20and%20Figures.pdf.

Infrastructure Canada. 2010. "Groundbreaking for Tsawwassen First Nation Industrial Park." http://www.infrastructure.gc.ca/media/news-nouvelles/2010/20100621tsawwassen-eng.html.

International Chamber of Commerce (ICC) and International Maritime Bureau (IMB). 2008. "Piracy and Armed Robbery against Ships. Report for the Period 1 January-30 September." http://www.icc-deutschland.de/fileadmin/icc/Meldungen/2013_Q2_IMB_Piracy_Report.pdf.

Intertanko. 2009. "Gulf of Aden Internationally Recommended Transit Corridor & Group Transit Explanation." http://www.intertanko.com/upload/IRTC%20%20GT%20Explanation%20

-%20March%202009%20%282%29.pdf.

InterVISTAS. 2007. *Canada's Asia-Pacific Gateway & Corridor: A Strategic Context for Competitive Advantage*. Prepared for Transport Canada.

Isenberg, David. 2012. "The Rise of Private Maritime Security Companies." *Huffington Post*. May 29. http://www.huffingtonpost.com/david-isenberg/private-military-contractors_b_1548523.html.

Isin, Engin F. 2002. *Being Political: Genealogies of Citizenship*. Minneapolis: University of Minnesota Press.

_____. 2004. "The Neurotic Citizen." *Citizenship Studies* 8, no. 3: 217-35.

_____. 2007. "City.State: Critique of Scalar Thought." *Citizenship Studies* 11, no. 2: 211-28.

_____. 2009. "Editorial: The Thinking Citizenship Series." *Citizenship Studies* 13, no. 1: 1-2.

ITF (International Transport Workers Federation). n.d. "HIV/AIDS Transport Workers Take Action: An ITF Resource Book for Trade Unionists in the Transport Sector." http://www.itf-global.org/files/extranet/-1/995/HIVMANUAL.pdf.

Jabri, Vivienne. 2007. "Michel Foucault's Analytics of War: The Social, the International, and the Racial." *International Political Sociology* 1, no. 1: 67-81.

Jacobs, Wouter, and Peter V. Hall. 2007. "What Conditions Supply Chain Strategies of Ports? The Case of Dubai." *GeoJournal* 68, no. 4: 327-42.

Jaffer, Kamar, ed. 2013. *Investing in Emerging and Frontier Markets*. London: Euromoney.

JAPCC (Joint Air Power Competence Centre). 2011. "NATO Air Transport Capability: An Assessment." http://www.japcc.org/publications/report/Report/20110928_-_NATO_Air_Transport_Capability-An_Assessment.pdf.

Jeffries, Robert S., Jr. 1974. "Distribution Management — Failures and Solutions." *Business Horizons*. April, 58.

Johnson, James, and Donald L. Borger. 1977. "Physical Distribution: Has It Reached Maturity?" *International Journal of Physical Distribution & Logistics Management* 7, no. 5: 283-93.

Johnson, Richard A., Fremont E. Kast, and James E. Rosenzweig. 1964. "Systems Theory and Management." *Management Science* 10, no. 2: 367-84.

Jomini, Antoine-Henri. (1836) 2009. *The Art of War*. Kingston, Ontario: Legacy Books Press Classics. [앙투안 앙리 조미니, 『전쟁술』, 이내주 옮김, 책세상, 1999.]

Kaluza, Pablo, Andrea Kölzsch, Michael T. Gastner, and Bernd Blasius. 2010. "The Complex Network of Global Cargo Ship Movements." *Journal of the Royal Society Interface* 7: 1093-103.

Kanngieser, Anja. 2013. "Tracking and Tracing: New Technologies of Governance and the Logistics Industries." *Environment and Planning D*: Society and Space 31, no. 4: 594-610.

Kapiszewski, Andrzej. 2006. "Arab versus Migrant Workers in the GCC Countries." United Nations Expert Group Meeting on International Migration and Development in the Arab Region. Population Division, Department of Economic and Social Affairs. http://www.un.org/esa/population/meetings/EGM_Ittmig_Arab/P02_Kapiszewski.pdf

Kelty, Christopher M. 2008. *Two Bits: The Cultural Significance of Free Software*. Durham,

N.C. : Duke University Press.

Kempe, Michael. 2009. " 'Even in the Remotest Corners of the World' : Globalized Piracy and International Law, 1500-1900." *Journal of Global History* 5:353-72.

Keyuan, Zou. 2000. "Piracy at Sea and China's Response." *Lloyd's Maritime and Commercial Law Quarterly* 2000:364-82.

_____. 2005. *Law of the Sea in East Asia : Issues and Prospects.* Oxon, UK : Routledge.

Khanna, Parag. 2011. "A New World Order." *Vision : Fresh Perspectives from Dubai.* March. http://vision.ae/en/views/opinion/a_new_new_world_order.

Kilcullen, David. 2010. *Counterinsurgency.* New York : Oxford University Press.

_____. 2012. "The City as a System : Future Conflict and Urban Resistance." *Fletcher Forum of World Affairs* 36, no. 2 : 19-39.

Kim, Miyoung, and Clare Jim. 2011. "Japan Quake Tests Supply Chain from Chips to Ships." *Reuters.* March 14. http://www.reuters.com/article/2011/03/14/us-japan-quake-supplychain-idUSTRE72D1FQ20110314.

Kinsey, Christopher. 2006. *Private Contractors and the Reconstruction of Iraq : Transforming Military Logistics.* New York : Routledge.

Kipfer, Stefan, and Kanishka Goonewardena. 2007. "Colonization and the New Imperialism : On the Meaning of Urbicide Today." *Theory and Event* 10, no. 2 : 1-39.

Kirchgaessner, Stephanie. 2006. "U.S. Coast Guard Warned on Dubai Ports Deal." *Financial Times.* February 28. http://www.ft.com/cms/s/0/6defdda2-a7ee-11da-85bc-0000779e2340.html.

Kirk, Mark. 2011. "Kirk Report : Ending Somali Piracy against American and Allied Shipping." *Somalia Report.* http://www.somaliareport.com/downloads/kirk.senate.gov_pdfs_KirkReportfinal2.pdf.

Kitchen, Rob, and Martin Dodge. 2007. "Rethinking Maps." *Progress in Human Geography* 31, no. 3 : 331-44.

Konstam, Angus. 2008. *Piracy : The Complete History.* Oxford, UK : Osprey.

Kontorovich, Eugene. 2009. " 'A Guantanamo on the Sea' : The Difficulties of Prosecuting Pirates and Terrorists." *California Law Review* 98:234.

Korzybski, Alfred. 1973. *Science and Sanity : An Introduction to Non-Aristotelian Systems and an Introduction to Non-Aristotelian Systems and General Semantics.* Forest Hills, NY : Institute of General Semantics.

Kostyal, Karen M. 2010. *Great Migrations.* Washington, D.C. : National Geographic. [내셔널지오그래픽 · 카렌 코스티얼 엮음, 『위대한 여정』, 이영기 옮김, 에디터, 2011.]

Krygier, John, and Denis Wood. 2011. *Making Maps, Second Edition.* New York : Guilford.

Lakoff, Andrew. 2007. "From Population to Vital System : National Security and the Changing Object of Public Health." ARC Working Paper, No. 7.

LaLonde, Bernard J. 1994. "Perspectives on Logistics Management." In *The Logistics Handbook*, edited by James F. Robeson and William C. Copacino. New York : Free Press.

LaLonde, Bernard J., John R. Grabner, and James F. Robeson. 1970. "Integrated Distribution

Systems : A Management Perspective." *International Journal of Physical Distribution and Logistics Management* 1 : 43-49.

Lamble, Sarah. 2013. "Queer Necropolitics and the Expanding Carceral State : Interrogating Sexual Investments in Punishment." *Law and Critique* 24, no. 3 : 229-53.

Lancaster, Jane B., Hillard S. Kaplan, Kim Hill, and A. Magdalena Hurtado. 2000. "The Evolution of Life History, Intelligence, and Diet among Chimpanzees and Human Foragers." In *Perspectives in Ethology : Evolution, Culture, and Behavior*, vol. 13, edited by François Tonneau and Nicholas S. Thompson, 47-72. New York : Plenum.

Landman, Stephen I. 2009. "Funding for Bin Laden's Avatar : A Proposal for the Regulation of Virtual Hawalas." *William Mitchell Law Review* 25, no. 5 : 5159-84.

Larner, Wendy, and David Craig. 2005. "After Neoliberalism? Community Activism and Local Partnerships in Aotearoa New Zealand." *Antipode* 37, no. 3 : 402-24.

Layer, Brian. 1994. *Contingency Operation Logistics : USTRANSCOM's Role When Less Must Be More; A Monograph*. Fort Leavenworth, Kans. : Transportation Corps School of Advanced Military Studies, United States Army Command and General Staff College.

Leander, Anna. 2010. "The Paradoxical Impunity of Private Military Companies : Authority and the Limits to Legal Accountability." *Security Dialogue* 41, no. 5 : 467-90.

Lecavalier, J. 2010. "All Those Numbers : Logistics, Territory, and Walmart." *Design Observer*. http://places.designobserver.com/feature/walmart-logistics/13598.

Lefebvre, Henri. 1984. *Everyday Life in the Modern World*. Piscataway, N.J. : Transaction. [앙리 르페브르, 『현대세계의 일상성』, 박정자 옮김, 기파랑, 2005.]

_____. 1991. *The Production of Space*. Oxford, UK : Blackwell. [앙리 르페브르, 『공간의 생산』, 양영란 옮김, 에코리브르, 2011.]

LeKashman, Richard, and John F. Stolle. 1965. "The Total Cost Approach to Distribution." *Business Horizons* (Winter) : 33-46.

Lemke, Thomas. 2001. "The Birth of Bio-Politics — Michel Foucault's Lecture at the College de France on Neo-Liberal Governmentality." *Economy and Society* 30, no. 2 : 190-207.

Levinson, Marc. 2006. *The Box : How the Shipping Container Made the World Smaller and the World Economy Bigger*. Princeton, N.J. : Princeton University Press. [마크 레빈슨, 『The Box — 컨테이너 역사를 통해 본 세계경제학』, 김동미 옮김, 21세기북스, 2008.]

Lewin, Kurt. 1947. "Frontiers and Group Dynamics : Concept, Method, and Reality in Social Science : Social Equilbria and Social Change." *Human Relations* (June) : 5-41.

Lewis, H. T., J. W. Culliton, and J. D. Steel. 1956. *The Role of Air Freight in Physical Distribution*. Boston : Harvard University Press.

Lim, Louisa. 2011. "In Greek Port, Storm Brews over Chinese-Run Labor." *National Public Radio*. June 8. http://www.npr.org/2011/06/08/137035251/in-greek-port-storm-brews-over-chinese-run-labor.

Limbrick, Peter. 2012. "From the Interior : Space, Time, and Queer Discursivity in Kamal Aljafari's *The Roof*." In *The Cinema of Me : The Self and Subjectivity in First Person Documentary Film*, edited by Alisa Lebow, 96-115. London : Wallflower.

Linebaugh, Peter, and Marcus Rediker. 2001. *The Many-Headed Hydra : Sailors, Slaves, Commoners, and the Hidden History of the Revolutionary Atlantic*. Boston : Beacon. [피터 라인보우·마커스 레디커, 『히드라』, 정남영·손지태 옮김, 갈무리, 2008.]

LMI (Logistics Management Institute). n.d. "LMI History." Accessed September 21, 2012. http://www.lmi.org/About-LMI/History.aspx.

Logan, John R., and Harvey Molotch. 1987. *Urban Fortunes : The Political Economy of Place*. Los Angeles : University of California Press. [『황금경제』, 김준우 옮김, 전남대학교출판부, 2013.]

"Logistics and Support." 2005. *Joint Force Quarterly*, no. 39, 4th quarter.

Lutz, Catherine A. 2001. *Homefront : A Military City and the American Twentieth Century*. Boston : Beacon.

Lutz, Catherine A., and Jane L. Collins. 1993. *Reading National Geographic*. Chicago : University of Chicago Press.

Lydersen, Kari. 2011. "From Racism to Lung Cancer, Workers Cope with Life in the Logistics Industry." In *These Times*. May 2. http://www.inthesetimes.com/working/entry/7252/from_racism_to_lung_cancer_the_risks_of_the_logistics_industry.

Lynch, Clifford F. 1998. "Leadership in Logistics." *Journal of Business Logistics* 19, no. 2 : 342-46.

Lynch, Gary S. 2009. *Single Point of Failure : The 10 Essential Laws of Supply Chain Risk Management*. Hoboken, N.J. : John Wiley and Sons.

Mabert, Vincent A., Ashok Soni, and M. A. Venkataramanan. 2001. "Enterprise Resource Planning : Common Myths versus Evolving Reality." *Business Horizons*. May-June. http://mis.postech.ac.kr/class/MEIE680_AdvMIS/AdvancedPapers/Pack3/Enterprise%20resource%20planning-common%20myths%20versus%20evolving%20reality.pdf.

Maccagnan, Victor, Jr. 2004. *Logistics Transformation : Restarting a Stalled Process*. Darby, Penn. : Diane.

MacDonald, James M., and Linda C. Cavalluzzo. 1996. "Railroad Deregulation : Pricing Reforms, Shipper Responses, and the Effects on Labor." *Industrial and Labor Relations Review* 50:80-91.

MacDonald, John R. 2008. "Supply Chain Disruption Management : A Conceptual Framework and Theoretical Model." PhD diss., University of Maryland.

Mackey, Robert. 2011. "Updates on Day 15 of Egypt Protests." *New York Times*. February 8. http://thelede.blogs.nytimes.com/2011/02/08/latest-updates-on-day-15-of-egypt-protests/?src=twt&twt=thelede#strikes-reported-at-suez-canal-and-across-egypt.

MacNeil, Rachel. 2008. "Tsawwassen Land Treaty." *Canadian Geographic*. April. http://www.canadiangeographic.ca/magazine/apr08/feature_tsawwassen2.asp.

Makillie, Paul. 2006. "The Physical Internet." *Economist*. June 15. http://www.economist.com/node/7032165.

Mangan, John, Chandra Lalwani, and Tim Butcher. 2008. *Global Logistics and Supply Chain Management*. London : John Wiley and Sons.

Mann, Michael. 1988. *States, War, and Capitalism : Studies in Political Sociology*. Oxford, UK : Basil Blackwell.

Manthorpe, Jonathan. 2012. "Manthorpe : Armed Guards on Merchant Ships Deter Pirates, but
Raise Legal Concerns." *The Vancouver Sun*. July 17. http://www.vancouversun.com/news/Ma
nthorpe+Armed+guards+merchant+ships+deter+pirates+raise/6949256/story.html.

Maritime Union of Australia. 2005. "Inquiry into the Maritime Transport Security Amendment
Act 2005 and Regulations." Union submission to Senate Rural and Regional Affairs and Trans-
port Legislation Committee.

Markusen, Ann, Peter Hall, Scott Campbell, and Sabina Deitrick. 1991. *The Rise of the Gun-
belt : The Military Remapping of Industrial America*. New York : Oxford University Press.

Marmon, William. 2011. "Merchant Ships Starting to Carry Armed Guards against Somali Pi-
rates." *European Institute*. November. http://www.europeaninstitute.org/November-2011/
merchant-ships-start-to-carry-armed-guards-against-somali-pirates-1122.html.

Martin, Mary. 2011. "Longshore Workers Prepare for Long Fight : Battle Union Busting at Wash-
ington Port." *The Militant* 75, no. 44. http://www.themilitant.com/2011/7544/754402.html.

Marx, Karl. 1867. *Capital, Volume I*. Translated by Ben Fowkes. London : Penguin Classics. [카를
마르크스, 『자본 I』(1/2), 강신준 옮김, 길, 2010.]

_____. (1887) 1993. *Capital, Volume II : A Critique of Political Economy*. Translated by David
Ferbach. London : Penguin Classics. [카를 마르크스, 『자본 II』, 강신준 옮김, 길, 2010.]

_____. (1939) 2005. *Grundisse : Foundations of the Critique of Political Economy*. London : Pen-
guin Classics. [칼 맑스, 『정치경제학 비판 요강 II』, 김호균 옮김, 그린비, 2007.]

Massey, Doreen. 1977. "A Global Sense of Place." In *Reading Human Geography : The Poetics
and Politics of Inquiry*, edited by Trevor Barnes and Derek Gregory, 315-23. London : Arnold.

_____. 2005. *For Space*. London : Sage. [도린 매시, 『공간을 위하여』, 박경환 외 옮김, 심산, 2016.]

Mbembe, Achille. 2003. "Necropolitics." *Public Culture* 15, no. 1 : 11-40.

McBride, Sarah. 2012. "Oakland Leaders Urge Broad Battle with Goldman Sachs." *Reuters*.
July 31. http://www.reuters.com/article/2012/08/01/us-goldman-swaps-oakland-idUS-
BRE86U1Q920120801.

McClintock, Anne. 1993. "Maid to Order : Commercial Fetishism and Gender Power." *Social Text*
37:87-116.

McConnell, Daniel, Richard A. Hardemon, and Larry C. Ransburgh. 2010. "The Logistics Con-
stant throughout the Ages." *Air Force Journal of Logistics* 34, no. 3 : 82-88.

McCune, Joseph T., Richard W. Beatty, and Raymond V. Montagno. 2006. "Downsizing : Prac-
tices in Manufacturing Firms." *Human Resource Management* 27, no. 2 : 145-61.

McDowell, Linda. 1999. *Gender, Identity, and Place : Understanding Feminist Geographies*. Min-
neapolis : University of Minnesota Press.

McEllrath, Robert. 2011. "TWIC Fails to Protect Our Port, and Workers Pay the Price." ILWU.
org. June 1. http://www.ilwu.org/?p=2535.

_____. 2012. "Prepare to Take Action When EGT Vessel Arrives." ILWU.org. January 3. http://
www.ilwu.org/?p=3378.

McNeil, Maureen. 2010. "Post-Millennial Feminist Theory : Encounters with Humanism, Mate-
rialism, Critique, Nature, Biology, and Darwin." *Journal for Cultural Research* 14, no. 4 : 427-

39.

McWhorter, Ladelle. 2010. *Racism and Sexual Oppression in Anglo-America: A Genealogy.* Bloomington: Indiana University Press.

Melman, Seymour. 1974. *The Permanent War Economy: American Capitalism in Decline.* New York: Simon and Schuster.

Meyer, J. R. 1959. *The Economics of Competition in the Transportation Industries.* Cambridge, Mass.: Harvard University Press.

Mignolo, Walter D., and Madina V. Tlostanova. 2006. "Theorizing from the Borders: Shifting to Geo- and Body-Politics of Knowledge." *European Journal of Social Theory* 9: 205-21.

Miller, Matt. 2012. "The Logic of Logistics." *Deal Pipeline.* November 30. http://www.thedeal.com/content/industrials/the-logic-of-logistics.php#ixzz2Ij96sGYJ.

Miller Davis, Grant. 1974. *Logistics Management.* Lexington, Mass.: D. C. Heath.

Mitchell, Don. 1996. *The Lie of the Land: Migrant Workers and the California Landscape.* Minneapolis: University of Minnesota Press.

Mitchell, Timothy. 2002. *Rule of Experts: Egypt, Techno-politics, Modernity.* Los Angeles: University of California Press.

———. 2005. "The Work of Economics: How a Discipline Makes Its World." *European Journal of Sociology* 46: 297-320.

Mitman, Gregg. 1999. *Reel Nature: America's Romance with Wildlife on Film.* Boston: Harvard University Press.

Mohanty, Chandra Talpade. 2011. "Imperial Democracies, Militarised Zones, Feminist Engagements." *Economic and Political Weekly* 46, no. 13. http://www.epw.in/reflections-empire/imperial-democracies-militarised-zones-feminist-engagements.html.

Mollenkopf, John H., and Manuel Castells, eds. 1991. *Dual City: Restructuring New York.* New York: Russell Sage Foundation.

Mongelluzzo, Bill. 2012. "CBP Official: Security Partnerships Help Protect International Supply Chains." *Journal of Commerce.* May 14. http://www.joc.com/regulation-policy/transportation-regulations/cbp-official-security-partnerships-help-protect-international-supply-chains_20120514.html.

Moore, Donald S., Jake Kosek, and Anand Pandian. 2003. *Race, Nature, and the Politics of Difference.* Durham, N.C.: Duke University Press.

Moore, James. 2008. "Update on Canada's Asia-Pacific Gateway and Corridor Initiative." Transport Canada. http://www.tc.gc.ca/canadasgateways/apgci/update-august-2008.html.

Morris, Chris. 2011. "Could Chinese Investment Rescue Ailing Greece?" *BBC News.* June 25. http://news.bbc.co.uk/2/hi/programmes/from_our_own_correspondent/9520732.stm.

"A Moving Story: Companies Are Outsourcing Huge Chunks of What They Do to Logistics Companies." 2002. *Economist.* December 5. http://www.economist.com/node/1477544.

MSCHOA (Maritime Security Centre Horn of Africa). n.d. "About Us." http://www.mschoa.org/on-shore/about-us.

Muñoz, Carlo. 2012. "The Philippines Re-opens Military Bases to US Forces," *DEFCON*

Hill: The Hill's Defense Blog. June 6. http://thehill.com/blogs/defcon-hill/operations/231257-philippines-re-opens-military-bases-to-us-forces-.

Muñoz, Jose Esteban. 2009. *Cruising Utopia: The Then and There of Queer Futurity*. New York: New York University Press.

Mustain, Andrea. 2010. "Great Migrations Thrill, Shock at NYC Premiere." *Live Science*. http://www.livescience.com/8882-great-migrations-thrill-shock-nyc-premiere.html.

Naim, Mohamed, M. Holweg, and Denis Royston Towill. 2003. "On Systems Thinking, Engineering, and Dynamics — Their Influence on Modern Logistics Management." Logistics and Networked Organisations' Proceedings of the 8th International Symposium on Logistics, Sevilla, July 6-8.

National Geographic. 2010. "Witness Spectacle of Magnificent Animal Journeys around Globe in National Geographic's Epic 'Great Migrations.'" http://press.nationalgeographic.com/2010/11/02/great-migrations-available-dvd-blu-ray.

"NCPDM Meets CLM in St. Louis." 1985. *Handling and Shipping Management* 28. http://business.highbeam.com/438314/article-1G1-4044370/ncpdm-meets-clm-st-louis.

Negrey, Cynthia, Jeffrey L. Osgood, and Frank Goetzke. 2011. "One Package at a Time: The Distributive World City." *International Journal of Urban and Regional Research* 35:812-31.

Neilson, Brett, and Ned Rossiter. 2010. "Still Waiting, Still Moving: On Labour, Logistics, and Maritime Industries." In *Stillness in a Mobile World*, edited by David Bissell and Gillian Fuller, 51-68. New York: Routledge.

Neocleus, Mark. 2000. *The Fabrication of Social Order: A Critical Theory of Police Power*. London: Pluto.

Neuschel, Robert P. 1967. "Physical Distribution — Forgotten Frontier." *Harvard Business Review*. March-April, 125-34.

Newman, David. 2006. "Borders and Bordering: Towards an Interdisciplinary Dialogue." *European Journal of Social Theory* 9: 171-86.

Noble, David F. 1977. *America by Design: Science, Technology, and the Rise of Corporate Capitalism*. New York: Knopf.

Nyers, Peter. 2008. "No One Is Illegal between City and Nation." In *Acts of Citizenship*, edited by Engin F. Isin and Greg M. Nielsen, 160-81. London: Zed.

Oberg, Winston. 1972. "Charisma, Commitment, and Contemporary Organization Theory." *ISU Business Topics* (Spring): 18-32.

Odell, Mark. 2011. "Naval Chiefs Warn of Rise in Somali Piracy." *Financial Times*. September 11. http://www.ft.com/intl/cms/s/0/a5c5b6ae-dc84-11e0-8654-00144feabdc0.html#axzz22sj20Dyt.

Ogilvy & Mather. 2012. "We ♥ Logistics." Effie Awards Showcase. http://current.effie.org/winners/showcase/2012/6520.

Omissi, David E. 1990. *Air Power and Colonial Control: The Royal Air Force, 1919-1939*. New York: Manchester University Press.

Organisation for Economic Co-operation and Development (OECD). 2003. "Security in Maritime Transport : Risk Factors and Economic Impact," http://www.oecd.org/sti/transport/mari-timetransport/18521672.pdf.

Ortega, Bob. 1998. *In Sam We Trust : The Untold Story of Sam Walton and How Walmart Is Devouring America*. New York : Random House.

Oswin, Natalie. 2008. "Critical Geographies and the Uses of Sexuality : Deconstructing Queer Space." *Progress in Human Geography* 32, no. 1 : 89-103.

Overby, Peter. 2006. "Lobbyist's Last Minute Bid Set Off Ports Controversy." *National Public Radio*. March 8. http://www.npr.org/templates/story/story.php?storyId=5252263.

OWCW (Open World Conference of Workers). 2002. "ILWU Denounces Taft-Hartley as Anti-union Employer-Government Coalition." http://www.owcinfo.org/campaign/ILWU/ilwu_denounces_taft.htm.

Papayanis, Nicholas. 2004. *Planning Paris before Haussman*. Baltimore : Johns Hopkins University Press.

Parlette, Vanessa, and Deborah Cowen. 2011. "Dead Malls : Suburban Activism, Local Spaces, Global Logistics." *International Journal of Urban and Regional Research* 35, no. 4 : 794-811.

Partridge, Damani James. 2011. "Activist Capitalism and Supply-Chain Citizenship : Producing Ethical Regimes and Ready-to-Wear Clothes." *Current Anthropology* 52, no. 3 : S97-S111.

Peck, Jamie, and Adam Tickell. 2002. "Neoliberalizing Space." *Antipode* 34, no. 3 : 380-404.

Peoples, James. 1998. "Deregulation and the Labor Market." *Journal of Economic Perspectives* 12, no. 3 : 111-30.

Peoples, James, and Lisa Saunders. 1993. "Trucking Deregulation and the Black/White Wage Gap." *Industrial and Labor Relations Review* 47, no. 1 : 23-35.

Perotin-Dumon, Anne. 1991. "The Pirate and the Emperor : Power and the Law on the Seas, 1450-1850." In *The Political Economy of Merchant Empires*, edited by James D. Tracy. Cambridge, UK : Cambridge University Press.

"Peter King : Dubai Ports Company in 'al-Qaida Heartland.' " 2006. *Newsmax.com*. February 20. http://archive.newsmax.com/archives/ic/2006/2/20/120409.shtml.

Peters, Ralph. 1995. "After the Revolution." *Parameters* 25 : 11-14.

Petraeus, David. 2006. "Learning Counterinsurgency : Observations from Soldiering in Iraq." *Military Review*. January-February. http://www.army.mil/professionalWriting/volumes/volume4/april_2006/4_06_2.html.

Pettit, Timothy J., Joseph Fiskel, and Keely L. Croxton. 2010. "Ensuring Supply Chain Resilience : Development of a Conceptual Framework." *Journal of Business Logistics* 31, no. 1 : 1-21.

Pickles, John. 2004. *A History of Spaces : Cartographic Reason, Mapping, and the Geo-coded World*. London : Routledge.

Plant, Jeremy F. 2002. "Railroad Policy and Intermodalism : Policy Choices after Deregulation." *Review of Policy Research* 19, no. 2 : 13-32.

Plehwe, Dieter, Bernhard J. A. Walpen, and Gisela Neunhöffer. 2006. *Neoliberal Hegemony : A Global Critique*. New York : Routledge.

PMAESA (Port Management Association of Eastern and Southern Africa). 2008a. *e-PMAESA Newsletter: A Publication of the PMAESA Secretariat*. October 16. http://www.pmaesa.org/media/newsletter/2008/newsletter16_october_08.pdf.

———. 2008b. *Our Ports: Official Publication of the Port Management Association of Eastern and Southern Africa* 1, no. 4. http://www.pmaesa.org/media/magazine/pmaesa_our_ports4.pdf.

———. 2008c. "IMO Talks Action on Piracy." *Our Ports* 5, no. 2:6-7.

Poier, Salvatore. 2009. "Hostis Humani Generis: History of a Multi-faceted Word." *Darkmatter: In the Ruins of Imperial Culture*. December 20. http://www.darkmatter101.org/site/2009/12/20/hostis-humani-generis-history-of-a-multi-faceted-word.

Poist, Richard F. 1986. "Evolution of Conceptual Approaches to Designing Business Logistics Systems." *Transportation Journal* 26, no. 1:55-64.

Poist, Richard F., and Peter M. Lynagh. 1976. "Job Satisfaction and the P. D. Manager: An Empirical Assessment." *Transportation Journal* 16, no. 1:45-50.

Pollard, Jane S., and James D. Sidaway. 2002. "Nostalgia for the Future: The Geoeconomics and Geopolitics of the Euro." *Transactions of the Institute of British Geographers* 27, no. 4:518-21.

P&O Nedlloyd Logistics. 2004. "Knowing and Managing Your Supply Chain." Business Briefing: Global Purchasing and Supply Chain Strategies, 1-17.

Port of Oakland. 2011. "Oakland's Working Waterfront: TIGER III Funding Application Project Narrative." http://www.portofoakland.com/pdf/TIGER_application.PDF.

———. 2012. "City and Port of Oakland Achieve Significant Milestone in Former Oakland Army Base Redevelopment." http://www.portofoakland.com/newsroom/pressrel/view.asp?id=279.

Potter, Brian. 2007. "Constricting Contestation, Coalitions, and Purpose: The Causes of Neoliberal Restructuring and Its Failures." *Latin American Perspectives* 34, no. 3:3-24.

Povinelli, Elizabeth. 2007. "Disturbing Sexuality." *South Atlantic Quarterly* 106, no. 3:565-76.

Province of British Columbia. 2013. Tsawwassen First Nation Final Agreement Act. SBC 2007, Chapter 39.

Pryer, Douglas A. 2009. *The Fight for Higher Ground: The U.S. Army and Interrogation during Operation Iraqi Freedom May 2003-April 2004*. Fort Leavenworth, Kans.: Command and General Staff College Foundation.

Puar, Jasbir K. 2005. "Queer Times, Queer Assemblages." *Social Text* 23, nos. 3-4, 85-84 (Fall-Winter):121-40.

———. 2007. *Terrorist Assemblages: Homonationalism in Queer Times*. Durham, N.C.: Duke University Press.

PwC (PricewaterhouseCoopers). 2011. "Securing the Supply Chain: Transportation and Logistics 2030, Volume 4." http://download.pwc.com/ie/pubs/2011_transportation_and_logistics_2030_volume4_securing_the_supply_chain.pdf.

Radicella, Lucas. 2012. "Panama: Canal Workers Declare Strike after Colleague's Death." *Argentina Independent*. November 23. http://www.argentinaindependent.com/currentaffairs/newsfromlatinamerica/panama-canal-workers-declare-strike-after-colleagues-death.

Rainey, James C., Cindy Young, and Roger D. Golden, eds. 2009. "Selected Readings: Thinking about Logistics." *Air Force Journal of Logistics* 33 (July): 50-79.

Ramadan, Adam. 2009. "Destroying Nahr el-Bared: Sovereignty and Urbicide in the Space of Exception." *Political Geography* 28:153-63.

RAND. 2004. "Evaluating the Security of the Global Containerized Supply Chain: Infrastructure, Safety, and Environment Series." http://www.rand.org/pubs/technical_reports/TR214.

———. 2009. "Film Piracy, Organized Crime, and Terrorism." http://www.rand.org/content/dam/rand/pubs/monographs/2009/RAND_MG742.pdf.

Rasmussen, Claire, and Michael Brown. 2002. "Radical Democracy: Amidst Political Theory and Geography." In *Handbook of Citizenship Studies*, edited by Engin F. Isin and Bryan S. Turner, 294-327. London: Sage.

———. 2005. "Reviving a Dead Metaphor: The Body of Politics and Citizenship." *Citizenship Studies* 9, no. 5: 469-84.

Razack, Sherene H. 2004. *Dark Threats and White Knights: The Somalia Affair, Peacekeeping, and the New Imperialism*. Toronto: University of Toronto Press.

Rediker, Marcus. 2004. *Villains of All Nations: Atlantic Pirates in the Golden Age*. Boston: Beacon.

Reid, Julian. 2006. "This Is Your Logistical Life." *Metamute*. http://www.metamute.org/editorial/articles/your-logistical-life.

Reifer, Thomas. 2004. "Labor, Race, and Empire: Transport Workers and Transnational Empires of Trade, Production, and Finance." In *Labor versus Empire: Race, Gender, and Migration*, edited by Gilbert G. Gonzalez, Raul A. Fernandez, Vivian Price, David Smith, and Linda Trinh Võ, 17-36. London: Routledge.

———. 2011. "Unlocking the Black Box of Globalization." Unpublished paper, available from author.

Rice, James B., Jr., and Federico Caniato. 2003. "Supply Chain Response to Terrorism: Creating Resilient and Secure Supply Chains." Supply Chain Response to Terrorism Project, Interim Report of Progress and Learnings, MIT Center for Transportation and Logistics. August 8. http://web.mit.edu/scresponse/repository/SC_Resp_Report_Interim_Final_8803.pdf.

Rice, James B., Jr., and Yossi Sheffi. 2005. "A Supply Chain View of the Resilient Enterprise." *MIT Sloan Management Review* 47, no. 1: 41-48.

Robins, Martin E., and Anne Strauss-Wieder. 2006. "Principles for a U.S. Public Freight Agenda in the Global Economy." The Brookings Institution Series on Transportation Reform. http://www.brookings.edu/research/reports/2006/01/01transportation-robins.

Rodrigue, Jean-Paul, Claude Comtois, and Brian Slack. 2009. *The Geography of Transport Systems*. New York: Routledge.

Rodrigue, Jean-Paul, and Laetitia Dablanc. 2013. "City Logistics." In *UN-Habitat, 2013 Global Report on Human Settlements: Sustainable Urban Transport*, edited by the United Nations Human Settlements Programme, 2-15. London: Earthscan. http://unhabitat.org/planning-and-design-for-sustainable-urban-mobility-global-report-on-human-settlements-2013.

Rodrigue, Jean-Paul, and Theo Notteboom. 2009. "The Geography of Containerization : Half a Century of Revolution, Adaptation, and Diffusion." *GeoJournal* 74, no. 1 : 1-5.

Rohar, Evan. 2011a. "Suez Canal Strike Could Rattle Egypt's Regime." *LINKS : International Journal of Socialist Renewal*. February 10. http://links.org.au/node/2155.

———. 2011b. "Longshore Workers Thresh Grain Shipper, Block Train." *Labor Notes*. July 21. http://labornotes.org/blogs/2011/07/longshore-workers-thresh-grain-shipper-block-train.

Roloff, James. 2003. "Lessons Learned from Operation Enduring Freedom : CCO Handbook. Year in Review : Generating Solutions Today, Shaping Tomorrow's Logistics." Air Force Logistics Management Agency (AFLMA).

Rose, Nikolas. 1989. *Governing the Soul : The Shaping of the Private Self.* London : Routledge.

———. 1996. "The Death of the Social? Refiguring the Territory of Government." *Economy and Society* 25, no. 3 : 327-56.

Ross, Kristin. 1988. *The Emergence of Social Space.* Minneapolis : University of Minnesota Press.

Roth, Jonathan P. 1999. *The Logistics of the Roman Army at War (264 B.C.-A.D. 235).* Boston : Brill.

Rothenberg, Tamar Y. 2007. *Presenting America's World : Strategies of Innocence in National Geographic Magazine, 1988-1945.* Burlington : Ashgate.

Russell, Bertrand. 1938. "On the Importance of Logical Form." In *International Encyclopedia of Unified Science.* Chicago : University of Chicago Press.

Said, Edward W. 1979. *Orientalism.* New York : Knopf Doubleday. [에드워드 사이드, 『오리엔탈리즘』, 박홍규 옮김, 교보문고, 2015.]

Salopek, Paul. 2008. "Off the Lawless Coast of Somalia, Questions of Who Is Pirating Who." *Chicago Tribune.* October 10. http://articles.chicagotribune.com/2008-10-10/news/0810090770_1_somalia-ground-for-industrial-waste-pirates.

Salter, Mark. 2004. "Passports, Mobility, and Security : How Smart Can the Border Be?" *International Studies Perspectives* 5 : 71-91.

Sandilands, Catriona, and Bruce Erickson, eds. 2010. *Queer Ecologies : Sex, Nature, Politics, and Desire.* Bloomington : Indiana University Press.

Sanger, David F., and Eric Lipton. 2006. "Bush Threatens to Veto Any Bill to Stop Port Takeover." *New York Times.* February 21. http://www.nytimes.com/2006/02/21/politics/21cnd-port.html?_r=0.

Sarni, V. A. 1973a. "A Management Perspective : The Next Decade." *Transportation and Distribution Management.* December, 24.

———. 1973b. "PD in the Near Future." *Proceedings of the National Council of Physical Distribution* : 47.

Sassen, Saskia. 1991. *The Global City : New York, London, Tokyo.* Princeton, N.J. : Princeton University Press.

———. 2006. *Territory, Authority, Rights : From Medieval to Global Assemblages.* Princeton, N.J. : Princeton University Press.

_____. 2008. "Neither Global nor National : Novel Assemblages of Territory, Authority and Rights." *Ethics & Global Politics* 1, no. 1 : 61-79.

_____. 2013. "When Territory Deborders Territoriality." *Territory, Politics, Governance* 1, no. 1 : 21-45.

Schary, Philip B., and Boris W. Becker. 1973. "The Marketing/Logistics Interface." *International Journal of Physical Distribution and Logistics Management* 3, no. 4 : 246-88.

Sekula, Alan, and Noël Burch. 2011. "The Forgotten Space." *New Left Review* 69. http://newleft-review.org/II/69/allan-sekula-noel-burch-the-forgotten-space.

Sharman, Graham. 1991. "Good Logistics Is Combat Power (Interview with Lt. Gen. William Pagonis; Role of Logistics in the 1991 Persian Gulf War)." *The McKinsey Quarterly*. June 22, 3.

Shaw, Martin. 2004. "New Wars of the City : Relationships of 'Urbicide' and 'Genocide.' " In *Cities, War, and Terrorism : Towards an Urban Geopolitics*, edited by Stephen Graham, 141-53. Oxford, UK : Blackwell.

Sheffi, Yossi. 2006. "Resilience Reduces Risk." *Logistics Quarterly* 12, no. 1 : 12-15.

_____. 2007. *The Resilient Enterprise : Overcoming Vulnerability for Competitive Advantage.* Cambridge, Mass. : MIT Press.

Sheller, Mimi. 2011. "Mobilities." *Sociopedia.isa.* http://www.sagepub.net/isa/resources/pdf/Mobility.pdf.

Sheller, Mimi, and John Urry. 2006. "The New Mobilities Paradigm." *Environment and Planning A* 38, no. 2 : 207-26.

Sheppard, Eric. 2002. "The Spaces and Times of Globalization : Place, Scale, Networks, and Positionality." *Economic Geography* 78, no. 3 : 307-30.

Shirley, R. C. 1974. "A Model for Analysis of Organizational Change." *MSU Business Topics* (Spring) : 60-68.

Shoenberger, Erica. 2008. "The Origins of the Market Economy : State Power, Territorial Control, and Modes of War Fighting." *Comparative Studies in Society and History* 50, no. 3 : 663-91.

SIGIR (Special Inspector General for Iraq Reconstruction). 2010. "Applying Iraq's Hard Lessons to the Reform of Stabilization and Reconstruction Operations." http://www.sigir.mil/applying-hardlessons/index.html.

Skipper, Joseph B., Christopher W. Craighead, Terry Anthony Byrd, and R. Kelly Rainer. 2008. "Towards a Theoretical Foundation of Supply Network Interdependence and Technology-Enabled Coordination Strategies." *International Journal of Physical Distribution and Logistics Management* 38, no. 1 : 39-56.

Smith, David. 2009. "World Cup Rapper K'Naan Defends Somali Pirates." *Guardian*. December 6. http://www.guardian.co.uk/world/2009/dec/06/world-cup-rapper-defends-somali-pirates.

Smith, Neil. 1980. "Symptomatic Silence in Althusser : The Concept of Nature and the Unity of Science." *Science and Society* 44, no. 1 : 58-81.

_____. 1984. *Uneven Development : Nature, Capital, and the Production of Space.* Oxford, UK : Basil Blackwell.

_____. 2004. *American Empire : Roosevelt's Geographer and the Prelude to Globalization*. Berkeley : University of California Press.

_____. 2005. *The Endgame of Globalization*. London : Routledge.

Smith, Neil, and C. Katz. 1993. "Grounding Metaphor." In *Place and the Politics of Identity*, edited by Michael Keith and Steve Pile, 67-84. London : Routledge.

Smith, Richard G. 2005. "Networking the City." *Geography* 90, no. 2 : 172-76.

Smykay, Edward W. 1961. *Physical Distribution Management : Logistics Problems of the Firm*. London : Macmillan.

Smykay, Edward W., and Bernard LaLonde. 1967. *Physical Distribution : The New and Profitable Science of Business Logistics*. Chicago : Dartnell.

Soja, Edward. 1989. *Postmodern Geographies : The Reassertion of Space in Critical Social Theory*. London : Verso. [에드워드 소자, 『공간과 비판사회이론』, 이무용 외 옮김, 시각과언어, 1997.]

"Somali Piracy : Armed Guards to Protect UK Ships." 2011. *BBC News*. October 30. http://www. bbc.co.uk/news/uk-15510467.

Sparke, Matthew. 1998. "From Geopolitics to Geoeconomics : Transnational State Effects in the Borderlands." *Geopolitics* 3, no. 2 : 61-97.

_____. 2000. "Excavating the Future in Cascadia : Geoeconomics and the Imagined Geographies of a Cross-Border Region." *BC Studies* 127 : 5-44.

_____. 2004. "Belonging in the PACE Lane : Fast Border Crossing and Citizenship in the Age of Neoliberalism." In *Boundaries and Belonging : States and Societies in the Struggle to Shape Identities and Local Practices*, edited by Joel S. Migdal, 251-83. Cambridge, UK : Cambridge University Press.

_____. 2006. "A Neoliberal Nexus : Citizenship, Security and the Future of the Border." *Political Geography* 25, no. 2 : 151-80.

Sparke, Matthew, Sue Roberts, and Anna Secor. 2003. "Neoliberal Geopolitics." *Antipode* 35, no. 5 : 886-97.

Sparr, Pamela, ed. 1994. *Mortgaging Women's Lives : Feminist Critiques of Structural Adjustment Programs*. London : Zed.

Spector, Robert. 2005. *Category Killers : The Retail Revolution and Its Impact on Consumer Culture*. Boston : Harvard Business School Press.

Spencer, Frank. 1967. "The United States and Germany in the Aftermath of War I : 1918-1929." *International Affairs* 43, no. 4 : 693-703.

Starr, Randy, Jim Newfrock, and Michael Delurey. 2003. "Enterprise Resilience : Managing Risk in the Networked Economy." *Strategy and Business* 30 : 1-12.

Stasiulis, Daiva, and Darryl Ross. 2006. "Security, Flexible Sovereignty, and the Perils of Multiple Citizenship." *Citizenship Studies* 10, no. 3 : 329-48.

Steins, Chris. 2006. "Coming Soon : The World's Largest Airport and Logistics City." *Planetizen*. May 9. http://www.planetizen.com/node/19718.

Stenger, Alan J. 1986. "Information Systems in Logistics Management : Past, Present, and Future." *Transportation Journal (American Society of Transportation and Logistics Inc.)* 26, no.

1 : 65-82.

Stockbruegger, Jan. 2010. "Somali Piracy and the International Response : Trends in 2009 and Prospects for 2010." *Piracy Studies*. March 6. http://piracy-studies.org/2010/somali-piracy-and-the-international-response-trends-in-2009-and-prospects-for-2010.

Stolle, John F. 1967. "How to Manage Physical Distribution." *Harvard Business Review*. July-August, 93-100.

Strathern, Marilyn. 2002. "Externalities in Comparative Guise." *Economy and Society* 31 : 250-67.

Su Seol, Kap. 2011a. "Woman Welder Sits in atop Crane to Protest Job Cuts." *Labour Notes*. July 14. http://labornotes.org/blogs/2011/07/video-woman-welder-sits-atop-crane-protest-job-cuts.

_____. 2011b. "Korean Sit-In atop Crane Defeats Job Cuts." *Labour Notes*. November 10. http://labornotes.org/blogs/2011/11/korean-sit-atop-crane-defeats-job-cuts.

Sutton, Angela. 2009. "Atlantic Orientalism : How Language in Jefferson's America Defeated the Barbary Pirates." *Darkmatter : In the Ruins of Imperial Culture*. December 20. http://www.darkmatter101.org/site/2009/12/20/atlantic-orientalism-how-language-in-jefferson%E2%80%99s-america-defeated-the-barbary-pirates.

Taniguchi, Eiichi. 2012. "The Future of City Logistics." *Delivering Tomorrow : Dialogue on Future Trends*. October 29. http://www.delivering-tomorrow.com/the-future-of-city-logistics.

Taylor, Frederick. 1911. *Principles of Scientific Management*. New York : Harper and Brothers. [프레드릭 테일러, 『과학적 관리법』, 오정석 옮김, 21세기북스, 2010.]

_____. 1985. "Scientific Management." In *Organization Theory : Selected Readings*, edited by Derek S. Pugh, 11-27. London : Penguin.

_____. 1995. "Report of a Lecture by and Questions Put to Mr F. W. Taylor, a Transcript." *Journal of Management History* 1, no. 1 : 8-32.

Thomas, Andrew R., ed. 2010. *Supply Chain Security : International Practices and Innovations in Moving Goods Safely and Efficiently*. Santa Barbara, Calif. : Praeger.

Thomas, Christopher. 2004. "Logistical Limitations of Roman Imperialism in the West." PhD diss., University of Auckland.

Thomson, Janice E. 1994. *Mercenaries, Pirates, and Sovereigns : State-Building and Extraterritorial Violence in Early Modern Europe*. Princeton, N.J. : Princeton University Press.

Thorpe, George C. 1917. *Pure Logistics : The Science of War Preparation*. Kansas City : Franklin Hudson.

Thrift, Nigel. 1996. *Spatial Formations*. Thousand Oaks, Calif. : Sage.

_____. 2000. "Performing Cultures in the New Economy." *Annals of the Association of American Geographers* 90 : 674-92.

_____. 2006. "Space." *Theory, Culture, and Society* 23 : 139-46.

_____. 2007. *Non-representational Theory : Space, Politics, Affect*. New York : Routledge.

Tilghman, Andrew. 2008. "Camp Bucca Detainee Abuse Hearing Begins." *Navy Times*. November 11. http://www.navytimes.com/news/2008/11/navy_detainee_abuse_111108w.

Tilly, Charles. 1990. *Coercion, Capital, and European States, AD 990-1990*. Oxford, UK : Basil

Blackwell.

Titmuss, Richard. 1958. *Essays on "The Welfare State."* London : Allen and Unwin.

Transport Canada. 2011. *Transportation in Canada 2011 : A Comprehensive Review.* Gatineau, Quebec : Minister of Public Works and Government Services.

Trebilcock, Bob. 2012. "Big Picture : 'The State of Automation.' " *Logistics Management.* May. http://www.logisticsmgmt.com/view/big_picture_the_state_of_automation/automation/D2.

Tsing, Anna. 2009. "Beyond Economic and Ecological Standardisation." *Australian Journal of Anthropology* 20, no. 3 : 347-68.

Tuan, Yi-Fu. 1977. *Space and Place : The Perspectives of Experience.* Minneapolis : University of Minnesota Press. [이-푸 투안, 『공간과 장소』, 구동회·심승희 옮김, 대윤, 2007.]

Tufts, Steven. 2004. "Building the 'Competitive City' : Labour and Toronto's Bid to Host the Olympic Games." *Geoforum* 35 : 47-58.

Turnbull, David. 1993. *Maps Are Territories : Science Is an Atlas; A Portfolio of Exhibits.* Chicago : University of Chicago Press.

Turse, Nick. 2012. "Tomgram : Nick Turse, America's Shadow Wars in Africa." *TomDispatch.* July 12. http://www.tomdispatch.com/blog/175567/tomgram%3A_nick_turse,_america%27s_shadow_wars_in_africa_.

"TWIC Rules and Regulations." 2007. *Federal Register* 72, no. 16 (January 25) : 3492-604.

Tzu, Sun. 1980. *The Art of War.* Translated by S. B. Griffith. Oxford, UK : Oxford University Press. [손무, 『손자병법』, 유동환 옮김, 홍익출판사, 2011.]

UAE Interact. 2007. "UAE Yearbook 2007." http://www.uaeinteract.com/uaeint_misc/pdf_2007/English_2007/eyb5.pdf.

UAE Ministry of Labour. 2001. "U.A.E. Labour Law : Federal Law No.(8) of 1980, Labour Law, and Its Amendments." http://www.mol.gov.ae/newcontrolpanel2010/Attachments/21062012/labour%20law%20no.8%20year%201980.pdf.

UEPI (Urban and Environmental Policy Institute). 2011. "Global Trade Impacts : Addressing the Health, Social, and Environmental Consequences of Moving International Freight through Our Communities." Occidental College/University of Southern California. http://kresge.org/sites/default/files/Global%20Trade%20Executive%20Summary%203-21.pdf.

U.K. Parliamentary Foreign Affairs Committee. 2011. "Piracy off the Coast of Somalia." http://www.publications.parliament.uk/pa/cm201012/cmselect/cmfaff/1318/131806.htm#a4.

UN (United Nations). 1958. "Geneva Conventions on the Law of the Sea." http://legal.un.org/avl/ha/gclos/gclos.html.

———. 1982. "United Nations Convention on the Law of the Sea." http://www.un.org/depts/los/convention_agreements/convention_overview_convention.htm.

UNCTAD (United Nations Conference on Trade and Development). 2010. "Review of Maritime Transport." http://unctad.org/en/pages/PublicationArchive.aspx?publicationid=1708.

UNECE (United Nations Economic Commission for Europe). 2003. "Sharing the Gains of Globalization in the New Security Environment : The Challenges to Trade Facilitation." http://www.unece.org/forums/forum04/forum_bk_doc4.html.

UNEP/GRID-Arendal. 2009. "The Boom in Shipping Trade." http://www.grida.no/graphicslib/detail/the-boom-in-shipping-trade_1667.

UN Food and Agricultural Organization. 2005. "FAO Fishery Country Profile — The Somali Republic." http://www.fao.org/fi/oldsite/FCP/en/SOM/profile.htm.

UN Industrial Development Organization. 2009. "Industrial Development Report 2009 : Breaking In and Moving Up; New Industrial Challenges for the Bottom Billion and the Middle-Income Countries." http://www.unido.org/fileadmin/user_media/Publications/IDR_2009_print.PDF.

UN Security Council. 2008. "Security Council Authorizes States to Use Land- Based Operations in Somalia, as Part of Fight against Piracy off Coast, Unanimously Adopting 1851." Security Council 6046th Meeting. http://www.un.org/News/Press/docs/2008/sc9541.doc.htm.

_____. 2011a. "Report of the Secretary-General on the Protection of Somali Resources and Waters." http://daccess-dds-ny.un.org/doc/UNDOC/GEN/N11/540/51/PDF/N1154051.pdf?OpenElement.

_____. 2011b. "Report of the Monitoring Group on Somalia and Eritrea Pursuant to Security Council Resolution 1916 (2010)." http://www.un.org/ga/search/view_doc.asp?symbol=S/2011/433.

_____. 2012a. "Human Costs of Piracy off Somalia Coast 'Incalculable,' Full Range of Legal, Preventative Measures Needed to Thwart Attacks, Security Council Told." Security Council 6719th Meeting (AM). http://www.un.org/News/Press/docs/2012/sc10551.doc.htm.

_____. 2012b. "Unremitting Piracy off Somalia's Coast Prompts Security Council to Renew 'Authorizations' for International Action for Another Year." Security Council 6867th Meeting (AM). http://www.un.org/News/Press/docs/2012/sc10824.doc.htm.

U.S.-China Business Council. n.d. https://www.uschina.org/reports/us-exports/national-2013.

U.S. Congress (Joint Economic Committee). 1957. *Instrumentation and Automation : Hearings before the Subcommittee on Economic Stabilization of the Joint Economic Committee, Congress of the United States, Eighty-fourth Congress, second session, pursuant to sec. 5 (a) of Public law 304, 79th Congress*. Washington, D.C. : Government Printing Office.

U.S. Department of the Army. 2012. "Army Regulation 700-137 : Logistics Civil Augmentation Program." http://www.apd.army.mil/pdffiles/r700_137.pdf.

"US Jail Guards in Iraq Abuse Case." 2008. *BBC News*. August 14. http://news.bbc.co.uk/2/hi/americas/7561952.stm.

USOPM (U.S. Office of Personnel Management). 2009. "Workforce Reshaping Operations Handbook : A Guide for Agency Management and Human Resources Offices." http://www.opm.gov/policy-data-oversight/workforce-restructuring/reductions-in-force/workforce_re-shaping.pdf.

U.S. Senate. 2002. "Securing Our Trade Routes : Possible Solutions; Field Hearing before the Subcommittee on Surface Transportation and Merchant Marine." Committee on Commerce, Science, and Transportation. July 1. http://www.gpo.gov/fdsys/pkg/CHRG-107shrg93216/html/CHRG-107shrg93216.htm.

Valencia, Czeriza. 2012. "$3-B Logistics Hub in Clark Operational in 5 Years." *Philippine Star*. March 29. http://www.philstar.com/Article.aspx?publicationSubCategoryId=66&article Id=791633.

Valverde, Mariana. 2009. "Jurisdiction and Scale : Legal 'Technicalities' as Resources for Theory." *Social and Legal Studies* 18, no. 2 : 139-57.

Van Creveld, Martin. 2004. *Supplying War : Logistics from Wallerstein to Patton*. Cambridge, UK : Cambridge University Press. [마르틴 반 크레펠트, 『보급전의 역사』, 우보형 옮김, 플래닛미디어, 2010.]

Varnelis, Kazys. 2005. "The Centripetal City : Telecommunications, the Internet, and the Shaping of the Modern Urban Environment." *Cabinet Magazine* 17 : 27-28.

Vidal, John. 2008. "Shipping Boom Fuels Rising Tide of Global CO2 Emissions." *Guardian*. February 13. http://www.theguardian.com/environment/2008/feb/13/climatechange.pollution1.

Villarejo, Amy. 2005. "Tarrying with the Normative : Queer Theory and Black History." *Social Text* 23, nos. 3-4 (Fall-Winter) : 69-84.

Viswanadham, N. 2002. "The Past, Present, and Future of Supply-Chain Automation." *Robotics and Automation Magazine, IEEE* 9, no. 2 : 48-56.

Von Bertalanfy, Ludwig. 1973. *General System Theory : Foundations, Development, Applications*. New York : Penguin.

Waddell, Steve. 2010. "Canadian Counter Piracy and Counter Terrorism Naval Operations in East Africa and the Indian Ocean." Lecture at York Center for International and Security Studies, Toronto, May 26.

Walker, Charles. 2002a. "Bush Employs Taft-Hartley Act to Intervene in Dock Workers' Struggle." *Socialist Action*. October. http://www.socialistaction.org/news/200210/taft.html.

———. 2002b. "Union Says Bush Has Dropped Threats, but Dockworkers' Fight Heats Up." *Labor Standard*. October 1. http://www.laborstandard.org/New_Postings/Labor_Tues_Oct1_02. htm.

Walker, Jeremy, and Melinda Cooper. 2011. "Genealogies of Resilience : From Systems Ecology to the Political Economy of Crisis Adaptation." *Security Dialogue* 42, no. 2 : 143-60.

Wallach, Evan J. 2005. "The Logical Nexus between the Decision to Deny Application of the Third Geneva Convention to the Taliban and al Qaeda, and the Mistreatment of Prisoners in Abu Ghraib." International Law of War Association. http://lawofwar.org/logical_nexus_between_the_decisi.htm.

Walters, William. 2004. "Secure Borders, Safe Haven, Domopolitics." *Citizenship Studies* 8, no. 3 : 237-60.

Wang, Eric T. G., Cathy Chia-Lin Lin, James J. Jiang, and Gary Klein. 2007. "Improving Enterprise Resource Planning (ERP) Fit to Organizational Process through Knowledge Transfer." *International Journal of Information Management* 27, no. 3 : 200-212.

Warf, Barney, and Santa Arias. 2008. *The Spatial Turn : Interdisciplinary Perspectives*. New York : Taylor and Francis

Waters, Donald. 2007. *Supply Chain Risk Management : Vulnerability and Resilience in Logis-*

tics. London : Kogan Page Series.

Weber, Max. 1978. *Economy and Society, Volume 1*. Los Angeles : University of California Press. [막스 베버, 『경제와 사회』, 박성환 옮김, 나남출판, 2009.]

Weizman, Eyal. 2006. "The War of Streets and Houses." *Cabinet Magazine*. http://cabinetmagazine.org/issues/22/bugeaud.php.

Whebell, C. F. F. 1969. "Corridors : A Theory of Urban Systems." *Annals of the Association of American Geographers* 59, no. 1 : 1-26.

Whiteman, Gail, Bruce C. Forbes, Jari Niemelä, and F. Stuart Chapin III. 2004. "Bringing Feedback and Resilience into the Corporate Boardroom." *Ambio : A Journal of the Human Environment* 33, no. 6 : 371-76.

Wildavsky, Aaron. 1966. "The Political Economy of Efficiency : Cost-Benefit Analysis, Systems Analysis, and Program Budgeting." *Public Administration Review* 26, no. 4 : 292-310.

Williams, Bertha. 2007. "Letter to Dr. Rodolfo Stavenhagen, Special Rapporteur on the Human Rights and Fundamental Freedoms of Indigenous People of the United Nations : Tsawwassen Traditional Territory." Bill Tieleman (blog). July 24. http://billtieleman.blogspot.ca/2007/07/tsawwassen-first-nations-treaty.html.

Williams, Raymond. 1973. "Base and Superstructure in Marxist Cultural Theory." In *Culture and Materialism*, 31-49. London : Verso.

―――. 1977. *Marxism and Literature*. Oxford, UK : Oxford University Press. [레이먼드 윌리엄스, 『마르크스주의와 문학』, 박만준 옮김, 지만지, 2013.]

―――. 2013. *Keywords : A Vocabulary of Culture and Society*. New York : Routledge. [레이먼드 윌리엄스, 『키워드』, 김성기 · 유리 옮김, 민음사, 2010.]

Wilson, Andrew R. 2008. "War and the East." *Orbis* 32, no. 2 : 358-71.

Wilson, Patricia A. 1992. *Exports and Local Development : Mexico's New Maquiladoras*. Austin : University of Texas Press.

Woo, Yuen Pau. 2011. "A Leap-Frog Strategy for Relations with Asia." In *The Canada We Want in 2020 : Toward a Strategic Policy Roadmap for the Federal Government*, edited by Canada 2020, 42-48. http://canada2020.ca/files/canada-we-want-2020-e.pdf.

Wood, Denis. 1992. *The Power of Maps*. New York : Guilford.

―――. 2010. *Rethinking the Power of Maps*. New York : Guilford.

WorkSafeBC. 2011. "Statistics 2011." http://www.worksafebc.com/publications/reports/statistics_reports/assets/pdf/stats2011.pdf.

World Shipping Council. n.d. "Trade Statistics." http://www.worldshipping.org/about-the-industry/global-trade/trade-statistics.

Wouters, Patrick. 2008. "The Good, the Bad, and the Ugly of Outsourcing Security to Private Military Companies (PMC)." Royal Higher Institute for Defence. http://www.irsd.be/website/media/Files/these/these01.pdf.

Wright, Richard. 2002. "Transnational Corporations and Global Divisions of Labor." In *Geographies of Global Change : Remapping the World*, edited by Ron Johnston, Peter J. Taylor, and Michael Watts, 68-78. Malden, Mass. : Blackwell.

Wrigley, Neil, and Michelle Lowe. 2002. *Reading Retail : A Geographical Perspective on Retailing and Consumption Spaces*. London : Hodder Arnold.

WSWS (World Socialist Website). 2012. "Workers Struggles : The Americas, Latin America." April 17. http://www.wsws.org/articles/2012/apr2012/wkrs-a17.shtml.

Zhang, Jianlong, Petros Ioannou, and Anastasios Chassiakos. 2006. "Automated Container Transport System between Inland Port and Terminals." *ACM Transactions on Modeling and Computer Simulation (TOMACS)* 16, no. 2 : 95-118.

로지스틱스 공간(logistics space) 6, 13, 14, 17, 18, 24, 26~29, 32, 35, 36, 40, 42, 80, 109, 110, 118, 189, 192, 242, 258, 266, 282, 295, 296, 311, 321, 325, 326, 329, 332~334, 336, 337, 345

〈로지스틱스관리연구소〉(Logistics Management Institute, LMI) 58, 131

로지스틱스 노동 149, 151, 153, 158, 172~174, 176, 180, 186, 191, 192, 319, 320, 333

로지스틱스성과지수(Logistics Performance Index, LPI) 95~97

로지스틱스 시스템(logistics systems) 15, 31, 33, 85, 90~92, 96, 97, 115, 119, 139, 142~144, 148, 159, 162, 169, 174, 185, 192, 268, 311, 316, 318, 336

로지스틱스 혁명(revolution in logistics) 20, 27, 40, 41, 43~46, 59, 62, 68, 69, 84, 85, 88, 90~94, 101, 107, 115, 121, 139, 143, 149~151, 153, 158~161, 173, 178, 189, 193, 268, 270, 272~274, 294, 296, 297, 302, 318

록히드 마틴(Lockheed Martin) 142

ㅁ

마찰(friction) 50, 51, 92

〈마푸토 항로 로지스틱스 계획〉(Maputo Corridor Logistics Initiative, MCLI) 105

메콩 강 항로(Mekong corridor) 106, 107

무생물(inanimate objects) 15, 32, 33

무역(trade) 5, 12, 14~18, 20~22, 29, 33, 34, 36, 39, 41, 42, 46, 55, 57, 58, 68~70, 86, 88, 90~97, 100, 101, 103~106, 109, 114, 115, 120~126, 129, 134, 135, 137, 139, 143~145, 153, 157, 158, 172, 178~180, 185~189, 191~193, 198, 203, 204, 212, 213, 215, 216, 223, 232~234, 237, 239, 244, 246, 249, 251, 253~255, 258, 259, 261, 262, 269, 276~279, 282, 285, 286, 290, 292~295, 302, 315,

316, 318, 325, 331, 332, 334, 336~338, 341, 345~347

무역 흐름(trade flows) 29, 33, 121, 123, 125, 129, 188, 192, 204, 246, 261, 292, 345

물리적 인터넷(physical Internet) 96, 336, 337

물적 유통 관리(physical distribution management) 40, 45, 60, 61, 68

〈물적유통관리전국협회〉(National Council of Physical Distribution Management) 56, 57, 61, 71

물질성(materiality) 32, 155, 156, 170, 192, 286, 328, 329, 340

〈미국경영협회〉(American Management Association) 57

미국 국제개발처(USAID) 98, 105

민간화(civilianization) 5, 20, 41, 45, 85, 163, 274, 294, 346

민관 파트너십(public-private partnerships, PPP) 31, 239, 263, 268

민영화(사유화)(privatization) 12, 14, 21, 37, 98, 99, 134~136, 140, 151, 174, 176, 248, 274, 346

ㅂ

〈바스라 로지스틱스 도시〉(Basra Logistics City) 39, 244~247, 249, 250, 263

〈방관은 이제 그만〉(Idle No More) 334, 335

범죄(crime) 15, 30, 127, 129, 140, 142, 181~184, 189, 192, 196, 197, 207~210, 213, 214, 221, 238~240, 242, 304, 333

〈베트남경쟁력강화계획〉(Vietnam Competitive Initiative, VNCI) 98

베트남 전쟁(Vietnam War) 55, 69, 246, 251

보안(security) 12, 14, 16, 17, 20, 24, 26, 28~33, 35, 39~41, 45, 70, 82, 86~92, 99, 101, 103, 105, 109, 110, 118~144, 148, 175, 177~192, 195~199, 204, 209, 210, 216, 219,